山本隆志 著

東国における武士勢力の成立と展開

――東国武士論の再構築――

思文閣史学叢書

思文閣出版

〈目　次〉

【図表一覧】

＊は著者作成

東国における武士勢力の成立と展開

——東国武士論の再構築——

序　章　東国武士研究の視座

はじめに

　東国武士成立史研究は、武士成立史研究一般と同様に、長い間、地方社会で自ら成長する過程と考えられてきた。石母田正『中世的世界の形成』（一九四七年）は武士成立を、東大寺・国衙との政治闘争と構想したが、その後の研究は社会経済史が基礎過程であると考えて、考察を地方での領主的支配の形成と構造に収斂させた。「武士団」の成立と構造が究明されたが、それは戦後社会に残る封建遺制の根源を解明するという問題関心とも結びついて、同族団のように扱われた。その結果、関心は武士団の内部へ集中し、家子・郎等のあり方などが解明されたが、(1)武士を社会学的・生態学的に処理することとなった。

　こうした社会経済史的視角は一九七〇年頃から反省される動きも見られ、国家王朝国論が提起され、権門体制論も広がった。戸田芳実は国家的枠組みとしての荘園制や王朝都市の解明をめざし、個別領主生成論からの脱却をはかり、武士についても職能を重視する議論を展開した。(2)戸田はそのなかで『中右記』など古記録を活用し、『平安遺文』所収古文書の解読を軸とする研究方法を克服した。この流れのなかで、野口実は京都における東国武士の活動の史料を、古記録から網羅的に蒐集し、東国武士研究を一新した。(3)東国武士が現地に所領を形成する以前の段階での、京都での国家に対する奉仕、権門・貴族との関係が、具体的に提出されたのである。この野口の研究はすぐには東国武士研究を変えるに至らなかったが、内部構造論と国家的武士論との距離が大きかった。

二〇〇〇年以降の武士論・御家人論の展開は、古記録の史料的開拓を進めながら、新たな領域を開拓した(4)。その認識の枠組みは、御家人を幕府体制のなかでとらえ、次に幕府と京都公家政権で構成する中世国家全体の構造を考察して、その中世国家のなかに御家人を位置づける、という思考（論の進め方）である。こうした思考はつきつめれば、武士・御家人が国政・国制と接触する場面にこそ本質的要件がある、ということになろう。同様な傾向は荘園制の本質的要件を国家・幕府との関係に求める研究動向(5)にも見ることができる。これらの研究は、武士論にしても、荘園制論にしても、在地から思考することにこだわりすぎてきた従来の研究視角を批判するところに一つの特徴があり、扱っている事柄の実証的成果など、説得的なところも多い。七〇年代までの研究が、問題の本質を内部構造に求めることに拘泥し、八〇年代以降には具体的研究としてはゆきずまっていたなかで、国家史的・国制的な武士論・荘園制論は新生面を開拓するものとして受け止められた。

このように武士成立論は（東国武士成立論も）、内部構造論から国家的職能論へとシフトしてきたが、武士を在地・地域社会から切り離したままでいいであろうか。列島社会の歴史を長い目で見た場合、武士は地方社会に基礎を置く社会権力を形成した、と言える。武士が在地・地域社会の支配者として築いた政治・文化には画期的なものがあり、歴史的遺産として残っている。武士の時代に地方には寺院・塔・神社・石造仏などが造成され、国土は新たな景観を呈するに至った。これが地域にどのような政治的・文化的内容を付与したのかという問題は、遺産の継承をいかに進めるかという問題との関係からも重要である。

武士は地方社会だけの存在ではなく、首都圏との関連で成立し、地方定着後も首都圏との接触をもち、往復している。このことは最近では周知のこととなり、本書でも詳しく論じるが、それでも地方での本拠地が武士の基礎の一つをなしている。その本拠地は「本領」というが、それは社会経済史的視角で理解すべきではなく、地方支配の政治的・文化的拠点として理解すべきであろう。

また在地・地域社会を単なる地理的区域と処理してはならない。平安後期においては郡制は崩壊していても、国制は存続しており、国衙では在庁官人が国務を担い、また国主・国司は、在京であっても国務の主催者として権力を行使している。こうした政治的関係のなかに存在する在地・地域社会において軍事貴族・武士は活動しているのであり、人的ネットワークも政治的枠組と無関係ではなかろう。

序章ではまず、職能的武力担当者（軍事貴族）が首都（京）・鎌倉と結びつきつつ、在地・地域に政治的拠点を形成して、地方の支配者に転化してゆく過程について、最近の研究動向をふまえ、論点を整理しておきたい。

一　軍事貴族論について

武士の成立過程を、国家との関係を基軸にして把握するのは、一九八〇年代以降に盛んとなっていた。史料として古記録を活用し、武士の武力そのものを重視し、武士の活動舞台を首都に求めるところに特徴があるが、そこで提出された武士のイメージは次のようなものである。中世的武士の前身は都に登場してきた武力堪能の貴族（兵家貴族）であり、これが反乱鎮圧のために都と地方を往復し、地方に留住した。こうして軍事貴族は地方にも拠点をもったが（地方軍事貴族と呼ぶ研究もある）、首都との往復はくりかえす。軍事貴族論と言われるものだが、東国武士論にとっても避けることのできない問題なので、代表的な軍事貴族論に触れておきたい。

元木泰雄は軍事貴族に関する体系的叙述を展開し、摂関政治期に出現した軍事貴族が、院政期には京における軍事的緊張（度重なる大規模な悪僧強訴）が高揚するなかで、武力が紛争解決手段として一般化したことにより、その政治的地位を上昇させたと概括した。(6)院政期こそが軍事貴族（「京武者」と呼ぶ）の全盛期ということになるが、院政期軍事貴族の特徴として指摘されているのは、①悪僧強訴の防御には多くの郎従を率いて動員されたが官職とは無関係である、②軍事貴族の文人性が薄れ武力的側面が主要となる、③郎従（郎等）を編成する、④院や摂関家などの特定の権門への奉仕が顕著になる、等である。摂関政治や院政という国政の枠組のなかでの軍事貴族を政治的に位置づけながら、武力編成（郎従）の進展度を尺度にして叙述している。

また元木は、軍事貴族のなかには京で政治的地位を失い、東国に土着する者がいる。これが東国軍事貴族であるが、かれらは一一世紀四〇年代からの土地制度改変のなかで、所領の所有権を公認されて、国衙の末端に連なるようになる、という展望を示す。そして一二世紀初頭には中世的武士団が成立するとの考えを、三浦氏・千葉氏などを例にして述べる。これは野口実の研究を継承しながらも、国衙権力との関係を重視する見解である。東国軍事貴族の存在様式を国衙との関連で位置づけることには私も賛成であるが、所領（私領）公認の内容が抽象的であり、武力との関係も叙述されていない。東国での軍事貴族の定着には所領獲得（政治的樹立）が必要であるが、その所領の政治的獲得も武力をともなっていたことが軽視されている。そして所領のなかでも本領（苗字の地）での支配体制樹立が重要な問題となるが、元木著書では叙述がない。在地領主が武士（軍事貴族）化するのではなく、軍事貴族が在地領主化するという見通しは了解するが、その場合でも本領の問題は重要であろう。本領を経済史的にではなく、その政治的樹立を考察することが求められよう。

高橋昌明は、中世武士を律令的武官からの系譜を引く武的存在として位置づけ、平安期における軍事貴族の一般的出現を武士成立ととらえている。(7) この著書は武士の発生（成立）を武具・武器・武芸にそくして解明しようとするものであるが、柱となっているのは「第五章　中世成立期における国家・社会と武力」（初出一九九八年を補筆・訂正）である。軍事貴族から鎌倉幕府御家人までを扱い、武士の発生（成立）だけでなく展開までを、武士身分は国家・王権に認定されて成立するとの考えから、国家のあり方についても新たな考えを提示しつつ（とくに平氏政権論）、武士・武的存在がどのように国家的身分として認定されるかを、論じている。

大きな枠組をもった論文であるが、武士・武的存在とその認定を三期にわけて整理している。その内容を、国家・社会の側からでなく武士の側から整理し直してみる。第一期は奈良・平安初期から一一世紀後半までとするが、この時期は一〇世紀後半を境に衛府・馬寮武官から「武芸に堪えたる五位以下」へと国家的武力が変化する。この「武芸に堪えたる五位以下」を軍事貴族としての武士と呼び、かれらの特徴として兵衛・衛府の官職、検非違使、受領に就く、という。軍事貴族の武芸・武器・武具は近衛府官人や武官系武士を踏襲したもの（武具そのものは古代のもの）、とする。軍事貴族は武芸を家業とする家系の出身者に限られて正統化された存在であり、「首都の平和」を維持して、武一般を制御した。第二期は院政期であるが、この時期には軍事貴族など都の武力は権門家領管理の警察力や荘園公領制秩序維持の武力となり、また院の北面武士に組織され寺院大衆強訴への対抗手段として機能する、という。地方では土着した「兵の家」から二次的な武士の家が成立し武装集団を形成する（上総氏・千葉氏など）。国衙の軍事体制にも新たに武に堪能な在地領主が結集するが、そのなかには無名の存在も多く、武士身分の裾野は広がった。第二期後半は平氏政権期、第三期は鎌倉幕府成立期の武士身分の認定のあり方が問題にされるが、とくに内乱・鎌倉幕府成立により将軍と御家人の主従関係は軍功と所領給付という新段階を迎え、都の平和維持・外敵からの防衛の役割を継承しながらも、平安期の国家と武力の関係を否定した、という。ここに「武士概念が転換した」と規定するのである。

高橋著書では首都の武士のあり方は論理的にも実態的にも明快に説明しているが、地方での武士勢力展開の筋道が整理されていない。軍事貴族の地方定着後に「二次的な武士の家」が成立するとし、その例として忠常流から上総氏・千葉氏、将恒流から畠山氏・河越氏・豊島氏を挙げている。だがこの二次的家が地方で武士化する、その筋道が論理的に説明されていない。首都での軍事貴族としての存在が地方で定着するように、自然史的過程のように想定しているかに見える。この「定着」は、その想定とは異なり、地方社会での武的抗争をともなうものであろうことは予想されるし、その政治的舞台としては一族間の私的抗争や国衙での権力闘争が想像される。問題はこのような地方での武力闘争が何を契機に、どのような連携で進められたかであるが、鎌倉期までを視野に入れた大きな枠組の論文だけに、解明の糸口を提示してほしかった。そうじて高橋著書では地方を舞台とした武力問題が軽視されている。そのため院政期に新たな武力として武に堪能な在地領主が現れると言われても、その武的存在の存立関係はどのようにして可能なのか、説明が見えない。

高橋著書は武士発生史（成立史）の解明を主眼としており、都の武士の問題を解明すれば武士成立史論は完成するという枠組かもしれないが、しかし都の武士のあり方も地方の武士を取り込んで初めて成立するとも考えている。それために「国家・社会」と武士の関係を全体として論じているのであるが、「国家」にくらべて「社会」が論として展開されていることが少ない。このため地方での武士展開論が抽象論にとどまり、「在地領主化」の内容が不分明となっている。地方での本拠地（本領を中心とした政治的拠点）樹立が論じられていない。地方武士の展開は、もちろん高橋著書で示されているように、都を中心にした政治史とも連動するが、地方での軍事・政治情勢のなかで進行している。一二世紀の地方政治史との関係が検討されなければならない。この時期の国衙政治については受領就任者の人的関係が問題にされることが多いが[8]、国衙政治の内容そのものの解明は遅れている。国衙を舞台とする武士勢力展開も国衙政治との関連で検討されることが課題として登場する。

野口実は、『坂東武士団の成立と発展』（一九八二年）以来、古記録の博捜により東国武士団の新たな側面を解明してきたが、最近の坂東武士成立を体系的に叙述した書物のなかで武士を「地域的軍事権力」と概念化している[9]。この概念自体を積極的に規定している箇所は見えないが、たとえば「義親の行動の背景には、先にみた常陸における義光の場合と同様に近隣在地勢力の同意があり、それは地域的軍事権力の樹立の方向性を示すものとして評価される。鎌倉幕府は、こうした存在がさらに統合され、より広域的に展開した政治権力と見ることができるのである」（七五〜七六頁）とある。武士の存在を単独で問題にするのではなく、「近隣在地勢力の同意」を得て初めて成立する、と考えている。これを佐竹義光を扱った叙述（六〇〜六六頁）に即して見ると、佐竹義光が地域的軍事権力として成立する要件としては、①左兵衛尉などの官に就いている、②摂関家との主従関係にある、③在地の豪族的武士平重幹と婚姻関係などで提携している、④子息義業を清原清衡と結婚させ奥州勢力とも結ぶ、を指摘している。したがって、地方に下った軍事貴族（佐竹義光）は中央政治との関係を維持しつつ、在地の常陸勢力や奥州勢力との政治的連携を実現して、地域的軍事権力化している、と私には読める。

この著書に示された、武士成立史の構想（地域的軍事権力化）には賛成するところが多い。地方武士成立を政治過程として議論しており、「武士団」概念を用いて社会団体を生態学的に考察する方法を払拭している。地方武士を内部からのみ解明しようとする傾向が七〇年代までは強かったが、これを過去のものとしたのである。ただいくつかの点で不満を感じる。まず第一は、軍事貴族と近隣在地勢力との同意（連携）の政治的内容が述べられていない。軍事貴族と近隣在地勢力との関係は同意・連携だけでなく反目もあるが、それが何をめぐって展開するかというと、政治的・軍事的利害がまず想定される。人的結びつきも、生の人間との連携ではなく、政治的内容をもった人物との連携・反目であろう。地方における政治的利害が何をめぐってどのようなものとして成立しているのか、ここでも利害を成立させる国衙政治との関係が問題となろう。この政治的利害と抗争はやがてそれぞれの武士の本拠地（→本領）形成へと向かうと考えるが、野口著書では本領形成が叙述されることがない。

第二は、これと関連するが、軍事貴族の関東留住段階（一〇世紀）と地域的軍事権力樹立段階（一二世紀）の段階差が認識されていない。二つの段階があいまいに連続するように叙述されているのである。これは一二世紀段階の地方軍事貴族が当面した新たな状況が意識されていないことを示しているが、この段階は奥羽政治勢力（藤原氏）が範疇転回し、それに影響されながら東国軍事勢力が本拠（本領を中心とした拠点）を樹立しつつ政治的・軍事的提携を模索していた、と私は想像している。野口著書では「坂東武士」の活動が詳しく叙述されるが、その政治的内容が不分明なのであり、これは地方での武士定着を抽象的に整理する高橋著書にも通底すると思う。

このように、軍事貴族論は、平安前期の武士発生・成立経路を解明し、都の武力としての存在形態を武士論の中軸にすえた。一〇～一二世紀前半の事態はあざやかに説明されていて、この点は大きな成果である。ただ一二世紀前半以降の、軍事貴族が地方勢力化することに関する議論が抽象論に止まっており、地方武士の存在形態の解明はいまだ残された問題となっている。地方武士にとっての本拠（本領）樹立の問題が課題として再登場するわけであるが、その本領は人身的農民支配に還元して終わるものでなく、本拠（本領）の政治的内容が問題である。それには一二世紀後半以降も続く武士の在京活動が与えた影響も考えられる。

二　東国武士と京・鎌倉

（一）　王朝・京都との関係

軍事貴族のうち東国に本拠を樹立した武士は京都との関係をもち続ける。その京都での活動の具体的内容はどのようなものか。前稿[10]で提示したことに補足すれば、院政期（後鳥羽院政期まで）には次のようにあらわれる。

㋐院に奉仕する武家棟梁の従者、㋑院の従者（西面、院蔵人所衆）、㋒検非違使、㋓滝口、㋔畿内寺院の檀那、㋕顕密寺院の僧または僧形武者、㋖公家衆・在京武士層との婚姻、㋗在京活動の拠点としての京宅の経営、㋘惣領上洛時における遠隔地所領内相論の裁許。

これらの活動のうち、㋐㋑㋒は主なあり方で、㋒は幕府成立後も続いている。㋔㋕㋖は御家人を子息に譲ったのち出家しつつ半俗者として畿内で作善活動し、公家衆や高僧とのネットワークを形成している。これらは宇都宮朝綱・頼綱の事例を念頭にして整理したものであるが、㋕の存在も注目される。宇都宮頼綱子息賢快と三浦義村子良賢は嘉禎三年（一二三七）一一月の鴨川六字河臨法の警固役を勤めているが、賢快は延暦寺僧であった（『尊卑分脈』は賢快に「山」の注記を付ける）。千葉常胤子の日胤が三井寺僧となって以仁王挙兵に参加していることも確認され、東国武士の子息が顕密寺院に入っている事例は少なくない。僧または僧形武者としてであるが、平安後期には軍事貴族の子息に叡山武者に入っていることが指摘されていることを考えると、(11)東国武士も叡山や三井寺の武者的僧の輩出母体でもあったと考えられる。

㋘は千葉氏を事例に湯浅治久が究明したことである。大番役などで上洛した惣領が、一族所領の肥前小木郷内の相論を裁許したという。(12)西国に所領をもつ東国武士は多く、東西での連携は想定されるが、遠隔地所領の裁判を京宅で行う事例はめずらしく、今後の類例蒐集が求められる。

ここでは㋒検非違使の問題を少し深めておきたい。東国武士の検非違使としての活動は院政期では広汎に見られ、鎌倉時代を通じても認められる。白河院政期の美濃源氏について宮崎康充が「都の武者としての」側面を、検非違使大夫尉となった源光国の活動を紹介し、その活動を支える存在として「郎等」を指摘している。(13)伊藤瑠美は光国と同族の重宗・重実・重時を検討し、広汎な在京活動と在地での活動が分業関係として展開したことを考察しながら、重時の検非違使任官を指摘し、そのなかで「郎等」にも関説している。(14)郎等層を従えていることが共通に指摘されているが、衛門府や使庁での活動には京・近国の事情に通じた存在を雇うことの必要性が認められよう。

東国武士でも検非違使経験者は多い。足利氏・伊東氏・小野氏が挙げられるが、宇都宮氏でも中原系の信房は検非違使として史料で確認できるが（『平安遺文』九巻四八九二号、神護寺文書）、藤姓宇都宮朝綱も左衛門尉であり、検非違使との接触は想定できる。足利義康は後白河院政期に検非違使として確認できるが、その子義兼の被官である国司氏は義兼代として内乱に参加した、という（元暦元年八月二日某下文、『萩藩閥閲録』国司隼人文書）。

この国司氏一族は後の高氏につながる一族であり、足利氏との関係が深い。東国武士の検非違使活動は鎌倉時代にも続くが、[15]それだけにその活動が検非違使経験武士に何をもたらしたか、検討に値しよう。

また検非違使の活動として注目されるのが「河」・「路」支配である。中原俊章は、検非違使が宮廷・寺社の行事に関わる夫馬・物資を津・路などにて強制徴収し、津沙汰人のなかには下級検非違使に編成されている者も存在したことなどを指摘している。[16]これらの多くは弁官下文などを根拠にして行われているが、これが検非違使本領の在地支配にどう関係しているか。河内源氏のうち河内国坂戸牧を本拠とする坂戸源氏は代々検非違使に就いたが、鎌倉初期の坂戸国近は坂戸と大和を結ぶ「横大路馬道」を所知していたという。[17]この「横大路馬道」は本領坂戸と一体の交通路であり、その交通手段たる馬をも付属しているものと考えられるが、この支配権は坂戸国近が検非違使であることと関係があろう。検非違使は洛中だけでなく畿内・近国までを活動範囲としている。坂戸牧と「横大路馬道」という本領の形成には検非違使としての特性が見える。東国武士の所領には宿・市などの交通路を含む場合があるが、その支配には検非違使経験が効果を発揮したのではないか、と思われる。

在京活動との関係で注意されるべきことに、畿内周辺諸国の守護就任の問題がある。守護の検断活動のうち殺人・盗賊の取り締まりは、その実行者（犯人）が京と周辺諸国を往復する日常活動をする者であれば、周辺諸国守護は検非違使との連携が求められる。またこのような活動には武力・人員の調達に財政措置が必要であるが、それには畿内圏での所領（荘園所職）が想定される。関東武士の畿内圏所領があらためて注目されよう。宇都宮朝綱・頼綱の畿内での所領形成は田地一筆ごとの買得であるが、景綱は淀津を支配する豊田蔵人為盛を保護している（『鎌倉遺文』二七〇八九号）。宇都宮氏では先に指摘したように中原系宇都宮信房が検非違使であったが、その経験は関東下向後には宇都宮嫡流に継承されたであろう（ただし宇都宮氏の主流は藤原系であり、中原氏系を中心と見る野口著書には賛成できない）。

（2）　鎌倉での活動

幕府が鎌倉に樹立されて以降、有力御家人は鎌倉に屋敷を構え、鎌倉での奉公の拠点とした。鎌倉での役の奉仕には少なからざる財政が必要であり、御家人は金融専門者を鎌倉に駐在させて、全国に散在する所領からの租税調達と運用にあたらせた。[18]こうして鎌倉は御家人が集住する地となり、相互の交流も展開した。加藤遠山系図を考察した網野善彦が、加藤景廉の娘七人を御家人に嫁がせて所領を婚姻先にもたらした例を提示している。[19]こうした婚姻は御家人の交流する世界があってこそ成立したものであろうが、それは鎌倉を場としていたであろう。

また御家人は様々な要因から幕府吏僚とも接触する。武家権力所在地たる鎌倉の都市としての景観を論じた秋山哲雄は、将軍御所のほかに有力御家人の館・宿所が分立するといい（多核的構造）、またその御家人達が鎌倉住民を饗応することを幕府はたびたび禁じている、という。[20]典拠として挙げられている幕府法（追加三八四）は饗応を求める人々が幕府雑人以下の下部であることを示しているが、御家人と幕府下級職員との恒常的接触が見られる。

この幕府下部（下級職員）の出自は不明だが、鎌倉には主家を離れた浪人的武士層や寺社需要に応える職人層が滞留していると思われる。かれらにとっては都市鎌倉はいわば就職を得る場となり、御家人層との接触を求めた。御家人（武士）層は時にはかれらを抱え、勢力強化に努めたと予想される。

（3）　移動する武士

武士の在京活動や鎌倉での活動が究明されると、武士は本領と京・鎌倉を往復・移動する存在という面が注目されるようになる。川合康は院政期の東国武士の京都への移動の具体例を検討しつつ、京都に人的ネットワークを形成し、公武婚が広がる事態を指摘している。[21]また秋山哲雄は東国武士を事例に田舎・京都・鎌倉を移動する存在として認識し、それを支えるネットワークを想定している。[22] いずれも移動する存在として武士をとらえているが、その移動は武士が武士であるがゆえの移動である（川合の場合は、王朝国家・院政に奉仕するための上洛移動であり、秋山は幕府奉仕のため鎌倉への移動である）。ただ秋山が「在地に定住せず移動する存在」であることから「在地領主」概念の再検討を提案しているが、武士は国家奉仕の基盤として所領をもつのであり、所領のうちには「本領」とする地ができている。武士をすべて「在地領主」概念で処理することには研究史の現状では慎重でなければならないが、武士を「根無し草」的存在とすることには賛成できない。秋山は「移動する」ことを「定住しない」ことと等値としているが、武士家族の構成者は全員が移動しているわけではなく、一部は定住している。家族全体としては本領や拠点的所領に定住しつつ、京・鎌倉で奉仕し、その間を移動していると想像される。

三　本領樹立と社会権力化

（一）　いわゆる堀内論について

一九六〇年代から七〇年代前半にかけて、「領主制」論の視角から在地構造が究明された。そのうちでも戸田芳実の本宅論[23]は経済史理論（農奴主経営の階級的転化形態）であるが、それを受けた小山靖憲は上野国新田荘西今井郷・常陸国真壁荘長岡郷などの東国農村を場として、堀内論を展開した。[24] これは在地領主が屋敷（堀内）周囲に廻らす用水の配分を媒介にして郷の百姓層を支配するという構図で示される。小山の議論は在地領主による郷村百姓全体の支配を構想し、江戸期村絵図・明治期地積図の読解や地名調査などの歴史地理学的方法を駆使して、中世的農村景観を復元するものであり、在地領主を場に即して具体的に議論することで研究に前進をもたらした。ただ社会経済史に傾斜しすぎており、また実態認識にも批判がある。真壁荘長岡郷の用水体系については榎原雅治らの批判があり、[25] 新田荘西今井絵図も鎌倉期今井郷の存在形態につなげることに問題がある。[26] こうした制約は当時の研究状況に規定されたものであり、現在の研究状況からは視角を政治史に広げることが求められていると思う。

（2）　本領と政治的影響力

治承・寿永の内乱が開始されると、在京していた関東武士のうち、宇都宮朝綱は宇都宮に戻り宇都宮社で一切経会を行い、新田義重は本国上野国に還り寺尾城に籠もった。宇都宮社は宇都宮朝綱の本領である。寺尾城は新田義重勢力の一拠点であるが、本領・新田庄とは離れている。このように、東国武士には本領とその政治的・軍事的影響の及ぶ地域があったのであり、川合康は後者を軍事的テリトリーと呼んでいる。[27]私は軍事的な内容に限定されるものでなく、本領を越えて広域的な政治的影響力を及ぼしている範囲と考えている（したがって変動的である）。

そのうちの本領の要を従来は館・堀内ととらえ、その館・堀内も堀用水を媒介にした農民支配の役割で考えてきたが（小山靖憲）、発掘調査が進んでイメージが変化している。王ノ壇遺跡（仙台市）からは、一二世紀後半から館とともに浄土庭園が出ており、館は「奥州藤原氏にかかわる在地領主の屋敷」と推定されている。[28]武士（在地領主）の館が寺院的施設とセットとなっている。武士の館は、その初発から寺院的施設とともに存在していた、と考えさせられる。

その寺院的施設は初源的には分骨場・霊場を内容としていたであろうが、法会をもともなったと見られる。下総千葉氏を例にとると、千葉常重（一二世紀第二四半紀）以来の国衙在庁権力を本領・千葉荘にて分割行使した「千葉庄検非違使」を基礎として、常胤の時期には館・堀内を整備して、妙見・観音を主尊とする証菩提院を建立し、法会を行うようになった。治承四年（一一八〇）の頼朝挙兵の時、常胤養子の成胤は「千葉の館」で祖母の葬送を営んでいたというが（『千葉妙見大縁起』）、その場は「千葉の館」内に建立された寺院であろう。館には葬送の寺院が付属している。また千葉氏関連の寺院は「堀内」に所在するように記載されている。千葉氏本拠の形成は、このように館・堀内と一体の施設として寺院をともなったものとして実現したのである。また千葉氏は常胤以来（平安末期）、国衙主催の香取社造営に関わるようになり、幕府成立後には「香取社地頭」を一族から出して、香取社神職に対する検断権を行使し、香取社体制を外枠から支える関係となったが、その香取社を本拠に勧請している。ここには本領千葉庄を中心にして、その外延部に広がる政治的影響圏（支配圏）を想定することができる。

（3）　武士と寺社祭礼

武士の本領支配を、一九七〇年代までは農奴制を基礎とした主従制支配の問題と考えてきたが、最近は本領を含む広域的な支配を考えるようになってきた。ただ清水三男は早くに、武士を、公領を立て直し国家支配の基礎となるような支配圏を創り出す存在としてとらえようとしたが[29]、武士の本領支配を考える際に、参考にしうる視角であろう。

武士の武力が、本領を含む地域社会の秩序を形成づけるものとして、寺社・祭礼の挙行への関与がある。武士と寺社との関係については、武士身分形成の問題として、一宮祭礼での役勤仕が武士身分として確認される場であったことは、石井進がすでに指摘している[30]。地方社会には自然・風土に固有の集団と神々が存在するが、それを地域的に秩序化する一国的規模の祭礼がもつ政治的意義は大きい。石井説は、武士が祭礼役を負担し、祭礼に参加することで、武士身分が認定される、と考えている。ただ国衙主導の祭礼に馴染まない勢力も予想され、無事に挙行されるとは限らない。祭礼挙行を外的に支える武力が求められる。祭礼自体が混乱しないよう、違乱者を排除する武力である。

ここで東国武士が関係する寺社法会の政治的意味について、少し検討しておきたい。武士が支配を及ぼす地域社会は武士の支配圏として存立するだけではなく、その地域には寺社が存在し、寺社の支配圏と混在している。錯綜する支配関係が存在するなかで、武士が開催する（主催の場合もある）法会（祭礼）はどのような意味があるのか、新田氏を例に見てみよう。新田氏が支配圏を形成した新田郡には、平安末期に赤城社・諏訪社などが分布していた（嘉応二年「新田庄所領目録」、正木文書）。このうち在地の自然を神とするのは、赤城小沼を神とする赤城社である。赤城社は現在でも赤城山南麓に広く分布するが、そこには山伏勢力が展開した。『吾妻鏡』文治三年四月四日条に出る「上野国金剛寺」（勢多郡）などはその代表であるが、赤城山南麓と利根川との接点に新田氏館ができると、この山伏勢力はそこに編成されるようになる。

新田郡にて新田荘の基盤となる所領を形成したのは源義国であるが[31]、周辺地域を含めた範囲での政治的優位性を築いたのは義重である。義重は平氏政権期に在京活動を行い、東山道を往反するにともない近江・信濃・上野西部に婚姻関係を形成し、父義国の新田郡権益を継承し新田荘下司職の地位を確保した。義重は、父義国の本拠（岩松郷）から約三キロメートル西に位置する世良田に本拠（新田館）を置くが[32]、そこは早川に沿った地であり、その館も早川水系を利用していた。早川は赤城山小沼に水源を発し、南に流れて、やがて利根川に入る。その利根川との接点の間近に世良田が位置するのである。世良田には長楽寺が建立される。新田義季（義重の子）が栄朝を招いて開いたもので、その創建はのちの史料では承久三年（一二二一）とされるが、本来は天台系であった。承久年間には上野国長楽寺にて経典が印刷されており、新田氏氏寺という側面だけでは理解しにくい。あるいは創建は平安末期まで遡るかもしれない。

『沙石集』には栄朝が長楽寺で開催した「説戒ノ座」の様子が描かれている。多くの聴衆のなかに山伏がいることを見た栄朝は、山伏の行状を非難した。聞いていた山伏はその説戒に感銘し、栄朝の侍者として仕えるようになった、という。この山伏は赤城山南麓の山伏と考えられる。おなじ『沙石集』には長楽寺の明仙長老のもとに通う行仙房という山伏が描かれるが、かれは「上野ノ国山上ト云所」に住み、その行動は「説法モ強ニ請ズル人アレバ、時ニノゾミテ不思議ナル小衣、ハギダカニキテ、木切刀コシニサシナガラ、説法シナンドシテ」と叙述される。請われて説法するがその姿は武器をもつ半僧・半野武士の山伏である。この行仙房が住居とする「上野ノ国山上」は山上保（勢多郡）であり、赤城山南麓にある。山上から世良田に到るには、西南に下るが、途中からは早川に沿った道となる。『沙石集』の話からは、長楽寺の説法には赤城山南麓の山伏も集まり、そこでの説法により山伏を改めさせている。山伏を改めるとは、栄朝の侍者となり仏門に入ることであるが、また行仙房のような野武士的側面を否定することでもある。法会は山伏の半僧的側面と半武士的側面の両方の否定を迫る契機となっていることがわかる。長楽寺は赤城南麓末端に位置して、その法会はこの地域の山伏に自己否定を迫ったのである。長楽寺の法会には多くの聴衆が参加しており、『沙石集』には述べられないが、新田氏の後援と警固があったと予想させる。新田氏という武士の開催する法会が地域の宗教状況を改変していくという側面をもったのである。これが新田氏の本領を越えた政治的影響力である。

このような地方寺院での法会と武士との関係は、下野国の足利氏や宇都宮氏についても認めることができる。足利氏は平安末期には藤姓足利氏と源姓足利氏があったが、内乱のなかで、小山氏と政治的に同盟した源姓足利氏（義兼）が勝利した。義兼は京都政界での活動を在地でも生かしながら、足利荘に大御堂を建立し、そこで一切経会を行い、その財源を生み出すために、足利荘と簗田御厨の一体的知行関係を樹立した。足利一切経会は、足利周辺寺社の僧の参加を要請する形で実施されて、地域社会の法会として行われた。(33)

宇都宮朝綱は内乱開始直後に宇都宮社で一切経会を行い、神宮寺を建立したが、それだけではない。日光山別当の地位を獲得し、国府を中心にした大般若経書写活動を展開していた日光山に影響力を及ぼした。また鬼怒川を越えた益子尾羽に阿弥陀堂を建てた。これは国府を巻き込んだ運動であったらしく、この時期に下野国には日光・宇都宮免田が設定されるが、中央政界での反動により宇都宮朝綱は土佐に流され、頓挫した。朝綱の動きは頼綱に継承されるが、宇都宮社とその周辺を寺院化することで自らの政治的優位性を形成する動きと認められる。朝綱・頼綱は本領を越えた広域での政治的優位性を形成する動きを展開するが、主には宇都宮社神宮寺法会を地域社会の事業として主催していくことであった。(34) 頼綱以降では在京活動で知音となった西山三鈷寺の僧を宇都宮に招いているが、これは首都圏の僧に宇都宮社法会（祭礼）への参加を求めたものであろう。宇都宮社法会は、在地の関係だけではなく、宇都宮氏の在京活動に基づき形成された法縁関係を動員して営まれることもあったのである。

このようなことから、武士が自己の所領を越えた広域的住人と接触する契機としては、まず寺社の法会（祭礼）があると私は考えている。この法会には施行がともなうことも多かったと想像され、救済的側面もある。

（4）　武士支配と宿

武士が京都・鎌倉とつながる存在であることから、武士の居館が交通路に沿った場所に形成されていることが注目されるようになった。私も上野国世良田や下野国宇都宮の「宿」のそのものの復元と新田氏・宇都宮氏の関与の仕方を考察した。(35) そこで強調したのは、宿の存立にとって不可欠な堀・馬の調達などのあり方は、自然史的過程ではなく、政治権力を背景にした開発が想定されること、宿運営は宿住人の差配であり武士（御家人）の関与は限定的であること、武士は宿と周辺村落を連携させていること、であった。

武士を在地領主として範疇化して、その鎌倉期の定型を見いだそうとした高橋修は、畿内の長者的領主論を継承しながら、在地領主の町場（市・宿所）支配を本源的なものとする議論を展開した。[36]町場領主論とも呼べる新たな領主論であるが、やや疑問もある。紀伊国湯浅氏を扱った部分では湯浅宿所を所領全体との関連で考察しているが、最近の常陸八田氏を扱った論考では「八田宿」を基盤とする、町場に片寄った議論となっている。[37]「八田宿」を鎌倉期のものとして処理してよいか疑問であり、またその構造も不明である。宇都宮宿を例にとれば、宇都宮宿は宿住人が運営し、宿に必要な労働力は周辺村落にたよっている。宇都宮氏は宿住人との被官関係を形成する方向にはあるが（その初源は宇都宮社神職と考えるべきであろう）、宇都宮氏の固有性は宿住人と村落との結合を編成することにある、と考えられる。

院政期～鎌倉期の宿は、京・鎌倉と地方を結ぶ交通に沿って成立しているが、地域社会に支えられて存続する。世良田宿には長楽寺、宇都宮宿には宇都宮社という寺社があり、これと結びつく地域社会が宿をも支えている。したがってその祭礼・法会にともなう市や施行も宿を支えている、と考える。

四　武士の「家政」

（一）「惣領」

武士の社会的存在形態は「惣領制」の問題として、社会経済的には族的結合のあり方が問題にされてきたが、[38]最近の研究では惣領の専制的一族支配論は訂正されつつあり、一族が寄り合い（一門評定）幕府体制に依拠しつつ存続しているとの考え方が出されている。[39]すでに羽下徳彦は、法制史研究と社会経済史研究をふまえながら、鎌倉期の惣領制の実態を検討し、所領相続は比較的小集団の血縁集団（親子関係が基本）であるが、幕府に対する公事勤仕・軍事的奉仕ではこの小集団を超えて名字を同じくする一族への惣領権が存在する（ただそれをどの程度発揮できるかは個々の惣領の力量による）、と概括していた。[40]在地社会に形成されてきた族的関係だけでは「惣領」は説明できないのであり、幕府・国家と一族との関係を律する存在として「惣領」概念が成立しているのである。武士の一族集団は政治的内容をともなう惣領によって族的かつ政治的に統括される、と私は理解している。

鎌倉後期から南北朝期の下野国那須氏を例にとると、那須資長が子息高頼に所領を譲るとともに「惣領」として一族支配することを求める。この那須資長は那須荘伊王野を本拠とするが、それ以前の那須家惣領の那須資頼・資光系統の惣領を否定しようとするのである。この那須資長の所領譲渡を伊王野氏の問題と理解し、「惣領」文言を伊王野家惣領と解釈する研究もあるが[41]、那須資長は鎌倉に出仕して御家人役を勤めていることが史料で確認できるのであり、那須資長は那須家惣領と解釈すべきであろう[42]。那須氏の動きは、那須資頼・資光系と那須資長が、那須家惣領の地位をめぐって対立してゆくのであり、その延長上に南北朝・室町期の上那須家と下那須家とが成立する、と理解できる。このように那須氏では那須一族全体は統合されないまま室町期に入るのであり、「家」はそれぞれの惣領を目指すグループごとに形成される方向にあると考えられる。

（2）家政機関

武士の家は、一族全体を単位として成立するのでなく、また直系血縁を単位として成立するのでもない。鎌倉中期以降、嫡流であれ庶流であれ、有力者が上位権力と接触し一族多数を統括しようとする動きを展開するなかで、家を樹立しようとする。家が単なる族的結合でなく、公的・社会的問題を処理する機関となるには家政機関が必要となる。

東国武士の家政機関としては足利氏の事例がまず考えられる。福田豊彦は足利氏の所領支配と家政機関を考察するなかで、㋐弘安六年には足利氏の中央家政機関として訴訟を受理する「奉行所」が確認されること、㋑「足利御庄公文所」（仁治二年）・「額田郡公文所」（弘安四年）が見えるので足利氏は「公文所」を通じて村郷を支配していたこと、㋒文永・弘安期以降に足利氏家督の上意下達文書を奉じる沙弥重円・左衛門尉師行が高階氏系高氏の人物であること（重円は重氏で高師氏の父、師行は師氏の子）を、足利市清源寺所蔵「高階系図」（『近代足利市史第三巻』）により明らかにした。(43) 得宗家家政研究とともに鎌倉期武士家政研究の出発点となるものであるが、足利氏では一三世紀中頃までには家政機関が成立していた。また足利貞氏発給下達文書を奉じている左衛門尉師行が高氏に属することは間違いないと考えられ、足利一族以外の出自の奉行人（被官）が家政を担っていることも確認できる。

野口実は下総千葉一族に鞍（倉）持を名字にする人物（忠泰）とその甥に左衛門尉忠行がいることを系図から指摘し、この忠行が倉持文書初見の「左衛門尉忠行」と比定する。(44) 野口は倉持文書を伝来したのが荒野氏で戦国期に千葉氏に改姓していることも、倉持氏が千葉氏系統であることから推定している。野口が挙げる千葉氏系図でも「鞍持」を称するのは忠泰であり、忠行（左衛門尉）とその父忠綱は「鞍持」を苗字としたかは不詳であるが、倉持文書伝来を考慮すれば倉持氏は千葉氏系統であることも否定できない、と思う。ただ倉持氏は養子関係があり、通字も鎌倉期は「忠」と「行」であり、単系統とは思われない。倉持氏には高氏系と千葉氏系が入り込んでいたと考えたい。

足利氏奉行人には高階系高氏がいたことは確かなことであるが（重氏・師氏）、福田豊彦は『高階系図』（尊卑分脈・続群書類従）が高氏と足利氏との親密な関係を義兼（平安末期）以来であったとするのに疑問を示しつつも、義氏（義兼の子）以降は高一族が仁木氏とともに足利氏被官の上位にあった、と指摘する。(45) 福田が疑問とする平安末期の足利義兼と高階氏との関係については、足利義兼の検非違使を中心とする在京活動が明らかとなっており、京・畿内での接触の可能性は考えられる。『萩藩閥閲録』に収められた国司文書（国司氏は高氏の流れ）には高刑部充惟長に宛てられた元暦元年八月二日某下文が見えるが、高刑部充惟長は足利蔵人代として平家追討役に従った、という。これも確かな文書ではないが、京での足利氏と高階氏との接触は考えられるのであり、これが契機となって鎌倉に下り足利氏奉行人となる人物も現れた、と見られる。

ところで福田は足利氏家政機関を、中央（鎌倉ヵ）は奉行所、地方（庄・郷）は公文所、と考えているようであるが疑問もある。「足利御庄公文所」に宛てた足利義氏下文（鑁阿寺文書）は堀内御堂講莚催勤を命じたものであるが、とくに三月八日忌日法会についてその用途（費用）負担を公文所沙汰として確認したものである。実際の実施過程では費用は寺庫に入るが（鑁阿寺一切経会等記録、鑁阿寺文書）、その前段階の郷からの用途徴収沙汰を公文所沙汰の権限としたのである。これは額田郡の年貢不輸として実行する「額田郡公文所」にも見られる。こうして足利氏は年貢の沙汰権限を地方庄・郷の公文所に担当させており、これは公文所の一部と理解すべきではなかろうか。足利氏の家政機関としては公文所があり、必要に応じて一部が庄・郷単位に設置されている、と解釈される。『足利市史　上巻』（一一四七頁）に紹介されている建長元年正月七日講書請定（鑁阿寺文書）は「公文所大進」が発給しているが、「右依仰所定如件」と見えて、当主（足利泰氏）の仰を奉じている。足利氏の公文所発給文書と見られるのであり、当主に付属する機関と考えられる。ただこれとは別に奉行所があり、奉行人がいたことも事実であるが（『足利市史　上巻』紹介の史料には奉行慶尊が見える）、公文所を北条氏と同様に中央家政機関として想定したい。

以上のように足利家・千葉家などの武士は、京都・鎌倉と往復しながら、幕府有力御家人としての政治的立場を確保し、本領では寺社法会・祭礼に関与することで地域的支配を実現している。宇都宮家・小山家・三浦家もそのように予想される。このような政治的存在としての武士を本書では〈武士勢力〉と呼んでいるが、それには黒田俊雄『寺社勢力』（岩波書店、一九八〇年）を参考にした。(46)

五　「東国」について

東国武士の成立は東国を場とするものである。その「東国」とは政治的枠組のなかにあり、また民俗・文化的基盤のうえに生成している。

政治的には関東は、陸奥に近接している常陸・下野・上野諸国が奥羽征討の兵站基地の役割を負わされており、奥羽との関係が強い。武士の発生もこの問題と関連しており、相模の武士などは、源頼義・義家の奥州征討事業との関係のなかで成長していることが叙述されている。(47) 北関東における宇都宮・足利・新田諸氏の成立も、奥州問題と無関係ではないし、陸奥と接する下野の宇都宮・那須には様々な系統の武士が混在する状況が見られた。

武士の成立する平安末期には、国制は存続し、国司の主導する政治が展開していた。武士は、原始状態の原野から成長するわけではない。当時の国務は、中央政治（院政）との関係で理解されなければならないが、国務の内容を具体的に考察することが求められている。東国武士の成立・展開も、院政期の東国国務の政治的影響の下で、進むものと思われる。東国武士には在庁を兼ねた者が見られたが、在庁という公的権限を武士的実力のなかにどう組み込んだか、考察してみる必要がある。

最近、幕府守護権力の存在形態を網羅的に検討した伊藤邦彦は、「東国」守護のあり方を幕府直轄下の守護のように論じている。授受した公権に基づく権力という側面よりは、幕府の事実的支配を前提にした権力のあり方を重視している。(48) その事実的支配は、頼朝配下の武士の事実的支配が基礎となっていた、と私は考えている。国制的枠組を継承した公的権限が実力的支配に組み込まれていく過程、ここでも問題となろう。

こうした事実的（実効的）支配は、武力的内容に限定されるものではない。武力を背景にしつつも、地域がかかえる自然的・宗教的問題への関与がもととなっている。本書第四章に論じるような、武士主催の法会のあり方は東国的特徴の一つを表現しているが、それは仏教的法会を媒介にして地域の神々を慰撫しているように見える。地域の自然・神々を住民ともども畏れているのである。東国は、自然・神々と文明の関係のあり方としても問題にできるはずである。法会・祭礼は寺社が行うものであり、武士は側面から支えるものであるが、その関与が法会・祭礼の執行に寄与している。「東国」と「武士」が接触する場面として、関東の仏事・神事は考察できる、と私は考えている。

(1)　豊田武『武士団と村落』(吉川弘文館、一九六三年)。
(2)　『初期中世社会の研究』(東京大学出版会、一九九一年)に収録された諸論文。
(3)　『坂東武士団の成立と発展』(弘生書林、一九八二年)。
(4)　七海雅人『鎌倉幕府御家人制の展開』(吉川弘文館、二〇〇一年)、清水亮『鎌倉幕府御家人制の政治史的研究』(校倉書房、二〇〇七年)、高橋典幸『鎌倉幕府軍制と御家人制』(吉川弘文館、二〇〇八年)など。
(5)　川端新『荘園制成立史の研究』(思文閣出版、二〇〇一年)、高橋一樹『中世荘園制と鎌倉幕府』(塙書房、二〇〇四年)など。
(6)　『武士の成立』(吉川弘文館、一九九四年)。
(7)　『武士の成立　武士像の創出』(東京大学出版会、一九九九年)。
(8)　『千葉県の歴史　通史編古代2』。
(9)　『源氏と坂東武士』(吉川弘文館、二〇〇七年)。
(10)　山本隆志「辺境における在地領主の成立」(『鎌倉遺文研究』一〇号、二〇〇二年)、同「関東武士の在京活動」(『史潮』新六〇号、二〇〇六年)。ともに補訂して本書に収録。
(11)　衣川仁『中世寺院勢力論』第二部第一章「中世前期の権門寺院と武力」(吉川弘文館、二〇〇七年)。
(12)　湯浅治久『中世東国の地域社会史』第三部第七章「肥前千葉氏に関する基礎的考察」(岩田書院、二〇〇五年)。
(13)　宮崎康充「古代末期における美濃源氏の動向」(『書陵部紀要』三〇号、一九七八年)。

(14)伊藤瑠美「一一～一二世紀における武士の存在形態(上)(下)」(『古代文化』五六巻八・九号、二〇〇四年)。
(15)秋元信英「関東御家人の検非違使補任をめぐって」(『日本歴史』三〇六号、一九七三年)。
(16)中原俊章「検非違使と「河」と「路」」(『ヒストリア』一〇五号、一九八四年)。
(17)伊藤瑠美「院政期の武士と「院近臣」」(『人民の歴史学』一七八号、二〇〇九年)。
(18)湯浅治久「「御家人経済」の展開と地域経済圏の成立」(『中世都市研究11』所収、新人物往来社、二〇〇六年)。
(19)網野善彦「「加藤遠山系図」について」(小川信編『中世古文書の世界』所収、吉川弘文館、一九九一年)。
(20)秋山哲雄「中世権力と都市鎌倉」(『歴史学研究』八五九号、二〇〇九年)。
(21)川合康「中世武士の移動の諸相」(メトロポリタン史学会編『歴史のなかの移動とネットワーク』所収、二〇〇七年)。
(22)秋山哲雄「移動する武士たち」(『國士舘史学』一二号、二〇〇八年)。
(23)『日本領主制成立史の研究』(岩波書店、一九六七年)。
(24)『中世村落と荘園絵図』(東京大学出版会、一九八七年)。
(25)榎原雅治ほか「消えゆく常陸の中世」(『茨城県史研究』四一号、一九七九年)。
(26)山本隆志『新田義貞』第一章「新田氏の家系」(ミネルヴァ書房、二〇〇五年)参照。
(27)川合康『鎌倉幕府成立史の研究』第三部第八章「治承・寿永内乱と伊勢・伊賀平氏」(校倉書房、二〇〇四年)。
(28)飯村均「館と寺社」(小野正敏ほか編『中世寺院　武力と景観』所収、高志書院、二〇〇七年)。
(29)清水三男「国衙領と武士」(『清水三男著作集第三巻』所収、校倉書房、一九七五年、初出は一九四二年)。
(30)『日本の歴史12　中世武士団』(小学館、一九七四年)。
(31)山本隆志「新田氏成立の政治過程」(『近藤義雄先生卒寿記念論文集』所収、群馬県文化事業振興会、二〇一〇年)。
(32)山本隆志前掲書(注25)。
(33)山本隆志「東国における武士と法会・祭礼との関係」(『歴史人類』三九号、二〇一一年)。補訂して本書第四章に収録。
(34)注(10)に同じ。
(35)山本隆志「鎌倉後期における地方門前宿市の発展」(『歴史人類』一〇号、一九八九年)、同「鎌倉時代の宿と馬市・博労」(『年報日本史叢一九九九』一九九九年)、同「荘園制下の生産と分業」(網野善彦ほか編『講座日本荘園史3』所収、吉川弘文館、二〇〇三年)。前二者は補訂して本書第六章・第七章に収録。
(36)「中世における流通と地域社会」(『歴史学研究』七六八号、二〇〇二年)。
(37)「「常陸守護」八田氏再考」(地方史研究協議会編『茨城の歴史的環境と地域形成』所収、雄山閣、二〇〇九年)。
(38)豊田武『武士団と村落』(吉川弘文館、一九六三年)。
(39)田中大喜「惣領職の成立と「職」の変質」(『歴史学研究』八五一号、二〇〇九年)。同『中世武士団構造の研究』(校倉書房、二〇一一年)に収録。一門評定については小林一岳「一揆の法の形成」(同『日本中世の一揆と戦争』所収、校倉書房、二〇〇一年)も参照。
(40)『惣領制』(至文堂、一九六六年)。
(41)江田郁夫「那須伊王野家文書の伝来をめぐって」(村井章介編『中世東国武家文書の研究』所収、高志書院、二〇〇八年)。
(42)山本隆志「白河結城家文書のなかの那須文書」(村井章介編『中世東国武家文書の研究』所収、高志書院、二〇〇八年)。主要部分は補訂して本書第五章に収録。
(43)福田豊彦『室町幕府と国人一揆』(Ⅰ−一)「鎌倉時代の足利氏にみる家政管理機構」(吉川弘文館、一九九五年)、初出は一九七七年。
(44)「中世東国社会における苗字の継承と再生産」(野口実編『千葉氏の研究』所収、名著出版、二〇〇〇年)。
(45)注(43)に同じ。
(46)黒田俊雄は、大衆・衆徒・神人・聖までを包摂した社会的政治的勢力として寺社勢力を論述している。寺社を機構としてでなく、周縁部を包摂した勢力として(変化するものとして)とらえている。武士勢力も一族だけでなく様々な縁者や被官層を包摂したものとして存在している。ただ黒田の寺社勢力概念を参考にしたが、権門体制論に賛成しているわけではない。
(47)石井進「相武の武士団」(同『鎌倉武士の実像』所収、平凡社、一九八七年)。
(48)伊藤邦彦『鎌倉幕府守護の研究〔論考編〕』(岩田書院、二〇一〇年)。

第一章　北関東における武士勢力成立の政治史——新田氏成立の政治史的考察——

はじめに

北関東は武士勢力が群生する地域である。武士は、かつては未開の辺境地帯に自然成長的に成立する族的結合の「武士団」としてとらえられていた。豊田武『武士団と村落』（吉川弘文館、一九六三年）が代表的著作であるが、武士を生態的な存在と考えている。この著作は、日本社会を根底から解明しようとした戦後歴史学の流れのなかにありながら、実証的具体的な考察に富んでいる。ただ、今日の目から見ると、武士の成立自体が国家的・政治的な枠組みのなかから展開する、という視角が弱い。石母田正『中世的世界の形成』（伊藤書店、一九四七年）は、武士団成立の舞台として草深い農村を想定している。辺境が、未開の原始的社会と考えられることが多かったのである。

辺境は、石母田『古代末期政治史序説』（未來社、一九五三年）が構想したように、政治的（国家的）辺境である。武士成立の時代にあっては、国家的支配の境界となっていた地域である。平安後期の国家的辺境のひとつに、北関東の地があったのであり、そこに成立した武士の代表的存在として新田・足利氏がいる。その源姓新田・足利氏の出発点となったのは源義国である。義国は首都で活動した軍事貴族であるが、下野国足利・上野国新田とのつながりが強い。彼が活動した時期には、すでに秀郷系藤原一族が上野国南東部から下野国西部に巨大勢力を築いていたが、これについては野口実『坂東武士団の成立と発展』第二章第一節「秀郷流小山氏・足利氏」（弘生書林、一九八二年）が古記録と系図を活用して究明している。(1) 私は野口の研究を継承しながら、政治的枠組みとの関係のなかで、問題を考察したい。

秀郷系藤原一族足利氏の勢力と源義国はいかなる関係をもち、そこにどのように自己の勢力を政治的に築いたのか。この義国の政治勢力が、源姓足利・新田に継承発展されてゆくのである。本章では、源義国が藤原姓足利氏の勢力を一部吸収しながら、源姓足利氏・新田氏祖となってゆくこと、その勢力の一部が新田義重に継承されてゆくこと、を政治史的に考察する。なお源姓足利氏成立は第四章で取り上げる。

一　源義国の都鄙往反

（一）　出自

源義国は清和源氏義家の子である。これは各種系図の一致するところである。その官途等を『尊卑分脈』では、「義家朝臣三男、今世相続源氏流正嫡也、加賀介従五位下、式部丞帯刀長、号足利式部大夫」と注記する。このうち「加賀介従五位下」と「式部丞」は同時代史料で確認できる。足利式部大夫と名乗ったというが、足利との関係はいつ、どのように発生したのか。『尊卑分脈』では先に続いて「或記云、久安六年月日参陣之時不測而於路地参会大炊御門右大臣于時右大将実能公、被称為狼藉以侍随身等被打落、仍郎従等郎含憤向本所焼払畢、依之勅勘籠居下野国畢」と記す。久安六年（一一五〇）洛中路地にて藤原実能との紛争が契機となって義国郎従が実能本所を焼き払ったため、勅勘を蒙り下野足利に籠居した、という。籠居であるから、足利を選んだのは義国と考えられる。義国にはこれ以前から足利との縁があった、と見られる。(2)

いっぽう『尊卑分脈』（内麻呂流藤原系図）の有綱の「女子」に次のような注記を付けている。「鎮守府将軍源義家室、加賀介義国・右兵衛権佐義忠・下野守為義等母」。ここからは藤原有綱女が源義家の妻であり、義国・義忠・為義の母である、と読める。ただ為義は義家の孫であり、義忠は為義の叔父である（『国史大辞典』の「源為義」）。この「女子」の記載は脇坂本・前田本・内閣本には見えないとのことであり（『国史大系尊卑分脈』頭注）、この系図注記は採用しがたい。したがって義国の母も有綱女以外に求めるのが妥当であり、『近代足利市史』「中世」の説は再考されなければならない。

また義国の母を藤原有綱女と想定すると、義国がなぜ足利に下向するのか、説明が困難であり、足利との関係が不明となる。源義国は後述のように、下野国簗田御厨の「領主」の地位に就いていることは確実な史料から明らかである。簗田御厨「領主」は関係史料から、藤原姓足利氏から継承したと考えられる（後述）。このことは源義国と下野国足利・簗田との関係を考えるうえで最も重要な事実である。

この点について鑁阿寺蔵の新田足利両系図（『新田義貞公根本史料』所収）は、義国の母が藤原（足利）基綱である、と指摘する。つまり同系図の義国の注記は「新田足利四郎、又号足利冠者、従五位下、帯刀長、式部大丞、左衛門尉、母中宮亮藤原基綱女、崇徳院判官代、父義家奥州下向之節、足利城足利左太郎大夫基綱館下著、合戦対陣之内、基綱女嫁生、寛治五辛未年」と始まる。源義家が奥州下向の途中、藤姓足利基綱の館に立ち寄り、その後の奥羽での合戦の最中に基綱女が子を産んだ。これが義国であり、寛治五年（一〇九一）の生まれという。頼義・義家等の奥州下向時に、途中の現地豪族の娘との間に子が生まれるという伝承が多いが（常陸大掾氏など）、義国と足利とのつながりの出発点はここに求めてよい、と思う。

（2）上洛と都鄙往反

義国は足利で生まれ養育されたので、いつどのようにして上洛したかが問題となるが、鑁阿寺蔵系図では、源義忠殺害事件を契機に上洛し、義家に謁見したという。源義忠が源氏内紛により殺害されたのは天仁元年（一一〇八）二月であるから、義国は一九歳である。義国が通字「義」を得ていることは父義家のもとで元服したことを考えさせる。とすると、元服は当時は一四、五歳であろうから、上洛は天仁元年以前と見られる。康和・長治の頃と推定しておきたい。

上洛した義国は父義家の指示のもとに活動することとなる。『永昌記』（藤原為隆の日記）嘉承元年（一一〇六）六月十日条に「……常陸国合戦事、又宣下春宮大夫、義光幷平重幹等党、仰東国司可召進之、義国令親父義家朝臣召進之、……」と見えて、常陸での合戦に義国が参加している。この合戦の詳細は不明であるが、参加したのは源義光・平重幹・源義国らの勢力である。朝廷は前二者は国司に命じて召還し、義国は父義家を通じて召還することを決めている。義国は一六、七歳であるが、父義家の指示を受けていた、と考えられる。合戦の場は常陸であり、佐竹氏祖となる源義光、常陸平氏の平重幹という、常陸の事情に通じた人物が参加している。義国も同様に関東の事情に通じた人物として、義家に期待されたのであろう。義国は上洛した後も、関東の合戦に出向き、都との間を往復していたのである。足利出身の義国は上洛後も足利・足利氏との関係を維持していた。

【史料一】『中右記』永久二年（一一一四）八月十六日条

（略）為義・義国相論郎等家綱、依上野国司訴召何〔問〕之処、本主両人相論候如何、仰云、為義非我郎等之由申、
甚非常也、雖誰人従者、所推取之雑物可糺返也、付為義可召出之由、仰明兼了、

義国が叔父為義と「郎等家綱」をめぐって争ったが、その郎等家綱は「雑物推取」の咎で上野国司に訴えられていたので、為義は「我が郎等にあらず」と言い逃れようとした。一方の義国の態度は記載されていないが、白河院は為義の責任で家綱を召し出そうとしている。

家綱は、この記事からはどちらの郎等なのかわからないが、この時期の郎等は複数の本主をもつのが一般的で

あり、[3]義国・為義の二人を本主としていたと見られる。この家綱は、東国関係者で探すと、藤姓足利氏のなかに検出できる(『尊卑分脈』藤姓足利成行の子)。義国の母方祖父の基綱と同族なのである。藤姓足利家綱は姻戚関係にある源義国とともに上洛し、京での活動で為義とも結びつきを強めたものであろう。

その家綱は上野国司から訴えられている。院は「誰人の従者といえども、推し取るところの雑物は糺返すべきなり」との考えから、家綱の召出を命じている。家綱は「雑物を推し取」っており、それを上野国司から訴えられたのである。この場合の「雑物を推し取る」とはどのような内容を考えたらいいのであろうか。上野国司からの訴えがあるので、上野国に関係する。また「推し取る」という表現からは、税納入を拒否しているとの趣旨はうかがえない。雑物が倉にあるか、京都への運送途中にあるか、それを強引に取り上げた、ということであろうか。家綱は、その雑物となんらかの関係があるように見えるし、主人義国が背後にいるかもしれない。

家綱も、こうして都鄙往反の活動を展開していたが、その家綱を義国は姻戚関係を媒介に郎等に編成していたのである。もし家綱の上野国雑物推取に主人義国が関与していたとすると、義国はこの時点から上野国への関与を始めた可能性も出てくる。

(3) 鳥羽院奉公

義国の上洛・在京はやがて鳥羽院への奉仕となって現れる。天承元年(一一三一)九月二〇日、鳥羽院は洛南鳥羽の城南寺にて祭礼を行い、馬場にて弓射を覧じた。それに参加した武士は院に近い存在であったが、そのなかに「兵部丞義国」が見える(『長秋記』)。参加者のなかには武士で受領となった美濃源氏重時や検非違使源為義もいた。この時点で義国は「兵部丞」となっている。[4]

このような義国の鳥羽院奉仕は何を契機に、どのような媒介によって始まったのか。鳥羽院は源義家・平忠盛を護衛に召していたというから（『愚管抄』）、義国は義家の配下として奉仕するようになったと思われるが、詳しい経緯はわからない。

久安三年（一一四七）七月、比叡山の僧が都に乱入する形勢となり、鳥羽院は武士を集めたが、そのなかに源義国も見える。「七月廿四日丙戌、今日仙院御覧武士、如日来儀也、佐土守平盛兼・平盛時・源親弘・散位源義国・主殿助同時光、各渡御前、義国以男義康為代官、自身不参云々」（『本朝世紀』）とあり、散位源義国は院から期待されながらも自身は不参し、かわりに「男義康」（のちに足利氏祖となる人物）を代官としたのである。官途表記がなく、義国の身の上に変化があったことを思わせる。

天承元年と久安三年の間に、官途をなくすような大変化が予想されるのである。『尊卑分脈』・鑁阿寺蔵系図が記述する洛中での乱闘と足利籠居は、この時期のことであろうか（鑁阿寺蔵系図では久安二年正月、藤原頼長と路地参会し紛争となり、勅勘を受けたが許された、という）。両系図とも久安六年（一一五〇）には足利への引退を記しており、また『本朝世紀』仁平三年（一一五三）六月五日には義国子息義康が検非違使として見える。この時期に義国は下野足利に本拠を移したと見られる。都を本拠とした都鄙往反は、足利を本拠とした在地活動に変わったのである。

二　義国・義重の婚姻

(一)　義国の婚姻

源義国が京都を本拠にしていたのは、このように康和・長治から久安の時期（一二世紀前半）と見られるが、その間に京都での人間関係を広げていた。そのひとつは婚姻関係である。義国は藤原敦基の女を妻としたが、その藤原敦基は上野国司を経験している（『吾妻鏡』建仁二年五月十四日条に義重の母として「上野介藤原敦基女」と見える）。「上野介藤原敦基」は康和二年（一一〇〇）四月一三日に「目代散位平朝臣周眞」とともに剣を上野抜鋒社に奉納している（「本朝続文粋」、『大日本史料』第三編八、嘉承元年七月是月条）。剣の奉納は現地目代の指向するところであろうが、「本朝続文粋」に採用された文章は藤原敦基の作文である。この年の源義国は一〇歳であり、上洛以前であろう。義国の婚姻は上洛・元服後と見られるので康和二年以降のことであろう。父義家の死亡が嘉承元年（一一〇六）であるので、義国婚姻はその直前であろうか。

保安二年（一一二一）九月、召物所課に関わる弁経使が決まっていない国々が院に奏上されたが、そのなかに安房国が見える。具体的には「安房国上野守令明所縁也、近日下向云々、早留令明下向、可進召物」（「八幡弁賀茂行幸記」、『群馬県史　資料編4』）と記されている。この令明はさきの藤原敦基の子であり、『尊卑分脈』でも「合〔令〕明　上野・上総介……」と見える。藤原敦基子の令明は保安二年上野守（介）に就いていたのである。しかもかれは安房国にも所縁があり、この時現地に下向しようとしている。藤原令明は関東の事情に明るく、たびたび都鄙往反をくりかえしていた、と考えてよかろう。この時期の源義国は年齢三〇代半ばであり、すでに敦基女（令明姉妹）と婚姻して一〇年以上経っていたと見られる。義国も活発に都と関東を往復していた時期であろう。上野介令明の東国往反も義国の情報に依存するところがあったと考えられ、両者の東国往復は連携していたと見られる。

（2）子息義重の婚姻——藤原康英女と源親広女

義国男義重の婚姻はどうであろうか。義重の子息としては、新田氏宗家を継承した義兼と世良田家を始めた義季らがいるが、二人の母を諸系図は、次のように記載している。

『尊卑分脈』　義兼・義季……記載なし

鑁阿寺蔵新田足利両系図　義兼……播磨守藤原康英女　義季……記載なし

長楽寺蔵新田氏系図　　義兼……豊嶋下野権守源親広女　義季……同
新田岩松古系図　　　　義兼……豊嶋下野権守源親広女　義季……同

義重の妻として源親広女と藤原康英女が考えられるわけであるが、播磨守藤原康英は『尊卑分脈』長良流に見える康基（英）であり（播磨守の注記あり）、父永広は兵部権大輔にも就いていた。前述のように天承元年には義国が兵部丞として見えるので、その頃兵部権大輔永広女を義重妻とする婚姻が成立したとも想像できる。義重の年齢は天承元年では一八歳位である（鑁阿寺系図の義重死亡年齢から逆算）。

一方の豊嶋下野権守源親広はどうであろうか。該当する人物は古記録で検出することは困難であるが、『尊卑分脈』清和源氏流大和源氏流に「親弘」がおり、「対馬守」「下野権守」「号豊島権守」「住摂津国豊島」の注記をもつ。時期的にも不都合はないので、この婚姻も十分に想定できる。この源親弘（広）は摂津豊島に本拠を置いており、在京武者であろうから、こちらの婚姻も義国在京時代に子息義重の妻を決めるのに、在京中の義国がすすめたと考えられる。

義兼・義季の母となった義重妻は、藤原康英女と源親広女のどちらなのか、決定的な判断はできないが、どちらにしてもその婚姻は義国在京中に受領層との間に進められたことであり、義国の在京活動のなかで展開したものと考えられる。(5)

三　義国の在地活動

（一）簗田御厨の獲得

下野足利に下った源義国はまず簗田を根拠地に仕立てた。永暦二年（一一六一）五月一日弁官下文写は「本領主散位源義国起請幷源義清陳状」に任せて荒木田神主範明を下野国簗田御厨の口入神主とする裁定を下している。

この相論は口入神主を誰と認定するか、その根拠となる寄進状は誰のものか、をめぐって展開しており、相論文書のやりとりは平治元年（一一五九）一〇月から一二月である（同文書）。その相論裁定で、源義国は太政官から簗田御厨の「本領主」として扱われているのであるが、義国はすでに久寿二年（一一五五）死去している（『尊卑分脈』など）。源義国の簗田御厨「本領主」としての位置は確かなものである。この簗田御厨「本領主」を義国はどのように獲得したか、周辺事情を検討すると母（足利基綱女）または妻（蓮妙、足利一族）との関係に由来すると考えるのが妥当であろう。蓮妙が重要人物であるので、詳しく検討したい。

【史料二】永暦二年五月一日弁官下文写（久志本『常辰反故集記』、神宮文庫所蔵、『栃木県史　史料編古代』所収）

左弁官下　伊勢大神宮

応任本領主散位源義国起請并源義清陳状、以権禰宜荒木田神主範明、如元為口入神主、二所大神宮御領下野国簗田御厨事、

右、得彼範明陳状去平治元年十二月九日偁、今月七日宣旨同九日到来偁、去月十一日義清陳状偁、今月三日宣旨同日到来偁、得範明去十月九日解状偁、件御厨義国雖有領知之理、故利光神主同意家綱、不承引之間、義国致訴訟、経年序之間、以親父元定神主永相伝于子孫、可為口入人之由、依令起請、以件起請上分口入料之内、元定又分与外宮一禰宜故彦忠神主之由、起請畢、以義国之寄文請庁判、元定今〔令〕渡与義国畢、其後義国経院奏之刻、論人利光同以言上、聞食両方之理非、義国得理畢、仍任起請元定備進二宮御上分之間、義国卒去、義康相伝御厨、元定又卒去、凡所預置于範明文書等、舎兄氏定盗取之間、彼御厨沙汰文書掠取畢、以件文書可致横妨由、依令風聞、相触子細於義康之処、且任義国之起請、御厨上分口入料敢無相違、範明所致沙汰也、爰去保元二年五月義康逝去之刻、利光孫致訴訟、仍範明告知其由於義国後家蓮妙、以元定之文書、無相違申成宣旨、領掌御厨、雖然背範明、暗付宗元神主、差遣私使、不論是非、依徴取上分口入料等、以範明

仮名山口久行、勒子細成外宮解状、副奏状、右中弁親範朝臣職事之時、従内大臣家被奏状付之処、雖被経奏聞、不被遂沙汰之間、被叙四品畢、其後彼奏状雖令尋返、称蓮妙給由、不返給、件旨見副進右中弁消息、因茲彼宗元等狼藉、弥以倍増、望請、早任次第証文、被召問件義清、停止宗元神主沙汰、如元令範明備進件御厨上分口入料、将仰道理之不空者、右少弁藤原朝臣成頼伝宣、中納言藤原朝臣忠雅宣、奉勅、宜令彼義清言上件子細者、謹所請如件、抑件御厨任祖母之処分、所領知也、任宣旨之状、雖須陳申子細、幼少之上、依領知日浅、全不知、於口入神主之条者、父祖文契未及違背、但左右可依勅定也者、就宣旨并義清陳状、謹検案内、彼御厨義国雖有可領知之理、故利光神主同意家綱、不承引之間、義国乍抱訴訟、経年序之処、以親父元定神主、永相伝于子孫、可為口入任之由、依令起請、以件起請、上分口入料之内、元定又分与外宮一禰宜彦忠神主之由、起請畢、以義国之寄文請庁判、元定令渡与義国、其後義国経院奏之刻、論人利光同以言上、聞食両方之理非、義国得理畢、仍任起請、元定備進二宮御上分之間、義国卒去、義康相伝件御厨、元定又卒去、凡所預置範明文書等、舎兄氏定盗取之間、彼御厨沙汰文書掠取畢、以件文書可致横妨之由、依令風聞、相触子細於義康之処、且聞開由緒、在御厨下知、仍任文契、上分口入料、敢無相違、範明所致沙汰也、爰去保元二年五月義康卒去之刻、利光之孫致訴訟、仍範明告知其由於義国後家蓮妙之刻、以元定沙汰之文書、無相違申成宣旨、領掌御厨、雖然以去保元二年九月之比、蓮妙背文契、暗改付宗元神主、差遣私使、不論是非、依徴取上分口入料等、山口久行勒子細、成外宮解状、副祭主奏状、右中弁親範朝臣為職事之時、従内大臣家被付彼奏状之処、雖被経奏聞、不遂沙汰、被叙四品畢、其後件奏状雖令尋返、称給蓮妙之由、不返給、件旨副進右中弁親範朝臣書状具也、如此之間、宗元等狼藉弥以倍増、仍以祭主奏状幷右中弁書状及次第証文等、被奏聞之日、彼御厨領主被召問義清之処、父祖之文契、未及違背之由、所陳申也者、就之申之、蓮妙独背文契者歟者、早下宣旨、永停止宗元非論、任文契、如旧付範明、被備進件上分者、権中納言藤原朝臣雅教宣、奉

勅、宜任本領主義国起請并義清陳状、以範明如元為口入神主者、宮宜承知、依宣行之、

大史小槻宿禰在判

永暦二年五月一日

権右中弁藤原朝臣在判

（東京大学史料編纂所写真帳で点検した）

この弁官下文は伊勢大神宮に宛てて出されており、事書に「応任本領主散位源義国起請并源義清陳状、以権禰宜荒木田神主範明、如元為口入神主、二所大神宮御領下野国簗田御厨事」と見える。その趣旨は、簗田御厨の口入神主として荒木田神主範明を確定する、その根拠に本領主散位源義国起請と源義清陳状を採用する、の二点である。このことを確認したうえで、本文を検討しよう。

本文には五種類の文書が引用されている。それを年代順に示すと、次のようになる。

①（平治元年）一〇月九日荒木田範明解状

②（平治元年）一一月三日宣旨

③（平治元年）一一月一一日源義清陳状

④（平治元年）一二月七日宣旨

⑤平治元年一二月九日荒木田範明陳状

①は口入神主をめぐる相論の発端となった解状であるが、この文書の内容は以下の通りである。

ア　件の御厨は義国に「領知の理」があるが、故利光神主（伊勢神主）は家綱（足利家綱）と「同意」して（意を通じて）義国領知を承引しなかった。

イ　源義国と利光神主・家綱は相論となり、義国は神主元定（範明父）を口入人（口入神主）とし子孫相伝すべしとの起請文を提出した。

ウ　元定神主（範明父）は自分の子孫を口入人とすること、口入料の上分を外宮一禰宜（彦忠）に分与すると起請し、「義国之寄文」（義国起請）に（神宮）庁判を得て、それを義国に渡した。

エ　その後、義国は院奏し、また論人利光も言上し、理非相論となり、義国が理を得た。義国の院奏と論人利光も言上のどちらが先行するかは定かでなく、反対派の利光神主との訴訟が院（鳥羽院）に持ち込まれたことを意味しており、その訴訟主体が義国である。

オ　その後義国が死去し、子息義康が御厨（本領主）を相伝した。また元定も死去した。元定が範明に預け置いた文書は舎兄氏定が盗み取ったので、簗田御厨文書もかすめ取り、横妨しているとの風聞があった。そこで子細を義康（義国子息）に連絡したところ、義康は義国の起請に任せて上分口入料は相違なく範明が沙汰すべきであると返答してきた。

カ　保元二年五月、義康が死去すると、神主利光の孫が訴訟を起こした。そのことを範明が義国後家蓮妙に告げ知らせたところ、蓮妙は範明の意向に反して暗に（口入神主を）宗元に付けて私使を差し遣わして上分口入料を徴収している。

キ　そこで範明（仮名山口久行）は訴訟を起こしたが、沙汰が進まなかった。

ク　次第証文に任せて、義清（義兼弟）を召問して、宗元神主沙汰を停止し、元の如く範明に件の上分口入料を備進させてほしい。

これによって出されたのが②(平治元年)一一月三日宣旨であり、「義清に言上させよ」という。その結果③源義清陳状が提出されたが、そのポイントは二点ある。

・私は簗田御厨を「祖母の処分」に任せて領知している（祖母は蓮妙）。この間の子細は「幼少の上、領知してまだ日が浅く」わからない。

・口入神主について私は「父祖の文契」に違背していない。ただし勅定に従う。

④宣旨は義清陳状を受けて出されたが、①の荒木田範明解状の内容をほぼ確認しつつ、現地で進行している事態（宗元神主側の狼藉）の責任は蓮妙にあり、本領主源義国起請文・足利義清陳状に任せて範明を口入神主となす、と判断している。なお⑤の文末にあたる文章がないが、省略されて書写されたと思われる。

以上が史料二の概要であるが、ここには簗田御厨設立の前提となった所領に対する藤原姓足利氏の潜在的領有がうかがわれる。またそれとの関連で源義国の簗田御厨「本領主」の内容レベルが問題となる。その点を検討しよう。

源義国の権利は「本領主」と表現され、また「相伝の理あり」と認定されている。だが義国の領有を承伏しない人々がいた。伊勢での利光神主と足利現地の「家綱」である（①ア）。この家綱はさきに検討した義国郎等とも為義郎等とも言われた家綱である（史料一）。『尊卑分脈』では藤原成行（足利大夫）の子に「家綱」と見える人物であり、「足利孫太郎」と注記されている。『尊卑分脈』には兄弟として成実（薗田）・重俊（大胡）が見え、家綱の子孫からは佐野・阿曾沼などの諸氏を出している。これらの苗字はいずれも足利周辺の地名である。すなわち家綱は足利家綱なのであり、足利周辺に勢力圏を広げる藤原姓足利氏の一員なのである。ただこの藤原姓足利氏は源平争乱から鎌倉幕府成立の内乱のなかで、源姓足利氏によって没落させられた（この藤原姓から源姓へと足利氏をつないだのが源義国である）。

梁田御厨樹立過程における藤原姓足利氏の権益を、史料二に見えるところを、時系列に整理すれば次のようになる。

《第一段階》

源義国が簗田御厨を伊勢神宮神主元定に寄進した時（起請・寄文）、藤原姓足利家綱と伊勢神主利光は承伏しなかった。両者は「同意」しての行動であり、伊勢と現地足利とが一体となった動きを示しており、この時すでに荘園制的関係が形成されていた、と見られる。簗田御厨は、伊勢神宮側の史料では、最初は内宮領として建立され、康治二年（一一四三）に二宮領となっている（伊勢大神宮神領注文、『鎌倉遺文』六一四号）。家綱と利光神主との荘園制的関係は、この内宮領であろう。いっぽうの源義国の寄進は外宮一禰宜彦忠神主に起請を出していることから、外宮への寄進であり、二宮領化を示すであろう。形式的には、家綱と内宮との関係、義国と外宮との関係が併存するところとなったのである。

この時の義国の寄進は何を根拠とするものであろうか。義国の権利は「本領主」「相伝の理」と表現されており、相続したものである。史料二には「義国後家蓮妙」が見え、足利義清の「祖母」でもあるので、蓮妙は足利氏の女性で義国の妻と考えられる。源義国は妻蓮妙から簗田御厨本領主を相続した、と考えることが妥当である。義国はこの相続を社会的に公認させるためにも伊勢外宮に寄進したものであろう。

《第二段階》

義国から「本領主」権を継承した義康が死去すると、伊勢神主元定と足利現地の蓮妙は連携して「狼藉」を起こした。「去る保元二年九月之比を以て、蓮妙は文契に背き、暗に宗元神主に改め付け、私使を差し遣わす、是非を論ぜず、徴取上分口入料等を徴取する」という事態である。義康死去が保元二年（一一五七）五月であるから、その四ケ月後である。九月は収穫期に合わせたことであるから、ここでの事態の先導者は伊勢ではなく、現地である。蓮妙が計画的に実行した、と見なければならない。

さて蓮妙の立場はどのようなものなのか。源義国の妻であったが、足利一族内の位置はどうなのか。義康死後に現地を実効支配し諮問を請けた足利義清（義兼弟）は「件御厨は祖母蓮妙の処分に任せ、領知するところなり」と言っている。義国・義康父子のいなくなった段階で、蓮妙は義清を継承者と決めたのである。相伝者であった義国（蓮妙の夫）の意向は不明だが、実際には蓮妙の差配が優先されている。これだけ蓮妙の権益が強いのは、簗田御厨「本領主」が本来は蓮妙のものであり、それを義国に譲ったことに基づく、と考えられる。

足利義清は治承四年の宇治合戦に参加して一時戦死の噂が流れたが、誤報であった。『山槐記』（治承四年五月十六日条）には「源義清足利判官代云々、義康子」と見える。寿永二年の水島合戦で死去するが、内乱が始まるまでは足利にいたものと見られる。義清は義康の子であるから、義国の孫である。したがって蓮妙（義国妻）は祖母となる。その蓮妙の計らいによって、義康死去後の簗田御厨の領主となっていたのである。

以上のように、源義国の簗田御厨「本領主」権は足利一族の蓮妙から継承したものであり、それを伊勢外宮に寄進したところに成立しているのである。ただその権利は不安定であり、本来的領有権をもつ藤原姓足利一族に取り返され、相論となっている。

こうして久安六年（一一五〇）頃足利に下向した源義国は、姻戚藤姓足利氏との関係をてこにして、足利荘・簗田御厨に権益を獲得し、簗田御厨については伊勢神主荒木田延明との政治的提携を図り、御厨化を実現したのである。この過程は、妻蓮妙や家綱などの足利一族の抵抗があり、争闘を含んでいたが、在京活動で得た政治力と中央政界で活動する子息義康との関係が義国の優位性を支えていた、と見られる。

（2）新田住人義国

簗田御厨は古渡良瀬川と現渡良瀬川との間に位置する。古渡良瀬川こそがこの時期の国境であり、川を越えれば上野国薗田・新田であるが、義国は新田に進出した。田中槐堂氏所蔵「大般若経裏書」には次のように見える。

【史料三】大般若経裏書（田中槐堂『日本写経綜覧』三明社、一九五三年、三六五頁）

寿永二年

足利矢田判官義清
（花押）
奉供養

為供養
……（継目）……………
上野国新田住式部大夫
加賀介従五位下義国
中宮亮藤原基綱女
鳥羽院北面有房
（以下切断）

ここに見える人名は以下のようになる。「足利矢田判官義清」は史料二からうかがえるように、源義国の孫である。「上野国新田住式部大夫加賀介従五位下義国」は義清の祖父。「中宮亮藤原基綱女」は義国の母で（藤原姓足利氏）、義清の曾祖母にあたる（鑁阿寺系図）。『近代足利市史』では「基綱」を「有綱」の誤記と解釈しているが、田中槐堂によればこの奥書は足利義清の自筆であるので、採用できない。「鳥羽院北面有房」（『近代足利市史』は有房の下に「（女カ）」を補っているが採用できない）は『尊卑分脈』（清和源氏足利系図）の足利義康の注記に見える「母信濃守有房女」の「信濃守有房」であろう。義清は義康の子であることから、有房は義清の曾祖父にあたる。したがって足利義清が供養の対象としているのは、祖父源義国・曾祖母藤原基綱女・曾祖父有房である。ただこの奥書は写真で見る限り、切断されているので、他の名前が続いていたとも思われる。

この供養を旨とする写経奥書に義清は「足利矢田判官義清」と自筆で書いており、足利氏の自覚が見える。続いて祖父義国を挙げ、「上野国新田住式部大夫加賀介従五位下義国」と表記されている。足利氏開祖にあたる人物を挙げながらも「上野国新田住」と書くのは、足利は自分が継承しており、義国は新田に移ったという趣旨であろう。義清がこう書くのは、おそらくは「上野国新田」で晩年を過ごしたことに由来するであろう。このような同時代史料で確かめられるように、義国は上野国新田に進出し居住していたのである。

義国の住居（屋敷）は新田郡のどこに求められようか。検討できる史料はないが、推定はできる。まず『源平盛衰記』（「南都騒動始の事」）には「上総介忠清、相国禅門に申しけるは、今度合戦の高名、足利太郎忠綱が宇治川の先陣の故なり、向後のために速かに勧賞候ふべしと細々申しければ、入道大に感じて忠綱をめし、宇治川の先陣返す返す神妙勧賞乞ふに依るべしと宣ふ、忠綱畏つて、靭負尉検非違使受領をも申すべく候へ共、父足利太郎俊綱が上野十六郡の大介と新田庄を屋敷所に申し候ひしが、其事空しく候ひき、御恩には同じく父が本意をもとげ、身の面目にもそなへん為に、彼の両條をゆるしたまはり候はんと申す、入道当座に下知せられたり、忠綱大に悦びの眉を開きて、宿所に帰る、足利一門が此事を聞きて、十六人連署して訴訟す、宇治河を渡す事忠綱一人が高名に非ず、一門与せずば忠綱争か渡すべき、されば勧賞は十六人配分候べし、忠綱が大介を召返されずば、向後の御大事には忠綱一人を召され候ふべしと、一時に三度迄申したりければ、入道力及び給はで、巳の時に給りたりける御教書を、未の刻に召返されけり、午の時計りぞ有りければ、京童部が足利又太郎が上野の大介は午介とぞ笑ひける」と見える。ここには足利俊綱・忠綱父子が「上野国大介」と新田荘屋敷を平清盛に望み、退けられたことがうかがわれる。俊綱は藤姓足利家綱の子である（『尊卑分脈』）。藤姓足利氏は義国妻方であるが、それを根拠に「上野国大介」と新田荘屋敷を望んだものと考えられる。新田（庄）屋敷は義国が築いたものとすると、前後が整合的に理解できる。

新田現地には、源義国に関わる伝承が残る。旧新田郡岩松村字本郷の青蓮寺（室町期には時宗）は「当寺ハ往

〔図1－1　世良田～岩松周辺図〕（大日本陸地測量図5万分1地形図を利用）　（作成 山本隆志）

古ヨリ律宗ニシテ僧源祐律師ナル者居住ノ頃、新田足利双家ノ大祖式部丞源朝臣義国深ク律師ニ心意ヲ尽サレ、而シテ一ツノ霊堂ヲ建設シテ以テ岩松山ト称号シ」と『上野国寺院明細帳6　新田郡』（明治一二年調査）に記されて、義国建立の堂が存在していたことを伝える。また『上野国神社明細帳16　新田郡』（明治一二年調査）も新田郡岩松村字新邸に「義国神社」の存在を伝承する。義国が建立した堂がやがて寺院・神社に転化したものであろう。この堂（霊堂）も義国屋敷に付随したものであろう。

　上野国新田に進出した源義国の屋敷・霊堂は新田岩松に造営されたのである。源姓足利氏から新田氏に入った義純が岩松郷を本拠にして岩松氏を興こしたのも、こうした前提があったと考えられる。またこの屋敷（館）・霊堂は開発の拠点となり、仏会の場となっていくと思われる。

四　新田荘設立と地主職

（一）東国の国衙政治

康和・長治頃に上洛し、都鄙を往反しながらも都にて源氏の一員として王権に奉仕した源義国は、久安六年頃に本拠を下野足利に移し、足利・簗田の領有権を獲得し、上野新田にも屋敷・霊堂を建設し、足利・新田の祖となった。こうした源義国の動きは新田荘設立へと向かうが、どのような政治的環境のもとで展開したのであろうか。一二世紀前半の国衙政治史との関係で検討してみたい。国衙政治史の政治的枠組のなかで武士成立史を考察するという視角は研究史の現状では不足しており、史料も少ない。本稿では少しでも進めたいが、上野国関係史料だけでなく他の東国諸国の例を援用する。この時期の東国の国衙については、最近の『千葉県の歴史　古代2』（二〇〇一年）が国司（受領）就任者の特徴を叙述しているが、国衙政治そのものへの言及はほとんど見られない。関東諸県史所収の関連史料を通覧すると、戦乱災害後の疲弊の広汎な展開への対応（不堪佃田奏）と荘園政策がある。鎌倉佐保は全国的な開発奨励策（別符など）を論じるなかで関東諸国の事例も挙げているが[6]、東国に即した具体的検討が必要であろう。また復興と関連するが、この時期の国司はまた寺社興業に積極的と見られるので、こうした点と武士成立史の関係を検討したい。

（ア）受領の寺社興行事業

『今昔物語』（巻十七）「上総守時重、書写法花蒙地蔵助語三十二」によれば、藤原時重は上総守として在任の三年間に、国内にて法華経一万部読経の願を起こし、国内での読経を進める庁宣を下した。読経後は巻数を集め、経一部に対して籾一斗を与えたので、国守館には多くの巻数が集まり、それを供養する法会を開催した、という。この話は東国国司による仏法奨励と法会興行を示しているが、藤原時重は長元四年（一〇三一）六月二七日の除目で下総守に任じられているので（『左経記』）、この話全体を虚偽とするわけにはいかない。

安芸厳島社神主佐伯景弘は仁安二年（一一六七）一一月社殿修造を太政官に願い出ているが、「諸国神社国司募重任功造営例」として伊勢・駿河・常陸・下総・越前・出雲・備中・紀伊の例を挙げている（『平安遺文』補一一〇）。関東で挙げられている常陸・下総は具体的には次のようになる。

常陸国　鹿島社　介藤原朝臣盛輔募重任功、修造神殿　大治五年五月廿五日　宣旨

下総国　香取社　守藤原朝臣親通募重任功、造進彼社、保延四年十一月六日　宣旨

両国とも国司が重任する功として造営しているが、いずれも一二世紀の三〇年代である。また景弘が挙げる伊勢・駿河の例は一二世紀六〇年代であるが、関東・東国では国司主導のもと鳥羽院政期に有力神社造営が進められていることがわかる。

この他に史料を求めると、下野国では少し下るが保元元年（一一五六）一二月二九日、源義朝が「日光山造営功」により下野守重任となっている（『兵範記』）。また先に指摘したように、上野介藤原敦基は康和二年（一一〇〇）抜鋒社に御剣を奉納している。ここに見える鹿島社・香取社・日光山・抜鋒社はいずれも国一宮であり(7)、東国では一二世紀前半に国司が造営を媒介にして一宮（神職・社僧）に接近する様子がうかがわれる。

(イ)在庁層の仏法興隆

いっぽう現地の在庁にも仏法興隆に関わる動きが出てくる。常陸国国府近辺の東城寺境内経塚から発見された経筒には「保安三年八月一八日……大檀越平朝臣致幹」「天治元年十一月十二日……大檀那陰子平致幹」の銘をもつ。この平致幹は常陸平氏であり、『後三年合戦記』では「多気権守宗基」と見える（『筑波町史　上巻』）。多気は常陸国府に近く、筑波山の麓の地名である。この平致幹の系統からは常陸大掾氏という常陸国有力在庁が成立する。

下野国では一二世紀中頃に日光山一切経書写事業が、日光山僧や国府周辺寺社層によって展開された。千田孝明は日光清滝寺蔵大般若経の原本調査に基づいて、これが「二荒山一切経」として書写されたものであり、早いものでは平安後期から鎌倉前期書写が見られること、紀年は最古が大治四年であり保延四年、久安六年、治承二年、同四年、建久八年、承元三年、同四年と続く、と指摘する。(8) そして治承二年書写には「於下州惣社書写了」との文言があることから、下野国衙付属施設での書写活動と在庁官人層の参加を想定する。大治四年の書写は僧経(慶)与が願主であり、結縁者は駿河氏・矢作氏などであって、国衙在庁層の関与は確かめられないが、治承二年には認められる。一二世紀の前半には下野国衙周辺の寺社僧の参加者が広がっていった、と見られる。

上野国では平安後期での在庁層の寺社興業・仏法興隆の動きは史料的には確かめられないが、建久元年一二月上野国留守所は「御庁宣」を受けて「榛名寺領内」への「健児弁検非両使」の入部を停止しており(榛名神社文書、『群馬県史　資料編6』所収)、これは「且任旧例、且任宿願」ということであった。上野国衙(在庁)と榛名山との関係は平安後期まで遡ると見られる。

在庁層のこうした動きは受領の寺社興行事業と関連したものであろうが、在庁官人の武士化にともない、本領・屋敷地での堂社造営に向かってゆくと思われる。

(ウ)開発奨励と地主職

一二世紀前半、東国諸国は荒廃からの復興が課題となっていた。両総では忠常の乱後の政治的・社会的混乱があり、また北関東では浅間・富士の爆発による災害・混乱があった。

下総国では令制相馬郡が相馬御厨へと展開してゆくが、その基礎となったのは布施郷の成立である。その布施郷を建設したのは下総権介平(千葉)常重であるが、彼の布施郷での立場は「地主」であった。「地主」は奈良時代から見られる範疇であるが、一二世紀の前半に畿内・近国の国司が荒廃地開発を勧めるのに、特定の人物を地主と認定する、という形で広がる。下総国の地主も下総国司によって布施郷開発奨励のために設定されたものと考えられるが、それは平（千葉）常重が布施郷を伊勢神宮に寄進した大治五年（一一三〇）を少し遡る時期であろう。(9)下総国では印東荘でも地主が上総常澄によって知行されており（醍醐寺雑事記裏文書、『平安遺文』四七五一号）、武蔵国では住人（武者）に広く与えられていた（『吾妻鏡』治承四年十二月十四日条）。関東諸国での地主（職）の設定は一般的なことと解釈できる。

（2）上野国新田荘と地主職

（ア）新田荘地主職

保元二年（一一五七）三月八日、左衛門督家政所下文は源義重を「上野国新田庄下司職」に任命したが、それは「地主たるによる」という由緒を根拠にしていた（正木文書、『平安遺文』二八七五号）。左衛門督家は藤原忠雅であり、本家または領家と見なされる。この文書をもとに、従来の研究は私の旧稿も含め、もともとの「地主」である源（新田）義重が新田荘下司職に任命されたと考えてきた。ただ前述のように、義重の父である義国の新田進出が顕著であり、新田での私領形成は進んでいた。(10)「地主」が開発奨励を意図して国司によって公領に設定されたものであることも考慮すると、義重の「地主職」は義国時代に遡る可能性もある。

（イ）金剛心院領新田荘

新田荘の成立も、左衛門督家政所下文の保元二年ではない可能性が高くなってきた。『民経記』裏文書（寛喜三年八月紙）には「金剛心院領新田庄」と確認できる。上野国新田荘は南北朝期の史料でも金剛心院領として確認できるので（九条家文書、『群馬県史　資料編7』）、この「金剛心院領新田庄」は上野国である。鎌倉前期の記録史料で新田荘が「金剛心院領」であると確認されたので、新田荘成立はその金剛心院建立と一体と見るのが妥当であろう。

　金剛心院は鳥羽上皇の意向により洛南鳥羽に建設が進められ[11]、久寿元年（一一五四）八月九日落慶供養された。上野国新田荘も金剛心院の財政を支える荘園として設定されたと見られるが、該当国司と現地有力者の協力が必要である。この時、上野国司は藤原重時であるが、重時は鳥羽建設の推進者であり院近従の藤原家成の娘婿であった（『尊卑分脈』）。また現地の新田では義国が岩松郷の屋敷・堂

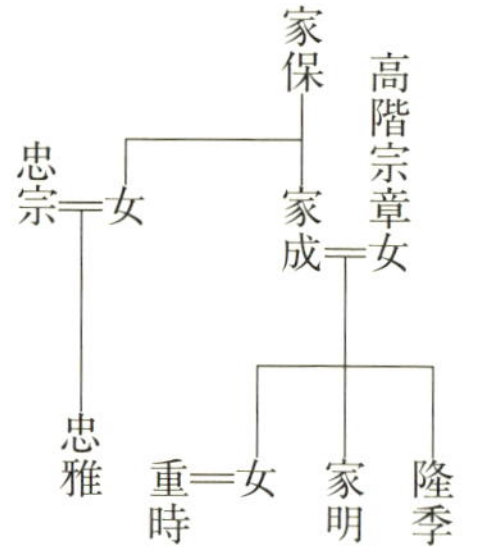

を本拠にしていた（義国は翌年の久寿二年六月二六日死去）。義国はかつて都では鳥羽上皇に奉仕しており、金剛心院の荘園として新田荘を設立することには積極的であったと見られる[12]。金剛心院領新田荘を基礎づけるのは現地の私領であるが、これが「地主職」として国司から認定されていた、という可能性は十分にあろう。
　義国が新田郡の地主職に認定された時期を推定してみると、藤原令明（義国妻の兄弟）が上野国司であった保安二年（一一二一）頃、または藤原重時が国司であった仁平三年（一一五三）のどちらかであろう。地主が開発奨励策として国司により推進されたことを考慮すると、浅間爆発後の復興を意図する時期、すなわち保安二年頃かと推定される。前述のようにこの頃義国は足利と都とを往反していたが、隣国上野国への関与を意図して、京での受領勢力との接触のなかで新田郡地主職は実現したと想像される。

五　新田義重の在地領主化

　新田義重については開発領主として新田荘を樹立したことを中心に立論されてきた。私の旧稿もその考えに立っていたが、その後、鎌倉時代の新田荘に平賀氏が所領をもっていることが明らかにされた[13]。新田氏の存在形態は、新田義重段階から再検討しなければならないこととなり、『新田義貞』（二〇〇五年）第一章「新田氏の家系」

では、新田荘内の平賀氏勢力の取り込みは新田義重によってなされたことを述べた。新田氏においても、他氏との連携は、いわゆる惣領制解体過程に見える事象ではなく、新田氏の成立過程においても認められる問題なのである。

こうした観点から、新田義重が新田荘を根拠とする武士勢力として確立した過程を整理すると、次の事柄が考慮されなければならない。①義重は治承四年八月の内乱が始まった当初は京都で平宗盛に奉仕していた（『山槐記』）、②同年九月関東に下向したが、「上野国寺尾城」（高崎市寺尾町）に籠り「自立の志」を示していると頼朝側に認識されていた（『吾妻鏡』）、③その義重が頼朝陣営に参加するのは同年末であるが、それは安達盛長を媒介にしていた、④義重は娘を義平（頼朝兄、平治の乱で死去）室に出していたが、その娘への頼朝艶書の問題で、寿永元年に頼朝から勘気を蒙り新田荘に蟄居したこと、⑤建久四年の那須狩りから鎌倉への帰り道、頼朝はわざわざ義重を新田館に訪ねていること（『吾妻鏡』）、⑥この内乱過程において、義重が上野国国衙を影響下に置く行動をとった徴候は見えないこと。

ところで、義重の父の新田荘内における館は岩松と考えられることは前述した。義重の館は『吾妻鏡』に「新田館」と表記されるが、その場所は世良田と考えていい。岩松には、足利義兼の子で新田氏に入った義純が居住して、岩松氏の祖となってゆく（『尊卑分脈』足利系図）。世良田の新田館は義重の時代に樹立された、と考えるのが妥当である。

では、義重はなぜ世良田に館を建設したのだろうか。またどのような意図があったのだろうか。まず考えられるのが、平賀氏との関係である。鎌倉後期の平賀金津氏の長楽寺への寄進状は「今井堀内」を物件としているが、これは「今井堀内」が平賀氏の相伝所領であることを示している。その「今井」は上・中・下に分かれるが、中今井は世良田の範囲内である（第六章参照）。世良田の地には、平賀氏が「今井堀内」を含む所領を形成していたのである。これは鎌倉初期・平安末期に遡るものと見られる。そして『尊卑分脈』（平賀系図）の平賀盛義の子である義澄は「新田判官代」「新田大炊助義重の子たり」の注記が付けられている。また平賀盛義弟実光の子の義隆も「新田判官代」「義重の子たり」と注記されている。これは、平賀一族のなかから、新田義重の養子となった者がいたことを示している。おそらくは婚姻関係を媒介にしていよう。

こう考えると、仁安三年六月二〇日の源某譲状と置文（長楽寺所蔵文書）も再考を要する。従来はこれを、源（新田）義重から「らいおうこせん」への譲状・置文と考えてきたが、もしそうであるならば、新田氏関係の鎌倉期の文書にこの文書のことが見られなければなるまい。だがその徴証は見えず、孤立した文書となっている。また源（新田）義重には仁安三年に所領を譲渡する必然性に乏しい（義重はその後二〇年以上も生存している）。

この譲状・置文で譲渡対象となっている郷々は早川流域などの新田荘西部であることから[14]、のちの世良田氏に関わるものであろう。この譲状・置文は平賀氏某から、平賀氏と新田義重娘との間に生まれた子（世良田氏につながる）に出されたものではないだろうか。

この譲状・置文の問題は措くとしても、源義重が平賀氏の子息を養子に迎えていたことは想定していい。またその平賀氏の所領は今井郷であり、のちの世良田の一部である。義重の世良田での本拠地設立は平賀氏の取り込みを媒介にしていた、と考えられる。その義重の世良田館は現在の惣持寺と見られるが、隣接して清泉寺がある。この清泉寺は「義平山」を山号としており、源義平の菩提寺である。義重は新田館を中心にして、娘婿義平の供養寺を建立して、一族の結集を意図したのであろう。

また源（新田）義重の子には「山名」「里見」を苗字とする者が出る（義範、義俊）。このうち山名氏は、新田氏系山名氏に先立って有道姓山名氏の存在が確認できる[15]。

義重は有道姓山名氏を取り込んだと想定できるが、里見氏についても同様に考えられる。山名（高崎市山名町）

は烏川と鏑川の合流点にあり、里見（高崎市里見町）は山名から烏川を登り、榛名山麓裾野の地点に位置する。山名・里見ともに烏川に沿って分布するが、その烏川は鎌倉初期には那波郡で利根川に合流して、新田郡平塚を通過する。平塚は世良田から早川沿いに下った地点にあり、至近距離である。つまり利根川・烏川を媒介に新田館と山名・里見は通行していた、と考えられる。『源平盛衰記』（巻第十五）には、秩父氏と藤姓足利氏が利根川をはさんで合戦した時に、足利氏に加勢を頼まれた新田入道（義重）は秩父氏に舟を破壊されても「河の端にひかえて」いたが「舟なしとて」休まず攻撃した、という。ここには利根川の舟運に長じた存在として義重が叙述されている。義重は利根川水運に長けていたのであり、利根川・烏川を通じて山名・里見と通行する関係にあった、と推定される。内乱期に義重が籠った寺尾城も山名の間近にある。新田（世良田）館は、そうした連携を可能にする地であり、義重が館を建設した意図もそのように考えられる。

おわりに

以上の考察を箇条書きにまとめてみよう。

（1）新田氏は義国に始まる。鎌倉後期成立の『真名本蘇我物語』は「三男は式部大夫義国、上野の国新田庄に移させ給ふ、今日の新田源氏と申すはこの人の末なり」と叙述するが、鎌倉後期に広がっていた認識の反映であろう。

（2）源義家男の義国は藤姓足利氏を母方にもつが、一二世紀初めには上洛・元服し、父義家とともに鳥羽院に奉仕し、兵部丞の官途も得て京武者社会に参画した。

（3）京では洛南鳥羽が建設され、白河・鳥羽に造立された寺院での法会が盛んに催され、受領層が積極的に支えた。義国は受領層とも接触し婚姻関係を形成し、また比叡山勢力など寺院勢力の制御などに働いた。このなかでの偶発的事件により勅勘をこうむり足利への籠去となるが、在京中の軍事的・政治的鍛錬は在国での活動にも影響した、と思われる。

(4)在京奉公時期の義国は本国との往反をくりかえしていたと見られる。上野国受領の藤原敦基の娘を妻としたが、敦基男の令明が上野守(介)の時期には開発奨励政策として新田郡地主職を与えられた、と見られる。

(5)足利下向以後の義国は、妻方との関係を媒介にして足利荘・簗田御厨の領有権を獲得するとともに、上野国新田にも進出した。その際に本拠として建設されたのが岩松の屋敷と霊堂であった。

(6)こうした義国勢力の一部を継承し、新たな展開を見せたのが義重である。義重は新田世良田に館を構え、平賀氏勢力を取り込み、さらに利根川・烏川水運を媒介にして西上州の山名・里見とも通行した。新田義重は新田世良田に拠点を形成し、足利や西上州の同族と連携するようにして、地域的社会権力を樹立したのである。

研究史の現状は、平安期の東国武士の成立過程を、在地社会での所領形成史として社会経済史的に考える傾向と、京都での王権への奉仕を重視する傾向が併存している。本章は、社会経済史的に理解されてきた源—足利・新田氏の成立過程を、在京と本国での政治活動を往復的・連続的なものと考え、在地においては政治的枠組みのなかで政治的拠点を設立する問題として考察した。本領では、武力を背景にした興業を地域で展開するようになるが、その問題は第三章で宇都宮氏・足利氏を例にして考察する。

(1) 野口実は、族縁的関係を重視しつつ、同族内での分裂・敵対の事態は「社会的・政治的」判断が働いたことによる、と考えている(たとえば野木宮合戦での足利基綱・道綱の行動が足利嫡家から離れたことをそのように説明している。『坂東武士団の成立と発展』九五頁）。この「社会的・政治的」判断のもととなる、政治状況の内容はどのようなものか。この問題の考察が進められなければならない。

（2）関東に下向した中級貴族が現地で儲けた子を上洛させて用いた例として、『延慶本平家物語』に坊門信輔が武蔵守として下向し儲ける子が上洛し元服して、「坂東大夫」と称し、白河院に奉仕したという話が見える（北原保雄・小川栄一編『延慶本平家物語　上』、一三五頁）。

（3）たとえば『中右記』永久二年に見える「公政」は、源為義のほかに安房国にも「本主」がいる。

（4）須藤聡「平安末期清和源氏義国流の在京活動」（『群馬歴史民俗』一六号、一九九五年）。

（5）須藤聡「新田荘成立期の新田氏――豊嶋氏との婚姻関係から――」（二〇一〇年七月の在地領主研究会発表レジュメ）は源豊嶋親広との婚姻であった、と理解している。

（6）鎌倉佐保「荘園制の成立と武門支配の統合」（『歴史学研究』八四六号、二〇〇八年）は荘園・別符を開発奨励策と位置づけて論じている。

（7）「日光山」は二荒山神社を指すと見られるが、ここには平安後期に天皇即位代一度の奉幣使が派遣されていたが、代一度奉幣使の派遣先神社は一宮になったものが多い。岡田荘司『平安時代の国家と祭祀』第二編第二章参照（続群書類従刊行会、一九九四年）。

（8）「日光清滝寺蔵大般若経について」（『栃木県立博物館紀要』二号、一九八五年）。

（9）平（千葉）常重が「地主」であったことは大治五年の寄進状案（『平安遺文』二一六一～六三号）から読み取れる。詳しくは山本隆志「東国における武士勢力の成立――千葉常胤を中心に――」（『史境』第六十一号、二〇一〇年、本書第二章第二節）参照。

（10）『群馬県史　通史編中世』（一九八九年）で「新田荘と新田氏」を叙述した神庭真二郎も、新田での私領形成は義国・義重父子によって進められたと見ている。

（11）鳥羽殿造営の政治的意味については美川圭「鳥羽殿と院政」、鳥羽の交通的位置については大村拓生「鳥羽殿と交通」がある。ともに高橋昌明編『院政期の内裏・大内裏と院御所』（文理閣、二〇〇六年）所収。

（12）この時期の義重は都と新田とを往復しながら、鳥羽院に奉仕していた、と思われるので、現地の推進者は義国であろう。

(13) 須藤聡「新田荘内の異姓の所領について」(『武尊通信』六七号、一九九六年)。

(14) 山本隆志「新田郡から新田荘へ」(『新田町誌4　新田荘と新田氏』所収、一九八四年)。

(15) 山本隆志「西毛の荘園・公領と武士」『群馬県史　通史編中世』(一九八九年)。

第二章　内乱のなかの武士勢力成立

はじめに

平安末期の内乱は地方武士にどのような政治的・軍事的成長をもたらしたのだろうか。内乱のなかで没落した武士もいたが、武士は全体として政治的に前進したものと予想される。

内乱のなかの武士の政治的・軍事的前進は、従来の研究では、幕府権力成立史に収斂されて考えられて、頼朝権力が武士の利害をどの程度実現したかが問題にされてきた。武士は権力樹立に向かう頼朝の軍事的勝利に貢献する者として扱われて、全国的合戦での活躍が評価された。武士が自らの勢力範囲とする地域社会でどのように支配力を形成してきたかという考察は弱かった。

近年は川合康が、地域において軍事的テリトリーにそくして支配圏を維持しようとした伊勢平氏の問題を扱っているが、(1)武士は地域社会での覇権確立が緊要な課題であった。治承四年内乱開始時から本拠上野国に帰っていた新田義重は頼朝に遅参を咎められた時に、「国土闘乱あるの時はたやすく城を出るべきではない」という「家人」の忠告にしたがっていたという（『吾妻鏡』治承四年十二月二十二日条）。この城とは軍事的根拠地であるが、城の状況は地域社会に広く影響する（家人の生活圏にも）。混乱・動揺する地域社会にとどまり、軍事的覇権を確立することも必要なのである。

内乱開始の時期、東国社会は武士だけの社会だったのではない。神社・寺院は社会勢力として存在しており、武力的存在も内包していた。とくに神社は地域の自然・風土と結びついた存在であり、神職と山伏が拠点としていた。内乱は寺社勢力に混乱をもたらし、地域社会は動揺する。

武士の存在は武力により基礎づけられているから、武力によってその動揺に対処することが求められる。内乱状況のなかで、武士が武的存在として、どのように地域の政治的課題に立ち向かったか。そのなかでこそ個々の武士の存在価値は試される、と思われる。武士の側からすれば、内乱状況こそが、力量を発揮する機会なのである。第一章では父義国の権勢を継承した新田義重が、在地では西上州の在来勢力と連携しながら武士勢力化することを述べたが、本章では北関東の宇都宮朝綱と南関東の千葉常胤を具体的事例として、考察する。両者ともに周辺武士との地域的連携とともに、有力神社たる宇都宮社・香取社祭礼に積極的に関与して、地域的秩序を安定化させる枠組み形成に寄与したことを解明する予定である。

第一節　宇都宮朝綱の在地領主化

元暦元年（一一八四）五月二四日、源頼朝は宇都宮朝綱の本領を安堵するとともに新恩を与えた。「左衛門尉藤原朝綱拝領伊賀国壬生郷地頭職、是日来雖仕平家、懇志在関東之間、潜遁出都参上、募其功、宇都宮社務職無相違之上、重被加新恩」（『吾妻鏡』同日条）と記されているように、「新恩」は伊賀国壬生郷地頭職である。したがって「宇都宮社務職相違なし」と安堵された宇都宮社務職は本領と考えなければならない。宇都宮社務職は武士たる宇都宮氏の本質的要件の一つなのである。このことは従来の宇都宮氏・宇都宮社研究でも重視されて、その代表的叙述である『栃木県史　通史編3中世』第二章第四節「神官御家人宇都宮氏と弘安式条の世界」（執筆永村眞、一九八四年）は宇都宮氏を「神官御家人」と規定しながら、宇都宮社を宇都宮家式条をもとに描いている。ただそこに描かれているのは、いわば完成された姿であり、そこにどのように到達したのかという問題には触れていない。宇都宮社の中世的体系への転換こそが問題であり、そのことと宇都宮氏との関係が問われなければならない[2]。

宇都宮を本領とした宇都宮朝綱の社会的力量は源頼朝とても侮れないものであった。朝綱は平家奉公時代に親しい関係にあった平貞能を、平家滅亡後に匿うところとなった。頼朝がそれを咎めたのに対して、朝綱は「後日若彼入道有企反逆者、永可令断朝綱子孫」（『吾妻鏡』文治元年七月七日条）と言った。もし「彼入道」（平貞能）が頼朝に反逆したならば子孫断絶の処分を受けてもいい、とまで言って要求を通したのである。こうまでする力量を宇都宮朝綱は持っていたのであり、頼朝も認めざるを得なかった。その力量は「神官御家人」という概念で表現できるものではあるまい。宇都宮という地域（場所）で事実的支配（社会的権力）を形成している朝綱に、頼朝は譲歩したものと思われる。

宇都宮という地で、宇都宮社を中世的体系に転換させながら、社会的権力を樹立してきた存在として宇都宮朝綱は予想される。

一　宇都宮の政治的位置

（一）　奥州と向き合う

宇都宮は関東八ケ国の最北端の、下野国のほぼ中央に位置する。東には鬼怒川が流れるが、東山道もこの川を渡ると、塩谷郡・那須郡となり、奥羽との境の白河関に到る。那須山系と八溝山系がせまり、その彼方は陸奥国である。それだけに下野国鬼怒川の北東には奥羽の影響が強い。

〔図２－１　宇都宮～尾羽～塩谷〕（国土地理院20万分１地勢図を利用）　（作成 山本隆志）
①宇都宮社　②宇都宮氏館（推定）　③多気山　④飛山城
⑤尾羽　⑥勝山城　⑦氏家氏館　⑧塩谷氏館（推定）　⑨風見

「桐原家所蔵大中臣系図」によれば、大中臣中郡頼経は「海道ノ小太郎業平」を「下野国氏江風見楯」にて討った、という。(3) 海道小太郎業平は海道平氏一族岩城小太郎成衡であり、岩城（陸奥国、浜通り）に本拠を置く。その海道小太郎業平が「下野国氏江風見楯」で討たれたが、それは彼が「氏江風見楯」を軍事的根拠地にしていたからにほかならない。「氏江風見」とは氏江（氏家、現在さくら市）の風見（塩谷町域）であり、宇都宮から鬼怒川を渡った所である。鬼怒川をはさんで宇都宮の対岸にある（図2-1参照）。海道岩城氏の臨時的軍事施設が氏江風見に造られていることは、陸奥の勢力の影響が鬼怒川まで及びやすいことを示していよう。

鬼怒川はこのように奥州的世界との境界となっていたが、朝綱はこの川の東に位置する尾羽（大羽）にも根拠地をつくった、と見られる。宇都宮系図（『続群書類従』所収）では朝綱に「号尾羽入道」と注記しているが、そのことと関連している。さらに塩谷郡には源姓塩谷氏が存在したが、ここに孫の朝業が入り込み、宇都宮系塩谷氏を成立させた。(4)

また『延慶本平家物語』には、大庭三郎から源氏討滅計画の情報を得た佐々木三郎秀義は使者を出したが、「下野ノ宇都宮ニ有ケル太郎定綱ヲ呼テ」遣わした、と見える。子息のうち、宇都宮にいた定綱をわざわざ呼び寄せたのであるがが、それは頼朝に次のような提案をするためであった。「思食タ、バイソガルベシ、サナクテハ奥州へ越サセ給へ、是マデハ藤九郎ヲ具テ渡セ給へ、子共ヲ付テ送申ベシ」と、挙兵か奥州退去か、奥州退去の場合は安達藤九郎（盛長）を供とし、それに「子共」（佐々木定綱）を同行させる、との提案である。奥州へ向かう場合に、奥州の事情に通じた安達盛長とともに佐々木定綱を同行させる意図には、宇都宮に滞在して奥州のことに詳しい者であるとの認識がある。おそらくは宇都宮滞在で奥州と行き来していると考えていたのであろう。

こうして宇都宮は、関東八国のなかで奥州に近接し、奥州の政治的影響力を受けるとともに、奥州へ出向く者が最前線として駐屯していたのである。

（2）　宇都宮社の性格

宇都宮社の起源については「宇都宮大明神代々奇瑞之事」（文明一六年）[5]に、神護景雲元年日光山に顕現した神が承和五年に河内郡小寺峯に移されたが、人馬の往来繁く、災難が多いので、「山北叢祠」に移したのであり、これが「今社壇」である、と記される。日光山の山岳神が里に下り、社を構えたことを語る。山岳信仰をもととする神である。

また『続古事談』（建保七年）は「下野国二荒山ノ頂ニ湖水アリ、広サ千町バカリ、清クスメル事タグヒナシ、林ヨモニメグルトイヘドモ、木葉一水ニ浮マズ、魚モナシ、若人魚ヲ放テバ、スナハチ浪ニウタレテイゾ、二荒ノ権現山ノ頂ニスミ給フ、麓ノ四方ニ田アリ、其数ヲシラズ、国司検田ヲイレズ、千町ノ田代アリ、宇都宮ハ権現ノ別宮ナリ、カリ人鹿ヲ供物ニストゾ」と述べている。二荒山という山岳信仰の別宮であり、狩猟の神ともなっている、との趣旨である。この狩猟神としての認識は鎌倉時代には広がっていたようであり、『沙石集』にも「信州ノ諏訪、下州ノ宇津宮、狩ヲ宗トシテ、鹿鳥ヲ手向モ此由ニヤ」と書かれている。狩人が狩猟の獲物を贄として供える神として意識されていたのであるが、このことは宇都宮社九月九日会にも見えることである。

ただ宇都宮社はこうした性格だけでは理解できない。さきの「宇都宮大明神代々奇瑞之事」にも、平将門追討軍の藤原秀郷が当社で「征伐祈精」したこと、源義家が阿倍貞任征伐に向かう途中「降伏之祈精」をしたこと、源頼朝が平家追討や奥州誅罰のため「祈精」したこと、などを列記しているように、東国とくに奥州の反乱を鎮圧するのを祈願する社壇として意識されていた。鎌倉後期に宇都宮氏との関係で編纂された『新和歌集』に、「宇都宮にてよみたてまつりける」との詞書をもつ「東路や多くのえびすたひらげて叛けばうつの宮とこそ聞け」という歌が収録されているのも、宇都宮社が当時の人々にどのように思われていたかを示している。宇都宮社は奥州に向き合う地に、奥州的世界との接点に位置する社であった。

文治五年七月一九日に頼朝は奥州平定のために鎌倉を発った。前日には伊豆山住僧専光房を召し「奥州征伐の祈禱」を命じていたが、同二五日には「宇津宮」に奉幣して、「無事に征伐したなら生虜一人を神職に奉る」と祈願した（『吾妻鏡』）。そして奥州からの帰り道、宇都宮社檀に奉幣し、「一庄園」を寄進するとともに樋爪太郎俊衡の一族を「当社職掌」として差し出した（同前）。この頼朝の行為も、宇都宮社が「奥州征伐」と深く結びついていることを知らせている。この後、頼朝の鎌倉政権は宇都宮社に関与することが存立要件の一つとなっている。(6)

（3）　宇都宮に進出した武士

宇都宮は奥州への前線基地という位置にあったので、平安後期には軍事貴族等が多く進出した。このなかに宇都宮朝綱も出てくるわけであるが、複数の武力堪能者が競合していることを示しておく。

(ア)宇都宮社神職紀氏

まず挙げられるのは芳賀氏である。宇都宮家の家人には紀清両党がいるが、その家人関係がいつから始まったか、またその内実はどのようなものか、という点はほとんど検討されてこなかった。宇都宮家と紀清両党との関係は『吾妻鏡』文治五年八月十日条と九月二十日条の「紀権守波賀次郎大夫」に見える。この人物について従来は、私も含めて、紀権守と波賀次郎大夫の二人と解釈してきた。だが同一人物と考えるのが妥当と思う。

文治五年八月十日条に見える頼朝の奥州征服事業の阿津賀志山合戦の記事は、小山朝光など七人が大木戸上の国衡後陣に拳登して時声を発したというものであり、その七人は「小山七郎朝光幷宇都宮左衛門尉朝綱郎従紀権守波賀次郎大夫已下七人」と表記されている。『国史大系』は紀権守と波賀次郎大夫を別人と解釈しているが、積極的根拠はない。また九月二十日条は平泉での勲功への恩賞給付であるが、千葉常胤・畠山重忠には所領を与え、宇都宮郎従波賀には旗、小山郎等（保志・永代・池）には旗弓袋を下賜した旨を記しており、「紀権守波賀次郎大夫等勲功事、殊蒙御感之仰、但不及賜所領被下旗二流、被仰可備子孫眉目之由云々」とある。ここでは褒美として与えられたのが「旗二流」であるから、二人との解釈もあるが、一人でもかまわない。二つの記事は「紀権守波賀次郎大夫」を二人の人物と解釈することを求めていないのである。

いっぽうで、同一人と解釈する見解もある。『続群書類従』所収の堀田芳賀系図は紀姓から芳賀氏への系譜を記すが、高信（「芳賀次郎大夫」）の子の高俊には次の注記が付されている。「法名禅香。奉仕宇都宮大明神。紀氏清氏両家也。是謂紀清両党。然此比清氏中絶間。紀高俊仕頼朝公。有軍忠。賜御旗為紀清両家旗頭。則芳賀入道是也。雖為紀家。清党旗頭也」とあるように、清氏が中絶していたので、芳賀入道高俊は紀家でありながら、清党旗頭でもあったという。しかもそれは「紀高俊仕頼朝公、有軍忠」の時であり、文治五年のことを指している。「紀権守波賀次郎大夫」を一人と解釈しているのである。またこの系図では、芳賀を称し始める高信・高俊以前は以下のような系譜関係を示している。

興道―木道（蔵人・下野大守）―清主（下野守・宇都宮俗別当）―朝氏（紀検校・宇都宮俗別当）―（略）
　　　　　　　　　　　　　　　　　　　　　　　　　　　　　　　朝有―有行―有任―高任―高行―高吉―高信（芳賀次郎大夫）―高俊

紀木道（平安前期）から、下野国と関係をもち、宇都宮社俗別当に就任していた、との趣旨である。芳賀を称する高信・高俊は朝有からの系統であるが、朝有の父は清主、兄は朝氏であり、ともに宇都宮俗別当に就いている。木道の父は興道であるが、この人物は卒伝に「射礼の容儀」を伝えると記され（『続日本後紀』、承和元年六月

二十一日条)、朝廷内に部門的地位を築いた人物である。(7)

またこの系図の記事は『吾妻鏡』の記述に整合的である。『吾妻鏡』の「紀権守波賀次郎大夫」のうち「紀権守」はさきの系図の趣旨に合う。二人が下野国守に就いている。「波賀次郎大夫」は高俊父の高信の注記に一致する(波賀と芳賀が異なるが)。このような検討をふまえると、「紀権守波賀次郎大夫」は平安中期より下野国に進出し宇都宮社別当に就任することが多い紀氏一族の一員であり、奥州合戦時には清党をも率いていた、と解釈できる。

こうした推定が受け入れられるならば、芳賀氏と宇都宮氏との関係についても考え直すことが求められる。紀姓芳賀氏の下野進出と宇都宮社別当就任は平安中期であろうから、これは宇都宮氏の宇都宮社進出とほぼ同時期、あるいは先行する、と見られる。したがって、宇都宮氏と芳賀氏との郎従関係は宇都宮氏の宇都宮社進出以後、それを契機に始まったものと考えるのが妥当であろう。芳賀氏の本拠は鬼怒川以東に所在する芳賀郡と考えられるが、宇都宮社近くの清厳寺も芳賀氏と関係が深い。あるいはここが宇都宮社別当芳賀氏の館であった可能性がある。(8)

芳賀氏は紀清両党の統括者であるが、このなかには清原高経のように鎌倉時代に宇都宮社役を勤めた人物も確認できる。『新和歌集』には「父清原高経宇都宮九日会の頭のかりし侍りけるほどにいとまなきよしを人のもとへ申しつかはすと」という詞書をもつ清原公高の歌が採録されている(「しるらめや野辺の鶉をふみたてて小萩が原にかりくらすとは」)。「九日会」とは「九月会」の誤記・誤読とも思われるが、九月九日会のことを指すにちがいない。その役にあたった清原高経は那須小萩原にて狩りをしているので、ゆとりがない、と子息(清原公高)が知人に伝えたのである。この清原高経・公高父子は「高」を通字にしており、芳賀氏であろう。彼らは、宇都宮社九月会に生贄を献げるべく、狩りをしている。これも宇都宮社神官芳賀氏の一面を示すであろう。

(イ)中原姓宇都宮氏

宇都宮を名乗る者には中原姓がある。これは『吾妻鏡』に「宇都宮所信房」（養和元年閏二月二十三日条）・「所衆信房」（文治三年九月二十二日条）などと見えるが、「所衆中原信房宗房孫子」（文治二年二月二十九日条）と同一人物である。「所衆」の「所」とは「蔵人所」と推定されるが、武官に転出する者もいる。

宇都宮系図では信房を、藤姓宇都宮氏の朝綱父宗綱の弟宗房の子と位置づける。武官として宇都宮に下り、藤姓宇都宮氏との婚姻関係に入ったと思われる。信房は九州平定に尽力し、のちに豊後宇都宮氏の始祖となった。建保六年には京都東山に仙遊寺（のちの泉涌寺）を僧信仍のために建立している[9]。また宇都宮下向前には検非違使であったことが確認できる（神護寺文書、『平安遺文』四八九二号）ので、検非違使として洛中・洛外に接触したことが背景にあるかもしれない。

(ウ)藤原姓宇都宮氏

藤姓宇都宮氏では、朝綱が確実な史料に明徴があるが、それ以前は不明である。系図上で始祖に位置づけられる「宗圓」は後世の編纂物に見えるだけであるが、比較的古いものでは「日光山別当次第」に、宇都宮宗圓が日光山の俗別当に就任したことが伝えられる。宇都宮社と日光山との関係を考慮すると、考えられない話ではない。藤姓の宇都宮氏は、宗圓の出自が伝承の範囲を出ないが、京都方面の出身であろうが、平安後期には宇都宮社に進出していた、と思われる。

(エ)佐々木氏

『延慶本平家物語』に「下野ノ宇都宮ニ有ケル大郎定綱」と見えることは先に指摘した通りである。近江を本貫とする佐々木の一員がどのような経緯で宇都宮に駐屯するようになったかは不明である。野口実は佐々木定綱と宇都宮氏との婚姻関係を想定している[10]。

（オ）八田氏

八田氏の祖である知家は諸種の宇都宮系図では朝綱の弟に位置づけられているが、疑問がなくもない。「号八田四郎、実下野守源義朝男」（『続群書類従』所収宇都宮系図）と注記されるように、義朝子息の可能性がある。八田知家の家系からは小田氏（常陸）や茂木氏が分立するが、小田氏は南北朝期には藤原姓を、同末期には源姓を用いており、茂木氏は戦国期に源姓を使っている。どちらも源姓の意識がある（あるいは潜在している）。するとその前提である八田知家も源姓の可能性が高い。

八田知家は保元の乱では源義朝の軍勢のなかに「下野には八田知家、足利太郎」（古活字本『保元物語』）と見え、藤姓足利氏とともに下野国の武士として参加している。『吾妻鏡』では信太義広反乱討伐軍に初見して、その後は一貫して頼朝陣営にいる。

知家は「実は下野守源義朝の男」と言われるが、その義朝は「造日光山功」により、保元元年一二月二九日下野国守に重任されている（『兵範記』保元元年十二月二十九日条）。この「日光山」は山岳の日光山を指すのであろうが、麓の宇都宮社ともなんらかの関係をもった可能性がある。宇都宮氏祖の宗圓は日光山俗別当に就任したという伝承があり、[11] また宇都宮社座主との伝承もある（『尊卑分脈』）。山岳日光山と宇都宮社とのつながりがうかがえるのであり、源義朝の「造日光山功」の内容もこうしたなかで理解すべきものと考える。八田知家の出自もそうした下野国・宇都宮と義朝の関係が背景にあると推定される。

二　宇都宮朝綱と宇都宮神宮寺一切経会

（一）　宇都宮朝綱の在京活動

（ア）官途

『兵範記』仁安三年（一一六八）正月十一日条の叙位・除目を伝える記事に、「右兵衛尉」として「藤朝綱」が見える。後白河院政期に朝廷に奉仕し始めたわけであるが、次の『玉葉』治承四年（一一八〇）正月二十八日条には、「左衛門権少尉」に任ずる「正六位上藤原朝臣朝綱」を確認できる。朝綱は京都で朝廷に仕える下級武官であったが、この期間に検非違使との接触もあったと思われる。建久五年、朝綱が公田押領の罪に問われた時に、朝綱を「引汲」し洛中追放となった「廷尉基重右衛門志」との縁は長い期間で培われたものと推定される。この検非違使基重については詳らかにしえないが、兵衛府・衛門府での奉仕と関わるであろう。

(イ)平氏との関係

宇都宮朝綱は京での活動のなかで、平氏に接近する。平氏一族の平貞能とは婚姻関係を結ぶが、「覚一本平家物語」は貞能が宇都宮を頼り東国に落ちるのを「しうとあはせ」（巻第七）といい、また『源平盛衰記』は「外戚に付て親し」（希巻第三十一）という。この宇都宮朝綱と平貞能の関係については川合康が明らかにしている。(12)

『延慶本平家物語』（第二中）には高倉宮謀反を聞いた平清盛が集めた側近は一門・侍・党者に分かれるが、侍のなかの「関ヨリ東ノ侍」（三人）に「宇津宮弥三朗朝綱」が見える。平清盛との関係が強化されて、「平家侍」とも言うべき位置にあったことがわかる。このことはまた、宇都宮朝綱が平氏に東国下向を許される場面でもわかる。主上が都落ちする時（寿永二年）に許されるのだが、在京している事情を『延慶本』では「日来召ヲカレタル東国武士共、宇津宮左衛門尉朝綱、畠山庄司重能、小山田別当有重ナムド、ヲリフシ在京シテ大番勤テ有ケルガ」という（第三末）。大番役で上京したというが、この三人は先に指摘した「関ヨリ東ノ侍」の三人と一致する。『延慶本』では関東武士のなかの「平家侍」と位置づける。また「覚一本」では同じ場面を「治承四年七月大番のために上洛したりける畠山庄司重能・小山田別当有重・宇津宮左衛門朝綱、寿永までめしこめられたりしが」と書いている。大番で上洛してきたことはおなじであるが、上洛は治承四年七月（頼朝挙兵以前）であったという。ここには関東に本拠を置く武士が平氏大番役となり、京と本国を往反していることがうかがわれる。

（2）　宇都宮社・日光山との関係

朝綱が頼朝から安堵されたのは「宇都宮社務職」であるが、宇都宮系図（『続群書類従』）では「宇都宮検校」である。いずれも宇都宮社の俗的指揮権を意味する。

山岳の日光山との関係については、後世の写本であるが、「日光山別当次第」に記述がある。

【史料一】　日光山別当次第(13)

観纒僧都、号額田僧都。治一両月。既ニ為拝堂登山アリケルニ、衆徒為対面列参。別当坊、半撥《ニテ》対面。衆徒等腹立《シテ》退散畢。僧都帰参《シテ》申事《ノ》子細《ヲ》。退去当職畢。其カハリ《ニ〔三〕》参川国額田郡六十六郷《ヲ》得《テ》移参川畢。仍額田僧都申也。此因、宇都宮左衛門申云、朝綱祖父、大法師宗円、鳥羽院御宇永久元年、被補当職以来、同三年、親父下野権守宗綱、依神祇官之符、被補俗別当畢《ニ》。然即《ハチ》、朝綱当其仁、今度之闕可補任云々。依例証難背トテ被補俗別当畢。宇都宮左衛門朝綱。爰《ニ》衆徒等俗別当無其《ノ》謂《ユワレ》由、一同訴訟申間、不幾而改易畢。覚智大徳。理光〃（大徳）。衆徒《ヨリ》是《ヲ》挙申《テ》為別当也。

日光山の別当に就いていた観纒僧都(14)が衆徒との対面で反発を受け、退去し別当欠員となった時、宇都宮朝綱は祖父宗円・親父宗綱の例を挙げながら補任を求めた。そこで任命されたが、衆徒等は「俗別当が別当に補任される謂はない」と一同で訴訟したので、朝綱の日光山別当は改易された。そしてその後、覚智大徳は衆徒の挙申により別当に就いた。『日光山別当次第』は、紹介者の千田孝明によると、三つの部分に分かれるが、この記事がある第二部は正和五年以後の間もない時期に原本が成立したと推定される、という。鎌倉末期には、このように日光山では記憶されていたのである。したがって宇都宮朝綱が、祖父・父の跡を継承し日光山の俗別当となり、別当欠員に乗じて別当を求め、一時は就任したことがわかる。ただ衆徒等の反発ですぐに改易されたのであり、朝綱は俗別当が本性である。

こうして宇都宮朝綱は、宇都宮社だけでなく、日光山俗別当であったことが判明した。このことは宇都宮社のあり方にも現れている。後述のように（第四章）、中世の宇都宮社には宇都宮大明神とは別に、「日光」と注記される社殿が描かれている。宇都宮社内に、日光山（二荒山神社）が勧請されている、と見ることができる。この勧請がいつのことかはわからないが、宇都宮朝綱やその父祖以前であろう。朝綱はこの日光・宇都宮の両社を融合発展させようとした、とも思われる。

（3）　宇都宮社一切経会の開始

前述のように、宇都宮朝綱は寿永二年（一一八三）の主上都落ちの段階は首都圏にいたが、許されて関東に下向した。『吾妻鏡』では寿永二年八月一三日に若公（頼家）誕生の記事があり、護刀を献上した「御家人」のなかに宇都宮左衛門尉朝綱が見える。この頃には関東に下向していた、と見てよかろう。そして元暦元年（一一八四）五月二四日には「宇都宮社務職」を頼朝から安堵される（『吾妻鏡』）。宇都宮朝綱が宇都宮社にて一切経会を挙行したのは、この頃と考えられるが、それを示すのは『安居院唱導集　上巻』に収められた「宇都宮一切経釈表白」である。

【史料二】宇都宮一切経釈表白（『安居院唱導集　上巻』、貴重古典籍叢書、角川書店、一九七二年）

宇都宮一切経釈表白

一切経供養表白

（中略）

南瞻部州大日本国信心大檀那監門録事発清浄堅固之斎筵、行尋此大願旨趣者、（中略）今悉書写敬以開題大施主発《セル》此大願由緒者、去治承二年天下忽乱源氏平氏領東領西三関悉塞七道併動、爰大施主身龍華洛跡絶生国、憂而渉歳嘆而送日、心中発大願云、若天下安穏再向生国者為宇都宮大権現書写奉一代聖経以開題供養至《イタサントス》、法楽荘厳大願刻心感応相交天下忽静謐《シテ》得《タリ》下向《スルコトヲ》本国《ニ》、故果昔日之願念賽《カヘリマウシ》、当時之明徳冀大明神弥垂哀愍加護長致随遂擁護御耀《ヲセカカヤカシテ》五千巻々垂露《ヲ》久両叢祠之砌、扇十二分之梵風永流《ナガサム》、松煙之側以増本地法楽以添垂迹之威光。

治承二年に内乱が起こり、源氏・平氏は東西を領有し、天下は混乱した。この時、大檀那は華洛にあったが生国に跡が断絶するのを憂えた。そこで天下が静まり、無事に生国に帰れたならば宇都宮大権現に一代聖経を書写奉納し開題供養をしたいと願った。それが感応して本国に下向することができて五千巻々供養ができた、という。このうち「治承二年」は治承の下に「二」を横に二つ書いた字と考えられ、四年であろう。「大檀那」は本国に帰り宇都宮大明神に一切経を奉納したいと願い、「監門録事」の地位にあった。「監門」は門番であるから、都のことなので衛門を意味しよう。「録事」は大録・少録のような下級官吏を言うであろう。したがって「監門録事」とは当時「左衛門権少尉」にあった宇都宮朝綱を指すと見て間違いなかろう。宇都宮朝綱は、治承四年の内乱開始後、宇都宮社（大権現）にて一切経会を挙行したのである。その時期は都から関東に下った寿永二年八月以後の、間もない時期であろう。頼朝が朝綱の宇都宮社務職を安堵したのは（元暦元年五月二四日）、この一切経会開催と関係があるかもしれない。だとすれば元暦元年五月以前である。

これが、文献で確かめられる宇都宮社一切経会の初見である。朝綱がこれを企画したのは、それ以前に、日光山または下野国衙（総社）にて一切経会開催があったのかもしれない（一切経書写活動があったことは後述する）。不明であるが、ただこの治承四年宇都宮社一切経会は首都圏でも知られることとなる程であり、大規模なものであったと想像できる。この年の一切経会には多くの僧が招請されたと考えられるが、そのことにより地域社会の秩序が維持できたと思われる。

（4）神宮寺の創建

宇都宮朝綱は、宇都宮での一切経会を、一回限りではなく、継続して開催できるよう企画した。神宮寺の建立である。宇都宮社では一切経会は、神宮寺にて挙行される（「宇都宮家式条」）。朝綱による神宮寺創建を伝えるのは宇都宮系図（『続群書類従』所収）だけであるが、孫の頼綱が藤原定家に「宇都宮本居所」のために作らせた歌が神宮寺障子歌として確認できること（『明月記』寛喜元年七月二十九日条）、また正嘉三年には一族の笠間時朝が等身馬頭観音を造り、「彼神宮寺」に奉納していること（『前長門守時朝入京田舎打聞集』）などにより、朝綱時代の建立と考えてよいだろう。

この神宮寺の位置であるが、どこに求めたらいいのだろうか。宇都宮家式条では社地を「宮中」と呼び、坊や堂を含むものとして存在している（第二三条、第二六条、第三四条）。このような坊・堂の一つとして神宮寺を造られたと見られる。したがってその位置は宇都宮社地のなかにあった。現在の宇都宮二荒山神社は山頂に本殿があるが、坊・堂は江戸時代の絵図に見えるように、二荒山神社の裾下に分布したであろう。

宇都宮家の館は、鎌倉時代でも、現在の宇都宮城の位置に比定されて、宇都宮社地との間には川筋（釜川）が走る。宇都宮館から釜川を渡れば、社地に入るわけであるが、その内側に神宮寺は所在したであろう。「文明九年正月十一日　右馬守正綱（花押）」の奥書をもつ「日光山弁当社縁起」（三宅千代二編著『愛媛県大洲宇都宮神社日光山縁起』、愛媛出版協会、一九八一年）に描かれた宇都宮神社の絵には、釜川を渡り二荒山神社（本殿）に登る左脇に楼門を備える社殿が描かれる。その社殿の前に「御堂」として屋根の部分が描かれる建物があり、「千手観音、阿弥陀、馬頭」の文字がある。このうち馬頭観音については『前長門守時朝入京田舎打聞集』に収められた笠間時朝の歌の詞書に「宇都宮大明神御本地馬頭観音、等身泥仏につくりまゐいらせて、彼神宮寺に安置したてまつりて、正嘉三年正月廿九日に供養しついでに、御宝前に参りてよみ侍る」と見える。したがってこの絵図の「御堂」は神宮寺と見て間違いない。義江彰夫は宇都宮社の西脇に神宮寺を推定しているが、(15)神宮寺の位置は釜川に近い所であろう（第四章参照）。

宇都宮家は、宇都宮社のなかで自己の館に近接した場所に神宮寺を造営し、そこでの一切経会を主催したのである。

三　所領の形成

宇都宮朝綱は、宇都宮社近くに館を構え、神宮寺を創建し、一切経会を開催したが、それは宇都宮社祭礼のあり方を編成替えするものとなった。朝綱の宇都宮社での立場は「社務」「検校」であり、祭礼を賄う財政基盤を形成する方向に向かう。宇都宮社所領の形成である。「宇都宮家式条」（弘安六年）には「惣郷」「別符」「給・免」という宇都宮社所領が認められるが、朝綱時代には所領形成はどのように進められていたか、検討したい。

（一）　公田百町押領

建久五年七月、宇都宮朝綱は「公田押領」の科により流罪とされた。『玉葉』では同年三月一日には「朝綱法師」の件につき「関東」（幕府）から「聊有申旨」と伝えられたことが見える。朝綱のことで頼朝からの申し入れがあった、と解釈できる。『玉葉』では次には七月一六日に「下野国住人朝綱法師、依押領公田之過、可勘罪名之由、被宣下了」と見えて、「押領公田之過」の罪名の確定が問題となっている。この結果、朝綱自身は土佐国に、頼綱は豊後国に、朝業は周防国に流されることになった。このことを『吾妻鏡』は次のように伝える。

【史料三】『吾妻鏡』建久五年五月二十日条

宇都宮左衛門朝綱法師掠領公田百余町之由、下野国司行房経奏聞之上、差進目代訴申之。将軍家殊所驚聞食也。目代所訴有其実者、可行重科之旨、被召仰之云々。

下野国司行房は朝綱の「公田百余町掠領」を後鳥羽院に訴えるとともに、目代には幕府に訴えさせた。目代は在地における「掠領」の具体的内容を訴えたものと思われる。頼朝はその訴えを聞き、驚くとともに、事実ならば重科を行うと、朝綱を召し仰せたのである。頼朝が驚いたのは「百余町」という数字とも思われるが、この記事からは「掠領」の内実はわからない。下野国司が院に訴えているのであるから、「百余町」分の公領を私領化している、またその正税・国役を拒否している、ということであろう。「掠」という文字からは、国司が知らない間に私領化していた、とも解釈できる。

【史料四】『吾妻鏡』建久五年七月二十七日条

一条前中納言能保卿飛脚参着。申云、左衛門朝綱入道、依国司訴、遂有其過、去廿日被下配流官符、朝綱土佐国、孫弥三郎頼綱豊後国、同五郎朝業周防国也。又廷尉基重右衛門志依朝綱法師引汲科、被追洛中云々。此事将軍家頻御嘆息。兼信、定綱、朝綱入道、此皆可然之輩也、定綱事者山門之訴不能是非。今朝綱罪科者公田掠領之号、為関東頗失眉目之由云々。則以勇気七郎朝光令訪之給云々。

「配流官符」が下され、朝綱・頼綱・朝業が流罪となった。頼朝は「関東として眉目を失う」と嘆いたが、「公田百余町掠領」の罪は重いものとなった。ただここで注意されるのは、朝綱だけでなく孫の二人、頼綱と朝業が連座で罪を受けている。これは朝綱の子の成綱が「早世」(『続群書類従』所収の宇都宮系図)であったため、孫の頼綱・朝業が朝綱の指示を受けて活動していたことによるものであろう。孫二人の活動の舞台は、下野国司の目代が頼朝に「掠領」の具体的内容を訴えていたことから見て、下野国であろう。また廷尉（検非違使）・右衛門志の基重が「朝綱法師引汲の科」により洛中追放の処分を受けている。この人物の詳しいことはわからないが、検非違使でも右衛門志という下級である。このクラスは不法行為を糺すために関東に派遣されることがあるが(16)、「朝綱法師引汲の科」とは下野国の現地に派遣されながらも朝綱・頼綱・朝業等の不正を見逃した、ということであろうか。

（2）　那須郡の日光宇都宮免田

那須郡には、貞応元年の時点に「日光宇都宮免田」が存在していた。一三世紀初頭に那須北条に樹立された伊勢神宮領（御厨）と「日光宇都宮免田」とは紛争が続いた。乾元二年（一三〇三）三月六日の豊受太神宮神主等解の冒頭の事書は次のように書かれる。

【史料五】乾元二年三月六日豊受太神宮神主等解（欅木文書、『鎌倉遺文』二一三八五号）

豊受太神宮神主注進、

可早経　上奏、任承久二年十二月本領主朝高・同頼長字有憚奉寄状等、依代代国司避状、神官与判庁宣、貞応元年九月宣旨・国旨〔宣〕・国司庁宣・次第施行等、守関東数通御下知、停止　勅院事・国役・鹿嶋清祓使等雑役以下日光宇都宮免田等、如元備進供祭上分、任相伝証文等、全知行旨、可被下　院宣由、当宮権禰宜重生申下野国那須此〔北〕条郡内薭田付盞堵村幷佐久山両御厨間事

趣旨は那須郡北条内の薭田（盞堵村を含む）・佐久山両御厨の知行を全うし供祭上分を備進しようとする豊受太神宮神主重生が、様々の証拠書類に基づいて、「勅院事・国役・鹿嶋清祓使等雑役以下日光宇都宮免田を停止」させることにある。このうち「勅院事・国役・鹿嶋清祓使等雑役」は国家的課役そのものであり、院政期には見

られるものであるが、「以下」の下の「日光宇都宮免田」は役そのものでなく、役を負担する田である。内容としては日光宇都宮役を停止させることであろうが、この役については免田として田が設定されている。

この解には、事書と事実書との間に、二四点の副進文書が列記されているが、そのうち国役・日光宇都宮免田に関わるものは次の通りである。

一通　宣旨　貞応元年九月四日両御厨事、打定四至牓示、停止国役等、可奉祈天下泰平由事

二通　国司庁宣・同施行　貞応元年九月十三日両御厨事、於日光宇都宮免田等、切替他郷、可任宣旨状由事

一通　後任国司庁宣　仁治二年十一月日、停止勅院事・国役・鹿嶋清祓使等以下日光宇都宮免田等一向可為不輸御厨由事

貞応元年（一二二二）九月、宣旨により両御厨の四至に牓示が打ち定められ国役停止となったが、現地では紛争となった。その四至内にあった日光宇都宮免田が神宮供祭上分を拒否したのである。そこで国司の取った方策は日光宇都宮免田を他郷（蒋田・佐久山両御厨の四至外の郷）に切り替えることである。国司は神宮御厨設定という状況下で、日光宇都宮免田を倒すのでなく、所替えにして、存続させようとしている。仁治二年（一二四一）の場合では両御厨は不輸として扱い、勅院事・国役・鹿嶋清祓使等の役と日光宇都宮免田（役）を認めないことを国司は確認している。ただ貞応二年と異なる決定であり、現地では抵抗が強かったものと予想される。

このように、下野国司は那須郡内の日光宇都宮免田を、蒋田・佐久山両御厨が設立されても、場合によっては郷を替えても、存続させる努力をしている。国司・国衙が日光宇都宮免田に執着していることがわかるが、それだけに日光宇都宮免田の持続性をうかがわせる。「日光宇都宮免田」がこのように顕然化したのは貞応元年であるが、これに遡るものと見なければならない。宇都宮系図のなかでも『続群書類従』所収本は、朝綱に「依伊勢訴配土佐国」と注記している。土佐国に流されたのは「公田押領」問題が契機であるから、建久五年の押領訴訟に伊勢神宮が加わっていたということである。下野国司とともに伊勢神官が、宇都宮朝綱の押領を訴えるという

ことは、ありえないことではない。公田百町押領で伊勢神宮の御厨が否定される事態である。建久五年の時点で、下野国司は神宮とともに、宇都宮朝綱の公田押領（宇都宮役負担所領の設定）を院に訴えた、と考えられる。

朝綱の「公田百町押領」は停止されたが、那須郡では「日光宇都宮免田」が存続していた。貞応元年には伊勢神宮は薭田・佐久山両御厨設立にともない、両御厨内の院勅事以下課役を拒否しようとし、「日光宇都宮免田」も否定せんとした。この時は国司が免田を他郷に切り替えることで調整したのである。史料五はこのように理解できるのであり、したがって「日光宇都宮免田」は宇都宮朝綱によって創出されたと解釈できる。

次に「日光宇都宮免田」の内容であるが、「勅院事・国役・鹿嶋清祓使等以下日光宇都宮免田」と書かれるように、課役を負担する田である。その役とは「日光宇都宮」役と解釈できる。ただ「日光役」なのか「宇都宮役」なのか、それらとは違う「日光宇都宮役」なのか、という問題が出てくる。

（3）茂木郡・東真壁郡の設立

茂木氏は宇都宮一族である。その本領である茂木保は芳賀郡内であるが、那須郡境に近く、那珂川沿いに所在する。その茂木氏の伝来文書が茂木文書（『栃木県史　史料編中世一』所収）であるが、初見は次の史料である。

【史料六】将軍家政所下文（茂木文書）

将軍家政所下　下野国本木郡住人□□

補任　地頭職

前右衛門尉藤原友家

右、治承四年十一月廿七日□□□以件人、補任彼職者、今依□□□成賜政所下文之状、如件、以下、

建久三年八月廿二日　　案主藤井（花押）

令民部少丞藤原（花押）

別当前因幡守中原朝臣（花押）

前下総守源朝臣

知家事中原（花押）

藤原友家を下野国本木郡地頭に任命する趣旨である。藤原友家とは八田知家のことであり、宇都宮系図では宇都宮朝綱の子に位置づけられている。茂木系図では、知家の子である知基が本木（茂木）郡を住居とし、「茂木」氏を称す。[17]このように茂木郡は茂木氏の本領といえる所領であるが、その内容はどのようなものであろうか。またどのように形成されたのか。

茂木文書中の「茂木家證文写」（『栃木県史　史料編中世二』二号）は校正案文の一部と見られるが、鎌倉期から南北朝期までの茂木家所領の伝領過程を示している。その所領は下野国茂木郡内五箇郷・信濃国依田荘内五箇村・越後国田島経田・能登国若山荘・紀伊国賀太荘であるが、そのうち下野国茂木郡内五箇郷の表記の仕方を列記すると、次のようになる。

①承久四年二月二一日藤原某（茂木知幹〈基〉）譲状

「下野国東真壁郡内五箇郷 鮎田・神江・□□・藤和・坂□」

②建長八年三月一五日（茂木）左衛門尉知宣譲状

「下野国東真壁郡内五箇郷内四箇郷 鮎田・□□・藤和・坂□」

③正嘉二年一二月二日将軍家政所下文

「下野国東真壁郡内五箇郷□ 藤和・坂井」

④寛元元年一一月二六日沙弥心仏譲状

「下野国茂木郡内五箇郷 鮎田・神□藤□」

鎌倉期のものを提示したが、ここに書かれた所領は同一と見なされる。それが「東真壁郡」とも「茂木郡」とも表記される。ただその「東真壁郡」「茂木郡」は令制の郡ではなく、鎌倉時代に現れたのである（下野国では他に氏家郡がある）。「茂木郡」の方は、茂木保・茂木荘とも呼ばれる地名に因んだ表記であろうが、「東真壁郡」とは何を内容としていたのであろうか。

茂木氏のこの所領は、南北朝期には分割相続されて、公事負担の紛争が起こるが、文和二年六月一〇日沙弥明阿譲状には「宇都宮頭役并公方御公事」と見える。また同置文には「宇都宮頭役者東西乃頭役之時、□□惣保仁配分之、可勤仕矣」と見えて、宇都宮頭役は全体に配分することが求められている。茂木保は宇都宮頭役を負担する所領なのである。したがって「東真壁郡」も宇都宮頭役を負担すると考えなければならない。南北朝・室町期の例ではあるが、「下州宇都宮真壁芳志土」（嘉慶二年八月一七日栃木県芳賀町熊野神社鰐口銘）・「下野宇都宮東真壁下水沼常時珍寺」（嘉吉元年栃木県芳賀町慈恵大師像台座銘）と見えて、[18]下野国では「真壁」は「宇都宮」を冠するものが多い。茂木文書の「東真壁郡」も宇都宮役を負担する所領と見なされよう。

このような内容の「茂木《本木》郡」「東真壁郡」は、その出発点は史料六の建久三年にあり、さらにそれが根拠とする治承四年一二月二七日頼朝下文にある。この時期での八田知家は頼朝陣に参加し、有力家人の列にあったが、宇都宮朝綱とは別行動の場面もある。系図で宇都宮朝綱の子に位置づけられるのは、朝綱娘との婚姻が想像されるのである。下野国「茂木《本木》郡」「東真壁郡」の所領も、宇都宮朝綱との連携のもとに進められたものと推定できる。

四　平貞能の宇都宮領での活動

平家政権の有力武将であった平貞能が宇都宮朝綱を頼り、宇都宮に下向したことは『吾妻鏡』や『平家物語』

の叙述に認められる。その下向の時期はいつか、また下向は二人が一緒だったのか、などの問題は残っているが[19]、時期は内乱開始後から壇ノ浦合戦までの間であろう。

その平貞能は宇都宮勢力圏のどこに定着したのか、またその定着の仕方はどのようなものか。このことは、貞能を受け入れた宇都宮朝綱の勢力圏の政治的内容に関わる問題でもあるので、検討しておきたい。

『野州東山雲巌禅寺旧記』[20]は延宝九年（一六八一）に下野国那須雲巌寺の僧が寺に伝来した記録類を筆写したものであるが、そのなかに「野州塩谷荘下塩谷甘露山妙雲禅寺創建之縁誌」と題する一節があり、平貞能に関わる記述が見える。

【史料七】野州塩谷荘下塩谷甘露山妙雲禅寺創建之縁誌（『野州東山雲巌禅寺旧記』）

夫惟此寺者木是妙雲尼比丘遺跡也、故以妙雲為号、妙雲比丘者平氏小松三位中将重盛之姨母也、当寺本尊釈迦牟尼・大覚世尊瑞像者重盛卿之持仏堂本尊也、平家没落之時重盛卿之近臣筑後守定義不忍捨去、自懐抱而愛惜之、定義無所逃身故依頼宇津宮弥三郎朝綱、素有親戚由緒故介抱定義、与妙雲来於領内藤原郷草創一庵安置之、而後定義付与瑞像於比丘去矣、定義末孫至今年存在于那須大田原領稲下田村、後来藤原郷山浅而隣人民故相所於此地建立一宇安立此仏像、以妙雲為住持矣、

ここに見えるのは塩谷甘露山妙雲禅寺創建の由来であるが、記述されていることをまとめてみる。①この寺の住持となったのは平重盛の姨母であった妙雲尼比丘である。②平重盛は釈迦牟尼・大覚世尊瑞像を持仏堂本尊としていた。③重盛の近臣筑後守定義（平貞能）はそれを捨て去るのを惜しみ、平家没落により遁れる所もなく、宇津宮弥三郎朝綱を頼った。④宇津宮弥三郎朝綱は親戚でもあったので定義（平貞能）を受け入れた。⑤定義（貞能）は尼妙雲とともに領内（宇都宮領内）の藤原郷に入り、一庵を開き、本尊を安置した。⑥定義（貞能）は一時は藤原を去っていたが、後に藤原郷に戻りともに一宇を建立して、仏像を安置し、妙雲を住持とした。

ここに記述されている事柄のうち、平重盛と平貞能の関係、貞能と宇都宮朝綱との関係は、他の文献でも確かめられる。平貞能と宇都宮朝綱が親戚であったことは『源平盛衰記』を引いて川合康が指摘している。[21]妙雲尼という重盛の姨母の存在は未確認であるが、記述は全体として信用していいと思う。

平貞能が入部した地は藤原郷という。この地は宇都宮から会津に向かう交通路の要衝であり、南北朝期には宇都宮氏に関係深い地として文書にも見える（皆川文書）。ただ貞能の活動は平重盛の本尊を下野国内に安置するという作善である。『源平盛衰記』も「貞能後に聞えけるは、西国の軍破れて、下野国宇都宮へ下向す。彼宇都宮は外戚に付くて親しかりければ、尋ね下りて出家して肥後入道と云うて、如法経を書写して、大臣殿の後生を弔ひ奉りけり」（第三十一）と記す。下野国下向後は宗教的活動を展開していたのである。

五　小　括

宇都宮朝綱は宇都宮社に近接して館を構え、また鬼怒川以東の尾羽・塩谷にも軍事的根拠地を置き、勢力圏に入れた。それは内乱という状況下にあって、奥羽と向き合う宇都宮という地における武士勢力の形成であった。宇都宮社を神宮寺建立により改変し、一切経会を挙行して、地域社会を政治的に統括したのである。またその費用となる所領をも設定して、法会開催を連続して、芳賀氏などの神職層や周辺武士を包摂したのである。このような行事の継続を媒介にして地域社会における事実的支配を形成したのである。これは制度（公権）による支配ではなく、族縁的支配でもない。それらを一部は含み込むが、行事の継続こそが支配力のもととなっている。これを「社会的権力」と措定するが、[22]こうした地域的社会権力として、宇都宮朝綱は自己を形成したのであり、在地領主化した。

宇都宮社は小島鉦作が言う「神社領知制」概念[23]が適用できる体系に編成替えしたのであり、宇都宮朝綱はその宇都宮社を本領としたのである。これを私は政治的意味における「在地領主」と考える。頼朝はこのような朝綱を「宇都宮社務職」として安堵したのである。

第二節　千葉常胤の社会権力化

千葉氏では常胤が鎌倉幕府形成に関与し、有力御家人になる。同族には上総氏がいて、ともに武士成立史の問題として研究されてきた。福田豊彦の研究が先駆的研究であり、[24]千葉常胤までの相馬御厨形成をめぐる過程を軸にして、幕府成立史とも関連させて丁寧に叙述している。武士成立問題を所領形成に収斂させて考えていた研究史段階での成果であり、相馬御厨形成も現在では政治史的にとらえ直すことが求められる。また武士そのものの千葉氏の成立については、野口実編『千葉氏の研究』所収諸論文が新しい段階を切り開いている。そこでは千葉氏・上総氏の族縁的関係が中軸に論じられ、[25]京都での活動など新たな問題が考察されている。

東国武士成立には在京活動で中央政界と接触することが重要な契機であるが、在地社会にて本領を中心とする政治的支配関係の樹立も基本問題だと私は考えている。そこで千葉氏の所領の内実と設立過程を吟味しながら、本領千葉荘を中心とした武力配置と千葉堀内での寺社建立・興行を検討する。こうした手順により、地域社会における千葉氏を武士勢力として考察できると考えるからである。

一　千葉常重・常胤の所領編成と政治的枠組

(一)　千葉氏成立期の政治的力量

千葉常胤の社会的・軍事的規模は上総介広常のような一国棟梁的なものでなく、荘官的規模であったことは福田豊彦が考察している。[26] ただ常胤父で千葉氏開祖にあたる常重は下総国衙の有力在庁であった。承元三年（一二〇九）一二月、近国守護のうち千葉氏・三浦氏・小山氏は幕府の求めに応じて「補任御下文」を備進したが、同時に三氏は「検断事」は平安時代以来事実として担ってきたと上申した。千葉氏では「千葉介成胤者、先祖千葉大夫元永以後為当庄検非違所之間、右大将家御時、以常胤被補下総一国守護職之由申之」（『吾妻鏡』同年十二月十五日条）と見える。下総一国守護職は常胤が頼朝から補任されたが、それに先行して先祖千葉大夫が元永年間以来、当庄（千葉荘）検非違所であった、という。この先祖千葉大夫は、元永年間（一一一八〜一一二〇）という時期から考えて常重と見なされる。後述のように、常重（経繁）は下総権介であり、有力在庁であった。「当庄（千葉荘）検非違所」というのは、平安中期の関東諸国に見える郡検非違所の変形であろうから、常重は国検断権（検非違所）を千葉荘という単位に分割し担ったものと考えられる。千葉荘（本領）における警察的武力の行使者として、国衙から公認されているのである。ここに千葉常重は下総国衙権力の構成者であり、その検断権を分割して千葉荘にて執行していたことが確認できる。

千葉荘における所領形成は警察権的内容にとどまらないと想定できるが、成立期の史料はほとんどない。そこで研究史上で有名な相馬御厨形成過程のなかで、千葉常重・常胤の所領樹立のあり方を検討してみたい。

（2）　相馬御厨設立の諸段階

相馬御厨形成過程については福田豊彦が詳しく述べている。最近では鈴木哲雄は寄進状四至記載に注目して、相馬御厨が内海という自然景観をともなった荘園であることを明らかにしている。[27] 基本史料は伊勢櫟木文書所収の寄進状類であるが（櫟木文書に残るのはさらにその写であろうか、文字には誤写と考えられるものがある）、各々の時点での政治的主張として読解すべきである。相馬御厨設立は次の四段階に分けて理解できるが、それは政治的・武力的内容をともなっている。

《第一段階》千葉常重の所領を伊勢皇太神宮に寄進

大治五年（一一三〇）六月一一日、平（千葉）常重は相馬郡布施郷を伊勢皇太神宮に寄進し「寄文参通」を提出した。櫟木文書に伝えられる㋐寄進状（『平安遺文』二一六一号）・㋑付属状（同二一六二号）・㋒証文（同二一六三号）であり、「大治五年六月十一日　正五位上行下総権介平朝臣経繁（花押）」の署判をもつ（寄進状のみ花押が見えないが、本来はあったと考えられる）。寄進状・付属状は伊勢神宮に提出されて残ったものであるが、その文章は寄進者の経繁（常重）側で単独で作成されたものではなく、口入人との協議のなかで、文言も整理されて作成されたと理解される。

㋐寄進状は「正五位上行下総権介平朝臣経繁解　申寄進私領地壱処事」と始まり、その所領が下総国相馬郡布施郷であること、その四至が記される（私領でもあるところの布施郷の確定）。次に「件地」が「経繁の相伝の私地であり」「永く伊勢皇太神宮に寄進する」が、「権禰宜荒木田神主延明を口入神主とする」、「供祭物として毎年田畠地利上分并土産鮭を備進する」、「下司之職は経繁之子孫が相伝する」と記す。この文書の奥には伊勢神宮庁の「判」が載せられており、寄進の成ったことが庁神主連署で確認されるが、本文末尾には「寄文参通、内一通留宮庁、二通返領主并口入神主等之」と見える。提出された寄文三通のうち、付属状は口入神主（荒木田延明）に、証文を「領主」（平常重）に返したことがわかる。

㋑付属状の書き出しは寄進状とほぼ同じであるが「……永奉付属所領地事」と見え、本文でも「所奉付属於皇太神宮権禰宜神主荒木田延明如件」と荒木田への付属状であることが明記される。次に「但……」として条件が書かれるが、それは以下の三点である。①「田畠所当官物」は「当時領主」に「進退」させる、②「加地子并下司」は経繁（常重）子孫が相伝する、③預所は「口入人源友定等子孫」に相承させる。荒木田延明は寄進状で口入神主として位置づけられているので、①②③のなかに荒木田延明に関わる事柄がなくてはならないが、③預所となる源友定は仮名との指摘がなされており、(28)これが荒木田延明を意味するのではないだろうか。①の所当官物を進退する「当時領主」の「領主」という文言は伊勢神宮側の文言と考えられ、㋐寄進状の「領主」と同意であろうから、平経繁を指すと見られる。そうであれば、官物進退とは、官物の取得ではなく、官物納入を沙汰することと考えられる。②は平経繁側に関わる規定である（加地子取得と下司職）。

㋑付属状の文書内容をこのように理解すると、この付属状は官物進退する経繁を「当時領主」とし、寄進関係に入った経繁の立場を「加地子并下司」とする。つまり「領主」は官物を進退し加地子取得する経繁であり、「下司」とは御厨化した段階での経繁、と理解できるのである。御厨化しても国衙への官物負担義務は続くので、この二つの立場は併存することになる。

経繁（常重）の寄進した所領内容を示すのが㋒証文である。これは「注進　相馬郡布施郷証文等事、合五通内」で始まり、次の五通を列記する。「一枚　布施郷内保村田畠在家海船等注文」、「一枚　国司庁宣布施黒埼為別符時免除公事案」、「一枚　前大蔵卿殿布施黒埼御厨知時下総守被仰下消息案在并其返事等」、「二通　同大蔵卿殿仰書消息等」。この列記に続けて「右件文書等、若横人出来、号地主有相論時、為証文所令進上也、後之にも存此趣、可令沙汰之状如件」と結ぶ。これから起こるであろう相論に備えて、この五通の文書を進上したのである。前述したようにこの文書・正文は領主である経繁に戻されたから、神宮には案文（写）が残された。その「横人」の相論は「号地主」して提起されると予想しており、それに備えた証文となる文書五通は、経繁側の「地主」としての正当性を主張できるものでなくてはならない。したがって五通は「地主」であることの証文である。

このように考えると、平経繁（常重）が認められた権益は「地主」と認識されるものであるが、その内容は国司から別符として公認された布施郷雑公事免と加地子取得・官物進退権である。これは国司交替の機には否定される可能性がある。したがって相論相手も想定され、不安定なものなのである。

そこで常重は同年一二月に、この寄進を公認する下総国司庁宣を発給させた。このことに従来の研究は関心が薄いが、櫟木文書のなかに写が残っている（『平安遺文』二一七六号）。この国司庁宣は常重から提出された寄進状をふまえ、その趣旨を引用しながら、寄進を国司として承認している。事書には「任権介平経重寄文」と見えるように、権介であることの優位性がうかがえる。国衙有力者である常重の政治力がこうさせたのであるが、常重の伊勢神宮への寄進を国司権力も承認したのである。こうした常重の寄進は国衙在庁という立場を利用し、国司権力を動員しながら進められた政治過程であったが、このことはこの御厨が下総国務という政治的枠組のなかで、政治的に樹立されたことを意味している。最近の荘園成立史研究では中央政界で寄進を受けた後の「立券」の政治的意味が注目されているが[29]、同様の問題が国務レベルでも存在したのである。

《第二段階》常重没落から源義朝の寄進まで

常重は御厨化した布施郷の官物を進退する（責任をもって納入する）位置にあったが、その官物を未進し、下総国衙にて責められた。のちに千葉常胤（常重の子）は「……其後国司藤原朝臣親通在任之時、号有官物未進、同二年七月十五日召籠常重身、経旬月之後、勘負准白布柒百弐拾陸段弐丈伍尺伍寸、以庁目代散位紀朝臣季経同年十一月十三日押書、相馬・立花両郷之新券、恣責取署判、已企牢籠之刻、……」（久安二年八月十日平常胤寄進状、『平安遺文』二五八六号）と言っている。国司が藤原親通に替わり、目代紀季経が国庁に赴任すると、常重に官物未進の嫌疑がかかり、「同二年」（保延二年＝一一三六）七月一五日、その身が召し籠められた。未進額の審査となり、白布七二六段余の未進が確定し、その未進を補うために相馬・立花両郷の新券を立てて国（国司）に取り上げられたのであるが、それは「押書」と言われるように、目代側の実力行使によって行われた。未進代のため相馬郡内に相馬・立花両郷が新たに立てられ、それが国司（藤原親通）所有となったのである。常重は目代に身柄を拘束されており、国庁を舞台とした政治・武力闘争に敗れたのである。常重を国衙から追放したのは「庁目代散位紀朝臣季経」であり、国司藤原朝臣親通に送り込まれた人物であろう。

この過程で、相馬郡には相馬郷・立花郷の新券が作成された。庁目代紀季経が強引に発給し、常重には脅迫下で署判させている。常重に署判させているのは常重が「地主」であるからであると考えられる。国司側が得た相馬・立花両郷新券の内実は、常重と同内容の「地主」と見てよかろう。ここに相馬郡には布施郷のほかに相馬郷・立花郷が立てられたが、その相馬郡・布施郷「地主」から相馬郷・立花郷「地主」を分立させたのであった。布施郷（地主）はこのような、新しい郷を分立させる権益を内包している。またこの過程も国衙での権力闘争として実力・武力行使のなかで進められている。

この争闘に新しい要素が加わる。源義朝が常重一族（下総平一族）の内紛を利用しながら常重所領を奪い、伊勢神宮に寄進したのである。「……源義朝就于件常時〔晴〕男常澄之浮言、自常重之手、康治二年雖責取圧状之文、恐神威、永可為太神宮御厨之由、天養二年令進避文之上、……」（同前、『平安遺文』二五八六号）と見えるように、源義朝は常晴の子である常澄と策動し、常兼養子常重（常澄にとっては義理の叔父）から所領を奪った。奪った主体は源義朝と平常澄の共同勢力であるが、義朝は天養二年（一一四五）、それを伊勢太神宮に寄進した。予想される常重との争論を有利に進めることを意図したであろう。いっぽうの常澄は印東庄の郷々の「地主」として沙汰をしていたことが確認されるから（平常澄解、『平安遺文』四七五一号）、現地支配では義朝の代官的存在となっていたと思われる。

その義朝寄進状と見なされるものが残っている（『平安遺文』二五四九号）。「源（花押）」の署判で出され、口入神主の記載はない。地利上分は供祭物に備え、「下司職」は子々孫々相承する（他の妨げなし）、とする。ここに常澄を利用した義朝を主体とする御厨が樹立され、義朝が下司職となった。この義朝寄進については、のちに、荒木田明盛が「源義朝又自経繁之手、責取圧状文、雖令掠領、親父（延明）被致沙汰之間、義朝恐神威、永可為太神宮御領之由、天養二年重寄進已畢」（仁安二年六月一四日権禰宜荒木田明盛和与状、『平安遺文』三四二五号）と言っている。常重寄進の口入神主となった荒木田延明が源義朝を訴えた時の言説である。荒木田延明は自身を口入人とするのを御厨（常重寄進）が否定されたと受け止め、中央でおそらく院に訴えた、と見てよかろう。義朝寄進をめぐる対立関係は中央政界でも展開したのである。

　この段階の問題として整理できることは以下のことである。「相馬郡」の皇太神宮領（御厨）は伊勢神宮では口入人をめぐる神主間の争いを起こし、在地では平常重・常胤と源義朝・平常澄とが供祭物沙汰をめぐり併存・対立する関係に入った。その前提には相馬・立花二郷の新設があるが、その二郷も布施郷を否定して初めて新券作成という形式で実現している。

《第三段階》千葉常胤の所領回復と再寄進

　常重を継承した常胤は、義朝の寄進に対抗し、常重の未進官物を国庫に納入し、国司に働きかけ国判を得ると同時に、久安二年（義朝寄進状の翌年）八月伊勢太神宮に寄進し直した（『平安遺文』二三八六号）。常胤はその寄進状で「……常胤以上品八丈絹参拾疋・下品柒拾疋・縫衣拾弐領・砂金参拾弐両・藍摺布上品参拾段・中品五拾段・上馬弐疋・鞍置駄参拾疋、依進済国庫、以常胤為相馬郡司、可令知行郡務之旨、去四月之比、国判早畢、其中一紙先券之内、被拘留立花郷一処許之故、所不返与件新券也」と述べる。常胤が備進した物は上品八丈絹以下多額の品であるが、これにより国司から「相馬郡司として郡務を知行すべき旨」の判（国司庁宣）を、「去四月之比」（久安二年四月）に得た。また自ら署判も「正六位上行下総権介平朝臣常胤」とし、下総国衙内での在庁の地位を確保している。ただ新券で手放した相馬・立花両郷のうち立花郷は返されなかった。この常胤の負物備進は、仁安二年の荒木田明盛和与状（『平安遺文』三四二五号）でも「爰経繁男経胤、為断将来論、依弁彼官物未進、以常胤補任相馬郡司之由、国司判許、而尚拘留件新券之間、為後代沙汰、常胤立弁済物日記、所注送于親父許也」と確かめられ、しかも常胤は備進した物品の目録を明盛「親父」（荒木田延明）にも送ったのである。常胤は相馬郡務が国司から公認されたこと、その前提となる負物備進目録を伊勢皇太神宮口入神主にも連絡している。ここからは常胤が下総国衙との政治的連携を回復していることがわかるが、同時に伊勢神主層との連携も意図している。

さてこの常胤寄進状の末尾では、相馬郡務が国判で公認されたことに基づいて、相馬郡を御厨として立て、「所当官物を供祭上分に勤め」、「領主荒木田正富」が進退し、「加地子幷下司職」は常胤子孫相伝、「預所」は「本宮御□使」の相承、と規定している。ここに規定された当御厨の支配系統は次のようになる。領主は荒木田正富であり所当官物を供祭上分に勤めることを進退する。下司職は常胤子孫が相伝し加地子を得分とする。預所は「本宮御□牒使」である。

この段階の問題としては、常胤は下司職・加地子取得権を確保しているが、所当官物の進退からは離れている。所当官物は国庫納入ではなくなり、神宮供祭上分として神主荒木田正富（仮名）の掌握するところとなったが、その神主荒木田正富は「領主」として表現されている。神主荒木田正富は所当官物を供祭上分として取得するところの「領主」となったのである。現地での所当官物沙汰は実際には常胤側が行うところであろうが、神宮神主の権限となったのである。いっぽう常胤はこの寄進状で「右当郡者、是元平良文朝臣所領、其男経明、其男忠経、其男経政、其男経長、其男経兼、其男常重、而経兼五良弟常晴相承之当初、為国役不輸之地、令進退領掌之時、立常重於養子、大治元年六月所譲与彼郡也、随即可令知行務之由、同年十月賜国判之後、常重依内心之祈念、大治年之比貢進太神宮御領之日、相副調度文書等、永令付属仮名荒木田正富先畢、於地主職者、常重男常胤、保延元年二月伝領、……」と述べて、父常重から「地主職」を保延元年二月に伝領したこと、相馬郡務は先祖相伝であること主張している。相馬郡を良文→経明→忠経→経政→経長→経兼→常重と継承してきた由緒を述べるが、これが先の「以常胤為相馬郡司、可令知行郡務之旨、去四月之比、国判早畢」という主張と一つになって、相馬郡務知行の正当性を主張している。官物沙汰権は御厨領主・荒木田正富に渡しつつも、現地での実際的知行を「相馬郡務」との文言で表現し確保しようとしている。この常胤寄進状の四至が、大治五年常重寄進状四至から大きく拡大して相馬郡域全体に及ぶものであることは、伊藤喜良が指摘している。[30] 地主職相伝に基づく相馬郡務を新たな内容に引き上げ、国衙に承認されたものとして主張している。

《第四段階》源義宗と平常胤の寄進競争

常重・常胤系の御厨と常澄・義朝系の御厨が競い合っていたが、下総国司藤原親通から権利を得た源(佐竹)義宗がさらに争う。平治合戦にて義朝は「乱逆人」となり、その所領は否定されることとなった状況とも連動する。その佐竹義宗も獲得した権利を伊勢神宮に寄進した。

永暦二年(一一六一)正月日源(佐竹)義宗寄進状は相馬郡の御厨一処を伊勢内外二宮に寄進するものであるが、奥にはそれを「相馬御厨」として受け入れる趣旨の神宮庁判が与えられた。佐竹義宗はこの寄進状の前半で、大治五年の寄進(常重の寄進)がのちに停廃されているので「平常澄・常胤等之妨」(常澄・常胤の知行)を停止すべきことを述べて、それに続けて以下のように主張する。「……抑当御厨相伝之理者、自国人平晴(常脱カ)今常澄父也手譲平常重幷嫡男常胤、依官物負累、国司藤原親通朝臣、彼朝臣二男親盛朝臣、而依匝瑳北条之由緒、以当御厨公験、所譲給義宗也、然者父常晴長譲渡他人畢処也、常澄・常胤等、何故可成妨哉、是背法令、大非常之上、大謀叛人前下野守義朝(朝脱カ)臣年来良従等、凡不可在王土者也、仍任道理為停止彼悪逆、所寄進也」(永暦二年正月日源(佐竹)義宗寄進状、櫟木文書、『平安遺文』三二一二号)。

義宗の主張のポイントは二つである。官物負累により当御厨を譲渡された国司藤原親通は二男親盛に譲り、その国司二男親盛から「匝瑳北条之由緒」により義宗は譲られた。もう一つは源義朝は大謀叛人であり、その「郎従」である常澄・常胤は妨げをなしてはならない（知行してはならない）というものである。前述のように国司藤原親通が平常重から譲渡されたのは相馬・立花二郷（地主職）であるから、佐竹義宗の得たものもおなじはずである。したがって佐竹義宗の寄進も相馬・立花二郷（地主職）をもととしている。

佐竹義宗の寄進と御厨化はどのような所領編成をもたらしたであろうか。義宗寄進状は先の引用に続いて「以内宮一禰宜俊定・外宮五禰宜彦章等子々孫々長可為口入之神主、又於御厨預職者、同以義宗子々孫々可被補任也、但不入本宮御使、毎年無懈怠、為備進供祭上分、謹所申請庁判、如件」と述べる。ここに規定されていることは次のようになる。口入神主は内宮一禰宜俊定・外宮五禰宜彦章（子孫）。預職は佐竹義宗（子孫）。口入神主が内宮・外宮一人ずつとなったが、これはこの寄進が相馬御厨を二宮領化したことにともなうものであろう。内宮俊定については不詳であるが、外宮彦章は度会彦章であり、彼は承安四年三月〜五月には在京をくりかえし神宮領の確保に朝廷・院と折衝している（『玉葉』承安四年三月十二日、同五月二日条、『吉記』承安四年三月十四日条）。たびたび在京している様子がうかがえるので、永暦二年頃も在京していたと想定してもいいだろう。佐竹義宗は、在京活動が見える佐竹義成の孫であり[31]、久安五年（一一四九）一二月（『本朝世紀』）、仁平三年（一一五三）三月（同）、仁安四年（一一六九）正月（『兵範記』）に在京活動が確認できるので、この寄進状作成の永暦二年正月には在京していた、と考えてよい（この間に往反も想定できるが）。

保元合戦での源義朝の没落を契機にして、下総国司親通（その子親盛）からの相馬郡相馬・立花二郷（地主職）の佐竹義宗への譲渡、そして伊勢内外二宮への寄進（相馬御厨）は、京都を場として進められたに違いない。寄進の政治過程は、中央政界を軸にして展開したのである。直後の二月には義宗は二人の口入神主に「供祭并口入料」を納入しているが（櫟木文書、『平安遺文』三一四二・四三号）、これも寄進を確かなものとする義宗の京都・畿内での素早い政治的行為であろう。義宗は永万二年には彦章神主に対して相馬御厨所当を納入しているが（『平安遺文』三三九二～九四号）、これも京都でのことであろう。こう考えると、佐竹義宗が御厨預職となったことも理解できる。この地位は伊勢禰宜クラスが据わるポストであり、「給主」に該当する。佐竹義宗は相馬御厨支配のなかで、荘園領主側の一角を占めるようになったのである。おなじ「地主職」を基礎としていながら、御厨下司職の平常重・常胤とは異なる。

いっぽうの平（千葉）常胤も「二宮供祭所」とする旨の寄進状を、永暦二年（一一六一）二月二七日付けで提出した（櫟木文書、『平安遺文』三一三九号）。佐竹義宗寄進状に一ケ月余り遅れてのことである。常胤も義宗の動きに対応しているのであるが、これは京都の情報に通じていなければできない。常胤子息（胤頼と日胤）が平安末期に在京活動していたことは知られているが、(32) この時期まで遡らせていいのではなかろうか。伊勢神宮庁では、この常胤寄進状にも判を与えたが、佐竹義宗寄進状に与えた判には「（常胤に与えた）先判を毀ち改め与判する」と明言している。神宮は佐竹義宗の寄進状を正式採用し、常胤寄進状を破棄したのである。相馬御厨相論は彦章神主―佐竹義宗系統の勝利となり、長寛元年（一一六三）宣旨で奉免された（『神宮雑書』所収伊勢大神宮神領注文、『鎌倉遺文』六一四号）。

この段階の問題としては、佐竹義宗と平常胤の神宮供祭物沙汰権をめぐる争いが京都を軸にして展開しているのであるが、佐竹の主張の根拠は相馬・立花二郷の正式譲渡を受けたとのことと、両者による供祭物納入事実の併存である。ここでも二郷（その地主職）の継承者が争われている。

以上の四段階に整理してみると、私領でもある布施郷樹立とその御厨化、布施郷を否定しながらの相馬・立花二郷の新設とその御厨化、相論過程に見える「領主」権の内容変化が問題点として浮かび上がる。そのいっぽう当事者の千葉常重・常胤の権勢は、下総国衙での権介を根拠としたものであった。布施郷の伊勢神宮への寄進と御厨化も国衙権力と一体で進め、常重没落後の常胤の所領回復・再寄進も国司との政治的連携を回復し伊勢神宮御師層との連携を図りつつ、「相馬郡務」の構築を意図したものであった。こうした相論を常にともなっている御厨知行は国衙での武力的政治闘争でもあった。知行の基礎となっているのは布施郷「地主」であるから、不安定であり、武力的政争がついてまわった。布施郷「地主」は相馬郷・立花郷を生み出して外延的に拡大し上級支配権相論を拡大させたが、私領として内在的発展は乏しかった（布施郷は公領であり私領でもあるわけだが、私領の面での展開に乏しい）。

（3）　布施郷設立と寄進

相馬御厨の母体となった布施郷（いわゆる中世的郷としての）については、律令的郷の布佐郷が再編されたものであること、また寄進された布施郷はその北部であることを、鈴木哲雄が相馬御厨四至の段階的変化を究明するなかで論じている。(33)ただ千葉常重の寄進地（私領）は布施郷の管轄内であるが、その枠と一致するかは検討を要する。大治五年六月十一日平（千葉）経繁（常重）寄進状の冒頭部を引用する。

【史料八】大治五年六月十一日平経繁寄進状（櫟木文書、『平安遺文』二一六一号）

正六位上行下総権介平朝臣経繁解申、寄進私領地壱処事

在下総国相馬軍布施郷者

四至　限東蚊虻境、限南志子多谷幷手下水海、
　　　限西廻谷幷東大路、限北小阿高幷衣川流

右、件地経繁之相伝私地也、進退領掌敢無他妨、爰為募神威、任傍例、永所寄進於伊勢皇太神宮如件、（以下略）

ここで寄進の対象となっているのは「私領地」であり、その「私領地」の四至が明記されている。「在下総国相馬軍布施郷者」というのは、行政的には相馬郡布施郷の管轄下に入ることを意味する。したがってその四至が布施郷からはみ出すことがあるのは、私領地である以上、自然なことである。

この千葉経繁（常重）の私領地の四至の比定については鈴木哲雄が詳細に行っており、その結論は千野原靖方復元の図ともほぼ一致している。[34] 四至の場所（地名）は、下総・常陸国境の水郷地帯の陸地との接点に比定されている。私もこれを継承するが、問題にしたいのは四至の表記の仕方である。「限南志子多谷并手下水海」は志子多谷（篠籠田谷）と手下水海を連続的にとらえて南限としている。つまり水面を表示しているのであるが、単に「手下水海」とするのではなく「志子多谷并手下水海」と表記するのは志子多谷（篠籠田谷）までを手下水海と一体とする認識であるが、この意図はどこにあるのであろうか。おそらくは水量により水面が低下すると志子多谷は手下水海から離れることがあるので、こうしたのであろう。同様に「限北小阿高并衣川流」も衣川を境にしながら、それを小阿高と一体のものとして明示している。衣川は下総・常陸国境なのだからそれだけでも十分なはずだが、わざわざ「小阿高」と表記するのは、衣川が水量変化により流路変化が起こった場合でも小阿高（足高）までは境の内とする主張が見える。「限東蛟虵境」は沼に沿った地であるが、これも後の「須渡河江口」「常陸国界」にくらべて具体的であり、水面利用範囲を明示している。いっぽう「限西廻谷并東大路」は藺沼に沿った地である廻谷を示しながらも、こちらは東大路を境とする。おそらくは東大路が水量によっては廻谷まで続くのであろう。このように四至記載の仕方から平経繁が布施郷の自然的現状を掌握し、水陸交通の確保とともに沙汰する意図があることををうかがわせる。開発が期待されるところである。

その開発の実情は相馬・立花の二郷分立の前提となったが、郷内に新たな村落を形成した兆候が見えない。大治五年証文の「布施郷内保村田畠在家海船等注文」もその後の展開が見えない。こうして布施郷務は私領の内的展開よりは、官物納入という公的側面が大きいままであった。そのため国衙政争の影響をまともに受けることとなるが、こうした不安定な状態は鎌倉幕府成立まで続いたと見られる。相馬御厨での千葉氏の所領は国衙依存の政治的側面が強いものであった、と考えられる。

二　内乱期における千葉常胤の武力と所領

(一)　内乱のなかでの武力配置

千葉常胤は、内乱と鎌倉幕府成立過程において、政治的地位を確保し、多くの所領を獲得・配分して、軍勢としても規模を拡大した。西上した頼朝軍のなかで元暦瀬戸内合戦では軍略に貢献し、奥州合戦では海道将軍の一方となり戦後には所領を得た。この時期の全国的規模での活躍ついては福田豊彦[35]や野口実[36]に詳しいので、私は千葉常胤が本領（千葉荘）近辺に築いていた軍事施設の配置関係を検討してみたい。

(ア)治承四年九月下総合戦

敗戦のまま房総半島に入った頼朝軍がやがて巨大に膨れあがり大軍勢化するには、いくつかの段階を経たが、その最初となったのは、治承四年（一一八〇）九月、上総介広常と千葉常胤が上総で頼朝陣営に参加したことであろう。ただ上総介広常の中間的行動を考えると、頼朝軍の飛躍は次の戦陣で下総国目代・在庁軍を破ってからであろう。

広常軍の武力編成も含め、常胤軍、さらに平家方の判官代親政軍の三者を、『源平闘諍録』の記事をもとに吟味・検討した福田豊彦は以下のことを指摘する。広常軍は、広常の兄弟・甥の全体を編成し、千葉一族の臼井氏までを包摂し、その参加者の所領は上総から下総に広がる。常胤軍は直系の子と孫であり、千葉荘を中心とした勢力である。また判官代親政軍は金原・粟飯原・原などの千田荘内の人々が入っている。広常軍の巨大さにくらべて常胤軍の小規模な点が目に付く。福田は、「豪族的領主」という概念は広常にはあてはまるが常胤には該当しない。ただ広常・常胤の軍事編成は同族編成という点では共通しており、違いは広常が上総氏を超えて千葉氏系臼井氏まで編成していることである、と言う。(37)

私は軍事情勢の転換という観点からは、平家方人であり下総在庁の判官代親政の軍勢が敗北したことを重視するが、これは千葉常胤孫(後に養子)の成胤が成し遂げたところである。『吾妻鏡』では常胤子息胤頼と甥小太郎成胤が当国(上総)目代の館を襲い(治承四年九月十三日条)、翌日には千田荘領家判官代親政を破る。「下総国千田庄領家判官代親政者刑部卿忠盛朝臣聟也、平相国禅閤通其志之間、聞目代被誅之由、率軍兵欲襲常胤、依之、常胤孫子小太郎成胤相戦、遂生虜親政訖」(同九月十四日条)との記事であるが、ここには親政の軍事的敗北要因はうかがえない。

この間の事情を記すのは『源平闘諍録』(福田豊彦・服部幸造全注釈、講談社学術文庫、二〇〇〇年)・『千葉妙見大縁起絵巻』(千葉市立郷土博物館)である。成胤は秩父太夫重広女を祖母とするが、この時千葉館にて祖母供養の営みをしていたという。父・兄達は頼朝軍に参会して留守となった本領を守っていたのであり、祖母供養をしていたのである。この時の判官代親政の進軍路は『源平闘諍録』に次のように記述されている。「平家の方人千田の判官代の親正、……赤旗を差して白馬に乗つて匝瑳の北条の内山の館より、右兵衛佐の方へ向はんとす。相ひ随ふ輩は誰々ぞ。前千葉介太夫常長の三男、鴨根の三郎常房の孫、原の十郎太夫常継・同じく子息平次常朝・同じく五郎太夫晴常・同じく六郎常直・従父金原の庄司常能・同じく子息金原の五郎守常・粟飯原の細五郎家常・子息権太元常・同じく次郎顕常等を始めと為て、一千余騎の軍兵を相ひ具して、武射の横路を越え、白井の馬渡の橋を渡つて、千葉の結城へ罷り向ひけり」。ここに見える判官代親政軍の進路は、匝瑳の北条内山館→武射の横路→白井の馬渡→千葉・結城、となる。

これを分析した千野原靖方は、親政軍は頼朝のいる上総国衙に向わんとし、内山館から栗山川沿いに南下し、武射南郷の横路で方向を転換して、白井馬渡橋を経て千葉館を攻めた、と考察する(38)。私も賛成であるが、武射の横路で方向を千葉方面に転じた理由は、そのまま海岸線に沿って南下することが困難となったためではないだろうか。この方向転換の場所は地形から見て、東金・大網近辺と想像される。大網の至近箇所には大椎《おおじい》（千葉市）があり、常重時代は千葉氏の拠点の一つである（『千葉妙見大縁起絵巻』）。『源平闘諍録』に見える椎名五郎胤光・同六郎胤平は千葉一族であり、大椎を本拠とする者と推定されている（下巻三九二頁）ので、千葉氏が臨時的軍事施設（城郭）を大椎に維持していたことは想定してもいいと思う。ここでの軍事活動が判官代親政軍の南下を阻んだ、と考えておく。このため親政軍は賀曾利・千葉方面へと向かうこととなり、千葉成胤軍に敗北した、と思われる。

判官代親政軍を破った成胤は「加須利ノ冠者」を通称とするが（『千葉妙見大縁起絵巻』）、これは加須利に館をおいたことを意味しよう。加須利は千葉庄内であるが、都川を上流に、東方面に（太平洋側に）のぼった所に位置する。これが大椎と連携し太平洋側海岸部の軍事情勢に対応する意図をもっていた、と思う。千葉氏は江戸湾と太平洋岸との中間部となる難所に、軍事上での対応を意図して館・城を配置して、軍事状況を掌握せんとした、と考えられる。治承～文治の内乱時の城郭が臨時的な施設であることは川合康が強調するところであり(39)、私もそれを継承している。

(イ)千葉・結城浦

判官代親政軍を破ったことにより、『吾妻鏡』では頼朝は、上総広常の参加を待たず、九月一七日に下総国府に入り、千葉常胤一族と参会する。この後は上総広常の遅参を諌めたりしながら、太日・墨田両渡河となる。ところが『延慶本平家物語』では、頼朝軍に参加する千葉常胤が千葉結城浦で兵力を結集している。「兵衛佐ハ、使者ヲ上総介、千葉介ガ許へ遣テ、各忿ギ来ルベシ、既ニ是程ノ大事ヲ引出シツ。此上ハ、頼朝ヲ世ニアラセム、世ニアラセジハ、両人ガ意也。弘経ヲバ父トタノム、胤経《(常胤、以下同)》ヲバ母ト思ベシトゾ、宣ケル。両人共ニ元ヨリ領状シタリシカバ、胤経三千余騎ノ軍兵ヲ卒テ、結城ノ浦ニ参会シテ、即兵衛佐ヲ相具奉テ下総国府ニ入奉リテ、モテナシ奉リテ、胤経申ケルハ、此河ノ鰭ニ大幕百帖計引散シ、白旗六七十流打立〱ヲカレ候ベシ。是ヲ見ム輩、江戸、葛西ノ輩、皆参上シ候ワンズラムト申ケレバ、尤モサルベシトテ、其定ニセラレタリケルホドニ、案ノ如ク、是ヲ見ル輩、皆悉ク参上ス。」（『延慶本平家物語』第二末、北原保雄・小川栄一編、勉誠出版、一九九〇年）と見えて、結城浦の河尻に旗を立て並べれば、江戸・葛西の両氏もこれを見て駆けつけるだろう、と常胤は頼朝に言ったのである。この叙述が事実か否かはわからないが、千葉氏の軍勢集結の進め方を示すものとしては受容できよう。結城浦は千葉荘のうち都川が海に入る河口部に位置するが、[40]その海岸部の景観的特徴として葛西・江戸方面への眺望が挙げられる。下総最西部・武蔵南部の軍と連携できる場所として意識されている。『千葉妙見大縁起絵巻』もこの時の合戦を叙述するに、結城浦のことを「此ノ浦ハ一筋ハ足聞、一筋ハ馬之足不聞ナリ、浦ニ打出折立、馬足体《(休)》トテ、各ノ弓ヲ　取テ」と記し、川の流れにより複数の筋ができて、馬が立てる浅瀬の筋と、馬足の立たない筋がある、という。

千葉常胤の勢力は、千葉結城浦の地理的・自然的特徴をつかんでおり、軍事情勢を有利に展開しようとする意図がうかがえる。千葉氏が千葉に中心拠点を移したのは、こうしてみると、下総西部・武蔵南部の軍事勢力と連携する意図をもつものであった、と言えよう。こうした勢力圏は川合康の言う軍事的テリトリーの一例であろう。

（ウ）頼朝の太日・墨田の渡河

治承四年の頼朝の太日・墨田の渡河は軍事的には危険を極めたものであった。武蔵の畠山氏らは反頼朝であり（石橋山で三浦一族を討った）、背後の下総とて安心できない（下総北部では佐竹氏の影響が考えられる）。そうしたなかで、頼朝は二つの河を渡河し墨田宿で小山氏勢と逢い、以後武蔵国府・相模国府に進攻することとなる。太日・隅田渡河の成功こそが頼朝勢力を発展へと飛躍させたのである。石橋山の敗北以来の劣勢は全滅の危機もあったが、ここで頼朝は幕府を開設する軍勢を得たのであり、新しい局面に入る。それだけの転換点となった渡河作戦はどのようにして成功したのであろうか。『吾妻鏡』には「武衛相乗于常胤広常等之舟檝、済大井隅田両河、赴武蔵国、豊嶋権守清元・葛西三郎清重等、最前参上」（十月二日条）と見える。常胤と広常が調達した舟檝（楫の付いた舟）に乗って渡ったのである。護衛も両人が行ったと思われる。渡った所で豊嶋権守清元・葛西三郎清重父子が参会した。『吾妻鏡』の叙述（地の文の配置）からは、渡河作戦にこの父子が同意していたように読める。[41]

豊嶋権守清元は武蔵国豊嶋郡滝野川辺を根拠地にし、葛西三郎清重は墨田宿近辺に館を構えていた。[42] この父子が太日川（江戸川）・墨田川に影響力をもっていたと考えなければならないから、頼朝の渡河が成功したということは豊嶋・葛西の両氏が千葉常胤に政治的に同意したことを意味する。葛西三郎清元は千葉常胤の娘を妻としており（笠井系図、『続群書類従』所収）、その婚姻を進めたと見られる豊嶋権守清元（葛西三郎清重の父）は治承元年の香取社造営雑掌を勤めている。その後の香取社造営を考えると、ここで千葉常胤と豊嶋清元との連携が生まれていたと考えられる。千葉常胤はこうした関係を軍事情勢のなかでも生かす力量をもっていたのである。頼朝は畠山一族の江戸重長を引き寄せるために「大井要害」（太日河の臨時的城郭）に誘引しようする（『吾妻鏡』同年九月二十九日条）。媒介したのは葛西清重とのことであるが、この誘引は実行されなかった。おそらくは葛西は未参の段階であるから、江戸重長誘因を担当したのは実際には千葉常胤と考えられる。「大井要害」も千葉氏の建設であろう。

千葉常胤は葛西・豊嶋氏との連携を進め、太日・墨田両河の渡河地点に一定の影響力を形成していた。太日・墨田の渡河地点は軍事的難所であり、そうした地域に潜在的政治力をもとうとする意図がうかがえよう。頼朝軍はこの力関係が働くなかを渡河したのである。

（2）所領とその内容

千葉常胤固有の所領は千葉荘と相馬御厨であるが、内乱と幕府成立のなかで、それはどのように扱われたであろうか。『吾妻鏡』文治二年三月十二日条掲載「関東御知行国々乃貢未済庄々注文」のなかに千葉荘・相馬御厨がともに記されていることは、二つの所領の現地が実力的に知行されていることを示している。実力的知行者は誰なのか。千葉荘は千葉常胤であろうが、相馬御厨は単純ではない。治承四年の頼朝への参仕当初より千葉常胤と上総介広常とは協調しており、のちには広常系・常胤系双方の相馬氏が分出する。したがって相馬御厨現地支配は、千葉系と上総系の両者によって知行されていた、と考えられる。この千葉氏・上総氏協調関係は、寿永二年一二月の上総介広常誅殺後には変化が現れる。上総一族は所領を失ったと考えられ、相馬御厨もこの時点で千葉常胤の単独知行下に入ったと思われる。ただ神宮側では建久三年段階でも源（佐竹）義宗を給主と扱っており（神領注文、『鎌倉遺文』六一四号）、常胤の知行は形式的には否定されていた。その際に千葉氏が依拠したのは国司・国衙から認められた「地主」であった。

源頼朝は治承四年一〇月相模国府にて参陣した諸氏に「本領を安堵し」「新恩に浴せしめ」たが、鎌倉に帰り御所新造中の一二月一四日には「武蔵国住人」がもつ「本知行の地主職」を「本の如く執行すべし」との下知を出した（『吾妻鏡』）。ここに武蔵国でも地主職が広範囲に展開していたことがわかる。この安堵は「国住人」の要請を受けたものであろうから、平安末期には武蔵国では国衙領で地主職が国司によって公認されていたものを、頼朝が追認したことを示している。この吾妻鏡記述の「地主職」は、おなじ東国の例では、元暦元年一二月二九日に鹿島社司介良景が、所領への国衙からの万雑公事賦課停止の確認を求めたのに対して、頼朝は「地主全富名に准じて、御物忌千富名例に任せて」認めているので、万雑公事免除を内容としていることが確認される。

内乱が終息すると、関東の荘園から年貢が首都に運上されるようになるが、相馬御厨では国衙在庁が供祭料運上を沙汰している。建久十年三月二四日相馬御厨上分送状でも認められる。

【史料九】建久十年三月二四日相馬御厨上分送状（櫟木文書、『鎌倉遺文』一〇四五号）

下総国相馬御厨

運上　二所太神宮例進御上分事

合

四丈准白布五百七十段二丈内（四丈五百七反、二丈百二十七切）

（太藍摺布以下の物と分量を略す）

右、建久九年御上分布、任先例、付宮掌今元、運上如件、

建久十年三月廿四日

田所伴（花押影）

案主散位橘（花押影）

地主平

相馬御厨の上分送状であるが、四丈准白布などの記載から判断して、これが永万二年千葉常胤寄進状（前出）の言う「御贄上分」「供祭上分」と考えてよかろう。また奥下の署判者は田所伴・案主散位橘・地主平であり（地主平だけ花押がないが）、田所・案主は国衙在庁と見なされ、「地主平」は千葉一族であろう（常胤または子息ヵ）。この時点でも千葉氏は「地主」として署判している。しかも「付宮掌今元、運上」とあるように、神宮使者が現地に下向している。神宮は下総国衙と共同して供祭料を取得するのだが、そのなかに千葉氏は地主の立場で参加している。

相馬御厨に「地頭」が文書上で認められるのは嘉禄三年（一二二七）・安貞二年（一二二八）であり、地頭は「相馬五郎」である（櫟木文書）。この相馬五郎は千葉常胤子の師胤またはその子（常胤の孫）の義胤と考えられるので、この地頭は千葉常胤にまで遡るかもしれない。これ以降相馬御厨の「地主」「地主職」の史料は消滅する。官物沙汰と一体であった地主職が地頭職に吸収されたのである。

三　千葉荘における本領体制

千葉氏は常兼・常重段階から千葉庄を拠点とし、常重は検断権的支配を築いたが、常胤段階には政治的内容をもつ本領として建設した。次に常胤が本拠である千葉荘を政治的本拠地として作り上げた経緯を、下総国衙政治（国務）との関係のなかで検討したい。この作業は史料的に難しいが、一つの試みとして提出したい。現状の武士成立史研究では武士相互のネットワークが重視されているが、政治的枠組との関係を考慮することが少ない、と反省するからである。

（ア）院政期の下総国務

『千葉県の歴史　通史編古代2』（二〇〇一年）では、院政期の下総国衙について受領となった人物に院近臣が多いことを指摘しているが、国務そのものに触れる叙述は見えない。そこで『千葉県の歴史　資料編古代』（一九九六年）などを参考に、関東諸国の国務内容を拾い上げると、荒廃・不勘佃田の奏上、個別荘園政策（認可・停廃）、寺社興行事業を見ることができるように思う。そこで下総国の寺社興行事業を、周辺諸国の例を参照しながら、検討してみたい。

鹿島社・香取社は国司（受領）が主導して社殿造営が進められた。常陸介藤原盛輔は鹿島社修造を申請し大治五年（一一三〇）五月二五日の宣旨で認められ、下総守藤原親通も香取社造進を保延四年（一一三八）一一月六日の宣旨で認められた（仁安三年一一月日厳島神主佐伯景弘解、『平安遺文』補一一〇号）。ともに「重任功を募る」ものであるが、受領が中央政府の認可を受けて神社造営を進めたのである。受領による寺社造営は、下野国では保元元年（一一五六）一二月二九日、源義朝が「日光山造営功」により下野守重任となっている（『兵範記』）。

受領による一宮クラスの寺社造営は、在地では在庁等を動員して展開したであろうが、下野国では日光山一切経書写活動がこの頃惣社など国衙周辺で認められる。(43)千葉常重も布施郷を伊勢神宮に寄進した大治五年当時は有力在庁（権介）であった。常重は国司藤原親通・目代と対立し政治的にも没落するが、子息常胤は相馬郡務回復の国判を久安二年（一一四六）四月に得た（前述）。ここで千葉常胤は国司との政治的連携を回復している。この時の下総国司は誰かわからないが、常胤子息の僧日胤はこの時期には三井寺におり、在京勢力とも接触が可能であったろう。

(イ)千葉氏の仏法興隆

千葉氏の妙見信仰は『源平闘諍録』に原型がうかがえるが、その成立は一三世紀後半(44)と考えられている。ただ妙見菩薩や十一面観音を主尊とする寺院での法会は一三世紀前半やそれ以前にも想定していいと思う。

治承四年の挙兵当時、常胤孫の成胤は「千葉ノ舘」にて祖母（秩父大夫重弘女）の「葬送之営」を行っていたという（前述）。また『千葉妙見大縁起』が伝えるところでは、「妙見社」は「常重ノ御代」大治元年に千葉庄池田郷堀内に移り、妙見御乳母社が常胤により養和元年に建立された、という。これが「千葉庄池田郷堀内北斗山金剛授寺」の前身であろうから、千葉氏居館を中心とする堀内は常胤時期に整備されたと考えられる。また同縁起は千葉氏「堀内」に禅室・光明院・大日寺などの仏教施設が存在したことを知らせるが、これらの大半は常胤時代以降ものであろうか。鎌倉前期には千葉庄堀内は居館とともに寺院が並び立つ空間を形成したが、常胤時代にはその出発点となる館・寺院を構成要素とする「堀内」が成立していたのである。堀内は一九七〇年代までの研究では宅地的土地所有論などとして、武士（在地領主）の「本宅敷地的」領有として経済史的に理解されてきたが[45]、武士の舘を中心にして寺院・神社等を包摂し、法会・写経などが行われるところの政治的空間としてとらえ直したい。

『千葉妙見大縁起絵巻』によれば、常胤の子息たちは独立後の各々の所領にて妙見尊星を一つずつ祀る院を建立したという。常胤子息たちが経験した法会は金剛授寺であったと思われる。これが千葉大系図（『改訂房総叢書第五輯』一九七二年）では常胤子息による各地での観音信仰興隆として記されている。どちらか一方を採用すべきではなく、妙見と観音、どちらも子息所領に持ち込まれたであろう。また千葉氏本拠にて観音寺院としては千葉寺（千手観音）も挙げられる。「千葉寺」の名前は鎌倉前期には出るが、該当地からは平安後期の経筒も出土しており、常胤時期にも遡るとも思われる。千葉寺は千葉氏居館（堀内）から二キロメートル程離れているが（『千葉県の歴史　通史編中世』二〇〇八年、一八五頁、図34参照）、本領における法会寺院の一つであろう。千葉寺は、実朝時代に整備される「坂東三十三札所」の一つとなるほどの観音霊地となる[46]。

こうして千葉氏は下総国有力在庁でもあり、国衙での仏法興隆・寺院造営奨励を継承し、本領に居館・寺院・堂を建設し、法会を催した。金剛授寺・千葉寺も含む千葉庄堀内は、法会の中心となった。

（ウ）千葉氏と香取社造営事業

香取社は鹿島社とともに内海にあるが、奥州侵略の軍神であった。文治五年の奥州合戦の際にも、千葉氏などが戦勝祈願をしたと思われるが、史料はない。ただ千葉氏は香取社を館に勧請して、香取社本社にも関与している。平安末期・鎌倉初期の香取社造営については、伊藤邦彦が一宮修造役徴収形態として取り上げ[47]、菊田龍太郎が造営事業の全行程を復元しているが[48]、千葉常胤に関しては触れるところが少ないので、その関与のあり方（内容）を点検してみたい。

「下総国鹿島社造進注文事」（『神道大系　神社編二十二　香取・鹿嶋』）によれば、造営遷宮は治承元年、建久八年、嘉禄三年、宝治三年、文永八年と続く。そして「□《(⿰女盧)》殿遷宮用途記」（同前）には正神殿の造営が、「治承者豊島清基募葛西郡年《(貢)》進造進之、建久者千葉介常胤募□□□三ヶ年々貢造進之了、嘉禄者壱岐入道募葛西郡年貢造進之、宝治者千葉時胤被国免神保・萱田・吉橋等国領□□進之、……」と記されるように、豊島（葛西三郎）清基→千葉常胤→葛西壱岐入道（定蓮）→千葉時胤という順序で行われた。建久八年造営は千葉常胤が中心となって遷宮造営しているのである。この建久造営は、同四年に宣旨が出されているので、四年間（なか三年）の歳月を費やしている。これはさきの「三ヶ年々貢造進之」という記事に整合する。

そこで常胤の造営がどのような政治的・社会的関係のなかで進められたかということを考察するため、建久四年宣旨を検討してみる。

【史料一〇】建久四年宣旨（香取神宮文書、『鎌倉遺文』六六六号）

左弁官下　　下総国

応任先例停止庄号、付行事所、且造営□殿仮殿遷宮、、且弁済作粮米弐佰斛、下行

　　正神殿用途、香取社領大戸・□□□□□□、

右得彼国守藤原朝臣親光六月十八□□□□□□□検案内、件大戸・神崎者、雖為庄号、依御□□□□□□□中神事、随留守所之支配、当社造営之時、令□仕彼雑事等者、是先例也、且去治承造営之時、被付遷宮所畢、早任久規、可致沙汰之由、欲被下宣旨、望請天裁、任先例、以件大戸・神崎、令造営□殿、弁済弐佰斛御粮米、兼又正神殿□□□□間停止庄号、被付行事所、土木勤之間、□□□勤仕雑事之由、被下　宣旨者、将行□殿遷宮、即励年限造営者、件中納言藤原朝臣兼光宣、奉　勅、依請者、国宜承知、依宣行之、

建久四年四月六日　　大史小槻宿禰在判

右少弁藤原朝臣

「彼国守（下総国守）の解」が上申され、それに受けて出された宣旨である。下総国解は先例に基づいて、大戸・神崎両荘の荘号を停止し（国領に変更して）、その年貢を造営作料に充てようとする。その実施主体は、所領への賦課は留守所であり、作事は行事所であること、治承造営の時も遷宮所（香取社）に雑事勤仕（沙汰）が任されたことを主張している。これが認められ宣旨が出されたのであるから、下総国衙が実施主体とされたことは間違いない。問題はこれがどのように実行されてゆくかであるが、留守所・行事所は作事を現実化してゆく段階で千葉常胤を起用したのであろう。常胤も永暦二年段階では有力在庁（下総権介）であり、一時的に後退したが、幕府成立過程では回復していたと見られる。千葉常胤がどのように関与したか、引用史料だけではわからないが、常胤は建久の造営では雑掌であることは事実である（前述）。造営が現実化されてゆくなかで、国衙と香取社とを含む集団が千葉常胤を造営雑掌にしたものと理解できよう。

これに先立つ治承元年の造営事業では豊嶋清元が造営雑掌であった。年月日未詳香取社造営次第写（香取大宮司家文書、前掲『千葉県の歴史　資料編中世2』所収）には保延三年以来の香取社造営事業の、宣旨の年月日と造営雑掌名が書かれているが、元徳二年造営（雑掌葛西伊豆三郎兵衛尉清貞）では「大行事与雑掌清貞親父伊豆入道相論間延引了」と注記されている。雑掌葛西清貞父が関与し、大行事ともめ事を起こしている。葛西清貞父は造営事業の正式参加者ではないが、子息が雑掌ということから関与したのであろう。治承元年の造営雑掌は豊嶋（葛西）清元であるが、清元子息の清重は常胤娘婿である。千葉常胤は治承元年の造営にも関与したであろう。[49]

千葉常胤は父の代から千葉荘検非違所である。平安後期の検非違使は、祭礼時には用途の確保のため、摂津など洛外でも津・市の検察を行っている。[50] 常胤が千葉荘を越えた範囲で、祭礼用材木等の検察を行っていたことも想像してよいのではなかろうか。

（エ）香取社地頭

常胤の造営事業を出発点にして、千葉氏は香取社との関係を強化し「香取社地頭」の地位を確保する（香取社地頭は香取社領地頭とは別の範疇である）。香取文書のなかの幕府発給文書は、香取社神主と香取社地頭との相論裁許が主な内容となり、従来の研究はそこに千葉氏の領主制的発展を見いだしている。[51]承元三年（一二〇九）三月十七日関東下知状（写）（香取文書、『鎌倉遺文』一七八四号）には、「国行事は神主沙汰である」との国司庁宣を承伏しない「香取社地頭」（千葉胤通）の行動が神主に非難されている。ここには香取社地頭が国行事所沙汰に関与し続けてきた事情がうかがえる。国行事所は正式には神主沙汰であるが、国司の下に位置する。ただ香取社地頭は国行事の権限を侵しており、それを非難されている。承元三年前後には造営事業は見えないから、千葉氏の関与は日常化していたことを示している。それが香取社地頭（香取社という社そのものに設置された地頭）という存在として現れているのである。

千葉氏のなかで「香取社地頭」として最初に確認される人物は建保六年三月二十日社家連署寄進状（香取旧録司代家文書、『鎌倉遺文』二三五六号）に見える「当社地頭平朝臣成胤」である。この成胤は常胤孫で、常胤養子となった人物である。常胤の次世代と見られるのが、同文書には代官平弘吉が「当社之御代官に補任」されたとも見える。次の香取社地頭は千葉胤通であるが、建永二年十月日摂関家政所下文（香取大禰宜家文書、『鎌倉遺文』一七〇三号）で「当社地頭平胤通条々濫妨」が停止されている。その濫妨は十箇条に及ぶが、大半は神官所領の押領である。ただ「神官等座藉」を押補していると指摘されている。座席争論は闘乱にまで至ることがあるので、その沙汰も地頭が担当したと思われる。神官相論の検断的内容の案件を香取社地頭が担っていた、と理解できる。おそらくは検断沙汰を続けるなかで実質的な座籍沙汰までするようになっていった、というのが実情であろう。

また神官等が「籠居」の時に「逃亡跡と号し」、その田在家を地頭分と称して押領していると非難されているが、地頭が「逃亡跡」を沙汰することそのものは前提として認めている。神官逃亡を取り締まり、捜索する権限を担当していたのである。胤通が執行していた、このような香取社検断は、その前代の成胤にも該当すると考えられよう。伊藤喜良は室町期香取社領における千葉氏の死亡・逃亡跡支配は鎌倉期に始まっているとし、その下地支配権の問題として処理しているが、(52)鎌倉期においては検断権の問題として理解すべきであろう。

香取社そのものにも押領使・検非違使が成立する。成立期は社家が生まれる平安後期かと思われるが、こちらは祭礼執行との関係で存立しているようであり（永享一一年三月九日香取社御船遊陣職帳次第写、香取物忌家文書）、南北朝期には祭礼時の神輿巡行につき大須賀・国分・東・木内らに「香取社警固」が鎌倉府から命じられているが（『千葉県史料　中世篇香取文書』、旧大禰宜家文書一〇七号）、これも香取社から地頭方への要請があり、これを受けて鎌倉府が出した命令であったと思われる。香取社地頭は香取社存立に貢献しているのである。また神職の俗事に関わる沙汰権は、検断（盗犯・逃亡・殺害）を中心に香取社地頭が担当した。香取社地頭は武力により香取社に外枠をはめるものであり、香取社の内外の接点に存立する。その活動はやがて神職所領を掌握下に置くところとなり、「所詮当社領十二郷、其内九□□□千葉介之領」と神官から言われるようになる（寛元元年九月二十五日関東下知状写、香取大禰宜家文書、『鎌倉遺文』六二三九号）。

四　小括

東国において武士勢力成立を政治史的に論じようとして千葉氏を事例に検討したが、明らかとなった事柄（論点）を整理して、まとめたい。

千葉氏の所領は、相馬御厨樹立過程の検討から、御厨設立の基礎となったのは私領布施郷（地主）であり、その知行は私的展開に乏しく、公領的側面の強いものでもあることから官物未進問題・御厨設立という国衙政争とともにあった。また御厨設立をめぐる政治過程は京都でも展開したが、常胤は京都の動きにも迅速に対応し、御厨諸職の設置・配分に画策している。千葉氏の所領知行が安定するのは地主職が地頭職に包摂されてからである。

千葉氏の武力は、本拠の千葉荘を中心として、大椎に臨時的軍事施設をもち太平洋岸を監視し、江戸湾側では千葉結城浦を兵力集結の場とし葛西までを把握しようと、配置されたものであった。大椎や太日川などは交通困難箇所であるが、軍事的要衝でもあり、緊急時での掌握如何は存亡を決するほどであった。葛西氏との軍事的連携はこうした意図が背景にあった。川合康の軍事的テリトリーの一つとして解釈できよう。

武士勢力成立の契機は所領と武力の二つに限定されるものではない。本領のもつ政治的・文化的内容が地域社会に影響を及ぼしている。千葉荘堀内には北斗山金剛授寺や千葉寺が建設されて、観音信仰の中心ともなった。ここは千葉一族結集の場となっただけでなく、法会に集う民衆の願望ともつながっていた。こうした千葉荘堀内に本領体制を樹立した千葉常胤は、香取社造営事業を通じて豊嶋清元・葛西清重との連携を強めていった。常胤は婚姻関係を秩父氏・豊嶋氏・常陸大掾氏との間に形成していたが、豊嶋・葛西氏との連携は治承四年の内乱では軍事的関係にまで及んだ。千葉氏は、周辺の武士と政治的レベル、軍事的レベルでの連携を図り、地域社会の文化的レベルでの主導的位置に立ったが、千葉荘の本領体制が基礎となっていた、と考えられる。

おわりに

宇都宮朝綱と千葉常胤を具体例として検討してきたが、両者はおもに内乱のなかで飛躍的に権力を強化した。従来強調されている頼朝に動員された合戦で戦う姿とは異なる局面であるが、その内容をまとめると、次のようになる。

(1)宇都宮朝綱は鬼怒川越え、千葉常胤は太日川・墨田川越えという軍事的難所を本領近くに抱えていたが、近隣武士勢力との政治的提携により軍事的覇権を樹立した。

（2）宇都宮朝綱は宇都宮社に神宮寺を造営して一切経会を開催し、千葉常胤は香取社造営に雑掌として参画したように、地域社会の有力神社運営に積極的に参加した。

（3）千葉常胤の香取社関与は次世代には「香取社地頭」を生み出し、香取社に武力的世俗権力として外側から枠をはめた。宇都宮氏では「宇都宮社地頭」の名称は見えないが、毎年開催の神宮寺一切経会に恒常的に関与するところとなった。

（4）宇都宮朝綱も千葉常胤も、内乱前から、自身か子息かが京都で奉公しており、京都勢力との連絡が密であったが、このことは鎌倉期にも続いてゆく。

（5）このように、内乱のなかの東国では、武士は近隣武士との連携を図りつつ、それだけでなく寺社勢力に積極的に関与していることがわかる。また地域の寺社勢力と接触する局面を設定して、それを地域社会での政治的影響力に転化する方向が見える。

こうした権力は第一章で新田義重を例に述べた在地領主化（社会的権力化）の一形態であるが、武士は地域の社会的権力として確立した。同時に地域を動かす政治勢力となってゆくと予想されるが、そのことは以下の章で論じることとする。

（1）川合康『鎌倉幕府成立史の研究』第八章「治承・寿永の内乱と伊勢平氏」（校倉書房、二〇〇四年）。

（2）この他、初期宇都宮氏については、鴨志田智啓「下野宇都宮朝綱の研究」（『花園史学』二〇号、一九九九年）が朝綱を概略的に扱い、高牧實『宮座と村落の史的研究』第二部第二章「宇都宮・今宮明神の頭役」（吉川弘文館、一九八六年）が宇都宮社頭役関係史料を蒐集し考察している。

(3)網野善彦「桐原家所蔵『大中臣系図』について」(『茨城県史研究』四八号、一九八二年)。なお網野によれば、この事件は後三年合戦以後のことであり、源義家の命令を受けた中郡頼経の動きである。
(4)山本隆志「鎌倉幕府の成立と塩谷氏」(『喜連川町史　通史編原始・古代・中世』所収、二〇〇八年)。
(5)『群書類従』(神祇部)所収。
(6)建久四年の那須野狩りでも頼朝は宇都宮社に奉幣している。このことは『吾妻鏡』には見えないが、『真名本曽我物語』に叙述されている。
(7)石岡久夫「紀氏の武門的地位とその射芸」(『國學院雑誌』六七巻一号、一九六六年)。
(8)宇都宮多気山麓の山王神社は宇都宮宗円の伝承をもつが、徳田浩淳『宇都宮の歴史』(下野史料会、一九七〇年)が写真とともに紹介している文書は、一通が文保元年一〇月二一日御教書で「紀藤四郎助信」を山王宮司職に任命するもの、もう一通が元徳二年五月二七日「さんのうのみやつかさ」に山王社修理を許可した書下である。これは山王社紀氏に宛てて出された文書であり、写真で見る限りは江戸期の写とは考えられない。書文でなくとも、案文であると見られる。これらは宇都宮社別当に新出した紀氏(芳賀氏)と何らかの関係があると見られる。芳賀氏と関係深い清願寺にこの文書の写があるのも(栃木県立文書館写真帳)、この推定と整合する。
(9)宮崎圓遵「泉涌寺の建立と宇都宮信房」(『中世仏教と庶民生活　宮崎圓遵著作集　第三巻』、思文閣出版、一九八七年)参照。
(10)『中世東国武士団の研究』第Ⅱ部第五章「流人の周辺」(高科書店、一九九四年)。
(11)千田孝明「史料紹介『日光山別当次第』(慶長一四年写)」(『栃木県立博物館研究紀要　人文』二三号、二〇〇六年)。
(12)『鎌倉幕府成立史の研究』、またメトロポリタン史学会編『歴史のなかの移動とネットワーク』(二〇〇七年)所収の同「中世武士の移動の諸相」。
(13)千田孝明前掲論文(注11)。
(14)観纏については本書第四章参照。
(15)義江彰夫「日本の中世都市と寺社勢力」(国際基督教大学『アジア文化研究別冊　一二〇〇三』所収)。
(16)『中右記』永久二年に見える大江行重など。

(17)『栃木県史　史料編中世二』の解説。
(18)『芳賀町史　資料編古代・中世』所収。
(19)川合康「中世武士の移動の諸相」(メトロポリタン史学会編『歴史のなかの移動とネットワーク』所収、桜井書店、二〇〇七年)。
(20)鈴木努・皆川義孝「資料紹介――『野州東山雲巌禅寺旧記』について――」(『那須文化研究』一二・一三号、一九九八・一九九九年、内閣文庫本を底本とする)。
(21)川合康前掲論文(注19)。また平貞能の東国下向については以倉紘平「平貞能――その東国落ちについて――」(『谷山茂教授退職記念　国語国文学論集』〈塙書房、一九七二年〉)がある。
(22)「社会的権力」概念については、佐々木潤之介『幕藩制国家論』II章「兵農分離の過程」(東京大学出版会、一九八四年)で戦国期の在地領主層を「社会的権力」として論述している。また江戸時代の地方社会をとらえるのに吉田伸之らは「社会的権力」概念を積極的に措定している(久留島浩・吉田伸之編『近世の社会的権力』、山川出版社、一九九六年)。
(23)小島鉦作『神社領知制の研究　小島鉦作著作集第一巻』(吉川弘文館、一九九六年)。
(24)福田豊彦『千葉常胤』(人物叢書、吉川弘文館、一九七三年)。
(25)名著出版、二〇〇〇年。この論集の論考は、千葉氏を「武士団」として、族縁的社会団体と考えている、と解釈できる。
(26)福田豊彦前掲書(注24)。
(27)鈴木哲雄『中世関東の内海世界』II第五章「御厨の風景」(岩田書院、二〇〇七年)。
(28)伊藤喜良「下総国」(『講座日本荘園史5』所収、吉川弘文館、一九九〇年)。
(29)川端新『荘園成立史の研究』第一章「院政初期の立荘形態」(思文閣出版、二〇〇〇年)。
(30)伊藤喜良前掲論文(注28)。
(31)米谷豊之祐「佐竹家の祖」(『古代文化』五四-五、一九九二年)。
(32)野口実「東国政権と千葉氏」(同編『関東武士研究叢書5　千葉氏の研究』所収、名著出版、二〇〇〇年)。

(33) 鈴木哲雄『中世関東の内海世界』II第五章「御厨の風景」(前掲注27)。
(34) 千野原靖方『千葉氏　鎌倉・南北朝編』、崙書房、一九九五年。
(35) 福田豊彦前掲書(注24)。
(36) 野口実前掲論文(注32)。
(37) 福田豊彦「房総の御家人について」、同編『中世の社会と武力』所収、吉川弘文館、一九九五年。
(38) 千野原靖方前掲論文(注34)。
(39) 川合康『鎌倉幕府成立史の研究』第七章第三節(校倉書房、二〇〇四年)。
(40) 簗瀬裕一「中世の千葉町」、野口実編前掲書(注32)所収。
(41) 鈴木敏弘『中世成立期の荘園と都市』第三部第二章(東京堂出版、二〇〇五年)の読解を参照。
(42) 今野慶信「鎌倉御家人葛西氏について」(入間田宣夫編『葛西氏の研究』所収、名著出版、一九九八年)。
(43) 千田孝明「日光清滝寺蔵大般若経について」(『栃木県立博物館紀要』第二号、一九八五年)。
(44) 福田豊彦「『源平闘諍録』その千葉氏関係の説話を中心として」(『東京工業大学人文論叢』一号、『日本文学研究大成I』に再録、一九七五年)、野口実「千葉氏の嫡宗権と妙見信仰」(同編前掲書注32所収)、津田徹英「中世千葉氏による道教の真武神図像の受容と『源平闘諍録』の妙見説話」(野口実編前掲書注32所収)参照。
(45) 戸田芳実『日本領主制成立史の研究』(岩波書店、一九六七年)第六章「在地領主制の形成過程」など。
(46) 斎藤慎一「東国武士と中世坂東三十三所」(埼玉県立嵐山史跡の博物館編『東国武士と中世寺院』所収、高志書院、二〇〇八年)。
(47) 伊藤邦彦「鎌倉幕府の性格に関する一・二の問題」(『東京都立工業高等専門学校研究報告』第一〇号、一九七五年)。
(48) 菊田龍太郎「中世における神社修造」(『國學院雑誌』第一〇三巻第一一号、二〇〇二年)。
(49) 香取社造営雑掌については今野慶信「香取社正神殿雑掌について」(入間田宣夫編前掲書注42所収)が詳しい。
(50) 中原俊章「検非違使と「河」と「路」」(『ヒストリア』一〇五号、一九八四年)。
(51) 戸田芳実『日本領主制成立史の研究』(岩波書店、一九六七年)。
(52) 伊藤喜良『中世国家と東国・奥羽』第II部第三章(校倉書房、一九九九年)。

第三章　関東武士の都・鄙活動——宇都宮頼綱——

はじめに

武士を自生的に成長してきた地方領主とする認識は根本的な再検討を迫られている。近年は王権（特に院）に奉仕する職能として理解する論が活発であり、[1]その武士が一定の条件のもとに地方領主（在地領主）化するとの見通しもある。[2]ただその議論のなかに、地方に本領をもつ武士の存在を中央権力の派遣した代理人とのみ処理する傾向があるとすれば、違和感が残る。

関東地方の場合、地方武士・地方領主の問題は一九七〇～九〇年代の自治体史編纂のなかで扱われてきたが、その存立形態の問題を問いかける作業は少なかった。いわば応用問題として取り組まれてきたのであり、私なども反省するところである。こうしたなかで最近、在地領主の問題につき、研究史そのものを検討し直す動きが出てきたが（『歴史評論』六七四号、二〇〇六年）、近年の新たな議論は都・鄙間交通や流通を在地領主論の一環に組み込んでいる、と受け取ることができる。個別所領における農民支配のあり方をどうとらえるかではなく、むしろ広域的な地方・地域支配をどう実現しているか、いわば在地領主の外延部に議論が移っている。内部構造論には閉塞感があるので、しばらくはこの傾向が続くと見られる。

私は、武士の地方支配は、一方では本領とする地域の個性に応じて、また一方では中央権力と武士との接触の形態に規定されて、実現してくると考えて、下野国宇都宮氏――とくに朝綱――を事例に考察した。[3] そこでは宇都宮朝綱の院政期の在京活動を重視したが、その後『新横須賀市史　資料編古代中世1』が鎌倉期三浦氏の在京活動を紹介して、関東御家人に関する議論に再検討を迫るものがある。またそれ以前に、『千葉県史』の中山法華経寺聖教裏文書の全面的検討から、御家人千葉氏は本領と九州など西国所領を結びつけて財政運営し、千葉氏の上洛と連動して展開したことが指摘されていた。[4] 本章は、ふたたび、宇都宮氏に例をとるが、朝綱の次世代(系図では孫)の頼綱を取り上げ、その在京活動を網羅的に拾い出し、それが本領(宇都宮)支配にも結びついていたことを明らかにしようとするものである。

一　宇都宮頼綱の在京活動

(一)　浄土宗勢力との提携

(ア)法然との接触

浄土宗法脈では、実信(宇都宮頼綱)は初め源空に師事したがやがて善恵に就いたと伝える。実信は熊谷入道の勧めにより「吉水禅室」に詣でたとの所伝もあるが(「浄土伝灯総系譜」)、「善恵上人絵」は「法然上人しばらく摂州勝尾寺に閑居し給ひしころ、承元三年の冬、宇都宮入道蓮生あさなを実信とぞ申ける、上人の庵に詣て、出離の要道をたつね申ことありけり」と記す。承元三年(一二〇九)冬、摂津勝尾寺に法然を訪ねたという。[5] 法然は配流処分にあうなかで、一時勝尾寺に居たが、そこを訪れたのである。宇都宮頼綱は幕府に謀反の嫌疑を懸けられて、出家していた(元久二年=一二〇五)。頼綱が摂津勝尾寺に法然を訪ねるには、京都方面で活動していなければならない。出家後は、武士当主の地位は子息(頼業ら)に譲り、京に出ていたのであろう。

山徒に暴かれようとした法然遺骸は嵯峨に移され、安貞二年(一二二八)正月西山粟生野(光明寺)の幸阿弥陀仏のもとで荼毘に付され遺骨は幸阿弥陀仏に預けられたというが（「法然上人行状画図」）、この光明寺は「法然上人を開山第一祖として、蓮生か草創なり、号念仏三昧院 蓮生徒弟幸阿弥陀仏に附属此院云々」（『山城名勝志』所引「粟生野光明寺因縁記」）という。光明寺は法然を開山とし、蓮生が草創（願主か）ということであり、そして幸阿弥陀仏は蓮生の徒弟という（法然の相弟子か）。法然遺骸を荼毘に付すにはそれ相応の場所でなければならないから、こうしたことはあり得ると思う。すると宇都宮頼綱は洛西嵯峨に浄土系の堂を建立し（法然開祖か否かは不明だが）、そこに幸阿弥陀仏を置いたのである。これがいつのことか不明だが、法然開祖伝承をもつので、法然死去（建暦二年＝一二一二）前後のことであろうか。頼綱（蓮生）は京周辺で檀那として浄土系寺院建立に関わっていたのである。

（イ）西山上人善恵に師事

頼綱はやがて善恵に師事するが、その時期を確定するのは困難である。前掲「善恵上人絵」は先の引用に続く部分で、法然が證空（西山上人善恵）を推薦し、実信は證空を師事するようになったと述べるが、時期は定かでない。建保二年（一二一四）五月には幕府が園城寺修造を図った時、宇都宮蓮生は山王社・拝殿を受け持っており（後述）、同四年一二月には春日社領伊賀国壬生野荘押領地頭として興福寺住侶に鎌倉参訴されており（『吾妻鏡』同年十二月四日条）、頼綱は畿内周辺で活動していたことがわかる。とくに後者は、師善恵の西山入山が建暦年間（一二一一〜一三）であり、建暦から建保年間（一二一三〜一九）には寺地を確保しているので(6)、蓮生の動きもこれに連動するものかもしれない。

嘉禄三年（一二二七）六月二二日、山徒は大谷法然墓所を暴こうとした。法然に傾倒した僧・武士はこれを防ぎ、直後に西郊に移した。この時、西郊への路地を警護したのが宇都宮弥三郎蓮生（頼綱）・塩谷入道信生（朝業）・千葉六郎大夫入道法阿・渋谷七郎入道道遍・頓宮兵衛入道西仏らであったが（「法然上人行状画図」）、宇都宮蓮生については山徒の暴行自体を防いだとの史料もあり（「黒谷源空上人伝」）、浄土宗系史料での宇都宮頼綱の評価は高い。この直後の七月六日、山僧の訴えにより専修念仏僧は遠流に処されたが、證空もその可能性があった。その経緯を記した『明月記』は證空のことを「善恵宇都宮随逐之師也」と記す。この時、宇都宮頼綱にとって證空（善恵）は「随逐之師」と藤原定家に言わしめる程の師弟関係であった。定家子息と頼綱女子は婚姻関係にあるので、この定家の表現は重視されなければならない。頼綱と證空は深い法縁となっていた。

（ウ）三鈷寺往生院の復興

善恵（證空）は建暦年間以降に三鈷寺・往生院を復興していくが、この過程は宇都宮頼綱（実信）と共同して進められた。頼綱は「結庵於西山良峰〔善〕」（「浄土伝灯総系譜」）、そこで修学に励むとともに、寺領の形成に努力した。天福二年（一二三四）五月二八日島津忠直去状案[7]は、宇都宮入道（頼綱）が山城国上久世荘内石原方六町三反を島津忠久から仏事のために買得したことを確認し、それを受けて六波羅探題北条重時も同六月九日その領知を認めている[8]。

三鈷寺領の形成には、頼綱の弟である塩谷朝業も参加した。朝業（信生、昇蓮）も證空に師事していたことは法脈でも確認できるが、彼は三鈷寺内に観念三昧院を建立し、その規式を定め、財源を確保した。享徳年中観念三昧院領目録（三鈷寺文書）は山城国散在領を書き上げたものだが、その冒頭六ケ所を「以上塩谷兵衛入道信生坊昇蓮寄進」と記す。一ケ所ごとの注記を見ると、三ケ所は沽却であると確認できるので、これらは塩谷朝業（信生、昇蓮）の買得寄進であったと判明する。

さらに塩谷朝業には三鈷寺との関わりを示す史料がある。①寛喜二年（一二三〇）四月日沙弥寄進状[9]・②寛喜二年四月日沙弥置文[10]であるが、いずれも三鈷寺文書である（原本は現在は東京大学法学部法制史資料室所蔵）。①は信阿弥陀仏相伝私領二ケ所を往生院不断念仏衆一口料田に寄進するものであるが、二ケ所の田積・在所は「一所一町字景石、古市村内」と「一所七段字久世里」と記される。このうち前者は享徳年中観念三昧院領目録の「一所古市内字景石、一町」に一致する。①の寄進者沙弥が塩谷朝業（信生、昇蓮）であることが確認されるが、かれは往生院に不断念仏衆一口を置いたのである。②は鎌倉右大臣（実朝）追善用途に丹波国分寺領所課より進済して宛てることを定めたものであるが、この文書も塩谷朝業の発給である。かれは丹波国分寺の檀那としての地位にあったのであろうか、「国分寺を相伝する人」にこれを守るよう命じている。塩谷朝業と将軍実朝は歌を通じて深い親愛関係にあったことは周知の事柄であるが、その実朝の追善供養を往生院観念三昧院に命じているのである。

往生院観念三昧院は、證空（西山上人、宝治元年一一月二六日死去）の遺骸を往生院傍らに葬り、廟所としていたのを、宇都宮頼綱がそこに多宝塔を建てて造らせたものである。そのことを「参鈷寺塔頭花臺山之寺開基之事」（写、文明十五年二月十五日誌、三鈷寺文書、『栃木県史　史料編中世三』、原本でも確認）は「一、建長元年、於此花臺、宇都宮三郎入道実信坊、有建立多宝塔、則号観念三昧院、同六年後甲寅暦十二月三日供養被成也」と記す。建長元年（一二四九）に宇都宮頼綱が多宝塔を建て観念三昧院と号し、同六年に塔供養をしたという。證空（善恵）の事跡を描く「善恵上人絵伝」も同趣旨を記すが、「建長年中にいたりて、実信坊願主として、彼の花臺院に多宝塔を建て、観念三昧院と号す」と見える。宇都宮頼綱は願主なのである。

塩谷朝業が往生院に寄進した所領が享徳年中所領目録では観念三昧院領となっているように、宇都宮頼綱と塩谷朝業の往生院支援の活動は一体であった。両者ともに證空に師事している、と法脈にも位置づけられている。この兄弟は武家の出身ながら、浄土西山派に深く関与し、京周辺に所領を得て、寺領を確保し、法会規式をも定めたのである。

（エ）蓮生の作善活動

①天台系との交流

蓮生（宇都宮頼綱）の宗教的活動は浄土西山派としての活動が目立つが、それだけには限らない。建保二年（一二一四）五月、火災に遭った園城寺に対して、幕府は頼義・義家以来の関係から支援し、唐院・堂舎僧坊が修造された（『吾妻鏡』同年五月七日条）。その際、宇都宮蓮生は山王社・拝殿を分担し、そのほか佐々木広綱・源親長・内藤盛家らも各々分担支援した。『吾妻鏡』の記事は幕府が蓮生等を動員して修造したように記しているが、この時期の蓮生は御家人身分からは離れて京都周辺で活動しており、園城寺支援もそのうちの一つである。

また寛喜三年（一二三一）二月二日、中宮御産のために六字河臨法が鴨川で行われたが、その際の警衛は「武士在陸地守護之、良賢〈駿河前司義村子〉賢快等〈宇津宮入道子〉即〔郎〕従等百余騎也」（『門葉記』百五十八）(11)と記される。陸地で武士たち一〇〇騎が守護していたが、その代表的人物として良賢（駿河前司三浦義村子）、賢快（宇津宮入道蓮生子）が記されている。三浦義村も在京武士として政治力をもっていたと指摘されているが(12)、その子息とともに宇都宮蓮生子息も朝廷行事の参加している。しかも蓮生子息は賢快という法名であり、おそらくこの法会を担当した法性寺座主と同系統に属していた、と思われる(13)。

また「三井寺灌頂脈譜」（内閣文庫蔵）の元亨二年（一三二二）に、宇都宮氏・塩谷氏の子弟で、三井寺座主から灌頂を受けた者が記されている(14)。これも京都および周辺における宇都宮一族と天台系勢力との関係を表現していよう。

②西山浄土派の活動

證空とともに三鈷寺往生院を再興した蓮生は、證空（善恵）とともに畿内各地で活動するが、蓮生は檀那的役割を果たした。そのことは当麻寺曼陀羅書写事業によく見える。

【史料一Ⓐ】「当麻曼陀羅疏」縁起終第八〈釈新曼陀羅幷流布〉（『大日本史料　第五編』宝治元年十一月二十六日条）

（上略）次言流布曼陀羅者、其後法然上人御弟子小坂善恵上人云者、可奉移曼陀羅門志在之、宇津宮實〔信〕相房相議、干時当麻寺衆僧曰、寺僧外不可許之有返事、干時上人勤寺役列供僧、如意被移曼陀羅、此時無御衣絹、後鳥羽院御后宜秋門院九条殿嫡女御願、手自蓮糸繰取、副常糸有御営、爰善恵上人、宇津宮實（信）相房相議、大図師播磨法眼澄圓仰付令書之、是即第二転曼陀羅也、此曼荼羅、善恵上人、九条殿御沙汰、嘉禎三年丁酉九月末、上人弟子観信房奉副、信濃国善光寺被進、善光寺曼荼羅御迎参僧二人有之、小将阿闍梨・権智恵房也、此人王八十六代帝四条院秀仁治天第五年也、（後略）

当麻寺曼陀羅流布の次第を記した資料であるが、最初の流布（第二転曼陀羅）は證空と宇津宮実相（信）房（蓮生）が相議して、大図師播磨法眼澄圓に書かせた。そしてこの書写曼荼羅は嘉禎三年に信濃善光寺に寄進された(15)、という。證空は参詣直前には当麻寺の「寺役を勤め供僧に列」っしていたとも記されるが、当麻寺文書には寛喜元年三月六日付の沙門證空田地寄進状が残る(16)。したがって、この曼陀羅書写事業は寛喜三年直後のことと考えられる。当麻寺曼陀羅は大きく、その書写には多額の費用が見込まれるが、そのために證空は蓮生と相談したのであろう。

「当麻曼陀羅疏」は当麻寺側の資料であるが、浄土西山系の「善恵上人絵」にも同様の内容を確認できる。

【史料二】「善恵上人絵」（『大日本史料　第五編』宝治元年一一月二六日条）

（前略）薩生房といふ人、先年七大寺巡礼のつ□てに、当麻寺に参詣せし時、むかし化人の織顕したる浄土の曼陀羅を拝見することありしか、いま上人（證空）宣説し給ふ趣に違せさる旨を申いたしてたりけり、すなわちこの薩生房か一言を発起として、当麻に詣し、彼曼陀羅を拝見し給ふに、不思議一にあらす、（略）實信房相従たてまつりて拝見し、声をあけて、あなふしき々々とそ申ける、（略）上人彼曼荼羅堂正面の柱に書付給詞云（略）云々、すなわち料所を寄付して、不断念仏を始行せられけり、その、ち数鋪の曼荼羅を図絵して処々に施与せしめ給ふ（後略）

この記事からは、(i)善恵の当麻寺参詣は、南都巡礼で当麻寺に参詣した薩生房なる僧が、曼荼羅を見て善恵の教説と一致しているとの報告を受けたのが契機であること、(ii)善恵の当麻寺参詣には「實信房相従たてまつりて」曼荼羅を「拝見」していること、(iii)上人は当麻寺の所領を寄付していること（さきの寄進状と符合する）、(iv)曼荼羅数鋪を写していること、などがわかる。

実信（蓮生、宇都宮頼綱）は善恵の当麻寺参詣に同道し、相談し曼荼羅書写に尽力しているのである。さらに当麻寺側の「当麻曼陀羅疏」にはさきの引用に続けて次のように記される。

【史料一Ⓑ】「当麻曼陀羅疏」

（前略）Ⓐ、其後又善恵上人写一幅、奉安置当麻寺西龍院御殿、是則第三展曼荼羅也、其後亦写一本奉納宇都宮神宮寺、次又実相（信）房為施主、初巧出四分一曼荼羅、遂下国之後、大羽往生寺建一宇大坊、其曼荼羅奉為本尊、（後略）

善恵は書写した曼陀羅を当麻寺西龍院に安置した後、さらに書写して宇都宮神宮寺に奉納した。宇都宮神宮寺は宇都宮社に宇都宮朝綱（頼綱祖父）が建立した寺で宇都宮一切経会の主体であるから、この奉納には実信坊（頼綱）も関与していると見なければならない（実際は両者の協同であろう）。その実信坊は当麻曼陀羅を四分一図に書写し、下野に下国し大羽に往生寺を建立し、その本尊とした、という。大羽（尾羽）は宇都宮配下芳賀氏の所領内にあり、朝綱（頼綱父）の菩提寺がある（尾羽寺は「宇都宮家式条」に見える）。尾羽寺は現在真言宗であるが、朝綱の信仰には阿弥陀系も見られ、当時の尾羽寺には浄土色が入っていたと見てよい[17]。そこに頼綱が当麻曼陀羅を本尊に堂を建て、洛西往生院と同名の往生寺と名付けたことは十分に考えられる。

ここからは、頼綱と善恵の京都周辺での作善活動の成果が、頼綱の本国（下野）にもたらされていたことがわかるが、さらに頼綱は善恵をともなって宇都宮に下向していた。『新千載和歌集』（八）には證空上人（善恵）

の「光臺にみしはみしかはみさりしを聞てそみつる白川の関」という歌が採録されているが、その詞書には「みちのくへまかりける時、関を越て後、白川の関はいつくそと尋侍けらは、過ぬる所こそ彼関に侍つれと、蓮生法師申侍けれは、光臺のふみも思ひ出されて」と見える。證空（善惠）は蓮生（頼綱）に案内されて白河関を越えたのである。白河関を越えるには宇都宮→塩谷→那須というコースをたどったであろうから、この直前には證空（善惠）は宇都宮に滞在したと考えてよかろう。また浄土惣系図（円通寺文書、『大日本史料　第五編』宝治元年一一月二六日条、原本でも確認）には観智の注記に「浄音上人与観智上人、西山上人従宇律《都》宮下向之時同学」と見えて、善惠が弟子二人（観智と浄音）を率いて宇都宮に下っていたことを示しているが、[18]これも頼綱の要請に基づくものであろう。

こうしてみると、浄土西山系の善惠と弟子は幾たびか宇都宮に下向しているのである。下向が宇都宮頼綱の要請によるのであれば、そしてその宇都宮社検校たる位置を勘案すれば、宇都宮社法会への参加が目的の一つであると考えさせる。またこれを可能にさせたのは宇都宮頼綱の在京作善活動にあると考えさせる。宇都宮氏の在京活動と本国での地域支配は広い意味で結びついているのである。

（オ）泰綱らの継承

西山往生院[19]は蓮生の根拠地となっていたが、それは子息等に継承された。蓮生は正嘉元年の善惠一三回忌に当たり、西山の善惠廟に多宝塔を建立・供養することを始めていたが、その供養日直前に京都八条の宿所で死去した。そこで子息泰綱が遺命を受けて、善惠命日（一一月二六日）にその供養を遂行した。宇都宮泰綱が事業を完成したのである。

往生院の院主としては、蓮生は生前から、静證を定めていた（以上「善惠上人絵」参照）。往生院中興者たる蓮生はその院主を決める力をもっていたのであるが、それは泰綱以降を継承されたと見られる。泰綱にはそのことを明示する史料は見られないが、「浄土惣系図」には「尊體」なる西山長老が「景綱宇律（都）宮之時、依衆徒之訴、被止長老」という。宇都宮景綱（頼綱孫）が宇都宮に下向していた時期に、西山衆徒に往生院長老を止められた、というのである。景綱（蓮愉）も歌人として京都で活動することが多く、西山での往生院長老を任命していたが、不在時にそれが失効している。ここから宇都宮氏当主が往生院人事を沙汰していたこと、それは在京していることに基礎づけられることがうかがわれる。

往生院を根拠地とした宇都宮氏の活動はその後も見られる。浄土惣系図で證空の弟子遊観の弟子である玄観（承空）は宇都宮泰綱子息と見なされる人物であるが、永仁四年から正安二年まで、西山往生院にて歌書の書写を行っている。[20] したがって玄観（承空）は景綱の兄弟ということになるが、この時期でも往生院は宇都宮氏一族の京都での根拠地となっている。

（2）貴族との接触

（ア）定家との関係

宇都宮頼綱と藤原定家との関係は、頼綱女子と定家子息（為家）との婚姻を基礎としていると考えられる。ただその婚姻関係の成立時期は定かでない。類推するに、為家の死去は建治元年（一二七五）・七九歳であるから（『尊卑分脈』）、生年は建久八年（一一九七）となる。婚姻は一〇代後半・二〇歳前後のことと思われ（一二一〇年代後半）、その時期には宇都宮頼綱は在京して浄土西山系の活動を始めていた（前述）。宇都宮頼綱女子と定家子息との婚姻がどのような背景のもとに進んだか、[21] 両者を結びつける契機は何だったか不明であるが、あるいは頼綱の作善活動であったかもしれない。

『明月記』の宇都宮氏関連記事では、和歌関係が注目される。寛喜元年（一二二九）七月二十九日条には、定家と家隆（前宮内卿）が大和名所一〇カ所の四季歌を詠み、関東入道（宇都宮頼綱）の「本居所作堂障子」のため贈った。この時の作詠歌が「宇都宮神宮寺障子歌」として残っているので（『新和歌集』『群書類従』）、この「本居所作堂」とは宇都宮の神宮寺であったことがわかる。宇都宮神宮寺は宇都宮朝綱（頼綱祖父）が宇都宮社内に建立したが、この神宮寺が宇都宮社一切経会の主体となっていた、と考えられる。頼綱はその一切経会法楽和歌の障子を定家・家隆の大和名所歌で荘厳しようとしたのであろう。[22]

また頼綱と子息等は定家・為家との和歌の交流に熱心であった。嘉禎元年五月一日には為家主催の連歌会が嵯峨中院で開催されて、定家も出かけたが、そこで子息三人を率いてきた入道（宇都宮頼綱）と出逢った。定家はその子息のうち二人は「好士」との評判を聞いていたが、実際に修理（宇都宮泰綱）は「骨(こつ)を得」ている、と記している。主催者の為家は頼綱の聟であり、そこに子息三人を連れて参加したのである。嵯峨中院に為家は子息為氏を連れて入っていた（同年四月十三日条）。この日の連歌会には頼綱・泰綱父子と定家と為家（頼綱聟）・為氏（頼綱孫）という面々の親類が集い、親交を深めたのである。定家の家との歌会は、宇都宮氏の京都政界での交流のなかで、親密さを示すものといえよう。

また頼綱は定家・為家との関係からか、公家社会の歌会にも参加している。寛元元年（一二四三）一一月一七日河合社（下賀茂社）での歌会は左右一〇人で行われたが、そこには為家（左一番）と為氏（右六番）・為教（左四番）親子に交じって、沙弥蓮性（宇都宮頼綱）が右一番見える。[23] 判者が為家ということもあり、頼綱の歌は好評であるが、それはともかくとして頼綱は京都文化界に参加している。

(イ)西園寺氏との関係

宇都宮頼綱と西園寺氏との関係は嘉禄二年（一二二六）一一月から見える。「今夜入道関東参北山奉謁云々」（『明月記』嘉禄二年十一月十六日条）との記事がそれで、この直前の一一月六日に相門（西園寺公経）は北山に入る旨を述べている（同前）。この時期の西園寺公経は九条道家とともに関東申次の役割を果たしており、京都政界の実力者であり[24]、関東武士の接近も多かった。宇都宮頼綱の今回の入洛は同年一〇月一二日であるから（同前）、約一月後の謁見である。京都での活動の一つとなっている。

宇都宮頼綱も西園寺公経との接触の機会は逃さないよう努めていた。嘉禎元年（一二三五）三月一二日、頼綱は子息泰綱が国もとから率いた馬を西園寺公経に献じた。

【史料三】『明月記』嘉禎元年三月十二日条

泰綱自国所相具栗毛馬、有名誉、入洛之後母乞取、禅室又被聞及之間、厳父又勘発取返、今日就禅室云々、龍蹄喧嘩之比ヵ、相具参云々、

宇都宮泰綱は国もと（下野国）から栗毛馬を率いて上洛しているが、これは特定の誰かに献上する目的ではなかった。実母（頼綱妻）がこれを知り、「乞い取」った。ところがこの馬の名馬たるを禅室（西園寺公経）も聞きつけ、入手を希望した。それを知った「厳父」（宇都宮頼綱）は親の威厳で取り上げて、公経に贈ったのである。それも「相い具し参ず」と定家が記すように、自ら参上したのである。西園寺公経は「善馬」を扱う商人との間で紛争を起こしていて、良馬を求めていたが（同前）、奥羽・関東からの名馬は狙い目であったと思われる。

この例からは京都社会では馬（とくに良馬）が贈答品と扱われることが知られるが、宇都宮氏もこれを社交に活用している。泰綱母がこの馬を強いて自分の所有としたのも、自ら使用するよりも、贈答用にと考えたとも解釈できる。このような方法で宇都宮氏は京都公家社会との交流を図っているのであり、京都政界の中心部ではないが、その外延部に参加しているのである。

（ウ）公家政界への働きかけ

天福元年（一二三三）三月一七日、宇都宮入道頼綱が三浦義村の書状を携えて冷泉（為家宅）に来たが、その

書状には「堀川二位父子不和事、右衛門大督・京極中納言可令和平云々」とあったという（『明月記』）。藤原兼宗とその子忠定の不和を、定家・為家父子に調停させようとしているのである。続けて定家は困惑しつつも、その書状を藤原兼宗に送っていることを記している。三浦義村がなぜ藤原兼宗父子の不和の調停をしようとしたのか、不和の内容も定かでないが、その調停者として定家父子を選んでいる。三浦義村の意図は、宇都宮頼綱と近しい関係にある定家・為家父子に依頼するということであり、その前提には鎌倉での三浦・宇都宮両氏の政治的接触がうかがえる。鎌倉では、北条氏など有力な御家人は、鎌倉・京都の政情にかかわる情報交換をしていた想定される。宇都宮頼綱がこの書状を定家に持ち込み得たのは、京都での浅からぬ交流があるからであり、頼綱も公家社会の周縁に存在していた、と見られる。

（3）在京武士の交流

（ア）北条氏との婚姻関係

宇都宮氏と北条氏の婚姻関係はつとに指摘されているが、これが京都において成立していると認められる例がある。『明月記』嘉禄二年（一二二六）七月六日条によれば、北条泰時は「武蔵太郎嫡男五・六歳カ」を「修理亮《（宇都宮）》泰綱聟女子二三歳」となすべきことを約束したという(25)。北条泰時はこの時期は六波羅探題北方として在京している。宇都宮氏の側でこの婚姻を決めたのは、泰綱と頼綱であろう。頼綱はこの時点では在京していないが、同年一〇月一三日に入洛している（『明月記』）。このように、京都を舞台にして北条氏と宇都宮氏との間に婚姻関係が形成されている。

北条義時は貞応三年（一二二四）に死去したが、その時に北条泰時と宇都宮頼綱（蓮生）は和歌をやりとりしている。『新勅撰和歌集』（一八、雑歌三）には「父身まかりての後、月あかく侍りける夜、蓮生法師か本につかわしける」として平泰時の歌と蓮生法師の返歌が載せられている。義時の死に対してともに歌を寄せたのである。泰時は父義時死去直後まで在京していたのであるから、これも京都でのやりとりと見られる。義時と宇都宮頼綱は義兄弟にあたり、泰時は頼綱の義甥となる。北条・宇都宮両氏は京にても、こうした交流を深めていたのである。

(イ)千葉氏・小笠原氏との婚姻関係

『明月記』嘉禎元年（一二三五）六月二十一日条には、小笠原氏と離別していた「所縁入道（宇都宮頼綱）次女」が、父の強勧により千葉八郎（胤時）に改嫁して、定家子息為家の車を用いた、と記される。宇都宮頼綱女と千葉八郎との婚姻が京都でなされていることが認められるが、離別前の小笠原氏との婚姻も京都でのことであろう。

二　宇都宮氏の京宅

(一)　頼綱の京宅と宿所

宇都宮氏は朝綱（頼綱祖父）の時から在京者と考えられ、京に邸宅を構えていたはずであるが、頼綱の時には京宅には一定の人員を置き、在京活動の根拠地となっていた。

【史料四】『明月記』嘉禎元年閏六月二十日条

廿日、辛亥、朝天晴、暁火、錦小路富小路所縁入道宅門焼云々、子息左衛門尉頼業妻昨夕死去邪気（後略）

藤原定家の所縁入道（宇都宮頼綱）の宅門が焼けたというが、それは洛中錦小路富小路に所在する。定家はこの記事の直後に頼業（頼綱息）の妻が前日に死去した旨を記すが、これはその京宅で死去したことを示している。頼業は、この時期、『吾妻鏡』に見られるように、鎌倉を中心に御家人としての活動を展開しているが、その妻は姑頼綱の京宅に住んでいたのである。小笠原氏から千葉八郎に改嫁した頼綱女のことは前述の通りであるが、この女子も改嫁直前は頼綱京宅で生活していたはずである。[26]京宅は京・畿内で活動する宇都宮一族の本拠地となっていたのである。

頼綱はこの京宅のほかに京に宿所を持っていた。正嘉元年（一二五七）一一月、師善恵一三回忌の準備活動をしていた頼綱のもとを西山往生院の僧等が訪れた。それは「そのころはこの経営のために、実信房は在京の程なるけるに、今月一二日に西山より僧出京して、八条の宿所にいたりけり」[27]と見える。実信房（頼綱）は京八条に宿所を持っていたのであり、西山往生院僧はそこを訪れている。善恵一三回忌の「けいえい」（経営）の根拠地となっていたのである。この宿所は、さきの京宅とは別である。

ここで関連して、京における宇都宮氏家人の活動に触れておきたい。藤原定家は「宇都宮入道家人称有負物、其屋打簡由可尋沙汰由」（『明月記』安貞元年七月十九日条）と、前殿下家より御教書を受けたことを迷惑そうに記している。ここには宇都宮入道（頼綱）家人が負債をしており、その屋に簡が打たれた（封をされた）。この家人の「屋」は、宇都宮氏宅とは別であり、たぶん借家であろう。家人は独自に屋を構え生計を支えていたのであり、時には借財し負債を抱えた。また嘉禎三年二月の春日若宮祭には「宇都宮入道所従」が祓役を勤めている。[28]これも頼綱家人独自の動きであろう。

こうした家人は宇都宮氏の京での武的活動に動員された。嘉禎元年六月三日の興福寺と石清水八幡宮との衝突には武田・宇都宮氏などの在京武士が制止にあたったが、かれらはいったんは各々の家に帰り、四日朝六波羅に会し、八幡に馳せ向かっている（『明月記』）。宇都宮氏では泰綱が出動したが、「修理亮泰綱其士卒依員多」と記されるように、多数の士卒を率いた。この士卒の多くは家人であろう。このように、宇都宮氏は、京にても家人を従えており、かれらを動員して、武士としての役割を果たしている。

（2）頼綱妻の京宅

宇都宮頼綱の妻も京と国もととの往反をくりかえしていて、京にも生活の本拠となる場所をもっていたが、それは頼綱宅だけではなかった。むしろ独自の住居を拠点とした。『明月記』には嘉禄二年一一月一一日に「今日関東女房入洛云々」とあり、その翌日には「昨日東方女房粟田口儲車、先入冷泉之後、宿周防宿所大炊御門萬里小路、後日可居四条東洞院云々」と見える。頼綱妻は、冷泉（為家居所であり宇都宮女がいる）に立ち寄り、周防宿所に宿泊の後は四条東洞院に居住する、という。この四条東洞院が頼綱妻の京宅の一つであろうが、頼綱京宅とは別である。頼綱妻は吉田にも居をもっていたようであり、娘が子供をつれて吉田に戻ることが見える（同、寛喜二年九月六日条）。この吉田宅は頼綱も利用したようであり、寛喜三年（一二三一）八月一〇日には頼綱夫妻が吉田にいて、ここから為氏の侍従拝賀のため各々が五〇貫を沙汰している（同前）。吉田宅には財も蓄えられていたのである。

また宇都宮頼綱妻は北条時政を父とし、母は後妻牧の方と見られる。そのため、頼綱妻は、その子としての活動を展開している。

【史料五】『明月記』安貞元年（一二二七）正月二十三日条

廿三日、霜凝天晴、今日遠江守時政朝臣後家牧尼、於国通卿聟有巣河家供養一堂十三年忌日云々、宰相女房弁母儀宇都宮入道頼綱妻昨日向彼家、亭主語公卿宰招請殿上人、公卿直衣、殿上人束帯、一長者前大僧正導師云々、関東又堂供養云々

この日、牧の方は時政一三年忌を聟である藤原国通有栖川亭で実施したのである。「供養一堂」と見えるので、この機会に有栖川亭内に堂を建立したものと思われる。その国通は聟とされるが、時政・牧の方の女子が平賀朝雅死別後に再嫁した相手である。時政は建保二年（一二一五）正月に死去しており（『吾妻鏡』では正月八日）、こ

の年は一三回忌に当たる。牧尼はその供養を洛西有栖川で公卿・宰相・殿上人を招き、一長者前僧正を導師にして実施したのである。牧の方は元久二年（一二〇五）の鎌倉政争で時政とともに失脚していたが、安貞元年（一二二七）正月二三日に時政一三回忌を執り行っていることが確認できる。(29)

頼綱妻は、母が営む亡父一三回忌に娘（為家妻）を連れて前夜から出向き、参加したのである。これは宇都宮妻としてでなく、出自にかかわる行動である。また頼綱妻は「関東禅尼今暁引率子孫女房、参詣天王寺幷七大寺長谷、於東大寺萬燈会」（『明月記』安貞元年正月二十七日条）などと、(30)縁者を率いて寺社参詣に熱心であった。こうした活動には相当な財力が必要と思われるが、京宅に蓄えていたのだろうか。

北条時政は平安末期に在京し、平氏政権に近く、畿内に所領をもっていたと思われるが、それを在京の宇都宮氏が継承したと考えられる事例がある。それは鎌倉末期の山城淀魚市荘下司職をめぐる西園寺家雑掌と開発領主豊田氏との相論において、豊田氏側が有力な根拠とするのは北条遠州（時政）吹挙状であり、下司職からいったん離れた豊田氏は「宇都宮下野入道蓮昇于時参河守」の「執申」により安堵された。(31)豊田氏が宇都宮蓮昇（貞綱）に期待したのは北条時政に替わる役割であると考えられる。淀魚市荘に時政は何らかの発言権・権益を有したことがうかがわれるが、宇都宮貞綱はそれを継承していると思われる。おそらく時政女子である宇都宮頼綱妻を介して、その子息系に受け継がれたであろう。頼綱妻は、さきの時政一三回忌に見られるように、それだけの活動を京にて展開していた。

三　荘園・公領の知行

（一）　知行の編成

（ア）信濃国務

安貞元年、信濃国は斎宮御料国として前大納言が給わり官掌国兼が国務を請け負ったが、国務の目途なくすぐに辞退した。その後、成功として誰がどの額で給わるか、『明月記』に関係記事が散見する。結局は藤原定家が信濃国を給わったとみえるが（三月二十九日条）、『民経記』翌年十一月九日条には「侍従宰相為家」が「信濃国知行」している旨確認できるので、為家が知行国主となったのである。この経緯のなかで、信濃国を五万疋（五百貫）で申請する者が登場するが、定家らは三万疋で交渉にあたる。定家側のなかで「入道」が「件国第一国司不中用国歟、其故鎌倉近習侍夙夜勤厚之輩、二百余人居住彼国、為面面名主之間、其嗷々可察……」（三月二十日条）と東国・鎌倉に詳しい情報を提供している。この信濃国務問題で『明月記』に出てくる「入道」「入道法師」は同一人物と見なされるが、宇都宮頼綱に比定できる。三月二九日には、忠弘法師が定家使者として「四条入道在所」に出向き信濃国務決定を伝えると、かれは「依朝恩預国務由、以消息先可被触武州并駿河彼国守護、一事以上可被計行由」と述べたという。信濃守護の北条氏とすぐに連携を取るよう勧めたのである。頼綱の住居は錦小路富小路であるが（前述）、そこは四条であり、この記事と一致する。また北条氏にいち早く連絡する姿勢も頼綱にふさわしい。

定家の家は同年七月五日に使者を信濃に派遣し、九月二五日にはその国情報告を受けている。また同年十二月二十一日条には信濃国の税に関わる記事が「秉燭以後宿入道冷泉宅、病気寒気不能遠行、入道法師云、自信濃干桑二合櫃、梨一果今年不実、銭五貫持来、無他物」（『明月記』）と見える。ここで「入道冷泉宅」というのは、頼綱が為家の冷泉宅に入道が入っていたので、定家はこう表現したのであろう。その定家に対して「入道法師」は信濃より持ち来た物として、干桑二合櫃・梨一果・銭五貫を示したのである。梨一果の「今年不実」という割書が税であることを暗示するし、「無他物」という定家の落胆もそうである。[32]

こうして宇都宮頼綱は、定家の家の信濃国知行拝領に対して、東国の実状を伝えて獲得に尽力し、守護でもある北条氏との連携を図ろうとしている。またかれは信濃から京に税を運んでいる（東山道での上京の便であろう）。定家家の信濃国知行は、競望の段階から知行の実際にまで、関東を本拠にする宇都宮頼綱に依存していたのである。

（イ）荘園上級職の編成替え

宇都宮頼綱はまた、自らが知行する荘園の領主権を編成替えの意欲もあった。次の記事はその指向性を示している。

【史料六】『明月記』寛喜元年十二月十日条

此家小童為家依外祖引導、今日行向老尼宅、可為猶子云々、件禅尼彼禅侶知行之庄領家也、年来和与之間、示付此児事云々、入夜帰来、得草子筥、入道来会扶持云々、（後略）

定家の家の小童が「外祖」に連れられて「老尼宅」に赴いた。小童を老尼の「猶子」とする目的であった。その老尼（禅尼）は外祖（禅侶）が知行する荘園の領家である。「年来和与之間、示付此児事云々」の意味は解釈が難しいが、「可為猶子云々」との関連で読解するのが妥当かと思う。両者は年来の和与（同意）であったので、「猶子」の件は老尼から此児（小童）に「示付」けた。猶子が実現したのである（小童が「草子筥」を得て帰宅したのは友好関係の証か）。そして入道（外祖）も帰宅し、「扶持」（外祖としての扶持）することを述べた。文意は以上のようであろうが、この「外祖」とは、藤原定家の孫（割書では為家）の外祖父たる宇都宮頼綱にちがいない。また小童は為家と割書されるが、為家はこの時期「侍従宰相」と表記されるので、不自然である。すでにこの為家は為定の誤写または誤記とする考えも提出されている。(33)『明月記』原本はこの部分が現在所在不明で確認できないが、写本のなかには明らかに「為定」とするものもある。(34)したがって小童は為定と考えてよい。為定は為家と宇都宮頼綱女子との間の子であり、為氏の弟にあたる（後に出家して源承）。頼綱は孫にあたる為定を連れて、自分が知行する荘園の領家（老尼）に出向き、孫と老尼の猶子関係樹立に尽力したのである。

この宇都宮頼綱の意図は、老尼（禅尼）がもつ荘園領主権と無関係とは考えにくい。定家もわざわざ「件禅尼彼禅侶知行之庄領家也」と書いている。頼綱知行の荘園の領主権を、猶子となる小童（為定＝頼綱孫）に継承されることを期待したのであろう。ただこの荘園の具体名が不明であるが、後述のように下野国真壁荘の可能性が高い。頼綱は自分の現地知行する荘園の上級領主権に強い関心を示している。編成替えを企画したとも見られる。

（2）下野国真壁荘

（ア）下野国所在の真壁荘

真壁荘というと常陸国真壁荘が著名であるが、下野国所在の真壁荘が存在する。それは次の『明月記』の記事に明らかであるが、疑問視する向きもあった。(35)

【史料七】『明月記』寛喜二年

（四月十一日条）真壁庄下野請文事、達于相門、可沙汰之由有命、巳時許経範朝臣来、厳父欲譲任所帯之由也、
雖不得隙可伺之由答了、

（四月三十日条）真壁庄政所女御代下文中宮権大進親氏一人別当加判自相門賜之、即送宰相了、

この二つの記事により、真壁荘について、定家のもとより請文が出され、政所下文が相門より定家に与えられ、それを定家は宰相（為家）に送った、とわかる。ここで相門とは西園寺公経であり、定家の妻の兄である。下文が為家に送られていて、真壁荘の職（預所職ヵ）を得たのは為家であると考えられるが、「厳父欲譲任所帯」と見えるので、定家から為家に譲られたのである。したがって請文は定家に替わり為家が預所として真壁荘を請け

負う趣旨であり、それが定家側から出され、それに基づいて補任の下文が出されたのである。この経緯が西園寺公経を経て行われているのは、かれが関東申次の位置にあり、公武間問題に広く関与し、東国荘園・所領にも強い発言権をもっていたことによるだろう。

ここで女御代が位置する真壁荘政所とは、下文を発給していることから領家であろう（領家政所下文、加判は政所別当中宮権大進親氏）。この真壁荘領家女御代とは誰であろうか。鎌倉初期の大嘗会御禊を『大日本史料』にあたってみると、建久九年〈女御代は藤原頼実の女〉、建暦元年〈不明〉、同二年〈不明〉、貞応元年〈女御代は藤原有子〉である。このうち、『尊卑分脈』には頼実（大炊御門）の女子に女御代は見えず、同妹（経子）に女御代がいる。おそらくは妹を猶子として女御代としたのであろう。いっぽうの藤原有子はこの後、女御・中宮となる（安喜門院）。

また建暦二年の女御代についてもすでに、『玉蘂』建暦二年十月二十八日条の記事に基づいて、経子である可能性が高い、と指摘されている。(36) ただそこには「花山前右府女」と見え、この年の前右大臣に花山院忠経が確認できるので、その女ということになる。『尊卑分脈』に当たると、忠経の女（定雅の妹）に「佐渡院女御代」を勤めた女子（経子）が確かめられる。

こうして建久九年と建暦二年の女御代は、建久九年では大炊御門頼実の子として、建暦二年では花山院忠経の女として、各々史料に登場するが、いずれも経子ということになる。そして経子は『尊卑分脈』にも二カ所に登場するが、これは同一人物と見られる。大炊御門頼実と花山院忠経は近しい同族関係にあり、同族間での猶子はまま見られる。(37) 経子は女御代としてすぐれた人物であり、建暦二年には花山院忠経の猶子となってその役を果したと解釈したい。

真壁荘領家に該当するのは、この経子の可能性が高い。最近紹介された大炊御門家領目録は南北朝初期段階の所領目録ということであるが、(38)そこに下野国真壁荘が記されている。しかも同所領目録には花山院家から継承したと考えられるものもあるという。下野国真壁荘領家職は花山院家と大炊御門家を移動していたのである。

下野国真壁荘は『明月記』寛喜二年段階で女御代が領家である。この女御代は経子で、この時には花山院忠経の猶子であった。経子の後、その領家職は、経子の人間関係から見て、花山院家か大炊御門家か、どちらかに属したであろう。

(イ)下野国真壁荘と宇都宮氏

下野国真壁荘に関して検討されなければならない資料がある。『民経記』(国立歴史民俗博物館所蔵)文永四年(一二六七)三月二日条が伝える院評定の一案件である。

【史料八】『大日本古記録　民経記九』文永四年三月二日条

一　民部卿入道与前妻尼相論下野国真壁庄間事、
　勅定云、此事先定相論之本主、可有沙汰歟、母尼与源承相論歟、将又入道与前妻歟、於母子者不可敵対歟、
大殿　両方不可貽訴訟歟、可被下文書於文所、
殿下　領家可成敗由被仰了、其上今更不可及沙汰歟、
二条　去年有沙汰、被仰領家了、而訴訟猶不休、一日新大納言為氏内々申旨候き、若領家入道右府充給他人者、仮令所召仕之家司等歟母尼者定無処于訴訟歟、其時於源承法眼者帯文書之間、可出訴也、母与子敵対時こそ有つれ、此儀出来者定為難治歟云々、誠有其謂之由、人々被申之、
大夫　領家可成敗由被定仰了、其上今更難変歟、
下官　帥

已上、去年有沙汰、任道理可成敗由被仰領家了、領家成敗源承之処、猶訴訟出来、此上者可被下勘法家歟、

源宰相　同左大弁議、

左大弁　此地一向非母財、禅門相逢本主致訴訟歟、然者源承申旨不背理歟、父母打殺子、雖奪其財、無理訴之道歟、然而共競之時、猶可重父命歟、父母相並時、以父為尊歟、

下野国真壁荘をめぐる相論であるが、事書「一　民部卿入道与前妻尼相論下野国真壁庄間事」は民部卿（藤原為家）と前妻（宇都宮頼綱女）が争っているように表現している。勅定は為家と前妻の相論か、母（頼綱女）と源承（頼綱女の子であり、為氏弟）の相論なのか、相論の本主を明確にせよ、というものである。次に院評定の出席者の意見が書かれているが、大半は領家の成敗に従うべしという「去年沙汰」を支持するものである。この領家については二条の発言のなかに「領家入道右府」とある。この該当者を『公卿補任』に求めると、文永三年では花山院定雅が挙げられる。この定雅は、さきの真壁荘領家で女御代である経子の兄に当たる。ここで下野国真壁荘の領家は経子から花山院家当主定雅に移っていたと見られる。

次に源承と母親であるが、源承が為家と頼綱女との間に出生し、歌人として名を為したことが指摘されている(39)。この源承は「去年有沙汰、被仰領家了、而訴訟猶不休、一日、新大納言為氏内々申旨候き、若領家入道右府宛給他人者仮令可召仕之家司等歟、母尼者定無処于訴訟歟、其時於源承法眼者帯文書之間可出訴也、母与子敵対時□□有つれ、此儀出来者定為難治云々、誠有其謂之由人々被申也」と言われるように、領家成敗は源承に付したということであり、源承は領家からの文書を帯びている（源承の職掌は領家下文により任じられた預所職と考えられる）。

院評定では大半が源承を支持しているが、もし母子の相論となると難治であると認識している。領家が源承に下文を与えたにもかかわらず、母は出訴しているが、その理由は何であろうか。二条の発言に引用される為氏

（源承の兄弟）の申状はこうである。領家が他人に（預所職を）宛給するならば、その時は母はなす術がないが、文書を帯びる源承は出訴できる。文書の理では母はどうすることもできない、という判断である。左大弁の意見も文書上から母の財でないこと、禅門（民部卿・藤原為家）との関係において源承に理があり、源承の勝訴を結論している。母には文書はないのである。

それでも母（宇都宮頼綱女）は源承と争う。それは母であることが前提だが、それとともに潜在的所有権をもっていたからではないのか。現地（下野国）に「真壁」関係の中世史料を検索すると、鬼怒川以東で宇都宮役負担地である傾向を示す。(40) 宇都宮氏が宇都宮社検校であるから、真壁荘は宇都宮氏の知行（在地支配）であったと考えていい。真壁荘は宇都宮氏の支持があって、上級職も成り立っているのであり、この領家職は宇都宮氏の意向のもとに存在していたとも思われる。源承と争う母は宇都宮頼綱女であり、その父方（この時点での当主は泰綱）の力に支えられていたであろう。

（ウ）下野国真壁荘の領家

こうして下野国真壁荘はこの時点で花山院家を領家とし、その預所職を藤原為家子息の源承が得ており、宇都宮氏が現地支配をしている。となると、前引の『明月記』寛喜元年一二月一〇日の記事が注目される。宇都宮入道頼綱は自分の知行する荘園の領家（老尼）に小童（為定ヵ）を連れて行き、その猶子とし、荘園管理権の一部を継承させた、と解釈できる。この荘園の名前は記されていないが、下野国真壁荘と見なすことができる。そうであれば、その領家の老尼は女御代と同一人物となるが、定家が建久九年・建暦二年の女御代を勤めた人物を寛喜元年の時点で「老女」と記すことはありうる。『民経記』に源承が真壁荘領主職を争う存在として登場するのは、文永四年段階で領家花山院定雅からも安堵されていたからであるが、源承は「老女」の猶子となった小童（為定）その人であると考えてよかろう。(41)

おわりに

宇都宮氏は、確実な史料で問題にできるのは朝綱からであるが、その時から京・畿内と本領宇都宮を往反する存在であった。本章が扱った頼綱は、鎌倉前期の人物であるが、早くから出家して、京・畿内での西山浄土系の活動をし、子息には畿内寺院の僧をも出していた。洛西往生院とその所領は宇都宮頼綱の所領としての側面をもち、四条（錦小路富小路）の京宅や八条宿所は在京活動の拠点であった。京宅には在京家人が奉仕し、京における武力発動を支えていた。さらに京における政治活動は、公家社会にも入り込んでおり、定家との婚姻関係をも形成し、定家の家の国務知行にも関与した。また幕府との間に強力な力をもつ西園寺公経とも接触することが多く、京都政界の周辺勢力として存在し、公家内の対立にも一定の関与をした。在京活動とその成果は頼綱の派生的側面ではなく、本質的要件をなしていると考えられる。(42)

頼綱のこの在京活動は、定家らの歌が宇都宮社神宮寺法楽和歌として披露されたり、当麻寺曼陀羅が宇都宮神宮寺・尾羽に安置されたりしたように、本領宇都宮の地域支配とも結びついていた。(43)在京活動と本領支配がストレートに結びついているとは考えられないが、今後も事例発掘が求められよう。

宇都宮頼綱は在京者としても武士・出家僧として存在していたが、彼の子息である頼業・泰綱は同時期に御家人として鎌倉で役を勤めていた。宇都宮氏は、この時期、頼綱・頼業・泰綱の三人として存在しているのであり、頼綱も子息の関東での活動があるので京~本国の往反をくりかえすことができた。また頼業・泰綱の子息の上洛も頼綱の在京活動が前提となっていた。こうした宇都宮氏の存在形態を御家人という範疇で処理するのは躊躇を感ずる。宇都宮氏の在京活動は御家人の域を超えているのであり、「神官御家人」（『栃木県史　通史編中世』）という規定も十分ではない。在京活動は本質的側面の一つであり、それが本国・本領での地域支配と関係している。

このような特徴は宇都宮氏だけでなく、足利氏・三浦氏・千葉氏・小笠原氏などにも認められる。

(1) 高橋昌明『武士の成立　武士像の創出』(東京大学出版会、一九九九年)、元木泰雄『武士の成立』(吉川弘文館、一九九四年)。
(2) 高橋昌明前掲書(注1)。
(3) 山本隆志「辺境における在地領主の成立」(『鎌倉遺文研究』一〇号、二〇〇二年)、本書第二章第一節に補訂して収録。
(4) 湯浅治久「鎌倉中期の千葉氏の経済構造に関する一考察」(『千葉県史研究』一一別冊号、二〇〇三年)、同「御家人経済」の展開と地域経済圏の成立」(『中世都市研究一一』、新人物往来社、二〇〇五年)。
(5) 「浄土伝灯総系譜」・「善恵上人絵」など西山浄土系の文献は『大日本史料　第五編』宝治元年十一月二十六日条による。
(6) 辻善之助『日本仏教史　中世篇之一』第七章第六節。
(7) 三鈷寺文書、『鎌倉遺文』四六六七号。
(8) 三鈷寺文書、『鎌倉遺文』四六七〇号。
(9) 『鎌倉遺文』三九八六号。
(10) 『鎌倉遺文』三九八七号。
(11) 『大正新脩大蔵経』図像一二巻所収。
(12) 野口実「執権体制下の三浦氏」(『中世東国武士団の研究』所収、高科書店、一九九四年)。
(13) 法性寺は東山に藤原忠平が、天台座主法性を開山として開いた寺であるが、流罪処分を受けた法然も一時止住したとのことであり(『国史大辞典』)、宇都宮頼綱も流罪処分中の法然を訪れていた。頼綱と法性寺もあるいはつながる面があるかもしれない。
(14) たとえば、「三井寺灌頂脈譜」(内閣文庫蔵)には元亨二年ではあるが、宇都宮氏・塩谷氏の子弟が見える。

(15) ここに西山派と善光寺信仰との関係がうかがわれる。他にも性空（善恵）が善光寺に参詣したとの資料も見えるが、これについては高橋慎一郎「鎌倉における浄土宗西山派と北条氏」（『中世の都市と武士』所収、吉川弘文館、初出一九九五年）参照。
(16) 『大日本史料　第五編』宝治元年十一月二十六日条。
(17) 大澤慶子「快慶及びその周辺作品にみる来迎阿弥陀三尊像の成立と展開――益子・地蔵院の観音・勢至菩薩像を中心に――」（『佛教藝術』二九六号、二〇〇八年）は大羽地蔵院の阿弥陀三尊像を運慶作であると考察している。
(18) 同前所収の「西山復古篇」は安貞二年のこととする。
(19) 往生院と性空については菊地勇次郎「西山派の成立」（『源空とその門下』所収、初出一九五五年）、また鎌倉の浄土宗西山派については高橋慎一郎前掲論文（注15）参照。
(20) 玄観（承空）については桃裕行「極楽寺多宝塔供養願文と極楽寺版瑜伽本」（『桃裕行著作集3』思文閣出版、一九八八年）、福田秀一「承空上人」（『国語国文』三三巻六、一九六四年）参照。
(21) 佐藤恒雄「為家室頼綱女とその周辺（続）」（『中世文学研究』二四号、一九九八年）は承久三年のこととするが、根拠は示されていない。
(22) 宇都宮社法会については本書第四章、宇都宮氏の歌作については小林一彦「新和歌集撰者考」（『三田国文』九号、一九八八年）参照。
(23) 『大日本史料　第五編』寛元元年十一月十七日条、「河合社歌合」。
(24) 森茂暁『鎌倉時代の朝幕関係』第一章第一節によれば、この時期は関東申次は制度としては完成していないが、九条道家・西園寺公経の二人が朝幕間交信を独占していた。
(25) この武蔵太郎は「武蔵太郎時氏」（『明月記』嘉禄二年正月二十四日条）であり、北条泰時子息である。宇都宮系図別本（続群書類従）には宇都宮泰綱の女子に「北条武蔵守室」となった人物を載せる。一方北条氏系図には時氏の子では経時に「武蔵守」の注記が見られるが、経時は安達景盛女とされている。経時の最初の妻か。
(26) 武士の京宅については妻・女子の裁量が大きく作用するが、頼綱宅の場合は妻は関与する場面が少ないと思われる（後述）。なお武士の京宅については大村拓生「中世京都における居住形態と住民結合」（仁木宏編『都市』所収）が屋地の日常的管理を「京女房」が行っていた、と指摘している。
(27)「善恵上人絵」、『大日本史料　第五編』宝治元年十一月二十六日条。
(28)「春日清祓記」、『大日本史料　第五編』嘉禎三年二月二日条。
(29)牧の方については杉橋隆夫「牧の方の出身と政治的位置」（井上満郎・杉橋隆夫編『古代・中世の政治と文化』所収、思文閣出版、一九九四年）参照。
(30)佐藤恒雄前掲論文（注21）・杉橋隆夫前掲論文（注29）は、この「関東禅尼」を牧尼と解釈しているが、頼綱妻と解する方が自然である。この年、頼綱妻は四一歳であり、牧尼は六〇歳前後となる。頼綱妻が『明月記』にて「禅尼」と記される例があり（天福元年三月二十九日条）、寺社参詣に熱心であったことは随所に見える。
(31)元応元年七月七日関東下知状、『鎌倉遺文』二七〇八九号。
(32)ここで頼綱の立場は正式なもの（たとえば信濃眼代）というよりは、為家姑という縁に基づくものと考えておきたい。従来は制度的に考えすぎたきらいがある。
(33)石田吉定「法眼源承論」（『新古今世界と中世文学(下)』所収、北沢図書出版、一九七二年）。
(34)内閣文庫所蔵、請求番号特一〇五―一、欠本あり、目録では彰考館本・享保一五年の写本。
(35)永原慶二「公家領荘園の構造」（『日本封建制成立過程の研究』、岩波書店、一九六一年）。
(36)佐藤恒雄前掲論文（注21）。
(37)貴族の養子・猶子については高橋秀樹『日本中世の家と親族』（吉川弘文館、一九九六年）第二部第一章参照。
(38)阿部猛「大炊御門家領について」（『帝京史学』一二号、一九九七年）。
(39)石田吉定前掲論文（注33）。
(40)山本隆志前掲論文（注3）。
(41)源承が為定であることは、井上宗雄『京極為兼』（吉川弘文館、二〇〇六年）参照。なおこの相論史料については佐藤恒雄前掲論文（注21）も参照。
(42)頼綱・頼業は伊与国守護でもあり、これも在京活動と連動していた可能性がある。宇都宮氏の伊与国守護については市村高男「宇都宮氏と伊与・豊前両国」（『西南四国歴史文化論叢よど』五号、二〇〇四年）が鎌倉～室町時代を扱っている。

(43) 宇都宮城の堀の発掘からは一三世紀の手づくね系のかわらけも確認され、京都系の生活雑器の導入もうかがえる(『今よみがえる中世の東国』、栃木県立博物館、二〇〇五年)。

第四章　東国における武士と法会・祭礼との関係
――足利鑁阿寺・宇都宮神宮寺の一切経会を中心に――

はじめに

平安後期以降、地方には寺院・堂が多く建立された。東国でも、ほとんどの荘園や郷には神社と寺院が現れるが、これを造営したのは武士たちである。寺院の成立には高僧の来住が欠かせないが、かれらを迎え入れたのは武士である。寺院は僧と武士の力で営まれてゆくことになるが、両者はどのような共存関係に入るのだろうか。

武士と寺院との関係は、氏寺論として展開されることが多かったが、その出発点となったのは奥田真啓「武士の氏寺の研究」（初出は一九四一年）である。[1] 奥田は氏寺の多様なあり方を提示しながらも「当該氏族の独占的支配下にあるならば氏寺なのである」と総括して、特定氏族の独占的支配と規定したのである。ただ奥田が氏寺の代表例とした新田世良田氏の長楽寺も最近では多くの武士が結集する場とされており、新田氏の「氏寺」化も鎌倉末期の特殊な状況下での問題として考察されている。[2] 寺院と武士はそれぞれが別個の存在であり、その両者が接触する関係として扱うことが求められている。武士と寺院の関係については、高橋修が紀伊国湯浅氏と明恵系寺院との関係を地域社会論の一基軸として論じるなかで「仏教を興隆する武士」という考え方を提出しているが、[3] 武士が地域支配（古くは農村支配）のために寺院・宗教を利用するという実利的な発想から抜け出している。また関東の中世寺院を、長楽寺・鶏足寺・鑁阿寺などを例にして、主にその法統を考察した小此木輝之は、新田氏・足利氏・安達氏などの武士との関係を重視している。[4] 武士と中世寺院の関係を、武士研究と仏教史研究の両方から、その接触する世界が検討課題として取り上げられているのである。[5]

武士と寺院は共存の場を地域社会に置くが、その地域社会の住人は雑多な宗教的内容をもっている。その住人に影響力をもつものとして寺院が営む儀式（法会）が挙げられる。世良田長楽寺での栄朝の法話を聞いた山伏は感動して、山伏をすて栄朝に奉仕するようになったという（『沙石集』巻第六）。聴聞していたのは山伏だけではあるまい。凡下や雑人として扱われる人々もいたであろう。ただかれらは日々の生業に明け暮れており、それに見合う仏神を求めている。

寺院・神社の法会・祭礼は多様であるが、一つに一切経会がある。規模も費用も大きく、それだけに世俗勢力との関係が史料に残る。一切経会が始められたのは平安後期であるが、首都圏では院や摂関家の主催する一切経会が盛んであった。[5] それらは国家的性格をもつものであるが、東国においても幕府一切経会が開始される。その幕府一切経会は、開始が武士主催のものとほぼ同時であり、その後も併行している。武士主催の一切経会に支えられているとも考えられる。本章では、武士との関連が比較的明瞭に認められる足利鑁阿寺と宇都宮神宮寺を取り上げて、その挙行形態などを分析し、法会の運営に武士がどのように関与していたかを考察する。[6] またこの過程は足利家・宇都宮家という武士の成立とも連動する問題であるので、これも検討し、武士論の一環とする。

一　源姓足利家と鑁阿寺一切経会

足利荘鑁阿寺の一切経会は源姓足利氏が主催する法会である。足利庄は藤原姓足利氏の所領であったが、平安末期に源姓足利氏のものに変わる。源姓足利氏は、当初は外部勢力であったが、足利荘の新しい支配者となる。鎌倉時代に展開する現地支配はどのようなものか。[7] 鑁阿寺（大御堂）で開催される一切経会もこの問題との関連が深い。そこで本稿は、まず源姓足利氏の成立をめぐる問題に検討を加え、次に鑁阿寺一切経会の開始と足利氏との関係を考察する。

(一)　源姓足利家の成立

(ア)安楽寿院領足利荘の獲得

藤原秀郷流淵名大夫兼行の系統は赤城・足尾山系南麓の大胡・薗田・佐野・足利などの地に盤踞するようになり、その地名を苗字とした（『尊卑分脈』）。足利氏もそのうちの一つであり、同族で下野国衙の権力を分有した小山氏と並ぶ国内有力者であった。ただ平安末期の内乱のなかで、足利嫡流筋（俊綱・忠綱）は没落し、替わって源姓足利家が優勢になる。源姓では源義国が京から足利に下向した後に、藤姓足利氏との婚姻関係から簗田御厨「領主職」を継承し公認されたが、藤姓足利氏との相論が起こり、足利現地での権勢を築くにはいたらなかった。(8)義国の子である義重は上野国新田の権益を義国から継承して新田荘を確立したが、足利では義国子息の義康は検非違使など都での奉仕のなかで死去し（保元二年）、弟の義清も水島合戦のなかで戦死した（寿永二年）。

源姓のなかで足利に社会的基盤を樹立したのは義兼である。義兼は父義康の首都圏での活動を継承したと見られるが、そのなかで安楽寿院領足利荘を獲得した。安楽寿院は保延三年（一一三七）に藤原家成を奉行として建立され、足利荘などの立券は康治元年（一一四二）であった。その後、御塔は鳥羽院墓所に、新御塔は美福門院墓所となった。現地の足利荘「領主職」は藤姓足利俊綱がもっていたが、平重盛は新田義重に与えたことがあり、俊綱は上洛して訴えたので返却される、という事件があった（『吾妻鏡』養和元年九月七日条）。この平重盛の位置は、安楽寿院領足利荘を平家が知行することとなって成立した領家職と考えるのが妥当であろう。ところが、この平重盛らの平氏も、足利俊綱も、内乱のなかで没落した。領家も領主職も闕所となった、と見られる。

源姓足利義兼は、源義康と熱田大宮司範忠娘との間の子であるが、この母（範忠娘）は美福門院女房上総と推定されている。(9) また義兼は八条院蔵人となったが、八条院（暲子）は美福門院跡を継承する位置にある人物である。このように足利義兼は、美福門院・八条院の近くに伺候していたのであり、安楽寿院領足利荘の権益を獲得する可能性をもっていた。

安楽寿院古文書には「安楽寿院　寺中日記寺領等事」と題する引付がある。そのうちの「一、庄々所済事」という項目には山城国久世荘・下野国足利荘などの一四荘につき、知行者名・年貢額・立券年が書かれている。いま足利荘の部分を紹介すると、次のようになる。

【史料一】安楽寺院寺中日記寺領等事（安楽寿院文書）

下野国足利庄　足利殿 義兼――上総前司入道 義氏――武蔵守 泰氏――宮内権少輔 頼氏――同三□ ○

国絹七十一疋四丈　油五石代

四丈白布二百端

田九十八丁七反百八十歩

畠百六十丁二反六十歩

康治元年十一月日立券

（東京大学史料編纂所写真帳）

足利荘の知行者は、足利義兼→義氏→泰氏→頼氏と、足利家当主が代々継承していることがわかる。足利家が代々知行者となる地位を義兼が最初に獲得したのである。その知行者の地位であるが、他の一三荘も参考にすると、山城国久世荘では「領主中納言雅親卿」とある。下級庄官にも見えるが、和泉国長泉荘では「法院貞暁　勝宝院僧正」、肥後国阿蘇荘では「中院右大臣雅定」とあり、下級荘官とは言いがたい。むしろ領家、あるいは預所と考えた方がいいのではないか。源（足利）義兼が獲得した地位も、藤姓足利俊綱の「領主」ではなく、平重盛の領家に系譜を引くものではないだろうか。そうすると、その獲得も小松流平家没落の文治元年以降となる。関東に本拠を置く武士が獲得した荘園所領は下級荘官職でならねばならない理由はないのであり、このように推定しておきたい。

足利荘は嘉元四年（一三〇六）六月一二日の昭慶門院御領目録（『鎌倉遺文』二二六六一号）にも見え、「下野国足利庄　地頭請所、御年貢被検納御所」と記されている。地頭足利家の請所となっていた。このように続く足利荘知行者としての地位を、足利氏で初めて獲得したのは源義兼であり、彼は安楽寿院文書で「足利殿」と注記されたように、足利家（源姓足利家）をひらいたのである。源姓足利氏の成立は足利荘知行が契機となった、と見られる。

(イ)足利義兼の足利入部

頼朝挙兵を受けて、足利義兼も都を離れ、鎌倉に向かった。『吾妻鏡』での義兼初見記事は、治承四年（一一八〇）一二月一二日に頼朝が新造の亭に移徙した時の供奉人「足利冠者義兼」である。以後、母方の縁もあり、頼朝側近として奉仕する。平氏軍を追討した元暦瀬戸内合戦にも参加し、文治元年には「上総介」（やがて上総守）に任官した。同四年三月一五日の鶴岡大般若経会に出御した頼朝に行列として加わってもいる。同五年の奥州合戦には頼朝出陣の供奉人として見えるが、具体的活動は不明である。ただ翌年（建久元）正月の奥州蜂起には追討使として出向し、二月には討伐を終えた。

正治元年（一一九九）三月八日、義兼は足利樺崎にて死去し、ここを墓所とした（後述する）。ただ治承四年一二月の鎌倉入りから、死去するまでの間、義兼が足利に入部していたかは判明しない。鎌倉住いがほとんどであったと思われる。後述するように、奥州出陣のなかで、足利樺樺崎郷を御堂に寄進したのが、明確な関与として確認されるだけである。足利は、義兼が死を前にした入部と、義兼菩提供養の過程を経て、足利氏の本領へと転回した、と思われる。足利氏館（堀内）の造営もその後のことであろう。

（2）足利義兼と一切経会

（ア）鶴岡一切経会開始

鶴岡社では建久五年（一一九四）一一月一三日に一切経会が挙行された。その施主は足利義兼であったが、このことは鶴岡社の記録に残っている。

【史料二】鶴岡八幡宮文書（『群馬県史　資料編　編年中世1』）

鶴岡八幡宮一切経并両界曼陀羅供養事

施主　上総介義兼着布衣在廻廊、武蔵守・伊豆守以下門葉数輩同列座

曼陀羅供建久五年甲寅十一月十三日、諸大名群参為結縁、貴賤成市

導師当宮別当法眼圓暁願文草信救、清書按察使朝方郷ママ

題名僧六十口当社供僧以下

（中略）

同十四日、上総介義兼、以因幡前司広元、昨日所供養一切経并両界曼陀羅於可奉納当宮之旨、将軍家被申之間、自将軍家則以下広元、可奉安于上宮東廊之旨、被仰別当法眼圓暁云々、同十五日将軍家并後台所、云一切経、云曼陀羅、為後結縁、御参鶴岳宮、還御之後、入御上総介義兼亭、

（後略）　　　　　　　　　　　　　　　　　　　（傍線は引用者、以下同）

この一切経会は両界曼陀羅供養とともに行われており、密教的色彩の強いものであることがわかるが、その施

主が上総介（足利）義兼である。彼は武蔵守（大内義信）・伊豆守（山名義範）などの「門葉」を代表しているが、これはこの法会が源氏の門葉を中心にして準備されたことを示していよう（大内氏も山名氏の源氏）。そのなかで足利義兼が「施主」であるということは、この一切経を提供したのが足利義兼であることによる、と考えられる。翌々日（一五日）に、供養された一切経と両界曼陀羅は、頼朝の意向により鶴岡社に奉安され、それへの結縁のために頼朝夫妻は鶴岡に参詣したが、さらにその直後に足利義兼亭に赴いた（『吾妻鏡』にも同趣旨の記事が見える）。頼朝が足利義兼亭を訪れたのは、義兼がこの一切経会の施主を勤めたからにほかならず、この法会での足利義兼の指導的位置がうかがえる。鶴岡社での一切経会はこれが最初と考えられる。

足利義兼夫妻の一切経奉納について、鶴岡社側の史料では「鶴岡八幡宮両界曼荼羅幷一切経事、是者足利上総介義兼殿、同御台所為御願、建久四年癸丑三月廿三日参自染筆被書始一切経ヲ也、同五年甲寅十一月二日書功畢、同両界曼荼羅尊形二鋪被書之于今在之、同月十三日供養之儀在之曼荼羅供、御導師当社別当宮法眼御房圓暁、題名僧者当社供僧以下六十口也、彼御布施以下記録等被副納一切経箱云々」（「八幡宮両界壇所供僧職」、『鶴岡叢書第四輯鶴岡八幡宮寺諸職次第』所収）と記されている。義兼夫妻は建久四年三月から鶴岡に参詣して一年余を費やして書写し、翌年一一月に奉納・供養したという。『吾妻鏡』の記述と矛盾するところはない。義兼夫妻は鎌倉に居住し、鶴岡に参詣し書写したのである。この素本は、後述するところの、僧寛典がもたらした一切経であろうが、この本はその後、足利に持ち込まれて鑁阿寺一切経会に用いられる。

(イ)足利樺崎と義兼年忌仏事――鑁阿寺一切経会の前提

足利義兼は鑁阿寺では「本願上人」「鑁阿上人」と呼ばれ、その命日には「三月八日鑁阿上人御仏事」が催されたが（「鑁阿寺樺崎寺縁起幷仏事次第」）、やがてこの日に一切経会が開催されることとなった。つまり鑁阿寺では、開山（義兼）年忌仏事をもととして一切経会が成立したのである。義兼は「正治元年己未三月八日於樺崎薨歳四十六」（「鑁阿寺略縁起」）と記されるように、足利樺崎にて、正治元年（一一九九）三月八日に死去した（頼朝死去からほぼ二ヶ月後）。その廟所は樺崎にあり、「赤堂」と呼ばれた（同前）。したがって義兼年忌仏事は樺崎の「赤堂」「赤御堂」で行われた、と推定できる。

義兼はなぜ樺崎を入定の場所として選んだのだろうか。それは奥州合戦中に樺崎を御堂に寄進したこととも関連しよう。義兼が樺崎にこだわる理由は何か、検討しておきたい。

【史料三】「鑁阿寺樺崎寺縁起幷仏事次第」（『栃木県史　史料編中世一』、鑁阿寺文書一二四）

一、樺崎者、上総介義兼文治年中為泰衡秀衡次男追討大将奥州御発向之時、自路次以使者桜野、為御祈禱御寄進地也樺崎郷者逐電跡也、仍開山理真上人住持云々、其後法円房隆験建久七年丙辰補任治七年、一切経蔵者彼法円房廟所云々、彼蔵経者額田僧都寛典熱田大宮司息、本願上人叔父自宋朝渡之、然左馬入道之時、当寺江令越給云々、其後文永年中一切経会始行、三月八日舞楽・曼陀羅供在之、報国寺殿代云々、呪達為其役下向云々、然依為大儀、法会無程退転云々、

奥州合戦（文治五年＝一一八九）に向かう途中の足利義兼は「樺崎郷」を寄進したという。寄進先は表題から考えて樺崎寺（その前身の堂）であろう。樺崎に所在した堂舎に樺崎郷を寄進したのである。また樺崎寺での祈禱のため、理真上人を招き、その住持とした。次の法円房隆験は建久七年の補任で「治七年」とあるから建久元年からの住持である。したがって理真の住持は文治五年から建久元年となる。樺崎の堂は義兼生存時期（～正治元年）から源姓足利家による整備が始まったのである。

樺崎郷が寄進されたのは「逐電跡」であったからである。「樺崎郷者逐電跡也」を「樺崎江六逐電跡也」と読む見解もあるが、[10]写真で判断する限り、どちらとも言えない。所領の帰属関係を明示するために「○○郷△△跡」と記す文書が譲状・寄進状や裁許状・宛行状に見えるが、それは文書受給者の利益にかなうものである。史料三

のような樺崎に祈禱の堂が建立された事情を記すには、その樺崎の地（樺崎郷）はどのような土地だったのか（逐電跡）がわかれば十分である。誰の土地であったか（△△跡）はわかってもいいが、なくてはならないことではない。「逐電跡也」と読めば、その逐電者は藤姓足利氏（具体的には忠綱・俊綱）を指す。藤姓足利氏の所領を没収して樺崎寺に寄進したのである。この史料は後世の編纂物であり、割書は、他の例も、文言の説明である。「樺崎郷者逐電跡也」と読解した方が整合的であろう。

樺崎については法界寺・八幡山裾の発掘調査が実施され、その成果をまとめた大沢信啓は『樺崎寺跡』を著し、発掘された浄土庭園などが東国屈指のものであることを述べながら、義兼が樺崎の地を選んだ理由を、高野山の寺院配置を理想として壇場の館の北東方向が奥の院に該当すると考えたこと、樺崎寺がそれ以前から勝地として知られていた可能性があること、浄土庭園を造るにふさわしい地形であったこと、足利と佐野を結ぶ交通の要衝であったこと、等々を指摘している(11)。またそれに先立つ論考では、樺崎寺域の足利義兼の造営浄土庭園や大日如来像などを概観しながら、概ねは足利義兼以降の、源姓足利氏に関わる遺跡と解釈している。さらに園地の中島は浄瑠璃寺庭園の系譜を引く古代的なものであること、三鈷杵文軒平瓦は平安後期の特徴をもち京都との結びつきを示すこと、等を指摘している(12)。

樺崎に堂や寺院が建立され、浄土庭園をもつようになるのは足利義兼以降であることが明らかにされてきたのであるが、義兼はここが勝地になりうると考えていたのであろう。そう考えるには自然地形だけでなく、なんらかの宗教施設があったのではないだろうか。義兼はそれを継承しようとしたのではないか。樺崎郷は逐電跡として足利義兼が樺崎堂に寄進したのであるから、藤原系足利氏の所領の一つであることは間違いない。そこには藤原系足利氏の宗教施設（寺院も含めて）が、何かしら存在したのではないだろうか。

樺崎には樺崎寺域のほかに赤坂・堤谷・馬坂・渡戸・入小谷などの小字があり、各々に神社が造られている。

『明治十六年足利郡神社明細帳』（栃木県立文書館所蔵）に書き上げられているものを列記すれば以下の通りである。〔　〕内は由緒として書かれたもの。

八幡宮（大字樺崎字赤坂）〔康平六年源義家勧請〕
来電神社（大字樺崎字赤坂）
浅間神社（大字樺崎字堤谷）
秋葉神社（大字樺崎字馬坂）
太神宮（大字樺崎字宮内）〔御冷泉院康平年中依勅願源義家公建立〕
諏訪神社（大字樺崎字馬坂）〔素八幡五社ノ内ナリト云フ〕
小嶽神社（大字樺崎字入小谷）
浅間神社（大字樺崎字渡戸）
天満宮（大字樺崎字赤坂）〔素八幡五社ノ内ニアリ〕
山神社（大字樺崎字赤坂）〔素八幡大神五社ノ内ニアリ〕〔大山祇命〕
日枝神社（大字樺崎字嶽ノ腰）
琴平神社（大字樺崎字馬坂）

特徴を概括すれば、本来が山神信仰であり、そこに八幡神が入り込んだと見られる。樺崎の地は足利でも山裾であり、東の山道（峠）を越えれば同族の佐野氏・阿曽沼氏の本拠に通じる。山麓沿いに勢力圏を形成してきた藤姓勢力の本拠にふさわしいと考えられる。(13) あるいは藤姓足利氏の本領であったかもしれない。資料的根拠は乏しいが、私は樺崎をこのように考えている。

樺崎に建立された赤堂は、理真が文治五年（一一八九）最初の住持とされ、それを建久七年に隆験が継承した。

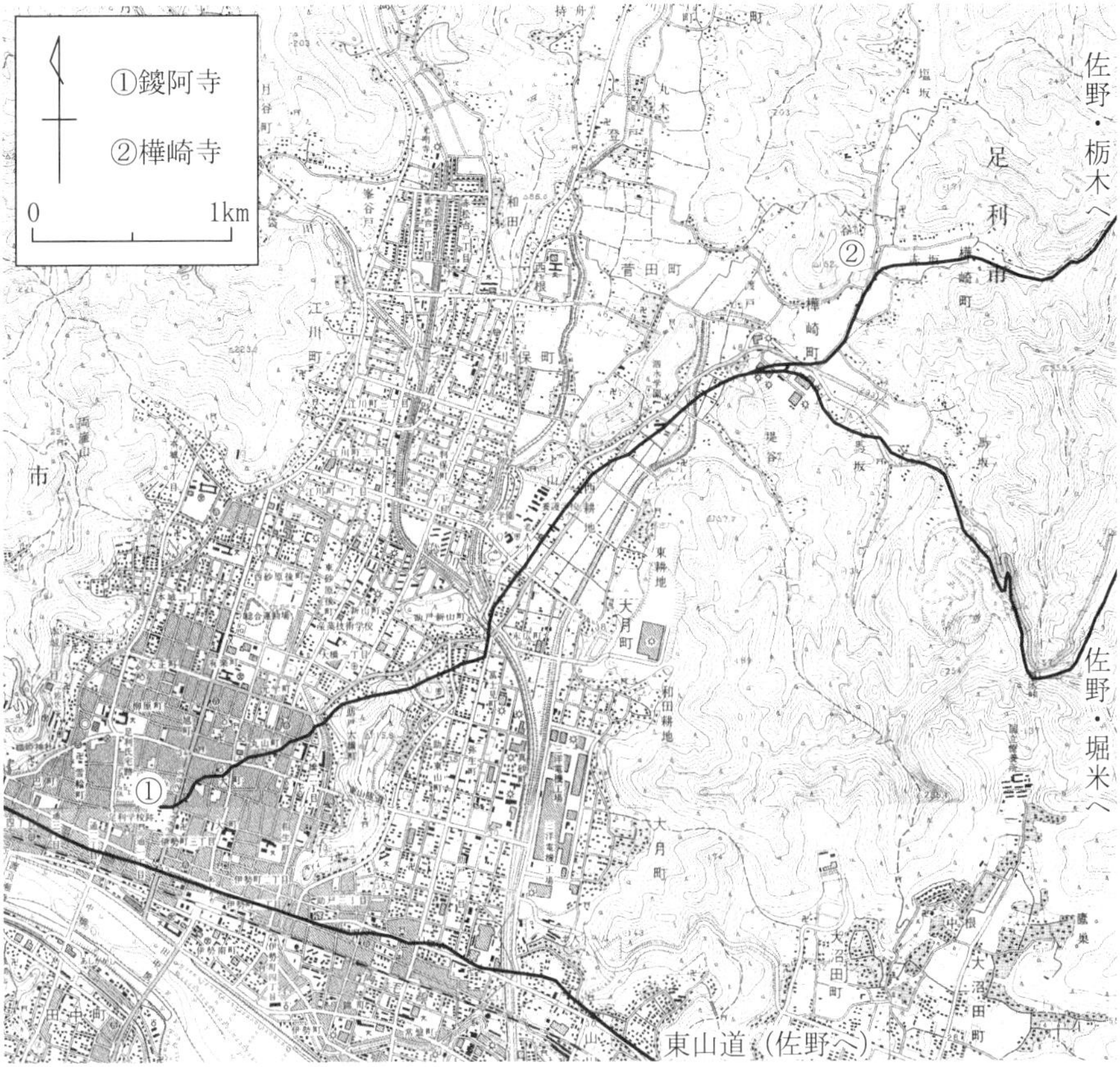

〔図４－１　鑁阿寺・樺崎寺と交通路〕（国土地理院２万５千分１地形図を利用）　（作成 山本隆志）

史料三は鑁阿寺と樺崎寺の両方の縁起・仏事次第である。そして堀内御堂（鑁阿寺）の建立は天福二年（一二三三）と推定されている（小此木輝之著書）。この理真・隆験に関わる記述はそれ以前であり、樺崎寺（赤御堂）の縁起を述べたものと理解すべきである。この理真と隆験については小此木輝之が真言宗側の記録により、伊豆山で三宝院傍流写瓶を受けていたが上京し醍醐理性院乗院の法流を受けた人物であると考証し、上京は足利義兼に促されたと推定している。(14) 後述のように足利義兼は建久年中に洛北神護寺にて作善しているように、鎌倉と京都を往反しているのであり、この推定はうなずける。

またこの樺崎赤堂は、やがて法界寺・樺崎寺となるわけであるが、鎌倉時代末期を表現した鑁阿寺境内図（『鑁阿寺の宝物』掲載、足利市教育委員会、二〇〇四年）には「樺崎八幡宮」と「地蔵堂」として描かれている。鎌倉時代の史料では「樺崎殿」（後述）と見えるが、これは寺院に付属する建物群であろう（六波羅の泉殿のように）。鎌倉前期の樺崎には、八幡宮の脇に、赤堂・地蔵堂や住坊が建てられていた、と想像される。

（ウ）僧寛典の一切経招来

一切経会には一切経（四千巻とも六千巻ともいわれる）が必要不可欠であるが、それをどのように入手したのであろうか。

史料三によれば、一切経を足利にもたらしたのは額田僧都寛典である。その寛典は熱田大宮司（藤原範忠）の子息であり、足利義兼の叔父である、という。寛典が「額田僧都」と言われるのは、足利氏所領となった三河額田郡に開かれた滝山寺に住したからである。寛典が一切経を足利にもたらした時期は、その一切経蔵が法円房廟所であることから、法円房が住持であった期間となる。法円房の住持は建久七年を含め七年間（「治七年」）である（一一九六〜一二〇二年）。この期間に一切経が足利にもたらされたのである。前述のように、足利義兼夫妻が鎌倉にて一切経書写を開始するのが建久四年三月であり、奉納・供養が同五年一一月一三日であるから、足利に一切経がもたらされたのはそれ以後である（建久五年一一月一三日以後）。法円房隆験が住持になった建久七年の直後には足利に一切経がもたらされた、と考えられる。持ち込まれた一切経は「自宋朝渡之」と見えて、宋（唐）から輸入したように記されるが、寛典の渡宋は確認できないので、宋からの唐本一切経を入手した、ということであろうか。

さらに史料三の記事は、その一切経が「当寺」（鑁阿寺）に入ったのは「左馬入道」（足利義氏）の時であり、鑁阿寺の一切経会は文永年中に開始された、という。ただ、一切経会式日の三月八日には、それ以前から、「報国寺殿代」（足利家時の代）から「舞楽・曼陀羅供」が行われていたが、それも大儀ですぐに退転したという。ここから、三月八日には舞楽・曼陀羅供が行われていたが、これは文永年中に始まる一切経会とは別物である、との認識がうかがえる。舞楽・曼陀羅供は、鶴岡でも一切経会とともに行われており、別物と断定してよいか疑問だが、これについては後論する。

この寛典なる人物について補足しておくと、かれは慶長一四年書写の「日光山別当次第」[15]には「右大将家ノ御代ニ成リシ始、御外戚叔父観纏僧都ヲ別当ニ補畢」と見えるところの観纏と同一人物である。源頼朝の外戚であり（実際には叔父範忠の子）、日光山別当に送り込まれた（衆徒帰伏せざるにより、程なく退いたという）。関係系図は次のように復元できるから、この記事も認めていいだろう。

また寛典は三河額田郡滝山寺の造営にも寄与していて「滝山寺縁起」にも関連記事を見つけることができる。これを検討した新行紀一の研究によれば、[16]式部僧都寛伝（典）は頼朝の従兄弟でもあることから、鬚《あごひげ》の落毛と歯を請い受けて滝山寺に菩提所を建立し（惣寺禅院）、三年忌供養を実施し、額田郡内田地一〇町を寄進した、という。頼朝菩提所を経営しているのであり、その財源として田地一〇町を所領として所持していたのである。この田地一〇町は出自の熱田大宮司家に由来するものと思われるが、頼朝菩提所は「為式部僧都御沙汰」として建立されているわけであり、その財力は相当なものである（武士と僧の二人一組の洛中・洛外での作善は宇都宮頼綱と僧証空でも見られたが、足利義兼と寛典の活動もそうした一例であろう）。

藤原季範
├ 範忠
│├ 忠季
│├ 寛典（観纏）
│└ 女子
│　　═ 足利義康
│　　└ 足利義兼
└ 女子
　　═ 源義朝
　　└ 源頼朝

いっぽう寛典は京都周辺での作善活動を行っていることが聖教奥書などに見える。建久六年六月二五日に無垢浄光法を神護寺慈尊院で（『高山寺経蔵典籍文書目録　第三』九七函一四一）、正治二年六月一〇日には減悪趣尊法を書写している（同、九七函一〇一）。また建久一〇年二月六日には文殊鎮家法を神護寺で奉受している（同、九七函一〇三-五）。神護寺では法華堂の塔も「塔　武家足利上総介義兼寄進」（『校刊美術史料　中巻』所収「神護寺略記」）・「金銅一重一基中央安置胎蔵界大日上総介源朝臣義兼号足利寄進之」（同、「神護寺規模殊勝之条々」）と記されている寛典と足利義兼の神護寺への関与は、二人の関係から見て別々のものとは考えがたい。武士と僧の二人一組の洛中・洛外での活動は宇都宮頼綱と僧證空でも見られたが(17)、足利義兼と寛典の活動もそうした一例と見られる。

このように寛典には、日光山別当（頼朝との縁）、洛外での経典書写活動（足利義兼との縁）、足利への一切経導入（同前）、三河額田滝山寺での頼朝菩提所建立、という事績が見られる。京都から鎌倉・東国での広い活動が認められる。足利へ導入した一切経は宋版と考えられるが、寛典の幅広い活動のなかで入手したものと判断されよう。

（3）三月八日等仏事と足利庄公文所

足利義兼は鑁阿寺を開いた人物であり（開山）、樺崎にて死去した。命日の三月八日仏事については子息足利義氏が規式を定めている。この三月八日仏事がやがて一切経会に変わるので、これについて吟味しておきたい。

【史料四】仏事用途配分状案（カ）（『栃木県史　史料編中世一』、鑁阿寺文書七一）

（花押）（足利義氏カ）

三月八日御遠忌御仏事用途公文所沙汰

合

一　仏布施壹裹准布参反代銭百文
一　壇敷白布壹反代銭百文
一　御諷誦壹裹准布参反代銭百文
一　御布施
　導師西御堂勤　彼（被）物壹重代壹貫文　裹物一准布六反代貳百文
　請僧十一人　人別裹物一代准布六反代貳貫貳百文
　承仕三人　人別准布貳反代貳百文
　下部四人　人別准布壹反代百廿文
一　御仏供僧膳料
　御仏供壹斗籾　宣旨升代参拾文
　導師分壹石代参百分
　請僧十一人分人別五斗代壹貫六百五十文

承仕三人々別壹斗代九十文
下部四人々別五升代六十文
已上　陸貫伍拾陸文
右、御布施以下僧膳料所定如件、
仁治二年二月廿九日
（花押）（足利義氏カ）
（東京大学史料編纂所写真帳により訂正した）

【史料五】足利義氏下文（案カ）（『栃木県史　史料編中世一』、鑁阿寺文書七〇）

下　　足利御庄公文所
可早任先例催勤堀内御堂講筵以下六齋日湯事
一、三月八日御忌日事
右、此御月（日カ）忌用途者、恒例存知之勤也、而去年無沙汰之由被聞召、事実者、公文所寄人等緩怠也、太無謂、早為公文所之沙汰、可被勤仕、但不可催人々、一向募所当可為公文所沙汰者、
一、五月廿九日故判官殿御忌日・六月十二日中尼御前御忌日・六月廿三日大尼御前忌日御忌日事、
右此忌日用途者、高橋・木戸・小曾根・田嶋郷々先例令勤仕候歟、而無故怠慢之條、太以自由也、早任先例可勤催者、
一、大師講事
右如注文者、九郎入道・刑部左衛門尉・佐野刑部尉・源民部・宇治江入道、公文所沙汰、如此守月宛前々

勤来歟、而彼名主等相違之間、寄事於左右致懈止之條、太以非穏便、触催彼跡知行人々、早可被催勤者、

一、六齋日湯事

右齋日湯者、寄合御庄・御厨致沙汰歟、而近年緩怠之條、郷々自由也、早一度引木参駄支配郷々、無懈止可令沙汰者也、是先例平均之役也者、

以前條々、早可令被催勤之状、所仰如件、

仁治二年二月　日

（写真帳を見るに史料一と同筆）

史料四と史料五は発給者・発給日が同じであり、内容も一部重複するので、両者ともに鑁阿寺に対する足利家の規制を示す史料として解釈されてきた。ただ史料四は足利義兼遠忌仏事だけに関する規定である。義兼遠忌仏事は、義兼廟所が樺崎赤堂（樺崎寺前身）であることから、そこで行われると考える方が妥当である。したがって史料四は樺崎赤堂に対する規定である。それに対して史料五は「堀内御堂」（鑁阿寺前身）での法会についての規定である。このように理解した上で、史料四・五を読解しよう。

史料四は「三月八日御遠忌御仏事用途公文所沙汰」と題するもので、袖に足利義氏花押が据えられている（花押の位置は天地を四等分した下部四分一の所）。樺崎赤堂での三月八日御遠忌仏事費用について、足利義氏から足利庄公文所に出された文書である。仏事用途の内訳（内容）は「一　仏布施一裹」「一　壇敷白布」「一　御諷誦一裹」「一　御布施」「一　御仏供僧膳料」と一書で記され、それぞれの費用を銭高で明示している。三月八日は足利義兼の忌日であるが、その年忌仏事の道具類と人件費を書き上げたものであり、この配分を守るよう定めたのである。しかも表題のなかに「公文所沙汰」と明記することにより、この配分を公文所（足利庄公文所）に義務づけたのである。この仏事に参加する僧侶は第四条の「御布施」「僧膳料」の規定のなかに、導師（一人）・請僧

（二一人）・承仕（三人）・下部（四人）が見られるので、僧の数は一五人であった。導師は「導師西御堂勤」とあり、西御堂（赤御堂西方）が担当する（あるいはこの年の担当が西方とも解釈する余地は残る）。また仏供は「御仏供壹斗粈　宣旨升代参拾文」と見えるように、米の額を宣旨升で表示している。

史料五も袖に足利義氏花押を据えていて（花押の位置は史料四とほぼ同じ）、「下　足利御庄公文所」と書き出される。足利義氏が足利荘公文所に出した下文であることを明示し、「可早任先例催勤堀内御堂講筵以下六斎日湯事」と続ける。堀内御堂での仏事（「講筵以下六斎日湯」）の催勤を足利荘公文所に命じているのである。仏事開催場所は「堀内御堂」と記される。「堀内」とは足利家館を含む区画地を指すであろうから、「堀内御堂」とはそのなかに作られている御堂となる。現在の鑁阿寺域である。樺崎ではなく、足利家堀内である。義兼遠忌三月八日仏事は、足利堀内御堂でも開催されるのである。したがって義兼遠忌仏事は、樺崎赤堂と堀内御堂の両方で同時に開催されるように規定されている。

史料五の第一条は「三月八日御忌日」（足利義兼忌日）の費用負担に関するものであるが、「此御月《（日カ）》忌用途は恒例存知の勤也、而るに去年無沙汰の由聞こし召さる」と見えるように、恒例であるにもかかわらず、去年は無沙汰であった。このことがこの規定を作成する直接的契機となったと考えられる。「事実たらば公文所寄人等の緩怠也」との判断のもと、足利義氏は公文所の沙汰として所当を捻出するよう指示している。ただし「人々を催すべからず」とも指示している。これは難解であるが、人間に対する直接的指揮を否定したものであり、仏事にあたる僧などを差配してはならない、と解釈できる。公文所の関与はあくまでも用途（所当）の調達に限定している。[18]

ここに三月八日仏事に関する足利義氏（足利家）の基本的姿勢を認めることができる。仏事費用の調達は足利荘公文所の役割とするが、仏事そのものの準備・執行は寺家（堀内御堂の寺僧）に委ねている。仏事の聖的側面には関与しようとしていない。

足利荘公文所はどのような存在と考えればよいだろうか。寄人で構成されていることがわかるが、この寄人はおそらく現地における足利庶子・被官であろう。足利氏全体の公文所は鎌倉に所在したと考えられるので、足利家本領など（足利、三河額田）には現地公文所が設定されていた。[19] すなわち、足利荘公文所は足利氏公文所の一分枝として、足利荘に設定されていた、と考えておきたい（場所は足利堀内であろう）。

史料五には、他に忌日仏事・大師講・六斎日湯の規定（各々一つ書き）がある。各々の仏事で公文所が担当する場面（局面）を確認しよう。まず忌日仏事（五月二九日、六月一二日・一三日）については、その費用（用途）を「高橋・木戸・小曾根・田嶋郷々」が先例にまかせ故なく窓慢することのないよう「勤め催すべし」と記す。公文所には、高橋など四郷が「用途」を出すよう「勤催」する役割が負わされている。五月二九日は故判官殿（足利義康）忌日、六月一二日は中尼御前（義兼室、義氏母、北条時政女カ）忌日、六月一三日は大尼御前（義康室カ）忌日であり、足利義康夫妻などの菩提を供養する目的であるが、かれらは足利義氏の両親らであり、足利家を樹立した人々でもある。これらの年忌仏事は一斉に開始されたとは考えられないから、個々の仏事が始まるとともに用途負担の郷が決められたと推定できよう。またその用途はそれぞれの郷の地頭得分が宛てられたと解釈しておく。

大師講の規定でも、要は費用負担者から徴収することが求められている。費用負担者は九郎入道以下の五人の名主であるが、「公文所沙汰」として、月宛の方式で催勤してきたという。ところが「彼の名主等相違の間、事を左右に寄せ懈止を致す」という状況になった（用途無沙汰）。そこで「彼跡知行の人々に触れ催し、早く催勤すべき」と指示している。五人の名主が本来の人物と替わってしまい、用途調達が進まないが、名主を継承した人物を特定し、催促せよ、というのである。「彼跡知行の人々に触れ催し」とは、名主継承者に直接に会って催促する（触れ催促）という意味であろう。また名主を継承した人物を「彼跡知行の人々」と表現していることから、名主が知行の一端を担う存在であったことがわかる。

こうしたことは、名主は知行すべき田地と結合しており、相伝対象でもあった、と考えさせる。しかもこの名主（五人）は大師講用途負担を義務づけられているのだから、大師講とともに始まったと見られる。足利において大師講を始めた人物は、弘法大師に深く帰依し、足利樺崎を高野奥院に擬した義兼（鑁阿）以外には考えられない。義兼時代に、大師講とその用途を負担する名主（五人）が設定されたと考えられよう。そうした本名主は「九郎入道・刑部左衛門尉・佐野刑部尉・源民部・宇治江入道」と明記されているが、苗字・姓をもつ者がほとんどである。佐野刑部尉は隣接する佐野氏に、宇治江入道は鬼怒川沿岸の氏家氏に出自する存在であろう。こうした存在が名主に編成されて大師講用途を負担するよう定められていた。

次に六斎日湯であるが、その用途を御庄・御厨全体で寄り合って勤めてきたのだが、近年は緩怠していることを指摘して、今後は用途を郷々に配分して懈怠なく沙汰するよう公文所に命じている。ここでの御庄・御厨とは足利荘・梁田御厨を指すことは間違いない。足利現地における足利氏所領全体に負担させているのであり、今後は郷を負担単位として明確化し、その額を配分するよう、公文所に指示しているのである。「御庄・御厨が寄り合い沙汰を致す」との表現からは、足利荘・簗田御厨という荘園支配の枠を超えて、あるいは荘園支配関係を編成替えして、鑁阿寺法会費用を負担する体制を現地に築いている。足利家は両所領の地頭職であるが、それを合体させているのである。

こうして足利堀内御堂での主要な法会の用途（費用）を定め、それを公文所沙汰として徴収するよう指示している。足利氏家政機関の一分枝たる公文所は、鑁阿寺の法会の世俗的側面を担っているのである。武家家政機関はその被官・所領に関する支配・相論裁許の面がおもに注目されてきたが、菩提寺での法会にも関与し支援している。武士（在地領主）が関係する寺院にも家政機関として関与しているのである。足利氏はこうした御堂法会を賄うため、自らの所領を編成替えしている。このなかで足利家（足利荘公文所）は足利荘と梁田御厨を一体的所領に編成替えしているのである。[20]

史料四・五により、足利家は、足利義兼遠忌と鑁阿寺法会を一体的に運営する態勢を整えたが、仏事の中心は鑁阿寺に移りつつある。その鑁阿寺法会は義兼を初めとする足利家創設者の年忌供養であるが、弘法大師をまつる大師講と地域住民にこたえる湯屋を加えている。足利における仏事・法会が幅広い内容をもつようになり、その執行に足利家公文所と当主が枠組みを与えている。

（4）鑁阿寺一切経会の執行形態

（ア）堀内大御堂の建立と一切経会の開始

まず鑁阿寺（当初は堀内大御堂）の建立と整備について整理しておきたい。堀内大御堂（正しくは「大日如来大殿」）の創建は天福二年（一二三四）であることを、小此木輝之は鑁阿寺蔵棟札写を紹介しながら明らかにした。

次に堀内大御堂（鑁阿寺）宛の文書を挙げると次のようになる。

【史料六】足利義氏置文（案カ）（『栃木県史　史料編中世一』、鑁阿寺文書七二）

（足利義氏）（花押）

堀内大御堂四壁之内、童部狼藉、市人往反、牛馬放入、三条事、各以承仕・下部可令禁制、就中致当番之承仕・下部、不可出四壁、背此状致緩怠輩舎、早可令改定也、此旨可存知状如件、

宝治二季七月六日

堀内大御堂供僧中

（花押と本文は同筆・同墨と見える）

【史料七】足利泰氏置文（『栃木県史　史料編中世一』、鑁阿寺文書一）

（足利泰氏）
（花押）

被定置条

一　未灌頂輩、不可被補供僧事、

一　以他門僧徒、同不可被補事、

一　不退居住壇所、不可代官事、

一　新補供僧可被尋寺家事、

一　一切経会料足幷御仏事修造等、悉以為年中行事沙汰、可令支配事、

右、任被定置之旨、固可令勤仕、若於背此法輩者、相遁令糺明之、以連署起請文、可令注進之、随其状可有沙汰状如件、

建長三年三月八日

鑁阿寺供僧中

【史料八】文永六年四月日足利家時置文（『栃木県史　史料編中世一』、鑁阿寺文書八二）

（足利家時）
（花押）

定

於当寺永代不可違背條々事

一　供僧可専恒例・臨時勤事

（略）

一　御影供可為一烈事

（略）

一　年中行事

（略）

一　常燈事

（略）

一　承仕等守護堂舎、不可有違背供僧下知事

（略）

一　可停止御堂堀内内牛馬放入・雑人横行事

（略）

以前條々、固守禁遏之旨、各可有其沙汰之状、所定如件、

文永六年己巳四月日

いずれも堀内大御堂・鑁阿寺（史料七では「当寺」）に対する足利家当主の定文であり、袖に花押を据えている（ほぼ天地の中央）。史料六・七では「供僧中」を宛所としている。史料八は事書に「当寺」文言を入れて供僧・承仕の守るべき規則を列記している。

小此木輝之は史料七について文書としての疑問を提出しつつも、史料八の「当寺」を構成する堂舎（東西両堂・中御堂・大御堂など、第四条の条文に見える）が鑁阿寺と一致することをもって、「当寺」とは「鑁阿寺」であると指摘している。私も史料七の存在は確かなことと考える。第一に、史料八が史料七の内容を受けて成り立っている箇所がある。第三条の年中行事についての規定では「於年中行事者、先年雖有其沙汰、令緩怠之後……」という文言が見える。これは史料七の第五条を示しているであろう。史料八第六条（引用省略）には史料六がう

かがえる。また史料七の様式であるが、宛所に「鑁阿寺供僧中」とあるのは、史料六と同形式である。当主袖判の定文（置文）であることも同じである。足利家当主が袖判で足利大御堂宛に出した家政文書として認めてよいのではなかろうか。

こうした検討により、一三世紀中頃には、足利堀内大御堂は、寺号が「鑁阿寺」であり、供僧中と承仕等という集団が形成されていたことがわかる。そこでその堀内大御堂がどのようなものとして成立しているか、次に検討しよう。史料六では堀内大御堂に四壁が廻らされ、童部・市人などの出入が禁止され、その執行には承仕があたることとなった。これは堀内に造られた大御堂を清浄の地とするためである。史料七は供僧の条件と役割を規定しているが、五ケ条の規定も足利家当主（足利泰氏）から一方的に与えられたものではない。違反者が出た場合には供僧中が連署起請文で注進することになっている（末尾の文言）ことからもわかるように、鑁阿寺供僧中の主体性を背景にしている。五ケ条の規定も、供僧中で作成したものに、足利泰氏が保証を与えた、と解釈した方が妥当である。とくに第四条は、新たに供僧を任命するには「寺家」に尋ねる（推薦依頼する）よう求めており、供僧任命権者に「寺家」（鑁阿寺供僧中）としてクギをさしているのである。この文書が、形式的には足利泰氏から鑁阿寺供僧中に命じられたように見えながら、実態は供僧中の主体性のもとに作成されている。このことを確認したうえで、第五条はどのように解釈できるであろうか。

第五条は一切経会料足幷御仏事修造等の支配を悉く年中行事沙汰とする。年中行事（年行事）は供僧中から選出されるであろうから、一切経会・御仏事の支配権を年行事が掌握することになる。その支配の範囲は導師などの僧を選ぶことだけではない。「料足」も含まれている。費用も含めて、一切経会・仏事の執行が、年行事（供僧中）に委ねられている。

ところが、さきの仁治二年の三月八日仏事用途配分状は公文所沙汰であった。それが史料七（建長三年）には、三月八日仏事を継承する一切経会は料足も含めて年行事（供僧）沙汰となった。しかも史料七が出されたのが、「三月八日」であることを重視すると、この年から一切経会を年行事の沙汰として始めることが意図されている、と読解できる。供僧中は一切経会の執行を掌握しようとした、と思われる。おそらくは、この年をもって、三月八日遠忌（義兼）仏事を一切経会に改変しようとしたのであろう。

これは、現地において、とくに足利公文所との間に、紛争・混乱を生んだであろうと思われ、すぐにこの規定が実現したとは考えられない。

（イ）文永八年一切経会

供僧中・年行事の沙汰による一切経会が催されたことを示すのは次の書状である。

【史料九】沙彌重円書状案（『栃木県史　史料編中世一』、鑁阿寺文書七四）

（足利家時カ）
（花押）

大御堂一切経会事、去十日書札幷舞日記令披露候了、抑大法会、無風雨之難、無為無事被遂行之条、匪啻三法御納受、御帰依鄭重之令達、一山衆徒致同心候故歟、殊以所被感思食也、就中小俣別当及七旬之暮齢、為唱導師無為被遂行之条、仏法繁盛御祈禱感応処、以一被察思万候之間、返々目出候、次椛崎殿持金剛御拝任事、同被聞召候了、目出候之由可申之旨候、猶々法会事、明仏房故入心被抽忠候之条、被感思食之由、御気色候也、恐々謹言、

（異筆）「文永」八年

三月十五日　　沙彌重円

明仏房御返事

（文書名を変えた）

この書状案は沙彌重円が明仏房に宛てた書状であるが、袖判（袖のほぼ中央部）を据え、文面でも「……之由、御気色候也」と記すように、内容的には奉書である。付年号のうち「八年」が本文と同筆であり、案文であろう。文面には一切経会挙行に関わる具体的問題が読みとれる。以下、箇条書きに整理してみる。

㋐差出人重円は、弘安四年一一月五日に足利家時が三河国額田郡公文所に宛てた定文にも奉者として見えるので[21]、足利家当主に仕える地位にあった、と見なされる。この時期には足利家に奉行所の存在が確認できるので（福田豊彦論文）、その奉行人の一人であったとも思われる。

㋑袖判は足利家時のものに近い（他の家時花押とはやや異なる）。あるいは別人とも考えられるが、案文であることを考慮すると、家時花押の可能性が高い。内容的にも、奉者との関係からも、この時期の足利家当主花押と考えるべきで、家時花押と判断してよかろう。

㋒宛所の明仏房は『栃木県史』では「鑁阿寺事務学頭」と注記している。この人物は文面では大法会（一切経会）遂行に腐心したことがわかる。また「樺崎殿持金剛拝任」の解釈は、「拝任」の文言から「持金剛」とは寺院の役職、「樺崎殿」は寺院（寺院的施設）、ということであろう。「樺崎殿持金剛拝任事、同被聞召候了、目出候之由可申之旨候」とは、明仏房が「樺崎殿持金剛」の地位に就いたことを足利家当主が聞いて喜んでいると、解釈できる。明仏房は樺崎殿の役職にも就いている人物である。

㋓この書状の趣旨は一切経会の無事終了を足利家当主（家時）が大変喜んでいることを伝えることにある。その一切経会は「大御堂一切経会」と記されている。以前は「堀内御堂」と呼ばれていたが、ここでは「大御堂」となっており、堀内が整備されたことをうかがわせる。ここでの一切経会挙行はこのことと関連するであろう。

㋔差出人重円は、「書状」と「舞日記」を受け取り、当主に披露している。この書状・舞日記の差出者は明仏房でなければなるまい。明仏房は足利にいるのであり、重円は鎌倉にいる。「去十日」は書状の日付とも、披露の日とも解釈できる。重円書状の日付（三月一五日）は当主への披露の直後と思われるので（文面から）、一〇日付の書状が鎌倉に届き（一一または一二日）、それを当主（足利家時）に披露して（一三または一四日）、当主の喜びをそのまま伝えた（一五日）、と考えておきたい。一切経会は三月八日であるから、明仏房から重円への書状は、法会の無事終了を伝える趣旨であろう。[22] また同時に提出された「舞日記」は、一切経会で演じられた童舞の目録であろう。一切経会には童舞がともなう場合が多い（後述）。[23]

㋐〜㋔により、この一切経会の成功には、明仏房と唱導師小俣別当という二人の人物が大きく寄与していることがわかる。小俣別当は高齢にもかかわらず導師を勤めたのであるが、このことも一山衆徒同心の一つの理由であろう。ややもすると衆徒は競合・分裂状態になるが、それを一つにまとめて法会成功に導いたのは、明仏房の腐心と小俣別当の参加である。導師を小俣別当に選んだのは明仏房であろうか。この小俣別当とは小俣鶏足寺の別当であろうが、小此木輝之は柳田貞夫の研究を参照しつつ尊恵であることを確認し、法流は勧修寺流・中院流であり、これを鶏足寺に伝えた、と述べている。[24] そして尊恵は醍醐寺光宝の門下であり、小俣鶏足寺は真言の重要拠点であった。最近刊行された横田稔編『高麗神社史料集第一巻　大般若経奥書集』（高麗神社社務所、二〇一〇年）によれば、武蔵高麗神社所蔵大般若経のうち四七四巻に及ぶ巻子奥書に、僧慶尊が建暦元年（一二一一）一二月から承久二年（一二二〇）六月に「下野国足利鶏足寺」にて書写した旨の記事が見られる。このことから、鎌倉前期の鶏足寺には大般若経全体（六〇〇巻）が備えられていたのであり、武蔵高麗神社僧などの近隣の僧職の人々が書写に訪れていたことがわかる。その鶏足寺別当が足利大御堂の導師を勤めている。この人選は鑁阿寺供僧中、とくに明仏房によるものであろうが、足利家（公文所）も寄与している。

一方の明仏房は大御堂供僧であるが、同時に「樺崎殿持金剛」を拝任している。樺崎寺の僧位であるが、その「持金剛」とは「大法会に金剛杵などを持して阿闍梨に随従する者」（中村元編『仏教語大辞典』、東京書籍）と解説されている。明仏房は大御堂一切経を主催しながら、同時に樺崎殿（赤御堂など）での法会の役僧をも勤めている。その樺崎には義兼の墓所があり、堀内大御堂一切経会は義兼遠忌に始源している。それを足利堀内大御堂で開催するには、同時に樺崎でのなんらかの仏事が必要とされよう。応永二八年の足利満兼一三回忌には、「樺崎法界寺」にて満兼追善供養と御廟供養を行うため、「持金剛衆」と「講衆」を請定している。(25) 御廟供養は「持金剛衆」を必要としたのである。明仏房が勤めた「樺崎殿持金剛」という職も、樺崎殿（法界寺）にて御廟供養を行うものであろう。明仏房が「樺崎殿持金剛」に就任したことは、仏事が堀内大御堂と樺崎とで一体的に進められていることを意味していよう。史料四と史料五の関係がここでも確認できる。(26)

以上の検討により、三月八日御堂一切経会は文永八年には挙行されていること、それは三月八日の義兼遠忌供養を継承することであり樺崎では同時に御廟供養が進行したこと、法会は明仏房など寺家（衆徒）の主体性で運営されていること等、が確認される。武士の足利家はこれを側面から支援しているのである。足利家ではその執行を促すのに、当主袖判奉書が出され、現地では家政機関の足利庄公文所が支えている。こうして文永八年は鑁阿寺一切経会にとって画期的な年となったが、そのことは鑁阿寺側で「被行始者文永七年庚午」（「鑁阿寺一切経会等記録」、鑁阿寺文書）・「文永年中一切経会始行三月八日舞楽・曼陀羅供在之、報国寺殿代云々」（「鑁阿寺樺崎縁起幷仏事次第」、鑁阿寺文書）と記録されるところと大筋で符合する。

（ウ）鑁阿寺供僧中と足利公文所とのあつれき

こうして軌道に乗ったかに見えた一切経会であったが、弘安九年（一二八六）にはとん挫した。費用捻出で供僧中と公文所との間に問題が起こったのである。一切経会用途は公文所が郷々に割り当て、徴収する役割であった。弘安八年の問題は供僧衆が作成した「鑁阿寺一切経会等記録」（鑁阿寺文書、安政五年書写の奥書があるが、作成は南北朝期と見られる）のなかの「一、鑁阿寺三月八日一切経会事」に詳しく述べられている。長文であるので、段落ごとに検討する。

①被行始者文永七年庚午、被留事者公安九年丙午、

弘安九年に一切経会が留められた（停止された）ことが言明されている。

②此経会被留者、会式者舞楽・曼陀羅供、如法如説之法会也、借宿・橋下料銭纔ニ廿貫文、仏性《（ママ）》燈油壇敷等代、舞習之間楽人等雑掌分、猶以不足也、然間云舞童之衣裳、云式衆等法服、一向供僧之営為、難堪大営之由、

依令言上、

一切経会費用は借宿郷・橋下郷料銭（二〇貫）だけであり、「仏性《〔聖〕》燈油壇敷等代・舞習之間楽人等雑掌分」が不足している。そのため舞童衣裳・式衆等法服が供僧の負担となっており、耐え難いと訴えた（足利家に）。舞童・式衆の差配やその衣裳・法服の準備を供僧が行っていたのである。供僧としてはその費用も足利家に賄ってほしいが、自らの負担で実行してきたのである。この法会が供僧の主体性のもとに展開されていることがわかる。

③如被仰下者、供僧所申有其謂、至会式之具足等・法服舞装束者、可有御調下、無所残悉可注申之由、被仰下

之間、

供僧からの訴えを受けて、足利家では「会式之具足等・法服舞装束」を調え下すので、必要な物を注申するよう、供僧に仰せ下したのである。この「仰」は足利家当主（鎌倉在住）であるから、供僧からの訴えを受けるのは足利家奉行所であろう。

④供僧等成勇、曼陀羅供・道場式荘厳之道具・庭上之御具足・式衆法服・舞装束・楽伎之具足等、大概令注進

之処、

仰せを受けて、供僧達は様々な道具・装束などを足利家奉行所に注進した。

⑤忩可有御計之由、重被仰下之間、弥開喜悦之眉之処、下賜執蓋玉幡計、自余之具足等雖未下、今年計ト各励

微力、十六ヶ年之間雖令勤仕、

供僧の期待に反して下されたのは執蓋と玉幡だけであり、供僧は来年には他の具足も下されるだろうと期待しながら、十六ケ年もの間（文永七～弘安八ヵ）一切経会を続けてきた、という。足利家が調え下したのは執蓋・玉幡だけで、供僧を失望させたが、それでも足利家は法会具足の一部を給与している。「調下」（③）という文言から、足利家が鎌倉にて入手して、それを下したのであろう。一切経会の一面は鑁阿寺供僧と足利家（奉行所）の協同事業として営まれている。

⑥今者、計略尽術之間、雖被仰下預御計欤、不然者三年一度筒可令勤仕之由雖言上、付是非不被仰下之間、弘安九年丙午経会空而罷過了、

今となっては、供僧は計略が尽きたので、仰せの如く具足を下すか、それができないならば三年一度の勤仕にしますと足利家に訴えたが、返答がないまま弘安九年は過ぎてしまった。一切経会は挙行されなかったのである（①とも符合する）。

⑦次年、彼借宿・橋下料銭被テ留公文所、三月八日者令違期之処、

次年（弘安一〇年）は、一切経会費用の借宿・橋下料銭が公文所に留められたまま、供僧には渡されずに、三月八日（式日）を過ぎてしまった。ここから、借宿・橋下両郷が負担する料銭は足利公文所に収納されていることがわかる。公文所がこの料銭を徴収することは、足利義氏下文（史料五）でも定められているが、この原則が実行されている。

⑧如被仰下者、不留会式而可申訴訟之処、無左右不行経会之条不可然、又彼用途留公文所之条無謂、忩如例入用途於寺庫、可行経会之由、被仰下之間、

足利家（仰）の基本は明確である。供僧に対しては経会は止めてはならず、行いつつ訴訟を出したらよかった

といい、足利公文所に対しては料銭を急ぎ寺庫（供僧方庫）に入れよと命じて、今からでも挙行するよう命じる。

⑩三月八日違期畢、可有如何候覧之由、擬令言上之処、四月十三日酉剋為雷火、護摩堂仮御堂西側令炎上之間、
　於件用途者被加造営用途者也、

供僧は、三月八日が過ぎてしまい、今では違う日時に挙行することになるがと言上しようとしていたところに、四月一三日の落雷で護摩堂仮御堂西側が炎上してしまい、その造営費用に借宿・橋下料銭も加えた、という。供僧は足利家当主の強い意向を受けて一切経会を、遅いが行う姿勢になっている。だが落雷火災により、その費用が使われて、一切経会はこの年（弘安一〇年）も実行できなかったのである。

以上の検討から、足利家（当主）は鑁阿寺一切経会を毎年開催することに熱意をもっていることがわかる。そのため会式具足をも用意している（供僧に約束した分には不足するが）。いっぽう、現地の供僧は会式衆（僧）や舞童を差配し、具足・法服などを用意して、経会を実行している。現地公文所は借宿・橋下二郷から料銭を徴収し、それを寺庫に入れる（渡す）。ただ経会停止となれば公文所はそれを留保してしまう。鎌倉の足利家は、現地での一切経会に参加することもなく、側面から援助するだけである。ただ終了報告を目録とともに受け取るだけである。

（エ）建治二年一切経会

鑁阿寺一切経会は、内側からは供僧（年行事）が執り行い、外側からは足利家公文所が財政面で支えることとなったが、その予算額は行事規模にも関わることである。建治二年（一二七六）の予算は次のように見積られた（鑁阿寺文書、『足利市史上巻』一九二八年、一一六七頁）。すなわち、一貫五百文（仏布施誦経）、二百文（仏供十六杯白米二斗四升代）、五貫百文（舞習十六ヶ日間毎日一度雑掌）、二貫文（舞師給）、三貫文（舞師伶人等）、一貫二百文（履懸物染物二代）、一貫二百文（雪の下装束不足文借賃）、一貫八百文（試楽会日両日楽屋雑掌）、二貫二百文（楽

人等雑掌料、試楽会日四ヶ度）、六百文（舞習同舞師二人料）、一貫二百文（壇敷絹代）、二百文（下踏十四足奥布料）、百文（丹彩・白粉・持幡料等料）。舞師・舞習に関わる支出が大きいが、「雪の下装束不足文借賃」には「鎌倉上下路銭給之」との注記があり、鎌倉から呼び寄せている費用もかかる。

この文書は、「一切経会曼供用途下用事」という書き出しで始まり、費用の列記があり、「右注文如件」で終わり、「建治二年二月二十三日」の下に、年行事観盛と奉行慶尊の連署（花押）がある。三月八日の鑁阿寺一切経会を前に、僧への布施料や鎌倉から下る舞師等にかかる費用を見込んで積算したのである。一切経会の準備が、公文所奉行と供僧年行事を主体にして進められていることがわかる。足利家は公文所という家政機関を媒介に鑁阿寺一切経会開催に関わり続けている。

二　宇都宮家と宇都宮神宮寺一切経会

宇都宮社では内乱のなかで、宇都宮朝綱によって一切経会が催された。これは宇都宮氏の宇都宮社検校（社務職）としての社会的力量を示すものであり、源頼朝も朝綱の裁量を認めざるを得ないところとなったことを、私は前稿で述べた(27)。宇都宮氏の政治的成立に、この法会が契機となっていたことを示している。ただ宇都宮氏と同時期に宇都宮に進出していた芳賀氏についてはふれなかったので、今回は検討しておきたい。また宇都宮一切経会は神宮寺で挙行されるが、宇都宮家式条に見える一切経会のあり方、宇都宮氏との関係を考察する(28)。

(一)　宇都宮社一切経会の開始と神宮寺創建

宇都宮社は平安前期の延喜神名帳に見える「河内郡」の「二荒山神社」に出発すると見られるが、やがて日光二荒山神社との関係を強めたようである。また奥州と往来する人々が通過する際に参詣したので、奥州往反安全祈願の神社としても存続していた（『新和歌集』所収の歌に散見する）。そうしたなかで紀姓芳賀氏や藤姓宇都宮氏が、宇都宮社の組織に入り込んでいたのである。

宇都宮氏のなかで確実な史料に見える最初の人物は朝綱である（『兵範記』仁安三年正月一一日が初見）。宇都宮朝綱は寿永二年（一一八三）の主上都落ちの段階は首都圏にいたが、許されて関東に下向した（『平家物語』）。『吾妻鏡』では寿永二年八月一二日に若公（頼家）誕生の記事があり、護刀を献上した「御家人」のなかに宇都宮左衛門尉朝綱が見える。この頃には関東に下向していた、と見てよかろう。そして元暦元年（一一八四）五月二四日には「宇都宮社務職」を頼朝から安堵される（『吾妻鏡』）。宇都宮朝綱が宇都宮社にて一切経会を挙行したのは前稿で指摘したが[29]、この少し前と考えられる。

朝綱がこれを企画したのは、それ以前に、宇都宮社または下野国衙（総社）にて、一切経会開催があったのかもしれない。不明であるが、ただこの宇都宮社一切経会は首都圏でも知られることとなる程であり、大規模なものであったと想像できる。この年の一切経会には多くの僧が招請されたと考えられるが、そのことにより地域社会の秩序が維持できたと思われる。

宇都宮朝綱は、宇都宮での一切経会を、一回限りではなく継続して開催できるよう企画した。神宮寺の建立である。宇都宮社では一切経会は、神宮寺にて挙行される（「宇都宮家式条」）。朝綱による神宮寺創建を伝えるのは宇都宮系図だけであるが、孫の頼綱が藤原定家に「宇都宮本居所」のために作らせた歌が神宮寺障子歌として確認できること[30]、また正嘉三年（一二五九）には一族の笠間時朝が等身馬頭観音を造り、「彼神宮寺」に奉納していること等により[31]、朝綱時代の建立と考えてよいだろう。

この神宮寺の位置であるが、どこに求めたらいいのだろうか。宇都宮家式条では社地を「宮中」と呼び、坊や堂を含むものとして存在している（第二十三条・第二十六条・第三十四条）。このような坊・堂の一つとして神宮

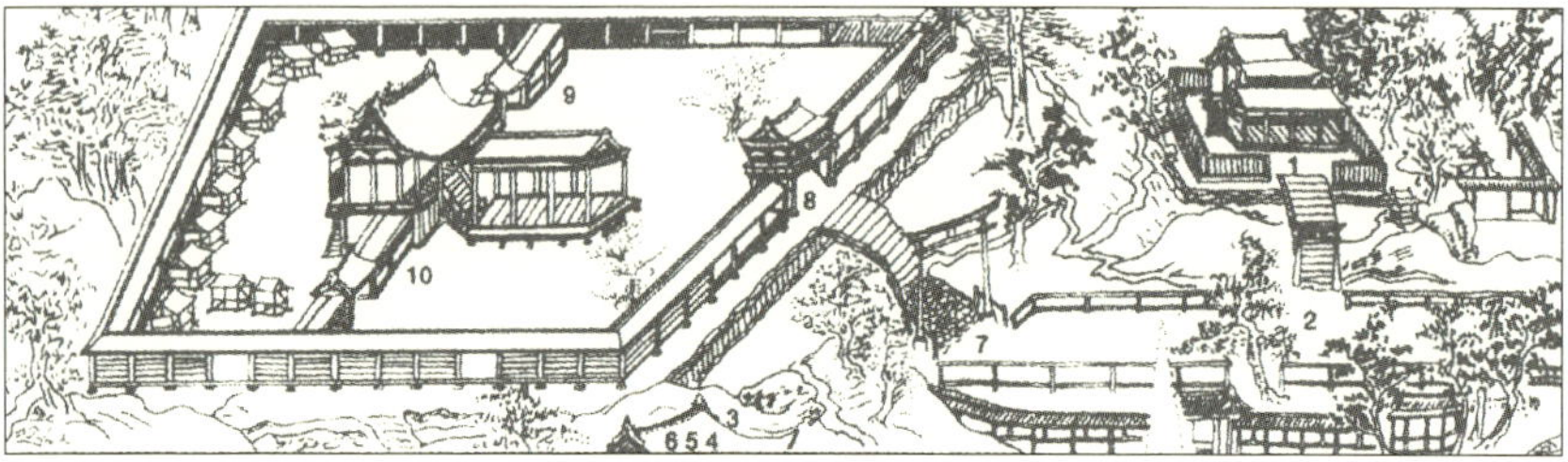

〔図4-2　宇都宮神社絵（トレース図）〕（『愛媛県大洲宇都宮神社　日光山縁起』72～73頁）
1：日光　2：下馬　3：大御堂　4：千手観音　5：阿弥陀　（作成 山本隆志）
6：馬頭　7：栗石千二百　8：桜門　9：東経所　10：西経所

寺が造られたと見られる。したがってその位置は宇都宮社地のなかにあった。現在の宇都宮二荒山神社は山頂に本殿があるが、坊・堂は江戸時代の絵図に見えるように、二荒山神社の裾下に分布したであろう。

宇都宮家の館（鎌倉時代）は宇都宮城の位置に比定されて、宇都宮社地との間には川筋（釜川）が流れる。宇都宮館から釜川を渡れば社地に入るわけであるが、その内側に神宮寺は所在したであろう。「文明九年正月十一日　右馬守正綱（花押）」の奥書をもつ「日光山弁当社縁起」（三宅千代二編著『愛媛県大洲宇都宮神社日光山縁起』、愛媛出版協会、一九八一年）に描かれた宇都宮神社には、釜川を渡り二荒山神社（本殿）に登る右脇に楼門を備える社殿が描かれ、「日光」の注記がある。(32) その日光社殿の向かい側には「御堂」として屋根の部分が描かれる建物があり、「千手観音、阿弥陀、馬頭」の注記がある（トレース図4-2参照）。このうちの「馬頭」は笠間時朝が等身馬頭観音を「神宮寺」に寄進したことに符合する。この絵図の「御堂」は神宮寺と見て間違いない。(33)

宇都宮家は、宇都宮社のなかで自己の館に近接した場所に神宮寺を造営し、そこでの一切経会を主催したのである。

（2）　宇都宮家式条に見る祭礼と一切経会

（ア）「宇都宮家式条」と祭礼

「宇都宮家式条」（佐藤進一・池内義資『中世法制史料集　第三巻』所収、以下「式

条」と略す）は七〇条に及ぶ条文をもつ。条文全体については『栃木県史　通史編中世』第二章第四節に概括的説明があるように、鎌倉幕府の規定を受けて作成されたと考えられるものもあり、「弘安六年」という表記を受け入れていいと思う。ここでは式条構成のなかでの神職の位置を確認しておきたい。式条には宇都宮社と宇都宮家に関わる規定が盛り込まれているが、その構成はおよそ次のようである。

宇都宮社と神宮寺・尾羽寺などに関する規定……第一条～第十二条
法会・僧・仏教行事に関する規定……………第十三条～第二十六条
宇都宮社所領の相伝に関する規定……………第二十七条～第三十四条
裁判に関する規定……………………………第三十五条～第四十四条
個別的規定……………………………………第四十五条～第七十条

こうして分類してみると、第四十四条までは編纂されたように見えるのに対して、第四十五条からは個別規定の蒐集である、と思われる。「宇都宮家式条」は第四十四条までが最初に成立し、その後に第四十五条から第七十条が加えられた、と見ることができよう。

その第一次成立が「弘安六年」なのか、第七十条までの全体の編纂が「弘安六年」なのか、速断はできない。ただ、本章で問題として扱いたいのは宇都宮社の祭礼と一切経会であるから（第一条～第二十六条）、それらは第一次成立（弘安六年かそれ以前）には盛り込まれていた、と考えられる。弘安六年またはそれ以前には規定されていたのであるから、その規定内容はそれ以前に遡るはずである。規定内容は鎌倉初期から鎌倉中期のことと見なして利用できよう。

「式条」第一条では「当社修理事」、第二条では「神宮寺并尾羽寺往生院善峯堂塔庵室等、可加修理事」と掲げ、宇都宮社（当社）と宇都宮氏関係寺院の修理励行を定めている。これは幕府式目の第一条・第二条に倣っている。

第二条のうち、神宮寺は宇都宮社に宇都宮朝綱が建立した寺院、尾羽寺は宇都宮近辺に所在しその朝綱入滅の地で子息頼綱が興隆に勤めた寺院である。それに対して「往生院善峯堂塔庵室」は宇都宮近在には確認できない。宇都宮頼綱が関わった洛西の往生院・善峯寺（三鈷寺）を指すであろう。(34)

「式条」に見える宇都宮社神職は「学頭」(第三条)、「社官」(第四条)、「神官」(第六条)、「宮仕」(第十二条)である。このうち上位に立つ学頭は「当寺止住之禅侶稽古抜群之名誉」の者を用いるように定め(第三条)、「供僧」と「神官供僧」がほぼ同義の文言として使われるように(第十二条)、神職に僧侶が進出していた。神官の固有な職務としては「神官等社頭番役事」として「於当番五個日五ヶ度者更不可有疎略」(第六条)との規定があり、社頭での番役が課されていた。

僧には供僧と結衆があった。「三十講衆」が供僧であり、「三十講」の「講演」を担当した(第十三条)。また「結衆」は「講説の時」には必ず「梵席に列なり、法門を談ずるべき」とされた(第十五条)。

(イ)祭礼・法会とその主催者

宇都宮家式条は祭礼・法会に関する規定が多くあり、その中軸を占める。祭礼のなかでも重要なものは次のように決められている。

【史料一〇Ⓐ】宇都宮家式条(第七条)

一　神官等鎌倉参住時、当社神事等之事

右、二季御祭春・冬、三月会、一切経会、五月会、六月臨時祭、九月祭、彼神事之時者、神官等縦雖参住鎌倉、可被差下之也、但依大番以下重事、在京之時者、任先例不可依此儀、

「神官等が鎌倉に参住している時でも(宇都宮に)下るべき神事等」として、「二季御祭春・冬」「三月会」「一切経会」「五月会」「六月臨時祭」「九月祭」が規定されている。このほかにも神事があったとしても、これらの神

事が宇都宮社として重要なものであったことは間違いない。ここで「神官」は鎌倉に参住している存在であり、宇都宮社神事には下向する存在として想定されている。「神官」は御家人宇都宮氏と同義と解釈されるのであり、このことが「神官御家人宇都宮氏」という学術概念を生み出してきた（『栃木県史　通史編中世』）。ただここでの「神人」は宇都宮氏を指すとしても、宇都宮社の神官は宇都宮氏だけではなかった。大番役で神官が在京している時でも祭礼は挙行されるのであり、他にも神官がいた。

二季御祭以下の祭礼規定は、宇都宮氏の聖俗両面のうち、聖の面を優先させるものであり、それだけに宇都宮氏にとっても地域社会にとっても、これらの祭礼は必要とされたはずである。そのうち九月祭は九月九日が祭日であった（第十一条）、東上条・氏家・西方・真壁郡に置かれた「散仕・定使」に参宮させ「池払」をさせた。

また五月会・六月臨時祭には流鏑馬が行われたが、次の規定（第六条）がある。

【史料一〇Ⓑ】宇都宮家式条（第八条）

一　当社五月会幷六月臨時祭流鏑馬之事

右、以同射手及重役之由、近年有風聞、参詣之族、貴賤之嘲、為神為所不可不誡、向後可守此儀、若令違犯、有勤仕其役者、可被召所帯、但兼日令用意射手、相当期日、或急病、或禁忌、如然之事出来、令欠如者非制之限、

同じ人物が五月会と六月臨時祭の射手に重ねてなることを禁じている。射手に誰がなるのかは神官とも言えないようで、「兼日に用意せしむる射手」との文言も見える。神官が用意する（指名する）のであろうが、これに宇都宮家の武士が選ばれたと思われる。この祭礼には「参詣之族」が多くやってきたことがうかがえるが、これらは宇都宮社から遠方とは考えられない。「重役の射手」に嘲りを浴びせるのは、五月会と六月臨時祭に連続して参加していなければできないことである。また狼藉行動も起こした。この規定に続く第九条は「社頭狼藉事」

として「参詣之輩、未挙膝突之以前、奪取之条、自由之企、甚以不当也、於此儀者、可被召籠其身也」とある。「奪取」とは祭礼時に配られる札のようなものを対象とするのであろうか。それを膝突（敷物）をあげる前に走り出して奪うのである。祭礼参詣者は祭礼全体がどのように進行するかを知っているのであり、連続した参詣がうかがえる。

奪取行為に対しては人身召し籠めとしている。これは誰が担当するのか。第六条・七条の連続関係からすれば、神官が狼藉人を鎮圧したと考えられる。ただ神官は宇都宮家と一体であり、実際は宇都宮家の武士であった。ただこれらの行為を宇都宮家という俗人が行うのではなく、神官として（その出で立ちで）行っているところに意味がある。

（ウ）一切経会

宇都宮社では寺院が設立され、僧が置かれ、法会が営まれた。式条には「三十講」「夏中間講演」「安居」「夏末験競」が見えるが、最重要として「一切経会」を位置づける。

【史料一〇Ⓒ】宇都宮家式条（第十二条）

一　一切経会以下法会時、宮仕等可随供僧之下知事、

右、随神官供僧之命、宮仕等或令払雑人、或可被召仕之処、一切不叙用云々、太以無其謂、自今以後可随彼命、此上於令難渋者、随注申可被処罪過、

「一切経会以下法会」とあり、一切経会が法会を代表している。法会の挙行には「宮仕等」が不可欠な存在であることが読み取れる。かれらが法会運営に大きな力をもっているのであるが、「或は雑人を払い、或は召仕う」のに伝統的差配権をもっていた。「式条」はそれを否定して、「供僧の下知」「神官供僧の命」に随わせようとしている。ここでは法会開催にともない、「雑人」を召し使うべき者と排除すべき者とに整理する意図が見え、そ

の整理を「宮仕」に委ねているが、その「宮仕」を法会期間に限り供僧の支配下に置こうとしている。宇都宮社での宮仕が雑人を統率している慣習的関係をうかがうことができるが、その「雑人」のなかには湯屋を営み（第二十五条）、所帯を所有している者もいた（第三十五条）。宇都宮社での法会の開始は平安後期であろうが、法会の挙行（執行）はそれ以前の祭礼行事を担ってきた下層神職（宮仕）に頼らざるを得ないのであるが、供僧の管理下に置くことをめざしている。そうした法会の筆頭に一切経会があった。

一切経会を行う場は神宮寺であった（前述）。その神宮寺の供僧は、宇都宮社供僧との兼務は禁じられた。

【史料一〇Ⓓ】宇都宮家式条（第十九条）

一　宮、神宮寺供僧、不可兼行事、

右、当社十二人、神宮寺五個輩、永停兼行之儀、宜補各別之仁、

宮（当社）供僧が一二人、神宮寺供僧は五人。これは兼業してはならないと規定しているわけである。すると先（第十二条）の「宮仕等」に対する命令権をもっているのは宮（当社）供僧（一二人）であると考えるのが妥当であろう。神宮寺供僧は法会でも「宮仕等」に対する指揮権をもっていないのである。

一切経会は一切経を、転読にしろ、真読にしろ、読み上げるわけであるから、相当の日数をかけて、多くの僧侶を動員しなければならない。また僧侶への返礼も用意しなければならない。だがこうした事柄に関する規定は見えない。また一切経会の期日も明示されていないが、第七条で祭礼を列記するに、三月会と五月会の間に一切経会を置いているので、四月のことかと思われる。「一切経会」に関わって規定があるのは、舞楽の児である。

【史料一〇Ⓔ】宇都宮家式条（第二十三条）

一　宮中児間事、

右、於当社者、一切経会之舞楽、毎年無退転、爰宮・御堂供僧等、可専舞童之処、有不所持児輩云々、甚

以不可然、自今以後、不可絶兒於坊中、兼亦、於廿未満之出家者、受戒之儀、向後可停止之、但可急有子細者、申事之由、可随左右也、

一切経会には必ず舞楽を行い毎年退転していない、という。この原則を維持するのには舞楽の兒を育成しておかなければならないが、最近は兒をもたない供僧がいる。坊中に兒が絶えることがあってはならないから、二〇歳未満の出家は禁止する、との趣旨である。ここには、一切経会には舞楽が不可欠なものとの認識がある。舞楽を行う兒は「当社」という組織で確保するのではなく、「宮御堂供僧等、可専舞童之」と見えるように、宮（宇都宮社）と御堂（院）の供僧の役割である。「御堂」とは前後の条文との関係から神宮寺を指すと考えられる。第十九では宮（宇都宮社）と神宮寺（御堂）の供僧兼務を禁じたが、第二十三条ではそれを超えた供僧等全体として取り決めている。「供僧等」という集団とその衆議が背後にうかがえる。

二〇歳未満の出家を禁止してまで宮中の兒を確保して、舞楽を一切経会で行う、一切経会の一角を占める兒舞楽とはどのようなものか。足利鑁阿寺でも一切経会には舞楽があり、終了後に「舞日記」が提出されていた（前述）。これが宇都宮社でも確認されたのであり、一切経会と舞楽の一体的関係がわかる。ただここでは舞楽を舞う兒の確保が、供僧等に任されていることを確認しておきたい。

（エ）山伏

宇都宮社には宮仕や雑人という伝統的下層奉仕者が存在していたが、同様に山伏が関わっていた。式条では「夏末験競事」に表れる。

【史料一〇Ⓕ】宇都宮家式条（第十八条）

一　夏末験競事

右、一夏勤満之時、於当社、決效験之雌雄者旧例也、而常住之山臥等、臨期他行之条、所存之企、太非正

儀、自今以後、為惣行事之沙汰、兼日可令相触、於他行之輩者、須被止常住之義也、

山伏の夏期間修行を終えての「験競」に参加しない状況に対して、執行責任者の「惣行事」から前もって他行を誡めることを指示し、それでも不参加（他行）の者は「常住之義」を剝奪する。宇都宮社には「常住」の山伏が組織されていたのであるが、それが験競に参加せず、「他行」している様子がうかがえる。ここの山伏も活動範囲が広いのであり、夏末に他行していたのである。

この条文をもとに考えると、宇都宮社の夏末験競に参加している山伏には、宇都宮社常住の者とそうでない者とがいる。宇都宮社はそうした山伏全体の験競の場となっていたのであり、そのうちの一部を常住山伏として編成していたと思われる。そうした常住山伏は坊を構えることになるので、夏末験競のほかの宇都宮社法会にも関わるようになり、また世俗活動も営んだと見るべきである。

（3）『新和歌集』に見る神宮寺法楽歌

(ア)神宮寺障子歌

一切経会の場は神宮寺であった。その神宮寺には法会開催にともない歌が各地から寄せられた。鎌倉期の宇都宮氏を中心とする歌集に『新和歌集』があり、そこに神宮寺法楽の歌が収められている。ただこの歌集は鎌倉後期に編集されたものであり、これだけが神宮寺法楽歌というわけではない。編集（選別）の段階で落とされたものも多数あろうから、むしろその一部と考えられる。『新和歌集』所載の歌に見える詞書きからうかがえるように、宇都宮社神宮寺の法楽歌には「神宮寺障子歌」と「神宮寺二十首歌」がある。

「神宮寺障子歌」と確認できるのは、五歌である。その作者は京極入道中納言（藤原定家、四歌）と壬生二品（藤原家隆、一歌）の二人である。歌の内容はいずれも京・畿内の名所四季であり、『明月記』寛喜元年七月二九

日には関連記事が見える。歌が入れ替わって伝わっているが、「神宮寺障子歌」とは「宇都宮本居所作堂」（神宮寺内に新作した堂）を飾るためのものであった。

神宮寺障子歌がわずか五歌であり、それも中央の歌人の歌だけが確認される。『新和歌集』に収録されなかった神宮寺障子歌が存在したかは不明であるが、おそらくはなかったであろう。理由は、それが宇都宮頼綱の依頼による作歌だからである。『明月記』によれば、その作詠は寛喜元年（一二二九）七月二九日であるから、その歌が神宮寺障子を飾ったのは八月下旬以降であろう。上洛した宇都宮頼綱は、翌年四月の一切経会に合わせようとしたのであろうか。

（イ）神宮寺二十首歌

『新和歌集』（『群書類従』第一五三、和歌部八）に収録された歌で「神宮寺二十首歌」と確認できるのは四二首であるが、その作者として見えるのは、藤原時家・藤原朝氏・浄因法師・清原時高・西圓法師・源基氏・丹波国長・素暹法師・藤原清定・浄忍法師・源憲綱・謙基法師・證蓮法師・藤原重頼女・浄意法師・神行郊・平秀政・謙基法師妹・藤原基隆・平光幹・権律師謙忠・謙基法師姉・高階重氏（『新和歌集』での登場順）である。(35) 歌の内容は多くは畿内・西国の風景が詠まれているが、東路を詠じたものもある。

作者について『宇都宮市史』では宇都宮二荒山神社本をテキストにするが、藤原基隆は後藤基政息、素暹法師は東重胤息、平光幹は常陸大掾多気氏の人物と指摘し、西圓法師は宇都宮一族と推定している（五三一頁）。そして宇都宮宗家の人間（蓮生法師・泰綱・景綱など）や同族笠間時朝が見えないことに違和感を表している。

他にも何人かは『尊卑分脈』などで系譜が確認できる。藤原時家は小田知家の子（高野氏祖）であり、宇都宮一族ながら常陸小田を本領とする。藤原朝氏は、足利義兼娘が妻となっている野田三郎朝氏である。この人物は熱田大宮司範忠の曾孫にあたり、野田を苗字とした最初の人物であるが、その野田とは尾張国渥美郡野田郷であろうか（野田郷は建武三年二月の文書があるが鎌倉期に遡るだろう、白河文書）。この藤原朝氏（野田三郎朝氏）が神宮寺二十首歌に歌を寄せているのは足利家との関係からであろう。大宮司範忠の娘は足利義康の妻となっているから、この家系と足利家との婚姻関係は強いのである。藤原野田朝氏は妻方の縁をたより、関東の鎌倉あるいは足利との往来を頻繁に行って、足利館にも出入りし、そうして下野宇都宮家・宇都宮社との接触をもったのであろう。

源基氏は足利泰氏の子の基氏であり、「加古六郎」を称する。『玉燭宝典』紙裏某系図に該当者があるので、間違いない。(36)「加古」は足利庄内の郷名として見える（乾元二年閏四月一二日足利貞氏下文案、倉持文書）から、それを苗字としたのであろう。高階重氏は足利家被官の高重氏であり、鑁阿寺一切経会を支えた人物の一人である（前述）。素暹法師は『宇都宮市史』の指摘のように千葉胤行（重胤子息、常胤孫）であり、将軍実朝とも歌をやりとりしている（『吾妻鏡』）。このほか明確にし得ないが、藤原清定は宇都宮氏の人物かと推定できよう。清原時高は、「高」を実名に用いていることから、宇都宮氏と同盟的関係にある清原氏（芳賀氏）の一員であろう。

こうしてみると、神宮寺二十首歌として、歌を寄せているのは、宗家以外の宇都宮一族や親しい芳賀氏、さらに同じ下野国の足利氏関係者、また鎌倉での交流に基づくと思われる千葉一族東氏や後藤氏などが確認できる。とくに足利氏関係者は、個別史料には名前を見せない野田三郎朝氏・加古六郎基氏が注目される。かれらが歌を寄せた理由は不詳だが、千葉氏では歌に優れた素暹法師から寄せられているので、そうしたことが考慮されたのかもしれない。また足利家人の高重氏が歌を寄せているのも、都出身の被官だけにこうした素養があったのだろう。これらの人々は足利氏は下野国であるが、千葉氏は下総国、小田氏は常陸国と、広範囲の武士に及んでいる。

神宮寺二十首歌は、神宮寺障子歌とは異なり、関東の広範囲の武士から寄せられたものと見られ、『新和歌集』に採録されなかった神宮寺二十首歌も多くあったと推定される。その「二十首歌」とはどのようなものか。二十に限定しているわけであるが、その限定の理由は何か。それは、神宮寺法会開催にあたり、奉納される二十首を限定したと考えられる。そして素暹法師のような著名な歌人がいることから、おそらくは宇都宮家から依頼が出されたと思われる。素暹法師の詞書に「宇都宮神宮寺卄首中に隣家卯花を」と見えるのは、依頼を受けて隣家の卯花垣根を詠んだことを示しているのではなかろうか。

宇都宮社神宮寺二十首歌には、こうして、法会開催を契機にして、関東の武士の交流関係が見られる。神宮寺法会は関東武士に交流・共存・協調の場を提供していたとも言える。

(4) 児舞楽

鑁阿寺でも宇都宮社神宮寺でも、一切経会には舞楽がともなうことが明らかとなった。東国では、出羽慈恩寺でも一切経会に舞楽が上演されており[37]、ここでも児の舞楽であった。一切経会という仏事になぜ児舞楽が上演されるのか、東国での例が多いが、理由はよくわからない。ただ児舞楽は神事として意識されていた。

鎌倉の鶴岡八幡宮寺法会でも、児舞楽が見られるので、そのことを『吾妻鏡』などで整理しておきたい。建久二年三月三日の鶴岡宮「法会」では「童舞十人箱根垂髪」が奉納された。箱根の児が動員されたのである。以後、同三年、同四年の法会でも「舞楽」が行われたが、同四年の時には「来三月三日鶴丘法会舞楽事、先々召伊豆筥根両山児等、雖遂行之、供僧門弟等已有数、又御家人子息等中、撰催可然少生、可調楽之旨、被仰若宮別当法眼云々」(同年二月七日条)と見えるように、供僧門弟だけでは数に限りがあり、御家人子息等のなかからしかるべき年少者を選ぶこととなった。ここでも若宮別当法眼(隆弁)に沙汰が任されており、箱根神社の差配権があったようである。その後も続くが、これが建仁元年三月三日には「鶴丘一切経会、神事如例」と記される。これは舞楽が神事として意識されていたことを示している(正嘉元年・建長二年も神事と記される)。鎌倉幕府はそのように意識していたのである。

このことは、一切経会が仏教経典全体を読み上げる大規模な仏事であることから、その期間には同時に、神々をなだめる（喜ばせる）ために児の舞楽が上演されたと、考えさせる。この仏事・神事の同時におなじ場所での展開が、正嘉元年には分離され、一切経供養は二月一八日に弁僧正定豪の本坊において事前に行われ、三月三日には鶴岡で神事（児舞楽）が行われた（『吾妻鏡』）。

院政期の宇治平等院一切経会は三月三日を式日とする摂関家法会であり、奈良時代の東大寺開眼供養会に原型をもつ舞楽四箇度法要を採用しており、供養舞・入調舞も法要舞楽の一環であった[38]。舞・楽は基本的には大陸伝来文化として演じられていると考えられる。それに対して鶴岡社の児舞楽は「神事」と意識されている。これは幕府だけの意識でなく、児を派遣した箱根神社もそうであったろう。またおそらくは東国の神社・寺院ではそうであったと推定できる。鑁阿寺・宇都宮社神宮寺での一切経会にともなう児舞楽は、神事としての側面が強まったものと解釈できよう。

三　祭礼・法会執行と武士の関与

足利鑁阿寺と宇都宮神宮寺の一切経会開催のあり方を検討してきたが、おなじ一切経会でも内容は違うところが見える。鑁阿寺の場合は足利義兼遠忌を継承した先祖供養の面があるのに対して、宇都宮社の場合は国土安泰を祈願する面が強いように思う。ただ宇都宮でも神宮寺で営まれるわけであり、その建立者である宇都宮朝綱供養の側面もあろうかと考える。両者ともに、足利家・宇都宮家という武士勢力が不可欠な存在であり、これに支えられて初めて挙行される。そこで足利家と宇都宮家が、武士として、どのように関与しているか、周辺史料をふくめて、整理しておきたい。

（一）法会・祭礼にともなう紛争処理

宇都宮社には日常的に奉仕している雑人がおり、それを一切経会などの祭礼には召し使う者と払う者に分けた（整理した）が、それは「宮仕」が担当した。慣例的差配があったと見られる。第十二条でその宮仕を供僧下知に随うように指示しているが、この背景には祭礼時雑人差配をめぐる宮仕層内の紛争があったと思われる。これを供僧の統括下に置くことを意図したわけであるが、難渋者は注申に随い罪科に処す、と規定している。この場合の「注申」は宮仕に下知する供僧であるから、注申を受けて罪科に処す機関は供僧中ではない。供僧中とは別の機関であり、これは宇都宮家の家政機関であろう。これに該当するものを式条に探すと「検断所」がある。

【史料一〇Ⓖ】宇都宮家式条（第五十条）

一、犯科人事

右、所犯之輩出来之時者、須召渡検断所之処、内々致私沙汰之由、有其聞者歟、自今以後可召渡検断所、猶背制止者、早随事之深浅、可有科之軽重歟、

犯罪人が出たら、私の沙汰で処分するのではなく、検断所に召し渡すよう、規定している。この前提には私の処分が行われていたのである。この場合の犯罪人とは盗みや殺害であろうが、社人の犯罪は社人集団で内々に処理されてきたのである。それを宇都宮家検断所に移すことを意図している。祭礼執行をめぐる犯罪・紛争についても、裁断は宇都宮家検断所が行ったと考えられる。なお続く第五十一条は、「検断所の有司」が召し籠め人を勝手に「籠抜」させていることを誡め、そうした有司には「検断の沙汰人」が過怠（罰金）を課すよう誡めている。

また祭礼・法会には狼藉が起こりやすい。その対処は次のように規定される。

【史料一〇Ⓗ】宇都宮家式条（第九条）

一、社頭狼藉事

右、参詣之輩、未挙膝突之以前、奪取之条、自由之企、甚以不当也、於此族者、可被召籠其身也、

参詣者が「膝突を挙げる」前（敷物を挙げる前＝祭礼が終わる前）に、「奪取」する行為（社頭狼藉）を禁じている。違反者は身を召し籠める措置とするのであるが、召籠めの主体はその場にいる者でなければ困難であるから、神職や供僧である。つまり祭礼現場での召籠めを指示しているわけであるが、召し籠められた人間は次には断罪される。それは宇都宮家検断所となろう。宇都宮家検断所は祭礼そのものには関与しないが、その外部にて犯罪者を受け取り処罰するのである。

こうした祭礼・法会に関わる規定を足利鑁阿寺一切経会の史料に見つけることはできないが、そこでも外側からの紛争処理があったと考えられる。

（2）祭礼場所の神聖化

宇都宮社でも祭礼時期には雑人が整理されて清浄化されたが、足利では堀内が整備されることとなった。堀内は屋敷・宅を中核とした区画であるが、そのなかには院・堂・舎などの施設や空き地も混在していた。足利家堀内・館では大御堂が法会の場となり、ここの清浄化が意図されてゆく。文永六年四月日足利家時置文（史料八）の「一　可停止御堂堀内内牛馬放入・雑人横行事」は「右、堂舎廓内者清浄結界之地也、然間先年可停止雑人横行幷牛馬放入之由、被仰下云々、然近年猥雑人横行之間、動盗人得其便、仍仰付承仕・下部固可被禁遏、但於聴聞見物参堂之輩者、非制限」と規制している。前半は宝治二年七月六日足利義氏置文（史料六）を受けていることを示すが、後半ではそれを重ねて指示しており、御堂堀内への「雑人」らの横行が「盗人」に便宜を与えている。この禁止を承仕・下部に命じて、「雑人」を整理しているのである。ただし「於聴聞見物参堂之輩者非制限」

として、講話の聴聞や法会への参加は禁止していない。雑人を、聴聞し法会に参加する存在と、ややもすると盗人となる存在とに、整理しているのである。そのことにより「堂舎廓内者清浄結界之地」として確保される。

宇都宮社では「雑人」整理のほかに、「宮・御堂の僧侶」が「在家温室」に浴することを禁じている。それは「穢気不浄之男女等が乱入」するためであり、それに違反した場合は「社家出仕」を止める、と規定する（第二六条）。それだけ宇都宮社の宮と堂は清浄を求められたのであるが、それは祭礼の場であることによる。

（3）　財政的支援

足利家は鑁阿寺一切経会に法具を支出しているだけでなく、史料五に見えるように、仏事用途のために足利荘・簗田御厨を一体化して郷単位の負担をかけた。南北朝期には領内に一切経田を設定している（観応二年九月二十三日足利基氏寄進状（『栃木県史　史料編中世一』、鑁阿寺文書八五）。その徴収は足利荘公文所であったが、これは足利家奉行所の一部であり、足利などの現地に設定されたものであった。

宇都宮社では「惣郷」などの社領が形成されていたが、一切経会費用だけのためではなく、祭礼全体の費用である。税徴収とそれにともなう紛争に関わる規定は、式条の第六十七条・第六十八条に見える。第六十七条では「下部」が郷々に入部し百姓に飯酒を要求したり馬を乱取りしたりする行為を禁じている。違反者については「有所帯者可被召之、無足之族者、随事躰或被追放、或可被召籠」としているが、これは幕府法をふまえている。[39]「下部」は神職下部と解釈されるが、その人物を武家法に準拠して処分しようとしている。下部は宇都宮家被官という一面ももつ存在であろう。第六十八条は「力者以下下部」が税未進の郷々に入部し譴責するのに、一人でゆくのが原則なのに、親類眷属を引率していることを禁じるが、違反者は郷の名主の注申に随い罪科に処す、という。この「力者以下下部」という存在も武力をもつであろうから、宇都宮家被官でもあろう。

このように、祭礼費用を支える宇都宮社所領は、宇都宮家の武的側面に依存していたのであり、宇都宮社下部と宇都宮家被官とは混然一体の関係にあった。違反者を罪科に処分するのは宇都宮家（検断所）ということになろう。式条は下部らが狼藉行為に走らないよう、郷々（名主）の注申を呼びかけている。社領を円滑に運営しようとする姿勢が見えよう。

こうして祭礼執行の費用徴収は、宇都宮家・足利家の家政機関に依存しているのである。

（4）法会の挙行と武士の家政

鑁阿寺一切経会は三月八日義兼遠忌の段階から足利家公文所が運営の一端を担い、法会場所の大御堂は四壁がめぐらされ、堀内も整備された。足利庄公文所は堀内に置かれたであろうから、公文所は武士としての足利家と大御堂法会を支援する足利家の両面を担うこととなる。足利家公文所という家政機関は聖俗両面を担うなかで成立しているとも言える。福田豊彦論文（注7参照）は足利氏の所領支配と家政機関を考察するなかで、文永・弘安期以降に足利氏家督の上意下達文書を奉じる沙弥重円・左衛門尉師行の存在を明示し、そのうち沙弥重円は高階氏系高氏の人物であること（重円は高階重氏で高師氏の父、師行は師氏の子）等を、足利市清源寺所蔵「高階系図」（『近代足利市史』第三巻所収）により明らかにした。この沙弥重円（高師重）が宇都宮神宮寺一切経会に法楽歌を寄せていたことは前述したが、鑁阿寺講宴に僧として参加しているのを確認できる。

【史料一二】鑁阿寺講書請定（鑁阿寺、『足利市史　上』一一四七頁）

講書請定

一、大日経疏　　律師　重圓

一、周易注疏　　僧　圓憲

右、依仰所定如件、

建長元年正月七日　　公文所

「講書始之事、任先規可致其沙汰、本願之御素意、旁々少輔入道殿所仰也、緩怠無謂歟、
（裏書）
奉行　慶尊　　　」

建長三年正月の鑁阿寺講書始に重圓と圓憲を請定する文書を公文所が発給しているが、その公文所は「奉行慶尊」が担当していた。(40) この足利家公文所は鎌倉所在であろうが、足利家当主の「少輔入道殿」（足利泰氏）の仰を受けていることを裏書で伝えている。重圓は講書始を担当するほどの僧侶でもあった。足利家奉行所を構成し、当主の意志を奉じる文書を出す存在でありながら、経典講書のできる人物である。このような聖俗両面に通じた存在が公文所にいるのである。重圓の俗名は高階（高）重氏であるが、僧名をもつ武家被官人の聖俗両面での活動を示すものとして注目されよう。

宇都宮社では一切経会は供僧の指揮下に、雑務は宮仕が担っており、武士の宇都宮家は直接には関与した兆候は見えない。ここでは祭礼にともなって起こる紛争を処理し、沈静化する役割で、外枠から支えた。具体的には検断所などの家政機関が担当していたが、ここでも祭礼・法会への外面的関与が家政機関の発達を促しているように見える。

（5）周辺武士の参加

宇都宮神宮寺一切経会では法楽和歌には、宗家以外の宇都宮一族や親しい芳賀氏、下野国では高重氏《こうのしげうじ》などの足利氏関係者、また鎌倉での交流に基づくと思われる千葉一族東氏や後藤氏などが歌を寄せている。他にもあったとも思われ、関東の御家人が宇都宮神宮寺一切経会という法会の場において交流している。足利氏被官の高重

氏（法名重円）は足利鑁阿寺一切経会を沙汰し、一切経会開催の重要性を認識しているが、これが宇都宮神宮寺一切経会法楽和歌への参加に向かわせているように見える。

宇都宮社祭礼に関係して、承久年間に那須郡北条に「日光宇都宮免田」を、芳賀郡には「東真壁郡」（「茂木保」）を生み出したが、これはともに宇都宮頭役負担所領であった。(41) 那須氏や茂木氏は宇都宮頭役を勤仕したと予想されるが、実際に那須肥前二郎左衛門尉資長は文永元年に鎌倉で訴訟中であったが帰国して「禁忌」し「宇都宮頭役」を勤めている（文永元年一〇月一〇日関東下知状、結城錦一氏旧蔵白河文書、『鎌倉遺文』九一六六号）。この那須資長の勤仕は那須家惣領となったことが契機となっていたと考えられる（第五章参照）。宇都宮頭役を勤めることになった契機としては、宇都宮氏との関係に基づくものなのか（那須氏と宇都宮氏とは婚姻関係が見られ、茂木氏は宇都宮一族である）、下野国一宮たる宇都宮社の頭役を勤める下野国御家人であることによるものなのか、多様に見える。ただ前述したように、宇都宮頭役は下野国に広がっている。現象としては、宇都宮家が主催・支援する宇都宮社祭礼に周辺武士が参加していると言えよう。

おわりに

平安後期から鎌倉前期の東国で一切経会が行われていたのは、本章で扱った鎌倉鶴岡社・宇都宮社・足利鑁阿寺のほかに、陸奥中尊寺・出羽慈恩寺・陸奥新宮寺・下野日光山などの天台系大寺院である。(42) 中尊寺などの天台系大寺院では武士が関与した形跡は認められない。出羽慈恩寺でも、寒河江庄地頭として大江氏が入部するが、関与の様子は見えない。一切経会は畿内同様に、寺院の営む法要なのである。そこに宇都宮社・足利鑁阿寺・鶴岡社では、武士が参画して、法会が開催されるようになった。これは、武士が一切経を入手・書写し、寄進したことが、関与に結びついている。いわば一切経会の檀那なのである。宇都宮一族の笠間時朝は常陸鹿嶋社に唐本一切経を奉納しているが、(43)鹿嶋社一切経会の具体的内容が不明なので、どう関与したかわからない。

宇都宮氏や足利氏は、なぜ一切経会を営むようになったのだろうか。宇都宮朝綱は在京していたが、内乱が勃発して、都を離れ、宇都宮に下向して、一切経会を開始した。足利氏では義兼が、奥州合戦出陣中に、足利での不安を除くべく、樺崎堂にて法会を行う体制を命じた。その後義兼は樺崎で死去し樺崎堂は廟堂（赤御堂）となり、遠忌が行われ、これが鑁阿寺に継承される。両者ともに、内乱の軍事的混乱時に、始められた。内乱による、地域社会の混乱が、僧や神職に広がり、混乱が拡大するのを恐れている、と思われる。そして、これを沈静化する意図がある。また一方の当事者たる宇都宮朝綱や足利義兼は軍事活動を展開中であり、宗教的行事を背景にして武力行動している形になる。

宇都宮社・鑁阿寺の一切経会は、その後、毎年の開催を原則とする。一切経会そのものは、寺院の供僧の責任として執り行われる。周辺寺院の僧が参加しており（鑁阿寺一切経会への小俣別当）、個別寺院を超えた、地域の法会として営まれる。これを宇都宮家・足利家は支援し続けるのだが、足利家では顕著なように家政機関が関与するところとなり、奉行人のなかには僧を兼ねる者も出てくる。武士としての宇都宮家・足利家が関与するのは、その法具の用意や費用全体の徴収・支出の沙汰である。また法会が行われている間に起こる混乱（俗的）を取り締まる、という側面である。

次に一切経会を行う場であるが、宇都宮の場合は宇都宮社神宮寺であり、これは宇都宮朝綱の建立した寺院である。神宮寺は宇都宮社地内であるが、宇都宮家館に近接している。また足利では最初の樺崎堂は足利義兼建立であり、次の鑁阿寺大御堂は足利家堀内に所在する。いずれも本領（堀内を中核とする）で営む仏事の一つと考えていい。武士の本領を中心とした文化的政治的行事なのである。

一切経会には、それが行われる地を越えた地域社会の諸階層が参加（参詣）している。宇都宮社では日常的に雑人・山伏の出入りが見られたが、一切経会には地域の人々が広く集まる。法会開催には、その雑人を整理して参加させるように、宮仕層に指示している。これは法会での混乱を防ぐと同時に、法会そのものが整理された形で執行されるのを意図していることの表れであろう。上野国長楽寺の法会に来ていた山伏が説教を聞いて山伏を捨てて僧に仕えるようになった話が『沙石集』（巻第六）に見えるが、法会を契機にした山伏などの雑人層の整理が進行する。おそらくは山伏（半僧・半武士）の武士被官化も見られたことであろう。

武士は地域寺社の法会を、野蛮なものとしてでなく、形式的に整えられた、混乱のない形で執行するのである。こうして武士は地域社会に公的な存在として存在する（野の武士ではなく、地域の秩序を保つ武士に転生する）[44]。私は別稿にて千葉常胤の武士勢力化を論じたが[45]、その契機の一つに香取社造営雑掌としての活動がある。常胤は葛西清元・清重との連携により、下総国衙・行事所主体の造営事業を独占的に担うようになり、香取社に関与するところとなった（やがて香取社雑掌となる）。これは宇都宮氏の宇都宮社での「社務」と違うが、社家の俗的側面に枠をはめている。

こうした武士の活動は制度的支配ではなく、また私的人格的支配でもない。また族縁的関係の表現でもない。法会という行事に毎年参画するという事実がもつ政治的効果である。事実が継続されることが政治力となっている。

（1）奥田真啓『武士団と信仰』所収、柏書房、一九八〇年。
（2）小此木輝之『中世寺院と関東武士』第一章「関東天台宗の展開と世良田長楽寺」（青史出版、二〇〇二年）。
（3）高橋修『中世武士団と地域社会』第三章「中世前期における武士居館と寺院」（清文堂出版、二〇〇〇年）。
（4）小此木輝之前掲書（注2）。
（5）上川通夫「一切経と古代の仏教」（『愛知県立大文学部論集』四七、一九九九年）、同「一切経と中世の仏教」

(『ヒストリア』二四号、一九九九年)。
(6) 最近の武士論の高まりのなかで、武士と僧との関係が一つの論点になりつつある。五味文彦『殺生と信仰――武士をさぐる』(角川書店、一九九七年)は、武士の家出身の僧を武士の一員として位置づけている。また清水亮「了珍房妙幹と鎌倉末・南北朝期の常陸長岡氏」(『茨城県史研究』八九号、二〇〇五年)は、真壁長岡氏の地域支配のなかでの一族出身僧の果たす役割を論じている。
(7) 鎌倉期の足利氏研究には、西岡虎之助『荘園史の研究　下巻一』「板東八カ国における武士領荘園の発達」(岩波書店、一九五六年)、臼井信義「尊氏の父祖」(『日本歴史』二五七号、一九六九年)、峰岸純夫・小谷俊彦・菊地卓「中世の足利」(『近代足利市史』第一巻所収、一九七二年)、福田豊彦「鎌倉時代の足利氏に見る家政管理機構」(『室町幕府と国人一揆』所収、吉川弘文館、一九九五年、初出は一九七七年)、新行紀一「足利氏の三河額田郡支配」(『芳賀幸四郎先生古希記念　日本社会史研究』、笠間書院、一九八〇年)、野口実『坂東武士団の成立と発展』第二章第一節「秀郷龍小山氏・足利氏」(弘生書林、一九八二年)、永村眞「鎌倉時代の鑁阿寺経営」(『栃木県史研究』二四号、一九八三年)、峰岸純夫「足利樺崎寺覚書」(羽下徳彦編『北日本中世史研究』所収、吉川弘文館、一九八九年)、小此木輝之前掲書(注2)第二章「真言宗の展開と関東武士」、田中奈保「高氏と上杉氏」(『鎌倉遺文研究』一六号、二〇〇五年)・「鎌倉期足利氏の経済事情」(『早稲田大学大学院文学研究科紀要』五一輯第四分冊、二〇〇六年)がある。
(8) 山本隆志「新田氏成立の政治史」(『近藤義雄先生卒寿記念論文集』所収、群馬県文化事業振興会、二〇一〇年)。
(9) 保立道久『義経の登場』(日本放送出版協会、二〇〇四年)。
(10) 峰岸純夫前掲論文(注7)。
(11) 大沢伸啓『樺崎寺跡』(同成社、二〇一〇年)。
(12) 大沢伸啓「よみがえる中世寺院」(橋本澄朗・千田孝明編『知られざる下野の中世』所収、随想舎、二〇〇五年)参照。
(13) 樺崎の奥地に位置する名草の行道山浄因寺は「浄因寺略縁記」(『下野史談』二三巻一号、一九四六年)によると、南北朝期に偉仙(園田太郎光員)が開山したが、「浄行の異人」二人にすすめられて、名草の山中に熊野権現を勧請したという。これは中興の伝承であろうが、名草山・足利山系と園田等藤姓一族との関係を示している、と見られる。

(14) 小此木輝之前掲書（注2）第二章第一節「足利氏と真言密教」、ただし小此木は理真・隆験を鑁阿寺開山・二世のようにも解釈している（二六八頁）。

(15) 千田孝明「史料紹介『日光山別当次第』（慶長十四年写）」（『栃木県立博物館研究紀要　人文』二三号、二〇〇六年）。

(16) 新行紀一前掲論文（注7）。『岡崎市史　中世2』にも額田僧都寛典の叙述がある。

(17) 山本隆志「関東武士の在京活動――宇都宮頼綱を中心に――」（『史潮』新六〇号、二〇〇六年）、補訂して本書第三章に収録。

(18) 小此木は、公文所が全面的に沙汰するように解釈しているが、限定的に理解すべきであろう。

(19) 福田豊彦前掲論文（注7）。

(20) 鎌倉後期には、鑁阿寺は足利の諸郷に対して所役を負担させる帳簿（郷々寺役記）を作成しているが、これも足利・簗田の一体的知行を前提としたものである。永村眞「鎌倉時代の鑁阿寺経営」（『栃木県史研究』二四号、一九八三年）に史料紹介と考察がある。

(21) 尊経閣文庫手鏡、『鎌倉遺文』一四五〇二号。足利家公文所発給文書全体は福田豊彦前掲論文（注7）参照。

(22) 三月一二日鑁阿寺供僧等注進状案（『栃木県史　史料編中世一』、鑁阿寺文書二九、写真版を見るに書体からは南北朝期）でも、三月六～八日の一切経転読を無事終了したと足利家奉行所に報告している。

(23) 一切経会と童舞の関係については伊藤清郎『中世日本の国家と寺社』第Ⅰ部第三章「寺社にみる「童」」（高志書院、二〇〇〇年）、田中奈保前掲「鎌倉期足利氏の経済事情」（注7）も触れている。

(24) 小此木輝之前掲書（注7）第二章第一節。

(25) 足利満兼十三回忌曼荼羅供職衆請定（『栃木県史　史料編中世一』、鑁阿寺一〇九）。

(26) 堀内大御堂での一切経会が義兼などの足利家始祖の遠忌を継承するのであるから、当日には廟所から霊を移すことも行われたのかも知れない。

(27) 山本隆志「辺境における在地領主の成立——宇都宮朝綱を中心に——」(『鎌倉遺文研究』一〇号、二〇〇二年)。補訂して本書第二章第一節に収録。

(28) 宇都宮式条を考察したものに『栃木県史　通史編中世』(一九八四年)第二章第四節(永村眞執筆)がある。式条そのものについては新川武紀「宇都宮弘安式条」(『地方史事典』、弘文堂、一九九八年)に簡潔な整理がある。『宇都宮市史　通史編中世』(宇都宮市、一九八一年)には祭礼にともなう芸能・和歌についての叙述がある。また宇都宮の「大頭役」については高牧實「宇津宮・今宮明神の頭役」(『宮座と村落の史的研究』所収、吉川弘文館、一九八六年)が扱っている。

(29) 山本隆志前掲論文(注27)。

(30) 『明月記』寛喜元年七月二十九日条。

(31) 『前長門守時朝入京田舎打聞集全釈』。

宇都宮大明神御本地馬頭観音、等身泥仏につくりまゐらせて、彼神宮寺に安置したてまつりて、正嘉三年正月廿九日に、供養し侍りしついでに、御宝前に参りてよみ侍る。

きみがよもわがよもつきずあきらけき神のちかひにまもらざらめや。

(32) この「日光」は現在下之宮として残っているが、現在は宇都宮城(市役所)から宇都宮大神宮に向かうと、釜川を渡る手前にある。ただこれは、宇都宮城の拡張の過程で、釜川が東に改修された結果である。近世前期の宇都宮城絵図は、釜川を渡ってから「日光」(下之宮)の前を通る。栃木県立博物館『名城宇都宮城』(二〇〇六年)参照。

(33) この絵図の御堂を東勝寺と見なす見解もある(『日本地名大辞典　栃木県』、平凡社)。東勝寺については「永和五年五月廿一日夜宇都宮東勝寺長老坊書写了」(「金沢文庫古文書」大十一輯、九一頁)と見えるのが初見であり、その本来の位置は田川の東にあった(『下野国誌』)。この絵図の「御堂」は東勝寺ではなく、神宮寺に比定すべきであろう。義江彰夫「日本の中世都市と寺社勢力」(国際基督教大学『アジア文化研究　別冊二〇〇三』所収)は宇都宮社の西脇に神宮寺を推定しているが、もう少し川(釜川)寄りである。

(34) 『喜連川町史　通史編1』(二〇〇八年)所収「鎌倉時代の塩谷氏」(山本隆志執筆)参照。

(35) 『宇都宮市史』第四章「宇都宮歌壇の成立」(一九八六年)は『新和歌集』所収和歌の全体について論述している。

また この歌集の歌風については石田吉貞「宇都宮歌壇とその性格」（『新古今と中世文学』下巻、北沢図書出版、一九七二年）を参照した。なおこの歌集に収録された歌作を私は宇都宮社神宮寺祭礼との関係で理解しているが、最近の高橋修「中世東国の在地領主と首都・京都」（大阪市立大学都市文化研究センター編『都市の歴史的形成と文化創造力』所収、清文堂、二〇一一年）は首都と結ぶ宇都宮氏の文化創造力として位置づけようとしている。

(36) 永井晋「（書評と紹介）『今江廣道編『玉燭宝典』紙背文書とその研究』」（『国史学』一七九号、二〇〇三年）。

(37) 伊藤清郎前掲論文（注23）参照。

(38) 斉藤利彦「平等院一切経会と舞楽」（『佛教史學研究』四五巻二号、二〇〇三年）。

(39) 「有所帯者……無足之族者」という規定は幕府法との関連をうかがわせる。田中稔「侍・凡下考」（『史林』五九―四、一九七六年）参照。

(40) 慶尊は建治二年二月二三日鑁阿寺一切経会曼供用途下用状（鑁阿寺、『足利市史 上』一一六七頁）でも、年行事観盛とともに奉行として連署している。

(41) 山本隆志前掲論文（注27）、高牧實前掲論文（注28）参照。

(42) 上川通夫前掲論文（注5）巻末年表。

(43) 小山正文「笠間時朝鹿島社奉渡唐本一切経」（『同朋大学仏教文化研究所報』第一五号）。なお小森正明「葉室光俊の鹿島社参詣について」（『茨城県史研究』九三号、二〇〇九年）は建長八年（康元元年）の葉室光俊の鹿島社参詣が建長八年の鹿島社唐本一切経供養に関わるものであったこと、その供養の主催者が笠間時朝であったことを述べている。ただその具体的内容は不明のままであり、課題として残っている。

(44) 高橋昌明『武士の成立　武士像の創出』第七章「鶴岡八幡宮流鏑馬行事の成立」（東京大学出版会、一九九九年）は、幕府流鏑馬の儀礼化のなかに、武士のなかの粗野な側面が改変されていくことを読み取っている。東国武士・武芸が国家的・公的に改変されていくことを国家・権力の問題として論じているのであるが、地域社会においても武士は野武士止揚の方向が進むのである。

(45) 山本隆志「東国における武士勢力の成立――千葉氏を中心に――」（『史境』六一号、二〇一〇年）。補訂して本書第二章第二節に収録。

第五章　関東御家人那須家の成立と東・西での展開

はじめに

関東と奥羽の接点に、那須・白河が存在する。下野国の最北部には那須郡があり、白河関を越えれば陸奥に入る。この那須の地域に成立した武士が那須氏（家）である。したがって那須家は、まさに境界の地に、陸奥と向かい合うように成立した武士であった。

この那須家の成立・展開期については良質な史料・資料に乏しく詳しいことがわからないできた。最近では室町期の那須氏を系図類に依存しないで論じる研究も出てきた[1]。鎌倉期那須氏について私は試行錯誤の検討を続けてきたが、那須氏には複数の系統が入り込んでいると考えてきた[2]。その後も基本史料の不足から着実な検討が遅れている[3]。

こうしたなかで白河結城家文書（白河文書）の調査・整理が進み[4]、鎌倉時代でも史料的条件が整備されつつある。また仏教関係史料の検索のなかで中央・京都と関係する那須氏の存在が注目されるようになった[5]。那須氏も他の関東武士と同様に、京都・西国に活動の場を広げているのであり、関東武士論の一環としても、西国での那須氏の活動が関東とどのような関係にあるのか、検討すべき問題である。

本章では、まず白河結城家文書を検討して鎌倉時代の那須文書を確認し、下野那須家の幕府御家人としての存在形態を考察する。次に鎌倉後期の京都に見える那須氏一員とその活動基盤を検討し、西国に展開する武士の一特質を指摘する。そのうえで東・西の那須氏が中世段階で連携する機会を失ったことを論じる。

一　結城白河文書中の那須文書――現段階での確定――

白河結城文書に那須文書が含まれていることは早くから指摘されていたが、[6]『白河市史　史料編古代・中世』（一九九一年）の刊行により明確となった。この史料集に収録された白河結城家系統の文書のなかに、那須氏が受給者であると見なされる文書が少なからず認められるのであり、鎌倉期の文書も含まれている。那須文書については、那須隆氏伝来（栃木県立博物館所蔵・大田原市那須与一伝承館寄託）の那須文書が知られているが、こちらは年代的には応永末年以後であり、いわゆる下那須家系統の文書である。上那須家とその文書、そして上下分裂以前の状況を知りたいと願っていた者にとっては、白河結城文書に含まれた那須文書は基本史料となる文書群である。

白河結城文書に含まれる那須文書は、鎌倉・南北朝期のものであることに特徴がある。ただあくまでも白河に編入された文書群であり、当時の那須文書そのものではない。鎌倉・南北朝期の那須文書の一部なのであり、そのことに留意する必要がある。それだけに白河に編入された那須文書はどのような内容であるか、その限定性を検討する作業が求められる。ここでの検討は現段階でのその作業であるが、『白河市史　史料編古代・中世』の成果を受けるものである。そこからの引用は「市史一」（一は史料番号）のように略記する。

まず結城白河文書のなかに那須文書と認められる文書はどれだけあるだろうか。私は以前に鎌倉・南北朝期の那須文書を点検したことがあるが、[7]伝来関係に考慮が不足していた。それは現蔵者が分散しているだけにとらえにくいのであるが、今回の科研研究調査などで知り得たものもあるので、現段階での確認をしておきたい。現在

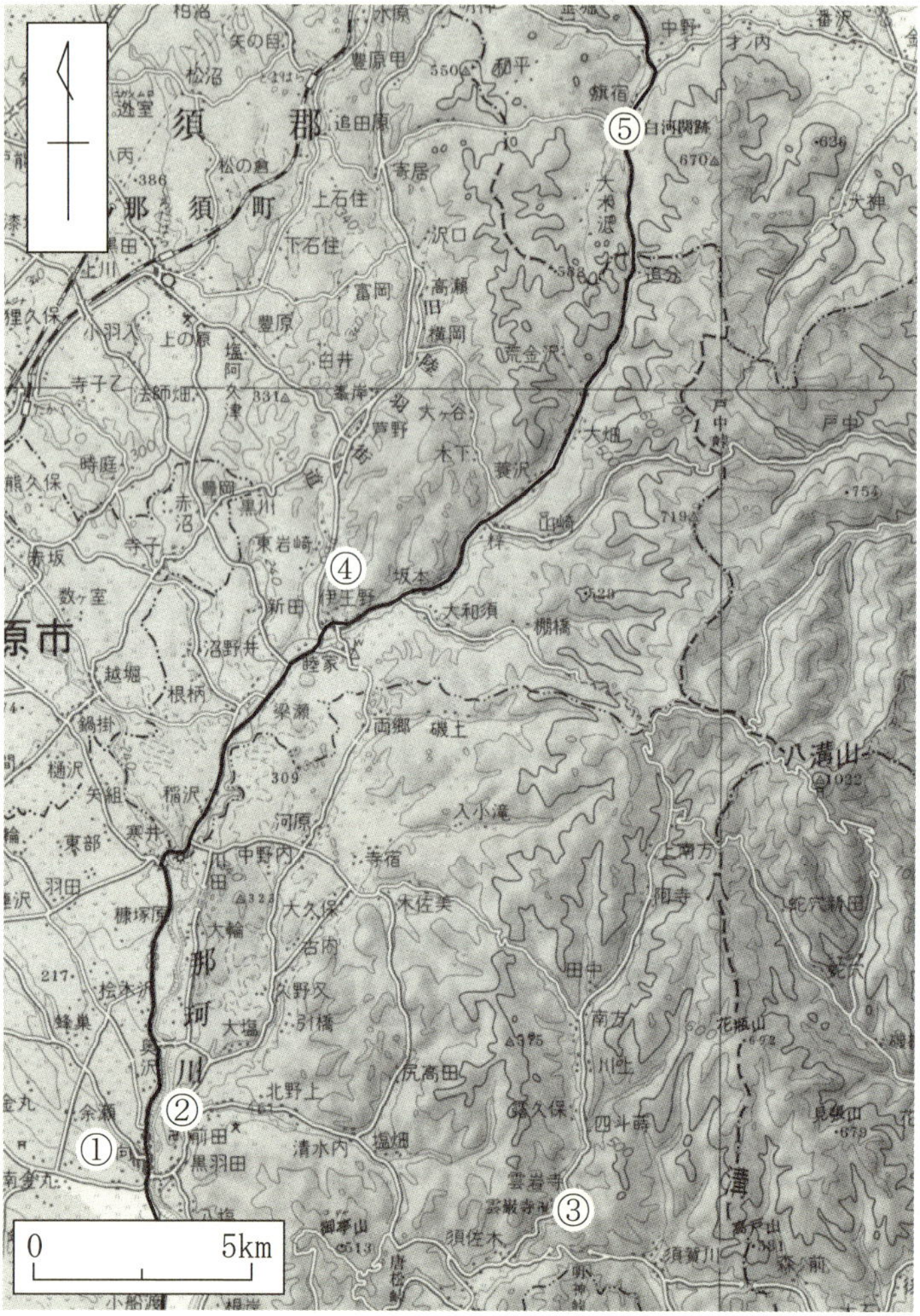

〔図５－１　那須～白河の交通路〕（国土地理院20万分１地勢図を利用）　（作成 山本隆志）
①余瀬　②黒羽城　③雲厳寺　④伊王野　⑤白河

までの調査で確認できた結城白河文書系の那須文書は一五通あるが、以下逐一検討する。

①寛喜二年八月日　平かけひら譲状（仙台結城文書、影写本、市史一）

これは奥に「むつのくにの介平かけひら（花押）」（市史では「かけ実」）と署名する平景衡（本文中では「かけひら」）が「ねうしつるいし」に「みちくにやわたのうちうのかう」を譲る文書である。「つるいし」は鶴石であり、やがて那須資長の妻となる（③）。おそらくこの文書は、鶴石から那須資長にわたり、那須文書になったのであろう（そして那須資長から白河への編入については後述する）。この文書は正文としては確認できないが、仙台結城家文書は仙台白河家文書の系統に属す。したがって戦国末期に白河義親が白河から仙台に移る過程で移動した文書群のなかに入っていたと考えられる。

②宝治二年一二月二九日　鎌倉将軍藤原頼嗣下文（津市結城神社文書、市史二）

亡父景衡譲状に任せ、尼（陸奥介景衡後家）に陸奥国八幡庄内田地頭職を安堵する下文であるが、受給者は平景衡後家である。この後家は①の鶴石の母と考えられ、この関係から鶴石、やがて那須資長の手に移ったと見られる。那須資長に入った文書のその後の動きについては後述する。

③建長二年七月日　平景衡女譲状（秋田県公文書館所蔵「覚岩崎駿河守一揆之事について」所収）

この文書は科研調査（「中世東国武家文書の成立と伝来に関する史料学的研究」、二〇〇四～二〇〇六年度、代表村井章介）で初めて知り得た史料である。まず釈文を示す。

ゆつりハたすかまくら乃ちの事、

ミねよりとをりたるつしおかきりにてミなミ乃ちをハゆつりわたしをハんぬ、ひんせんのしろふ殿ニた乃さ

またけあるへからす、次このちハち、みちのくにのすけのさうてん乃ちをむすめにゆつりたる事しちなり、

乃ちのそうもんそ乃ためにもんそくたんのことし、

けんちやう二ねん七月日　（花押）

たゝしハゝ一こかほとハはゝにまいらせ候へ、それよりのちハひせんのしろう殿ニゆつりまいらせ候へし、

けんちやう二ねん七月日　（花押）

この文書は秋田県公文書館所蔵「覚岩崎駿河守一揆之事について」（県B-682、三番一一段目）に収められているが、この写本は以下の四通を収める（配列順）。

ア　永享四年二月二七日前駿河守岩城隆久一揆契状（小峯殿との一揆）

イ　応永二〇年□月二一日足利持氏御教書（小峯参河守殿宛）

ウ　建長二年七月日平景平女譲状

エ　年欠卯月二九日沙弥顕勝書状（小峯参河守殿宛）

ア・エの二通は、静簀堂古文書白河文書（現在お茶の水図書館所蔵）と一致する。(8)イは結城錦一氏蔵応永二〇年一〇月二一日足利持氏御教書写（白河三河七郎宛）と同一内容であるが、文言が少し不揃いで、イの方に脱落があるように見られる。また両者は名宛が異なるので、別文書の可能性もある。ともかく、イも実在した文書の写と見なしてよかろう。内容的にはア・イ・エは小峯宛であるので、小峯家関係の文書を所蔵していた家の文書であり、それを江戸中期に書写したのであろう。この写本は実在した文書の写の冊子であり、ウ建長二年七月日平景平女譲状も原本に近い写と見てよかろう。伝来の経路としては那須→白河→秋田であろうが、秋田で白河家から小峯家に渡ったか。(9)

この譲状の内容は平景平（衡）女が那須肥前二郎資長に鎌倉地を譲るというものであり、文永元年一〇月一〇日関東下知状（④）に「如氏女譲資長建長二年七月日状者峯与利通多留辻子於限天南地者譲之云々」と引用され

て、本文と合致する。なおこの譲状に見える人間関係、「ひんせんのしろう」・「ひせんのしろう」（肥前二郎〔那須資長〕）、「ち、みちのくにのすけ」（陸奥介平景平）、「八、」（譲状作成者〔陸奥介平景平女〕の母＝景平妻）を図示すれば次のようになる。

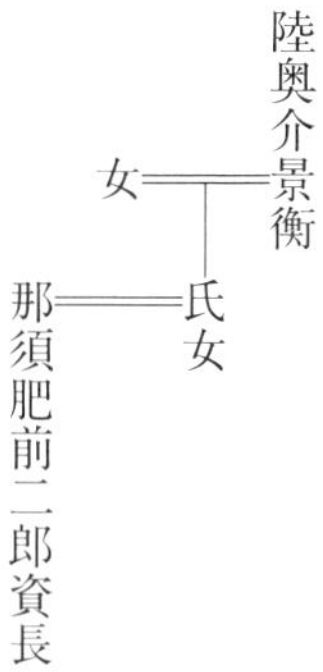

④文永元年一〇月一〇日　関東下知状（結城錦一氏文書、市史三）

宮城右衛門尉廣成後家尼代子息景廣と那須肥前二郎左衛門尉資長の相論に対する裁許状である。案件は「鎌倉地一所町事」と「資長召文違背事」の二箇条であるが、那須資長の勝利であった。したがってこの文書は那須資長が受給者である。

⑤文永九年四月五日　関東下知状（秋田藩家蔵文書秋田城下諸士小泉藤左衛門昌堅蔵、『鎌倉遺文』一一〇〇五号）

飯高左衛門次郎胤員と那須肥前次（二）郎左衛門尉資長の相論に対する裁許状である。争点は陸奥国八幡庄内萩園・蒲生両郷堺であるが、那須資長の勝利となった。那須資長が受給した文書である。

この文書は秋田藩家蔵文書編纂時には秋田城下諸士小泉藤左衛門昌堅所蔵であるが、小泉は後述の⑨⑮も所蔵する。秋田藩家蔵文書に収録される小泉藤左衛門昌堅所蔵文書は⑤⑨⑮の三通だけであり、秋田藩元禄家伝文書（秋田県立公文書館）には小泉藤左衛門昌堅所蔵文書は存在しない。したがって小泉藤左衛門昌堅家が所蔵する文書はこの三通と見てよい。この小泉藤左衛門昌堅は、秋田藩作成の「諸士系図十九源姓小泉氏系図」によれば、小泉昌雄が田中三左衛門定頼二男を養子として迎えた人物である。そこで小泉藤左衛門昌堅が⑤⑨⑮の文書を所蔵した経緯は小泉氏・田中氏の両方から検討しなければならないが、昌雄系小泉氏祖昌次は「羽州最上ノ産ナリ」（諸士系図源姓小泉氏）と見える。また定頼系田中氏は常陸出身と見られるが、祖隆久も「奥州植田ニ於テ死ス」（諸士系図平姓田中氏）と見えて早い段階から佐竹氏とともに奥羽に移住した者と考えられる。小泉氏にしても田中氏にしても戦国段階で⑤⑨⑮の中世文書を入手していたとは考えられず、秋田で入手したと考えられる。秋田に持ち込んだのは白河氏であろう。

⑥弘安九年八月二日　覚西那須資長譲状（津市結城神社文書、市史五）

覚西が陸奥国宮城郡内蒲生村など四ケ所を太郎高頼に譲り、惣領分として知行すべしとする。前欠であるため、宮城郡内蒲生村以外は不明である。太郎高頼は⑧に「那須肥前左衛門太郎高頼」と見えて那須氏である。譲渡者の覚西は、蒲生村などを妻方から譲り得ていることとの関係から（⑤⑧）、那須資長に比定するのが自然である（『白河市史』でも覚西を那須資長とする）。この文書により那須資長は子息太郎高頼に宮城郡内蒲生村など四ケ所を譲り、「惣領分」としての知行を求めている。ここには太郎高頼を惣領として扱うことを一族に要求する姿勢が見える。資長―高頼父子はともに那須一族のなかでは肥前左衛門を称すが、この系統が那須家の惣領家に立つことを意図しているのであり、資長自身も次郎を称すが、実質は惣領の位置に立っていたのであろう。文書は那須資長→太郎高頼と動いた。

またこの文書は⑦⑭とともに現在は津市結城神社に所蔵されるが、これは甲斐結城家が寄贈したのであり、その甲斐結城家は仙台白河家の系統である。[10] したがって戦国以降の文書の動きは、白河→仙台→甲斐結城→伊勢結城神社と考えられる。

⑦弘安九年八月二日　覚西那須資長置文（津市結城神社文書、市史六）

「かはたとの」に宿在家を与えたことについての説明と、「ゆつりもらしのところあらハそうりやうのはからひにて候ハんする也」と付記する。⑥と同一年月日であることを考慮すると、覚西は子息等一人一人に所領を譲り与えるとともに、譲り残した箇所を惣領分（太郎高頼分）とする置文を残したものと判断できる。したがってこの⑦も⑥とともに太郎高頼に与えられた文書と見なされる。

⑧正安二年一二月二〇日　前出羽守藤原等三人連署下知状（結城錦一氏文書、市史四）

陸奥介景綱代円阿と那須肥前左衛門太郎高頼代敬念が陸奥国八幡庄召米徴収権をめぐり相論し、和与となり「景衡跡当庄召米以下公事伍分壱者為高頼役、可致沙汰云々」との裁許が那須肥前左衛門太郎高頼に下ったのであり、受給者は那須高頼（資長子息）である。発給は幕府問注所と見られるが、幕府発給文書で資長子息の高頼は「那須肥前左衛門太郎高頼」と表記されていて、幕府から那須氏惣領として扱われている。

⑨文保元年一二月二五日　大仏貞直書状（秋田藩家蔵文書小泉藤左衛門昌堅文書）

この文書は小泉藤左衛門昌堅所蔵文書三通のうちの一通である。他の二通が那須文書であること、また三通文書伝来の経緯からしてこの一通だけが別の伝来経緯をもつ可能性が低いこと、の理由から那須文書と考えておきたい（ただこの文書の孤立性からすると那須文書でない可能性もある）。文書の内容は、大仏貞直が山城資寿禅院を管領する（檀那になる）ことを承諾する旨を静念御房（宛所）に知らせたものである。静念御房が那須氏関係者であれば、那須文書である証拠となるが、その明徴はない。そこで資寿禅院であるが、この文書を含めて検討した山家浩樹によれば、(11) 資寿禅院は尼如大（安達泰盛女、無学祖元を師事）の関与した寺院であり、この時期には西禅寺長老が執務することになった。無学祖元の法縁関係に基づき如大は高峰顕日から支援を受けていた、という。高峰顕日は那須雲厳寺の住職であり、那須氏はその有力檀那と考えられるから、あるいはこの線から、この文書が那須文書となったとも思われる。

⑩建武二年八月一〇日　足利尊氏御判御教書（結城古文書写、市史五一）

北条高時一族以下凶徒追討に発向した足利尊氏が那須下野太郎に馳参を求めた文書である。那須下野太郎は同時代の他の史料（年月日欠茂木知貞申状案、茂木文書、『栃木県史　史料編中世二』）に「那須下野太郎資宿」（建武四年段階）と見える。したがってこの文書の受給者は那須下野太郎資宿であるが、この人物は「太郎」を称しており資長—高頼系の那須惣領家を継承する人物であろう。

また結城古文書写は白河藩主榊原忠次が白河領内の古文書を調査・編纂した写本であるということからすると（『白河市史　資料編古代中世』解説）、この文書は江戸期には白河に所在したと見られる。

⑪建武二年一一月二日　足利直義御教書（榊原結城文書、現在は愛知県個人蔵、市史六一一）

北条時行勢を討伐し、建武政権・新田義貞と対立するところとなった足利尊氏・直義のうち直義が、那須下野太郎（資宿）に馳参を要求した文書である。受給者は⑩とおなじく那須下野太郎資宿である。伝来は榊原結城文書が秋田白河文書の系統に属すことから、那須→白河→秋田と動いた文書群の一通である。

⑫観応三年九月二〇日　吉良貞家書下（結城古文書写、市史三三九）

北畠顕信・田村凶徒退治に馳参し忠節を尽くした那須遠江守代に対する感状である。受給者は那須遠江守であるが、この人物は⑬により資宿である。資宿は、この時期には、下野太郎の通称から正式の官途遠江守を得ていたのである。伝来は⑩におなじ。

⑬文和二年四月二九日　那須遠江守資宿代大塩宗広着到状（結城古文書写、市史三五一）

埋峯城に馳せ参じた那須遠江守資宿代大塩宗広の着到状であるが、奥に吉良貞経証判がある。この着到状は那須資宿に戻されたと考えられる。なおこの時の埋峯城合戦には白河参河守（朝常）が主力として参加しているので（白河市史）、資宿代大塩宗広もこれに率いられたか。これも伝来は⑩におなじ。

⑭康安二年四月一五日　那須前遠江資宿譲状（津市結城神社文書、市史三六一）

前遠江守資宿が那須北条郡内の五ケ所を「惣領分」として周防守資直に譲る文書である。ここに惣領としての那須資直が確認されるので、資長—高頼—資宿—資直と続く那須惣領家の系譜を確認できる。また所領五ケ所は筆頭に伊王野郷を記すが、次に野上郷を記にわざわざ「五ヶ所内野上郷」と書く。後年、伊王野家と小峯家の養子縁組みが野上郷問題で頓挫しそうになるが、これと関係しているようにも見える。

⑮貞治二年八月二九日　足利基氏御教書（秋田藩家蔵文書小泉藤左衛門昌堅文書、神奈川県史四四七一）

鎌倉公方足利基氏が那須周防守に対して凶徒討伐のための馳参を求めた軍勢催促状であり、受給者は那須周防守であり、⑭で見える周防守資直と同一人物にちがいない。文書の伝来については⑤⑨とおなじである。

以上が、現在の段階で白河結城文書のなかに見える那須文書一五通の吟味・検討であるが、⑨以外は間違いなく那須文書であり、⑨も可能性を考えさせる。内容的には陸奥国介平景衡の所領を婚姻関係を媒介に那須資長が継承していることを根拠づける史料を含むことに一つの特徴がある。その婚姻関係を①~⑧によって復元・図示しておく。

二　鎌倉・南北朝期の関東那須氏

（一）文書内容の吟味

以上の吟味に基づき、この那須文書群の性格を検討する。まず文書受給者と伝来に注目すると、①②は婚姻関係基づき鶴石（平景衡女＝那須資長妻）から那須資長の手に入った、と見られる。③は平景衡女＝那須資長妻から資長への譲状であるが、この①〜③は陸奥介平景衡の所領を那須資長が獲得した経緯を示す史料群である。④⑤は幕府から直接に那須資長に出された文書であり、ここに①〜⑤は資長の所有するところとなった。

⑥⑦はその資長から太郎高頼に出された譲状・置文であるが、太郎高頼を「惣領」として扱っている。これは那須一族に対して太郎高頼を惣領（那須家惣領）として扱うよう求めるものである。そして幕府も高頼を那須氏惣領として扱っていることは前述した。このことは資長自身が那須家惣領の地位を実質的に築いていることを示している。この時点で資長（肥前左衛門二郎）は那須家惣領の地位を子息高頼に継承させ、①〜⑤の文書すべてを譲ったものと見てよかろう。⑧は幕府から太郎高頼に出された文書である。①〜⑧はすべて鎌倉後期段階の那須惣領家（太郎高頼）に伝来した文書である。

⑩〜⑫は那須太郎資宿（遠江守）を受給者とする文書であり、南北朝初期の那須惣領家の文書である。⑭はその資宿から資直（周防守）への譲状であるが、資直を惣領とあつかっている。⑮はその惣領資直への鎌倉公方からの軍勢催促状であり、資直の立場はこの段階の那須家惣領である。惣領資直には⑩〜⑬が伝来し、⑭⑮も含めて所有するところとなった。こうして⑨だけが不明であるが、他は鎌倉後期〜南北朝期の那須惣領家に伝来した文書群であることが明らかとなった。

だが、この文書群は室町期には伊王野家に入ったものと考えられる。それは⑭の譲状に記された所領の冒頭に

「伊王野郷」が書かれ、伊王野家・小峯家間の養子問題で問題となる「野上郷」にわざわざ「五ヶ所内」の注記がされているため、⑭は伊王野家所蔵文書と見なされる（⑭はあるいは書体からも伊王野家作成の案文とも見える）。したがって①～⑮（⑨を除く）は、那須惣領家文書の全体ではなく、南北朝以後に伊王野家が入手した文書群と見なされよう。

（2）那須資長の位置づけ

鎌倉・南北朝期の那須氏については、前稿でも比較的良質の史料に基づいて、那須氏の人員を検出し検討を加えたが、不十分なものであった。現段階での詳しい検討が求められるが、ここでは文書群復元を趣旨とするので、白河結城文書の那須文書との関わりで、いくつかの点を深めておきたい。

まず那須資長であるが、かれは那須文書では「那須肥前左衛門尉資長」（④⑤）と幕府から表記されているが、この人物は那須に阿弥陀信仰を持ち込んだ。那須伊王野の専称寺金銅阿弥陀三尊像には「文永四年丁卯五月日　下野国北条郡那須庄伊王野郷　仏師藤原光高　願主左衛門尉藤原資長也」と見え、この作善事業の檀那であった。また那須庄東与世村に造営された新善光寺銅像阿弥陀三尊（現在は東京国立博物館蔵）は建長六年の銘をもち、この事業の檀那も那須資長であろう。こうした事業は鎌倉～那須を往反し、宇都宮社神事・法会にも参加する那須資長にふさわしく、「二郎」ではあるが那須家惣領の地位を確保していたと考えられる（「太郎」でない人物が惣領となっていることは他家でも見られる）。

この資長について江田郁夫は那須資頼の次男と見なしているが、[12] その史料的根拠は那須隆氏所蔵那須系図（寛永一八年奥書）と見られる。そこで系図類をも参照して、那須家惣領の系譜を確認しておきたい。平安末期・鎌倉初期の段階では「那須御房左衛門」（『平家物語』）、「那須太郎資宗・与一資高」（同前）、「那須三郎」（『吾妻鏡』）、「那須太郎光助」（『吾妻鏡』）、「藤原朝高」（乾元二年三月六日豊受太神宮神主等解、櫟木文書）が検出されるが、那須太郎光助は建久四年源頼朝那須野巻狩を現地で支えた人物であり（『吾妻鏡』、建久四年四月二日）、弓馬堪能で故実を相伝し（同、建久五年一〇月九日）、頼朝の東大寺落慶供養の供奉人となっている。頼朝・幕府との関係で那須太郎光助が惣領の位置にあったと見られる（この那須太郎光助が諸種那須系図の光資と同一人物であろう）。だが光助（資）の系統は惣領を継承したとの形跡はない。

最近注目されている『玉燭宝典』紙背那須系図では、資隆《□須太郎》——資頼《肥前守》——資光《肥前守》——資村《肥前守》——資家《加賀守》——資忠《越後権守》（——は朱線）と系譜をつないでいる。これは那須資忠が南北朝段階で足利直義管轄の官途奉行に「訴人」として提出したものであり、越後守資忠の主張であるが、そこには頼朝那須野巻狩に奉仕した光助（資）の存在は見えず、結城白河文書の那須肥前左衛門尉資長も記されていない。この系統のうち資頼の子である資光（肥前守）は『吾妻鏡』建長三年正月二〇日の記事（将軍頼嗣二所参詣供奉人）で確認されるので、那須一族を代表して鎌倉にて幕府奉仕をしている惣領と見てよい[13]。この資光の次の惣領であるが、資村（加賀守）が継承したか、疑問がある。資村と幕府との関係を示す史料が見いだせず、資村生存期間と考えられる建治元年に幕府は「那須人々」と把握している。この間に那須家惣領をめぐり混乱があったのではないか、と考えられる。結城白河文書の那須肥前左衛門尉資長は、那須隆氏所蔵那須系図（寛永一八年奥書）では資光二男（資村弟）に位置づけているが、那須肥前左衛門尉資長は那須家惣領として子息高頼に文書を譲っており、幕府との関係において惣領の位置にあった（少なくとも資長の側ではそう認識していた）。那須家惣領は肥前守資光の後、資長は出自は資光二男であるかもしれないが、長男資村の跡を襲い、幕府との関係で那須家惣領となり、高頼に譲ったと見られる。

その後は、元亨三年一〇月二五日の北条貞時一三年忌供養に参加した「那須加賀入道」を惣領と見なすべきであろう。この人物は「雲巌寺」（那須）とともに参加しているが（円覚寺文書）、那須氏からはただ一人であり、加賀入道は惣領と考えられる。この加賀入道は那須光巖寺（大田原市寺町）の洪鐘を応長元年に改鋳した檀那の「那須加賀資家」に比定できるのであり、『玉燭宝典』紙背那須系図では資村を継承した惣領に位置づけられている。那須家惣領は、資長―高頼から加賀守資家に移動したのである。これがどのような事情によるものか、直接的に語る史料はないが、北条氏との関係が想定される。文永八年一一月杵築大社三月会当役を勤める出雲国御家人のなかに「那須四郎兵衛尉」が見えるが（千家文書）、この当役負担者は北条氏に近い人々である。那須家のなかに北条氏に接近する人物がいたのであり、こうした関係を背景にして加賀守資家は那須惣領の位置を得たものであろう。

（3）　那須資長の宇都宮社頭役勤仕

こうして那須氏では資長の時に、惣領家が資長家に移った。その惣領たる地位は、嫡子ではなく、一族内から推戴されるよりは、幕府との関係で、幕府役を勤仕する存在として決まってくる、と考えられる。(14) 資長が婚姻関係を利用し「鎌倉地」を確保したのも幕府役を勤めることと関連することである。また資長は御家人惣領を確保して、その地位を保持するために、下野国一宮たる宇都宮社の祭礼役に参加した。

【史料一】関東下知状（結城白河文書、『鎌倉遺文』九一六六号）

宮城右衛門尉廣成後家尼代子息景廣与那須肥前二郎左衛門資長相論條々事、

一、鎌倉地一所町事、

（略）

一、資長召文違背事、

右、資長帰国之後、弘長三年五月被下召文畢、而依宇都宮頭役、難参上之由進請文之間、可進代官之旨、自同七月被下四ヶ度召文之処、日数違期之後、雖進代官、寄事於資長禁忌無左右帰国𫝶、資長所行頗雖為自由、資長参上之間、召問両方被裁許之上、任傍例不及沙汰矣、
以前條々、依将軍家仰、下知如件、

文永元年十月十日

右馬権頭平朝臣（花押）
相模守　平朝臣（花押）

那須資長は相論で鎌倉に参上していたが、「宇都宮頭役」のために、帰国してしまった。そのため幕府からの「弘長三年五月に下さる召文」に応じることが困難となり、代官を進めたのであった。召文は同七月まで四ケ度に及んだが、代官は期日を違えたという。また代官も「資長禁忌」を理由に帰国してしまった。ここからは、那須資長が宇都宮頭役勤仕を幕府での裁判よりも優先していることがわかるが、その頭役とは五月会と見てよかろう。資長は頭役を勤めるにあたって禁忌に服している。つまり潔斎しているのであり、宇都宮社五月会への本格的参加である。

宇都宮社頭役（五月会役）を那須資長が勤めるようになった理由を検討してみよう。初期那須氏と宇都宮氏との婚姻を記す系図もあるが、[15]那須氏系図諸本の比較研究が進むなかで、個別記事は利用されるべきであろう。入間田宣夫[16]のように那須氏と宇都宮氏との婚姻関係を想定しておく考え方も仮説としては有効であるが、鎌倉時代後期の那須資長による宇都宮社頭役勤仕は、宇都宮氏との婚姻関係が主たる契機となっていたとは思えない。それ以上に重視されるべきは、系図では嫡男ではない（寛永十八年奥書系図では庶子）那須資長が「惣領」の立場を幕府から認められたことである。御家人那須氏の惣領家に就いた人物は、地域社会でそれを表示する必要がある。那須氏全体に自己の惣領家たる地位を表示することが求められた、と考えられる。それが下野一宮たる宇都宮社

の頭役勤仕であった、と考えておく。

（4）　南北朝期那須氏諸子の分立

南北朝期の検討に入る。結城白河文書では那須太郎資宿（やがて遠江守）が出てくる。それも比較的早い時期の、建武二年八月・同一一月である。足利尊氏・直義が関東に入り、東国武士を組織し始めた段階である。それに呼応したのである。南北朝の那須文書はこの資宿（遠江守）の受給文書と、資宿から資直（周防守）への譲渡文書である。資宿は資直を那須惣領として譲っている。系図上には諸本とも資宿は載せない。ただ系図の位置関係から「資旨」が資宿と同一人物の可能性がある。「宿」と「旨」の書体が近く、諸本ともに資旨には「那須太郎、遠江守」が注記されていることも理由となる。位置関係は寛政重修諸家譜系図では資忠の次男（長男は資藤）であり、諸家系図編（『大日本史料』第六編所収）では資忠—資旨—資藤と親子関係をつないでいる。

この系統とは別に那須氏の人物が出てくる。良質の史料では、まず高長が挙げられる。興国元年（一三四〇）五月一六日北畠親房御教書は結城親朝に宛てて「那須一族高長先任兵衛尉候、御感御教書同被成遣候也」（市史一六五）と知らせて、那須方面への出陣を要請している。ここに北畠方の那須兵衛尉高長の存在が確認され、親房は結城親朝にこの那須高長との連携を求めたのであり、それをうかがわせる親房文書が散見される。だがこの那須兵衛尉高長は、康永二年（一三四三）九月、結城親朝とともに足利方に与同した「一族并一揆輩」のなかに「那須首藤兵衛尉高長」と見える（市史二七八・二七九）。南朝・北畠が那須一族のなかに期待したのは、この那須兵衛尉高長であり、おそらく親房は惣領そして一族を軍事動員する権限を与えていたであろう。この高長系がさきの資宿系とどのような関係に立つのか、不明であるが、名乗りから見て、親子兄弟ではなかろう。

次に挙げられるのが、那須資忠である。資忠は「源威集」では建武三年には尊氏方として那須高舘城で蜂起した、と見えていた。江田論文においては、幕府官途方に系図（『玉燭宝典』紙背那須系図）を提出し名国司任官を求めたこと、貞和三年（一三四七）一二月には北禅寺造営功により安芸守に任官していることとの関連から、系図作成は貞和三年以前である、等を解明された。この北禅寺は山城国安国寺の前身であるが、その足利直義を開基とし、暦応四年（一三四一）八月には十刹第九位に列せられており、安国寺造営がこれ以前であることがすでに明らかにされている。(17) したがって那須資忠の安芸守任官の成功となった北禅寺造営功は、暦応四年の直前となろう。那須資忠は暦応四年以前から在京して、足利直義に接近して北禅寺・安国寺造営に尽力し、貞和三年には安芸守に任官したのである。また観応擾乱のなか尊氏に供奉して関東に入った岡本良円は小山・宇都宮・常陸佐竹・白河を回り軍勢動員したが、佐竹上総入道（貞義）・白河弾正少弼（顕朝）は応じても那須安芸守は応じなかった、という（観応三年卯月十三日岡本良円軍忠状、市史三三七）。この那須安芸守は資忠に比定でき、観応擾乱では尊氏側に呼応しない姿勢も、資忠にふさわしい。なお尊氏とともに文和四年東寺合戦で戦い死去した資藤は、系図では資忠の子に位置づけるものが多い。

このように、南北朝期には、資宿—資直系統とは別に、兵衛尉高長、安芸守資忠という存在が政治的に並立している。これらが那須惣領を争う関係にあったと見られる。さらに那須現地の那須金丸八幡社には文和四年（一三五五）年八月一五日の記念銘をもつ鰐口が存在するが、(18) そこに旦那と記されるのは「藤原忠仿弁江州」である。これは那須一族の者と見なすのが妥当であるが、「忠仿弁江州」が誰なのか不明である。ただ「那須庄金丸八幡宮」への奉納であり、那須一族の中心的神社であるから、その旦那も那須家の惣領的存在であろう。こうして、南北朝期、那須家には、政治的・軍事的に諸筋が並立しているのであり、資宿—資直系統の伝領を示す結城白河文書は、那須氏・那須家全体の文書群の一部なのである。

三　京・西国における那須氏の展開

鎌倉期の那須氏の活動は関東を舞台としているが、鎌倉末期・南北朝期には京・瀬戸内を場として活動する那須氏が登場する。この存在をどのように位置づけるかが問題となるが、まずは西国での那須氏に関わる事実を確認する。

（一）那須蓮願の伊与国弓削島荘預所請負

まず沙弥蓮願が伊与国弓削島預所を請負い、東寺に提出した文書を提示する。

【史料二】沙弥蓮願請文（東寺百合文書な、『鎌倉遺文』二五九八六号）

請申　東寺供僧御領伊与国弓削嶋預所任料用途事

合貳拾伍貫文者

右、任料者任先例、最前致其沙汰、可令拝領任補状之処、当嶋事、聊付悪党事、於武家有御沙汰歟之由、令風聞之上者、彼御沙汰落居之後、不日可致其沙汰者也、仍進置請文之状如件、

正和五年閏十月十四日

沙弥蓮願請文（花押）

これは東寺供僧領伊与国弓削島預所（職）を、任料一五貫文を納めて、請け負ったものであるが、「任補状」は拝領することになっていた。ところが弓削島については悪党のことで、武家方にて相論が起きていて、それが決着したらすぐに任料を納めるとの請聞を出したのである。この後、沙弥蓮願は実際に弓削島（荘）預所に就任し、次のような請文を出した。

【史料三】沙弥蓮願請文案（東寺百合文書な、『鎌倉遺文』二五九九六号）

請申　東寺供僧御領伊与国弓削嶋預所職事
右職者、自供僧御中所補任給也、於御年貢者、塩六百俵大俵淀津定二箇度、七月参佰俵・九月参佰俵、用途貳拾貫文四月中追年無懈怠、可令運送于寺庫、自余雑物　等、同任注文旨、貳箇度仁可令運送、更寄事於悪党押妨以下、不可申子細、但此所者、地頭与領家御方遂三分二一之和与、於三分之二者、領家御方所被分領下地也、件御年貢以下所出　物等、任地下公文寛慶去正和二年注進状、令于問答、落居于庄家之後者、塩佰俵・用途拾貫文可令加増之、次権断事出来之時者、有得分物者、於三分之二者可為上得分、於三分之一者可為預所得分、次牓示事、預追御下知、且雖令分領下地、未指申入御使、相共可被遂其節歟、此等条々、若為一事背請文之旨者、且云蓮願、云請人、於　公家・武家可被申行於罪科者也、仍所請申之状如件、

正和五年閏十月十八日　　沙弥蓮願（在判）

弓削島預所職を請け負ったが、年貢などは次のようになる。

・年貢……塩六〇〇俵（大俵淀津定）、七月三〇〇俵、九月三〇〇俵、寺庫に運送する
・雑物……注文の旨に任せ二度に分けて運送する
・現地の所領配分……領家方三分二、地頭方三分一

雑物については、蓮願は注文を作成して、納入すべき品々を列記している（正和五年閏一〇月一八日沙弥蓮願請文案、東寺百合文書な、『鎌倉遺文』二五九九七号）。葛粉・荒和布・蒓・梅干・門苧・簾・筒切である。

預所蓮願の役割は東寺の寺庫に年貢等（塩）を運送することであるが、塩の俵が「大俵淀津定」と記されるので、瀬戸内から淀を経て京（東寺）に運送することになる。瀬戸内水運を駆使しての庄務となる。

この沙弥蓮願であるが、別の箇所では「那須五郎入道」と呼ばれている。


【史料四】承誉書状（東寺文書八、『鎌倉遺文』二六〇〇〇号）

（端裏書）
「弓削嶋」

僧承誉謹申
　当寺御領伊豫国弓削嶋所務職間事
右、於彼預所職者、被補他人之由、自地下以風聞説近日承及、為実者、不便之次第也、就中、当庄者、去正和年中讃岐国悪党井上五郎左衛門尉・大蔵房弁浅海治部左衛門尉以下凶賊等、率数百騎大勢、打入当嶋、致悪行狼藉之時、承誉以自兵料米、相具数百人之勢、捨身命致合戦、討退彼悪党等、随分致忠節畢、就之、同正和四念十二月九日補賜所務職之間、為全知行、任料参拾伍貫文沙汰進之、致所務、有限御年貢以下御公事等、無一粒未進、令進済畢、是二、次那須五郎入道就成非分望、依被補預所職、僅二ヶ年之間、雖知行、御年貢等悉不及究済之沙汰、而於承誉者、凡雖致忠勤曾不現不法、仍此等具就言上、文保二年十二月日返賜所務職之間、又別進参拾伍貫文沙汰進之畢、剰前司未進貳拾貫文、同経入之畢、然而于今不返給其足、難堪之次第也、是二（以下略）
　　元亨四年正月　日

この文書は僧承誉が弓削島預所職の所務の経緯を東寺に報告したものであるが、その趣旨は、承誉は自ら正和四年一二月に「所務職を賜り」任料を沙汰し、年貢を未進なく納めた。その後は「那須五郎入道」が非分の望をなし、預所職に補されたが「僅二ヶ年」の知行であった。再び僧承誉は文保二年一二月に所務職を回復した、ということである。那須五郎入道の所務は二年間であるから、正和五年～正和六年（文保元年）の預所職とすれば、その前後の承誉の所務期間と整合する。つまり、那須五郎入道は、伊与国弓削島荘預所職を、僧承誉の後、正和五年～正和六年（文保元年）の二年間、知行したのである。したがってさきの沙弥蓮願の弓削島預所職請分は那須五郎入道のものである。

（2）那須五郎入道

沙弥蓮願（那須五郎入道）は、東寺供僧領伊与国弓削島荘預所職を請け負い、二年間にわたり知行している。だが僧承誉の言うところでは「御年貢等は悉く究済の沙汰におよばず」（史料四）という。現地では塩を確保しながらも、東寺には納めなかったのである。

そもそもこの沙弥蓮願（那須五郎入道）はどのような人物なのか。「那須」ということで、下野国那須氏との関係が想像されるが、その前に、東寺とどのような関係にあったか、検討しておきたい。かれは年貢を抑留したと東寺供僧方から訴えられた。

【史料五】沙弥蓮願請文案（東寺百合文書フ、『鎌倉遺文』二一五九九七号）

東寺供僧方雑掌申護念寺住人蓮願抑留弓削嶋年貢間事、無跡形不実之上、当寺御領住人等事、任先規、可為武家御沙汰候歟、可有申御沙汰候、恐惶謹言、

四月廿八日　　沙弥蓮願（在判）

東寺供僧方雑掌から訴えられたことに対して、沙弥蓮願がこの件は「武家御沙汰」が先規であり、そのように取り図ってほしいと申し入れている。宛所がないが、後述する。ここで注目されるのは、東寺供僧方雑掌が年貢抑留の蓮願のことを「護念寺住人蓮願」と特定していることである。蓮願は護念寺住人なのである。寺院に根拠をもった人物なのである。その護念寺は東寺供僧方雑掌が「護念寺住人蓮願」と訴えれば京都の誰もが連想できる寺であり、判断できる、京都にある寺院と考えられる。

さきの沙弥蓮願請文（書状）には副状があった。

【史料六】道意挙状案（東寺百合文書マ、『鎌倉遺文』二一五九九九号）

東寺供僧方雑掌申護念寺住人蓮願事、尋下候之処、請文如件候、当寺関東御尊崇異他候之間、諸事武家御沙

汰者、先規候、以此旨、可令申入給候、恐惶謹言、

四月廿九日　　　　　　　　　　沙汰人道意上

進上　知事御中

蓮願の件について、沙汰人道意は「尋下候の処、請文件の如く候」という。道意から蓮願に事情聴取したら、このような「請文」が来た、と言っている。さきの史料五がこの請文を指している。この史料六は四月二九日であり、史料四が四月二八日であるから間違いない。また沙汰人道意は、この件が「武家御沙汰」であることが「先規」であることを、東寺知事に申し入れている。これは沙弥蓮願の言い分を受けながら、「当寺関東御尊崇異他候の間」と補足して、護念寺が幕府との深い結びつきにあることを主張している。護念寺は京都にあり、幕府方の支援を受けた寺と見られる。沙弥蓮願はその住人なのである。

沙汰人道意であるが、かれは護念寺住人蓮願の弓削島年貢抑留という東寺供僧方雑掌に基づき、預所蓮願を取り調べ、その結果を東寺（知事）に報告している。東寺と護念寺住人の両方に接触することができる人物なのである。「沙汰人」というのは、荘園現地の沙汰人という意味でなく、東寺に対して弓削島預所職に関する沙汰をする立場にあると解釈される。したがって京都の東寺と護念寺に近しい人物でなくてはならない。また史料四・五と関連して、護念寺長老の書状が東寺に出された。

【史料七】護念寺長老書状（東寺文書レ、『鎌倉遺文』二六〇〇〇号）

（端裏書）
「護念寺長老」

東寺申候蓮願事、沙汰人道意かやうに申て候、御心ニ候て申候、御沙汰候へく候、あなかしく、（後欠）

蓮願と沙汰人道意の申し分を東寺に伝える分脈であり、史料四とともに東寺沙汰人の道意のもとで届けられたものであろう。

この道意であるが、東寺文書のなかに見える。

【史料八】沙弥道意処分状（東寺百合文書ツ二一、『鎌倉遺文』未収録）

宛行　処分状事、

合

一所　貳段修理□

一所　壱段高田南寄縄本

一所　壱段堂田

一所　参段大高田北

一所　貳段小畠辻垣内

一所　参段堂前

（裏）「堂□二反大ハ寺かん与一殿かいめされ候也（花押）」

右件田畠者故女房土用御前之領也、而故女房死去之時、不渡処分帳之間、為父道意之計、嫡子左衛門太郎仁所分与也、永代無相違可領知之状如件、

嘉暦元年十一月廿四日　　沙弥道意（花押）

道意の娘の土用御前の所領であったが、処分状を残さないまま死去したので、「父の計」として嫡子左衛門太郎に与えた文書である。娘が一筆ごとの田畠を買得所持しているが、それを処分した父道意も同様な蓄財をもつ人物であろう。裏書きには、この堂田のうち一部を寺官が買い取った旨が記されるが、処分した道意も有徳人的な寺官であったと推定される(19)。

こうしてみると、東寺の弓削島領知には、道意（東寺寺官）―某（護念寺長老）―蓮願（護念寺住人）という人脈が関与している、と考えることができる。蓮願と道意との結びつきの背景として下京・東山における有徳人層の

交流が想像される。

（3）　護念寺

（ア）尼衆の拠る護念寺

護念寺は、室町時代には尼五山の一つであり、『満済准后日記』には東山の護念寺として見える。また南北朝期には『師守記』に散見するが、この時の護念寺の所在地が東山かどうか、議論がある。[20]

護念寺は、鎌倉末期には、京都に存在していたことを示す史料がある。

【史料九】厳島社蔵反故裏経奥書（『鎌倉遺文』三一〇三八号、写真により丹は舟に直した）

右、書写奉志者、護念開山月丹〔舟〕・月浦比丘尼、覚照二親祖母為成仏、志者面々成仏無疑、上四恩報、下地獄餓鬼四悪処、共悉利益せん、乃至法界平等利益、若又人間生セハ、転女身成男子ト大知識トナテ、衆生利益セム、

元徳貳年庚午五月十六日　　比丘尼覚照（花押）

比丘尼覚照が反故文書の裏に書写した経典の奥書であるが、書写の志の第一に「護念開山月丹〔舟〕・月浦比丘尼、覚照二親祖母の成仏のため」としている。この「護念開山月丹〔舟〕・月浦比丘尼」が、京都護念寺開山月舟とその後継者月浦比丘尼であると判断できるが、京都であることは後述する。

この厳島社蔵反故裏経奥書はこれだけではない。全体で五二巻が存在するようであるが、松井輝昭の研究[21]によれば次の点を指摘しうる。五二の経巻の奥書は書写年がいずれも元徳二年四月から八月であるが、書写人の名前が判明するのは全体で一二人であり、そのうち一一人は尼である。書写に用いられた料紙は備後国歌島公文に宛てられた文書であり、書写の場所は鞆浦小畳島・歌島である。書写した尼一一人のうち、五人は護念寺開山月

舟・前住月浦との法脈につながりをもち、二人は歌島西金寺住僧であり、残りも西金寺尼僧との信頼関係にあった。

史料九の比丘尼覚照はじめ五人の尼は京都護念寺の開山月舟・月浦比丘尼の法脈にあり、他の尼も護念寺末寺歌島西金寺住僧であるという。比丘尼覚照は自らを「西金寺住持覚照」(大方広仏華厳経、巻第六十奥書)とも書いているように、京都護念寺で月舟・月浦比丘尼に法を受けた複数の尼が備後歌島に下り、西金寺を根拠地に活動していることがわかる。多くの尼衆がこうした僧であると推定できる。

この経奥書写に用いられた反故文書であるが、多くは『歌島の中世文書』(歌島郷土研究会、二〇〇一年)に写真とともに紹介されている。正月二十一日蓮□書状には「自京都之状給□□、去年のしも月の状にて候、□□京都へのひんきの事、悦義之状一通可被進候」と見え、京都と歌島地域の交信がうかがえる。また「さても護念寺長老御かくれのよしうけたま□□、ま事にてわたらせ□□や覧、返々おとろきおほしめし候」との書状断簡もあり(同書、八五頁)、護念寺長老逝去の報を受けて驚いたことを公文に伝えている。さらに別の書状では「もし、、御のほり候ハ、かなら□京にて御たつね候へく候、こねんしへ御おとつれ□やかて、、申候へく候」(同書、九二頁)とある。「こねんし」(護念寺)が京都にあることが確かめられる。

このように、護念寺は、鎌倉末期に、京都に存在したのである。その「開山」とされる月舟と月浦比丘尼の弟子たちは、縁を頼り、備後歌島に移り、そこで西金寺の尼衆となっていた。この尼衆たちも、歌島に住み着いたが、そこに居着いたままであったか、不明であるが、京都護念寺に対する崇敬が深いので、京都との間を往復していた、とも考えられる。

(イ)中原家と護念寺・歌島

南北朝期の中原家は護念寺との関係を強めている。『師守記』には護念寺尼の記事が散見する。「今日護念寺比丘尼来臨、同道喝食、被訪留守妻室他界之故也」（文和元年九月二十六日）とあり、他界した妻室を供養するために護念寺比丘尼が師守邸を訪れている（妻室は詳しくはわからないが、中原家の人物であろう）。また貞和五年八月二三日には師守は亡母の遠忌供養を営んでいるが、導師地蔵堂長老と請僧のほかに尼衆三人を呼び、終わると布施物を与えている（同日条）。この尼衆も護念寺と見られる。また貞和五年正月一三日にはその年の「御祈始」があったが、その夜には「護念寺比丘尼来臨」とある。中原家の仏事に護念寺は結びついている。

亡母などの一族の供養に護念寺衆を招待するということは、その尼衆に中原家出身の者がいるのではないか、と予想される。「今日性等房帰寺護念寺」（延文元年三月二十二日条）と見えるように、性等房は護念寺尼僧である。その性等房は延文元年三月四日に師守邸に来て同一一日に帰ったが、「今日性等房来、為洗衣裳也」（三月四日条）、「雨降風吹、入夜休、今日性等房加灸」（同九日条）、「今日性等房帰寺」（同十一日条）と書かれている。衣裳の洗濯に師守邸に来て、師守に加灸している。この性等房は師守に近しい、中原家の女性であろう。

『師守記』には護念寺のほかに「土御門西洞院比丘尼」（貞和三年六月二十五日条）が見え、たびたび師守邸を訪れている。そこには「土御門西洞院比丘尼寮」があり、師守もそこの尼の所労を見舞っている（同年五月二日条）。土御門西洞院には尼衆を収容する比丘尼寮があった。ただこの土御門西洞院比丘尼寮と護念寺とは、高橋論文が指摘するように、別物であろう。同じ貞和五年の記事に「今夜護念寺比丘尼来臨」（正月十三日条）、「今朝土御門比丘尼正喜房来余方」（二月二十八日条）と書き分けられている。ただこの二つの尼寺は連携していたようであり、さきの性等房（護念寺尼）も「今日性等房自土御門来」（延文元年三月二十一日条）と見えて、土御門（土御門西洞院）にも関係していた。おそらくはこの時はそこの寮にいたのであろう。

（ウ）歌島と中原家

中世所領の歌島については『角川地名大辞典　広島県』（角川書店）・『日本歴史地名大系　広島県の地名』（平

凡社）に立項され解説されている。それを参考に、とくに中原家との関係を考察してみる。『和名抄』の備後国御調郡歌嶋郷が大炊寮領の歌島となったが、その知行は大炊頭を継続した中原家が担うところとなった。鎌倉幕府成立期の文治六年四月には伊勢神宮役夫工米未済所として備後国歌島が挙がっているが、それは「家清乍為地頭、自大炊寮領妨之云々、付寮可有其催也」（『吾妻鏡』同年四月十九日条）ということであり、この時期でも現地の実効支配は大炊寮の側にあった。その大炊寮側では、中原家の人物が領家となり、現地の人間を預所や公文に任じていた。『師守記』康永四年四月九日条には「今日、岩崎律師慶祐参入、以予御問答条々申所存、又祓町安堵御下文賜之、任料五貫文、然当進三貫文、二貫文進請文、自地下可致沙汰云々、申次事加問答、一結可致沙汰之由問答、可致沙汰之由申了、又御所崎一宇分安堵御下文同賜之、件地子於京都可致沙汰之由申之、其外歌嶋当年請料且十貫文、可致沙汰之由、申領状了」と見える。岩崎律師慶祐は他の所領とともに歌島を「当年請料」を一〇貫文で請け負っている。預所と見てよい。また翌々日条の頭書には「今日岩崎律師歌嶋当年公用十貫文且進上之」とあり、実際に岩崎律師が「公用十貫文」を進上している。この一〇貫文は公用であり、中原家から大炊寮に納められたであろう。預所（岩崎律師慶祐）はこの時に領家（中原家）にどのくらいの額で請け負ったかはわからないが、鎌倉末期の例がある。さきに引用した厳島反故裏経裏文書のなかに見える。

【史料一〇】歌嶋公文兼預所知栄避渡状（厳島反故裏経裏文書、前掲『歌島の中世文書』所収）

（異筆）
「此内四分一者濱左衛門入道殿可有知行候也、公用も拾貫五百伍拾文京都へ□沙汰候了」

避渡　歌嶋領家御方得分物事

右公用銭肆拾貳貫文公物加定毎年来納仁致沙汰知行来之処、今年無用途之間、於明年嘉元五丁未歳、壹箇年得分物注文別帋在之、知栄之自筆自判也依奉避渡于庵室尼御前称阿弥陀仏、公用肆拾貳貫文令進納給畢、然者於明年中得分物者、任注文之旨、不残一物知栄致所務収納之、随苅期無懶怠可令沙汰進也、且領家大外記殿御返抄所入置之也、更々不

可有違乱之状如件、

嘉元四年歳次丙午十二月　日

歌嶋公文兼預所知榮（花押）

この文書は歌島公文兼預所知栄が歌島領家御方得分四二貫文の取得権を庵室尼御前（称阿弥陀仏）に渡したものである。これによれば、公文兼預所の知栄は、公物を含めて公用銭四二貫文を納めることで知行していた。嘉元四年には、それが用立てられないので、尼御前（称阿弥陀仏）に立て替えてもらった。そこでその得分取得権利を尼に渡したのである。ただ明年の実際の沙汰は知栄が行うところであり、収穫期には懈怠なく沙汰すると言い、領家からのいままでの返抄もこの避渡状とともに入れて尼に渡すという。その領家に「大外記殿」と割書が入れてあるが、これはこの年の大外記である。中原家では鎌倉末期には師顕・師古と大外記を続けている。(22)したがって大炊寮領歌島の領家は中原家であり、現地の公文・預所は現地で活動する人物（岩崎律師慶祐や知栄）であったことがわかる。

このように歌島は鎌倉時代を通して中原家が領家であった。その歌島に西金寺という寺院が、護念寺尼僧に法統を引く尼衆たちによって営まれているのである。歌島西金寺の尼衆たちのなかには京都護念寺から来たものもいたであろう。さきに検討したように、中原家の女性のなかには、護念寺に尼僧として入っている人物もいる。中原家関係の尼衆のなかには備後歌島西金寺に移った者もいた、と想定してよかろう。そしてその尼衆たちのなかには、歌島公文兼預所知栄に銭四二貫余を用立てることができる人物もいたのであり、京都との往復も考えられよう。

（4）那須蓮願の京都〜弓削島往反

以上の検討から以下のことが推量される。①京都護念寺住人那須蓮願は弓削島荘預所として京都〜弓削島間を往復していたと考えられること、②護念寺は瀬戸内の歌島に末寺（西金寺）をもち、護念寺出身の尼層たちはその住僧になるとともに、京都との往復が想像されること、③歌島は鎌倉期以来中原家の所領であり、また中原家に関係深い尼が護念寺に入っていることから、中原家関係の尼僧が歌島（西金寺）に移っていたと考えられること。

ところで、その中原家は下野国那須荘と関係している。苅米一志は、中原師員の妻となった亀谷尼が弘長二年に鎌倉に下った尊叡に宿所を提供するとともに、その教えに感化されて所領下野国那須荘横岡郷に殺生禁断を命じたことを明らかにしている。[23] その師員妻の所領は「相伝領」と言われている（『関東往還記』）。師員妻は武家の出自ではなく、将軍頼経が京都から下ってくるのに随ってきた人物であり、京都の女官であった。その「相伝領」は、あるいは鎌倉に来てから獲得したかもしれないが、幕府から給恩されたもの（地頭職）とは考えにくい。那須荘地頭職は那須氏が所持しているのであり、一部が没収された徴証はない。むしろ京都の女官系人脈から得た所領である、と考えた方がいいのではないだろうか。

那須荘は貞応三年には「宣陽門院領」と見え（島田文書、『鎌倉遺文』三二七四号）、承久三年には那須上荘の「預所」を「領家」から預かったと称して「長山尼」が「庄務」を執行している（金沢文庫文書、『鎌倉遺文』二八六五号）。この長山尼がいかなる人物かは不明であるが、宣陽門院領那須荘領家と関係深い。宣陽門院の墓所は伏見即成院に造られ、そこには供養する尼衆がいたことが明らかにされているが、[24] 那須荘領家は即成院である可能性が高い。[25]

中原師員の妻の亀谷尼が相伝した那須荘横岡郷は、おそらく京都の尼衆がもっていた那須荘領家職（預所職）の一部であろう。亀谷尼は後年、帰京後には東山速成就院に堂を構え、亡夫所持の仏舎利を西大寺に納めた。[26] 中原家と関係深い護念寺近くで活動している。

那須蓮願がその住人となった護念寺は鎌倉と強く結びついていた。道意は「寺関東御尊崇異他候之間、諸事武家御沙汰」と言っている（史料四）。その具体的内容は不明であるが、山城国資寿禅院の例が参考になる。資寿禅院は安達泰盛娘尼如大が開いたが、文保元年一二月二五日大仏貞直書状（秋田藩家蔵文書小泉藤左衛門昌堅文書、『鎌倉遺文』二六四六八号）は大仏貞直が山城資寿禅院を管領することを承諾する旨を静念御房（宛所）に知らせたものである。資寿禅院は大仏貞直の管領という。

護念寺は幕府が管領する寺と考えられるのであり、那須蓮願はその住人となっている。幕府方の強い後援が予想される。京都の有徳人層のネットワークにいながら、幕府の保護下にある人物である。

（5）　那須五郎の文和四年東寺合戦

伊与国弓削島預所を請け負った沙弥蓮願（那須五郎入道）は「護念寺住人」であったが、その一族と思われる「那須孫五郎」が貞和六年二月四日の幕府引付頭人奉書写で備中国県主保領家職沙汰付の両使の一人に指名されている（「華頂要略」、『南北朝遺文　中国四国編二』所収）。備中に本拠を置いていると見てよかろう。

そして前述した那須五郎入道の子息と思われる人物が、文和四年の東寺合戦に登場する。

【史料一一Ⓐ】『太平記』（三十三）

三月十三日、仁木・細川・土岐・佐々木・佐竹・武田・小笠原相聚テ七千余騎、七条西洞院へ押寄、一手ハ但馬・単語ノ敵ト戦ヒ、一手ハ尾張修理大夫高経ト戦フ、此陣ノ寄手、動スレハ懸立ラル、躰ニオ見ヘケレハ、将軍ヨリ使者ヲ立ラレテ、那須五郎ヲ罷リ向ヘシト仰ラレケル、……（略）……、将軍ヨリ別シテ使ヲ立ラレ、、此陣ノ戦難儀ニ及フ、向テ敵ヲ揆ト、余議モナク仰ラレケレハ、那須曾テ一議モ申サス、畏テ領状ス、只今御方ノ大勢共、立足モナクマクリ立ラレテ、敵皆勇進メル真中へ、会釈モナク懸入テ、兄弟三人、一族郎従三十六騎、一足モ引ス打死シケル、那須カ打死ニ東寺ノ敵機ニ乗ハ合戦又難儀ニ成ヌト、（後略）

文和四年三月の東寺合戦の場面である。『園太暦』にも記事が見えるが、参加武士の実名は記載されていない。この『太平記』の記事が実名を載せるだけである。これによれば、那須五郎入道は、斯波高経を迎え撃つ将軍（尊氏）から使者を派遣され軍事動員された。故郷の母との手紙の遣り取りに励まされ、合戦に参加して、一族もろともに討ち死にした。この那須五郎入道は『大平記』の直前では「備後の桜山、備中の那須五郎、備前の児島今木大富」と見える（同、一七）。那須五郎は備中の住人とされている。弓削島預所職にあった「那須五郎入道」の名前を継承している。那須五郎入道は京都護念寺住人として京都に基盤をもっていたが、後継者の那須五郎も京都での活動基盤をもっていたと思われる。

この那須五郎は「五郎」という名乗り、また備中住人であることから、さきの那須蓮願が京都〜瀬戸内往復のなかで、瀬戸内沿岸に残した子息と見られる。鎌倉末期に京都〜瀬戸内で活動した那須氏が瀬戸内地方に分出した一族である。この那須五郎は、源平合戦活躍の那須与一の子孫であること主張している。さきの引用にて「……（略）……」の部分には次の叙述がある。

【史料一一Ⓑ】（同前）

那須ハ此合戦ニ打合ケル始、故郷ノ老母ノ許へ人ヲ下シテ、今度ノ合戦ニ若討死仕ラハ、親ニ先タツ身ト成テ、草ノ陰苔ノ下迄モ御嘆アランヲ見奉ラン事コソ想像モ悲シク存知候ヘト申遣シタリケレハ、（略）老母泣々委細ニ返事ヲ書テ申送ケルハ、「古ヨリ今ニ至迄、武士ノ家ニ生ル丶人、名ヲ惜テ命ヲ惜マス、皆妻子ニ名残ヲ慕ヒ、父母ニ別ヲ悲シムトイヘトモ、家ヲ思ヒ嘲ヲ恥ル故ニ、惜ケルヘキ命ヲ捨リ者ナリ、始身体髪膚ヲ吾ニ受テ、毀ヒ傷ラサリシカハ、其孝已ニ顕レヌ、今又身ヲ立道ヲ行テ、名ヲ後世ニ揚ルハ、是孝ノ終タルヘシ、サレハ今度ノ合戦ニ相構テ身命ヲ軽シテ先祖ノ名ヲ失フヘカラス、（略）是ハ元暦ノ古、嚢祖那須余一資高屋島ノ合戦ノ時、扇ヲ射テ名揚タリシ時ノ母衣ナリ」トテ、薄紅ノ母衣ヲ、錦ノ袋ニ入テソ、送タリケル、（略）サラテタニ戦場ニ莅テ、イツモ命ヲ軽ンスル那須五郎カ、老母ニ義ヲ勧ラレテ弥気ヲ励シケル処ニ、

将軍からの出陣要請を受ける前に、故郷の老母と手紙のやりとりをしたが、老母からは「元暦ノ古、嚢祖那須余一資高屋島ノ合戦ノ時、扇ヲ射テ名揚タリシ時ノ母衣ナリ」という母衣《ほい》を送られている。これを着けての合戦である。『大平記』には、この前後に、母衣を着しての合戦が記述されているが、その母衣は人物を明らかにするものである（母衣に名前が書かれている）。戦国期に見える旗指のようには大きくない。

伏見即成院縁起については、瀬田勝哉が詳しい検討を行っている。その縁起はいくつかの要件で構成されているが、源平合戦で義経に随って上京した那須与一は合戦に出る前に、即成院に参詣し、大願成就の祈願をしたことが、一つの要件である。その祈願で、与一は祈願の阿弥陀・菩薩に掛かる幡を切って出陣したという。この縁起の幡の話と『大平記』の母衣の話とは通じるものがある。『大平記』の話が、東寺に近い伏見即成院に入ったものであろう。

那須与一が屋島で扇の的を射落とした話は、関東那須家には伝承された様子が見られない。[27] 瀬戸内の那須氏が、現地に伝わる与一扇的の話を吸収して、自己の那須家先祖の話に組み込んだと推定できる。[28]

（6）西国の那須氏

京都～瀬戸内の世界で、鎌倉末期・南北朝期に活躍する那須五郎の前に、鎌倉中期の那須氏の存在を想定する

ことができる。備中那須荏原氏の存在である。那須系図には那須与一が備中荏原庄など五箇所を与えられたとの記事が見えるが、近世のものであり、そのままで信をおくことはできない。だが現地の『井原市史』などによれば、鎌倉時代に那須家の人物による梵鐘寄進がある、という。

【史料一二】項見寺古鐘銘（笹岡市持宝院、『井原市史Ⅲ』）

項見寺
建長三年辛亥二月二十二日
大檀那肥前三郎藤原資泰朝臣
勧進聖阿闍梨有兼
鋳物師春日永清

この銘文はこれだけでなく永禄一一年のものが刻印されている。したがってこの銘文の彫りが鎌倉期のものか、戦国期のものか、定かでない。ただ建長三年に項見寺（備中）に梵鐘を寄進した大檀那として「肥前三郎藤原資泰朝臣」なる人物がいた、と伝えられている。この肥前三郎藤原資泰朝臣は、藤原姓であり、「資」の通字を用いており、那須氏の可能性が高い。現地では荏原那須氏のなかに入れている。「肥前」を称するのは、建長三年当時に関東那須氏の某が肥前守であったので、それとの関係を意識したものであろう。「三郎」を名乗っているが、これは荏原那須氏の名乗りであるという。ただ荏原那須氏でも「五郎」を名乗る人物もいる。

そのような想定に立てば、この藤原（那須）資泰を、さきの那須五郎入道（沙弥蓮願）に先行する人物と位置づけることもできる。鎌倉時代中期から備中に那須氏が存在し、京都や瀬戸内世界で活動したという仮説である。

いっぽう、関東の那須氏も、この東寺合戦に参加したと見られる。軍記物の叙述では、この東西の那須氏が弁別されずに、同じ集団として叙述されている。合戦の場で協調することはあったかと思われるが、東・西の那須氏は分けて吟味する必要がある。

西（備中）の那須氏を叙述しているのが『太平記』であるのに対して、東の（下野）那須氏を叙述するのが『源威集』である。『源威集』も軍記物であるが、作者が結城氏や佐竹氏に比定されているように、東国的視点で書かれている。その原本は南北朝末期には原本は成立していたと見られるが、江戸時代には秋田佐竹家に写本が伝来した(29)。その『源威集』では、文和四年の東寺合戦にて足利尊氏から直接に要請されて戦闘に加わるのは「那須備前守資藤」である。彼は一族ともども七条河原にひかえていた。将軍の指示を待っている間見物していたのである。

【史料一三Ⓐ】（加治宏江校注『源威集』、平凡社、一九九六年）

七条河原ニ下居タリシ那須備前守資藤ヲ被食テ、直ニ被仰付、頼モシク依被思食、于今惜残サル丶、七条合戦及大事由申、暮ニ及間、日ノ中ニ不可有時刻、急罷向可致忠節ト云々、一族家人等将命ヲ依守ニ、終日軍ノ見物無益之由、ツヒヤキ居タル早流者共進ケリ、

将軍の命を受けて、一族、とくに早流者《はやり》がいち早く進んだ。この時の那須資藤の出で立ちを『源威集』は次のように叙述する。

其日備前守農〔嚢〕祖資忠、昔奥責之時、従頼義将軍給タリシ重代白□〔幅〕輪黒糸サルヲモタカ唐丸鎧着テ、太刀二帯、塗籠藤ノ弓大中黒巡作ノ廿五指タル征矢負タリシガ

「白幅輪黒糸サルヲモタカ唐丸鎧」という鎧を着していたのであるが、それは先祖の資忠が「奥責之時」（奥州を攻めた時）に頼義将軍から与えられたものだという。山内首藤氏系図（貞治三年、『大日本古文書山内首藤家文

書』）には「伊与殿《（頼義）》郎従」という資清がいるので、その伝承を受けているのであろう。ここの叙述は、『太平記』と比べると特徴的である。『太平記』が先祖那須余一が扇の的を射た時のことを誇り、その時に身につけていた母衣を母が出陣中の息子に送るのに対して、『源威集』では先祖が頼義将軍の奥州攻めに随った時に与えらた鎧を描く。人物名は違うが、おなじ文和四年東寺合戦の那須家大将の姿である。東国的視点の『源威集』には、那須家の扇的伝承は叙述されないのである。扇的伝承は、少なくとも南北朝期までは、瀬戸内那須家のものである、と理解できる。

『源威集』では、この東寺合戦には那須備前守資藤のほかに、那須氏の人物が見える。資藤に続いて叔父たちが戦闘に入った。

【史料一三Ⓑ】（同前）

相従ケルハ叔父那須掃部助忠資、一族ニハ伊王野・葦野・福原・稲沢討列テ、二百トソ見ヱケル、

ここに、関東那須氏は、文和四年東寺合戦には、那須氏の備前守資藤を中心にその叔父掃部助忠資のほか伊王野・葦野・福原・稲沢の一族が参加した、と叙述されている。伊王野・葦野・福原・稲沢は下野那須郡の地名であり、その地名を苗字とする那須一族が合戦に参加しているのである。この認識は関東那須氏の認識そのものではないが、『源威集』が関東で、佐竹家に近い存在の手で、南北朝期には作成されていたと見られることから、同様の認識をもっていたと想像できる。

この文和四年東寺合戦を最期に、京都での関東那須氏の活動の徴候は見えなくなる。那須越後守資忠の活動記事も見られなくなり、資忠は鎌倉公方に従う存在として（小山義政乱で明確になる）、関東を範囲とした那須家を作り上げようとする。

祇園執行顕詮は応安五年（一三七二）一〇月と一一月に「那須許」を訪ねているが、その京屋敷は「錦小路堀

川」にあった（『八坂神社記録』、同年十月十九日条）。同日に顕詮が訪問している武家は山名氏関係者などであり、西国所領に関わるものである。同年十一月十四日条には備中武並秋年貢のことが問題となっており、那須訪問はこの関係かもしれない。推定の域を出ないが、この京都の那須亭は、西国那須氏に関わるものであろうが、この後、京都の那須氏は史料に見えなくなる。こうして東・西の那須氏の連携の可能性は失われ、江戸期に関東那須家が幕府に仕える時に備中那須氏の事績を調査するまで交信が見えない。(30)

おわりに

白河結城文書は室町時代に伊王野家系那須家から白河（小峰）家に持ち込まれた文書群であるが、その文書は鎌倉中期には那須家惣領の立場にあった那須資長に関わるものと、南北長期に分裂した那須諸家の一系統の那須資宿に関わるものであった。那須氏は平安末期の内乱時代から複数系統が分立する状況にあり、鎌倉幕府成立後はそのうちの一系統が幕府との関係で惣領に認定される関係にあった。鎌倉中期までは「肥前守」・「左衛門尉」を称する系統が惣領の位置にあり、那須資長は「肥前左衛門尉」を称し、宇都宮社頭役を勤仕した。

鎌倉後期になると、関東の那須氏は北条家に接近した系統が優位に立つが、いっぽうでは京都の護念寺を根拠地にして瀬戸内方面で活動する那須五郎入道蓮願が登場する。この人物は東寺寺官（道意）との関係が深く、伊予国弓削島荘預所に就任し、京都までの年貢輸送を請け負った。護念寺は瀬戸内の備中歌島に末寺をもつが、歌島領家の中原家が護念寺と関係深い。叡尊に帰依して那須荘横岡郷に殺生禁断を命じた亀谷尼も中原家出身であった。那須五郎入道蓮願は中原氏との関係などを通じて護念寺に入りその俗的活動に関わるようになった、と見られる。その備中には建長三年には那須氏（肥前三郎藤原資泰）寄進の梵鐘があるが、この那須氏は那須五郎入道蓮願以前の人物であり、鎌倉前期には瀬戸内方面で活動した者と見られる。

こうして那須氏は、関東と京都・瀬戸内との二つの世界で活動していたが、屋島合戦の那須与一伝承は瀬戸内那須家が伝えていた。南北朝の文和四年東寺合戦に参加した軍勢に那須五郎がいるが、この那須五郎を『太平記』は備中那須氏の話として、『源威集』は下野那須氏の話として、それぞれ叙述している。おそらくは東・西の那須氏が参陣したのを、このように解釈したのである。

本章は系図を出発点にすえるのではなく、文書や記録を優先して考察をすすめた。那須氏系図研究はそれ自体として重要な問題であるが[31]、那須氏に関わる史料群全体のなかでの吟味が求められる。

(1) 江田郁夫「持氏期の那須氏」(羽下徳彦編『中世の地域社会と交流』所収、吉川弘文館、一九九四年)。
(2) 山本隆志「鎌倉・南北朝期の那須氏」(『三田中世史研究』九号、二〇〇二年)。ただし現段階から見ると、史料検討も、問題整理も不十分であった。
(3) 最近の入間田宣夫「平泉藤原氏と北関東武士団」(高橋修編『実像の武士団』所収、高志書院、二〇一〇年)は、鎌倉幕府成立期に那須氏トップが宇都宮氏に乗っ取られたというドラマチックな変革を想定する。
(4) 『中世東国武家文書の成立と伝来に関する史料学的研究――陸奥白河結城家文書を中心に――』(平成一六年度~一八年度科学研究費補助金基盤研究(B)研究成果報告書、代表村井章介)。
(5) 瀬田勝哉「伏見即成院の中世――歴史と縁起」(『武蔵大学人文学会雑誌』三六巻三号、二〇〇五年)、苅米一志「亀谷禅尼の軌跡――下野国那須上荘横岡郷の領主」(『那須文化研究』一八号、二〇〇四年)。
(6) 市村高男「白河結城文書についての一考察」(『古文書研究』一七・一八合併号、一九八一年)。
(7) 山本隆志前掲論文(注2)。
(8) 木下聡「お茶の水図書館所蔵成簣堂古文書内「小峯文書」について」(前掲書注4所収)。
(9) 佐川庄司「白河結城文書の伝来と現状について」(村井章介編『中世東国武家文書の研究』所収、高志書院、二〇〇八年)。

(10) 佐川庄司前掲論文（注9）。
(11) 山家浩樹「無外如大の創建寺院」（『三浦古文化』五三号、一九九三年）。
(12) 江田郁夫「『玉燭宝典』紙背文書中の那須系図をめぐって」（『中世武家系図の史料論』所収、高志書院、二〇〇七年）。
(13) 「惣領」については田中大喜「惣領職の成立と『職』の変質」（『歴学学研究』八五一号、二〇〇九年）参照。
(14) 山本隆志「東国武士論ノート」（高橋修編『実像の中世武士団――北関東のもののふたち――』所収、二〇一〇年、本書序章に補訂して収録）で、この考え方を提示した。
(15) 那須系図のなかで最も祖形と考えられる矢板市沢観音寺所蔵那須系図（宥弁筆、元和年間）にも資隆の注記に「始小山縁、御子十一人、後ニ宇都宮ノ縁ニ入、御息御房子宮之孫也」とある。意味するところは、那須資隆子の御房は宇都宮（朝綱ヵ）娘を妻としその間に生まれた子（御房の子）は宇都宮（朝綱）の孫である、ということである。『平家物語』では、宇都宮朝綱と那須御房左衛門は平氏の「党ノ者」である。ただ、『平家物語』では御房左衛門は与一より一世代前であるのでこの可能性は低い。寛永一八年の奥書をもつ那須氏系図（那須隆氏所蔵）は与一（宗隆）の兄が家督を継ぎ宇都宮氏の子を養子に迎えたと伝えるが（江田郁夫前掲論文、注12）、観音寺所蔵系図との比較検討などが望まれる。
(16) 入間田宣夫前掲論文（注3）。
(17) 今枝愛信「中世禅林機構の成立と展開」（『中世禅宗史の研究』所収、東京大学出版会、一九七〇年）。
(18) 大田原市那須与一伝承館『那須与一と「那須家資料」の世界』（二〇〇七年）に写真が掲載されている。
(19) 当時の京都社会に探すと、他に二人が挙げられる。一人は西園寺実兼の子であり『公衡公記』正和四年五月十七日状に見える「道意法印」、もう一人は「長徳山知恩寺歴志略」（『大日本仏教全書』所収）に見える知恩寺第四世の道意上人であるが、二人とも「沙汰人」道意とは別人である。
(20) 高島穣「護念寺の成立とその活動」（『文化史学』五六号、二〇〇〇年）。
(21) 松井輝昭「中世の紙裏文書の整理法をめぐって――厳島神社蔵反故裏経を素材として――」（『記録と史料』八号、一九九七年）。

(22)『史料纂集　師守記十一』解説「師守周囲の中原家の人々」（小林花子）。
(23)荊米一志前掲論文（注5）。
(24)瀬田勝哉前掲論文（注5）。
(25)瀬田勝哉前掲論文（注5）でもこの可能性を指摘している。
(26)荊米一志前掲論文（注5）。
(27)山本隆志「那須与一と那須家の歴史」（同編著『那須与一伝承の誕生』所収、ミネルヴァ書房、二〇一二年）。
(28)阿部能久「「那須与一」の復活」（注27）参照。
(29)加治広江校注『源威集』（平凡社、一九九六年）「解説」（加治広江）。
(30)『井原市史　第一巻』第二章「中世前期の社会と文化」（井原市史編纂委員会、二〇〇五年）。
(31)那須氏系図を那須文書との関連で検討したものには田代誠「中世下野那須氏系図の検証」（『那須文化研究』八号、一九九四年）などがある。現在知られている那須氏系図は近世大名那須家によって作成されたものである。戦国期の上那須、下那須の分裂状況などを考えると、近世作成系図はそのままでは受け取れない。矢板市沢観音寺所蔵の那須氏系図は書体から、同寺縁起を書いた宥弁の作成であり、元和年間のものと考えられる。この系図が現段階では最も古いものであり、間もなく紹介される。阿部能久「下野国観音寺所蔵「那須継図次第」について」（山本隆志編『日本中世政治文化論の射程』思文閣出版、二〇一二年所収）。那須氏系図全体の史料的検討が進むことが期待される。

第六章　上野国新田荘世良田宿の存立構造

はじめに

中世の東国において宿がどのように成立しているか、その存立構造の究明は緊要の課題の一つである。具体的作業としては東国の宿の個別事例研究が求められている。本章はその事例研究であるが、旧稿「鎌倉後期における地方門前宿・市の発展」（一九八九年）を基としている。

従来の宿研究は、私の旧稿を含め、社会経済史的視角が強く、交通・流通の要衝として宿を考えてきた。湯浅治久の宿研究史整理も、宿の論じ方（扱い方）を軸にしている。(1)人・物の移動の問題のなかで、宿も扱われるようになったが、その実態解明は進んでいるようには見えない。考古学からは飯村均が、道に沿った建物群・墓地・館がセットとなって発掘されるものを宿・市と見なしている（ただ飯村は宿と市の差を重視する）。(2)

文献を素材とした中世宿研究は、村落史研究に比べて遅れており、実態的研究の蓄積が求められている。社会経済史的視角に立つとしても、景観復元などの具体的展開が求められている。どのような自然条件のもとに、どのような交通関係のなかで存立しているか、ということの究明である。ただ研究史の現状では武士研究に政治史的研究が求められており、宿の存在形態の要件を整理するにも政治史的視角からの検討も要請されよう。

本章は、まず新田荘世良田宿の実態的復元を意図する。旧稿発表後二〇年余りを経たが、東国の宿のなかで最も具体的検討を行い得るのは世良田宿であり、その実態的考察は必須であると考えるからである。また世良田宿を支えた政治的要件として新田氏一族のあり方、また長楽寺に関係する半僧半俗者のあり方を考察することにする（東国における宿がどのような社会的位置にあるかという問題は第七章で扱う）。

なお史料引用にあたって長楽寺文書と正木（新田岩松）文書は『群馬県史　資料編5中世1』所収本を用いた。

一　鎌倉時代中後期の新田氏

世良田宿は新田荘の西部の早川沿いに位置するが、新田氏の勢力圏内にあった。また早川を西に越えれば淵名荘であり、両荘の境にあたる。そこで、まず世良田宿が成立する鎌倉中後期の新田氏諸家の存在形態を整理しておく。

（1）嫡流家の衰退と岩松家の台頭

鎌倉幕府体制が関東全体に及ぶと、新田荘にも地頭職が設定され、地頭が荘務を掌握するところとなった。ただし惣荘地頭職は設置されなかったようで、新田義兼（新田義重の子息）の代から郷ごとの地頭職に補任されている。郷地頭職を相伝・知行する新田氏は、系譜上、新田本宗家系と世良田家系に分かれる。

鎌倉中後期の新田本宗家では、新田正義（御家人としての出仕も確認できる）が寛元二年（一二四四）六月大番役勤仕の在京中に突然出家し、その所領を幕府に没収される（『吾妻鏡』同年六月十七日条）。これ以降、本宗家は衰退し、その庶子たる岩松家が台頭する（幕府は没収領を岩松氏に預けたとの伝承もある）。

世良田家では、世良田頼氏が一三世紀半ばに幕府に出仕している記事が『吾妻鏡』に散見するが、文永九年の政変で将軍の勘気を被り、佐渡に流罪となった。頼氏の兄弟頼有は、新田荘世良田に本拠を置き、現地経営を担っていたが、文永五年五月に突然全所領を亀王丸に譲り渡す（この亀王丸は長じて岩松政経となる）。

こうして、新田氏の所領の大半は、本宗家の没落により、また世良田家からの譲渡により、岩松家に継承されるところとなった。

ところで岩松氏は新田本宗系に属し、鎌倉前期から郷地頭職の補任は受けているが、幕府出仕は見えない（『吾妻鏡』に登場しない）。この岩松家が新田氏全体を代表するようになるが、その契機となった文永五年の世良田頼有から亀王丸への譲状を検討してみよう。

【史料二】世良田頼有譲状写（正木文書）

ゆつりわたす所りやうの事

かめわう丸所

一　かうつけの國（新田郡）新田庄内

とくかわのかう　よこせのかう

下江たのむら

一　たしまの國（城崎郡）上三江庄東方西方

養子事

一　さかミの國永用のかう

右、新田庄内の所りやうらハ、重代さうてんのしりやう也、上三江庄ならひに永用のかうハ、くんこうの所なり、しかるに、せんねんのころ、女源氏ニゆつりたひて、あんとの御下文を申あたへ了、こゝに、まこかめわう丸ハ、かの源氏のしそくたるあいた、これをやうしとして、ちやくしにたて、御下文幷てつきのもんそらをあひそへて、やうたいをかきて、かめわう丸に、ゆつりわたすところなり、たゝし、きやうと大ハんハ、大事の御公事たるによりて、ふけんにしたかひて、かめわう丸かは、、弁こけふんにも、はうれいにまかせて、そのようとうを、はいふんすへし、仍子、孫、にいたるまて、さうゐなく、りやうちすへき状如件、

文永五年五月卅日　　　散位源頼有（花押影）

譲渡者は源（世良田）頼有、被譲渡者は亀王丸。譲渡物件は上野国新田荘得川郷・横瀬郷・下江田村、但馬国上三江荘、相模国永用郷。問題は、譲渡の経緯を記した文であり、なかでも傍線部である。頼有は、これらの所領を、一旦は「女子源氏」に譲り、安堵下文をも与えた、という。この女子とは頼有の娘の意味であり、また長楽寺所蔵源氏系図の新田岩松政経の箇所に「母江田下野源頼有女」と注記されている人物に該当する。頼有女は亀王丸（岩松政経）の母なのである。

頼有は、一旦は「女源氏」に譲り与えた所領を、ここでは娘の子息（亀王丸）を嫡子に立てて、譲り直した。娘に与えたのであるから、やがてその所領は娘の子息に移るであろうと思われるが、娘の子息に譲り直したのである。ここには世良田頼有の強い意志を感じる。娘（世良田氏の一員）のもとに所領所有権を置いてはならないとの意志である。世良田氏の外に所領を移す意図が見えよう。何か政治的事件が背景にありそうな雰囲気である。[3]

亀王丸は長じて新田岩松政経となるが、この政経は新田岩松氏の惣領となり、父岩松経兼（道覚）から、弘安元年一〇月に所領を譲られた。

【史料二】岩松経兼譲状（正木文書）

永譲渡　　太郎政経所

上野国新田（新田郡）庄内　田嶋郷

岩松郷　　千栽（歳）郷

高嶋郷　　金井村

武蔵国（大里郡）万吉郷　陸奥国（行方郡）千倉庄、加草野定、
下総国（相馬郡）相馬御厨内野毛崎村
鎌倉甘縄地
和泉国（和泉郡）五ヶ畑　阿波国（勝浦郡）生夷庄
右、件所〻者、先祖相伝所領也、代〻手継證文等を相そへて、太郎政経に譲所也、敢不可有他妨、惣領主として、公事等をはいふんすへき也、但譲もらし（所、残イ）の所あらんをハ、政経領知すへし、但西田嶋内田三町・在家一宇、とよ御前に譲所也、同西田嶋内田二町・在家一宇、あくり御前に譲所也、この田在家等をハ政経相計て、かの二人の女子にわけあつへき也、女子一期後、政経領知すへし、野毛崎村は、女房に譲所也、女房一期後ハ、政経領知すへし、一期のほとハ、いさゝかのわつらい（ひイ）をいたすへからす、且女房のことハ、をろかならすをもひ候、一人の子ももたれす候へハ、母とをもひて心にたかはす、いとをしく、あたらるへき也、たゝ道覚かあるとをもふへき也、但田一丁・在家一宇相計て、いつれの所にてもあれ、こまわう御前にをもひ充（分あつイ）へきなり、仍譲状如件、

弘安元年十月三日　道覚（若松経兼）（花押影）

傍線部に注意すると、被譲渡者の岩松政経は、公事を配分する「惣領主」として位置づけられている[4]。書き上げられた所領の多くは、岩松氏が伝領してきたものであり、惣領は岩松惣領とも解釈できるが、「鎌倉甘縄地」は新田本宗家からの継承であろうから、この惣領は新田家を代表していると見られる。この段階で、譲状の作成者岩松経兼は鎌倉出仕者であり、したがって岩松政経も鎌倉出仕者となるであろう（幕府から新田家惣領の立場として扱われている）。

（2）　新田遠江太郎次郎覚義の妻妙阿

一四世紀初頭、新田荘現地では世良田長楽寺が火災に遭い、その再建事業が大問題となっていた。火災は正和年間のことといわれるが（おそらくは同二年か）、この再建のための所領寄進活動は、(5) 正和二年一二月に始まる。この寄進の進行過程に、当時の新田氏のあり方がうかがえるので、その史料を検討しておこう。

【史料三】 新田覚義妻妙阿売券（岡部福蔵氏旧蔵文書、『鎌倉遺文』二五〇八五号）

□(沽カ)渡上野國新田(新田郡)庄下江田村赤堀内在家壹宇・□□(田参カ)町肆段小、直銭事、
　□(合カ)佰柒拾貫文者
右□在家者、妙阿自養祖父新田下野前司入道(頼有)、于今相伝私領也、而今年癸丑十二月廿壹日、限直銭佰柒拾貫文、所令沽却也、田山堺別紙載之、彼田在家壹段在之、一年中御公事鎌倉大番用途百文□、可被致沙汰候、此外於京都大番役者、被充□(臨カ)時随分限、可被其沙汰候、此外公私万雑公事、一□□(事不カ)可有之、若又付公私、不慮之外、相違事出来、自餘所領可奉立替候、然則、背如此之約束及違乱煩子孫者、覚義幷妙阿之跡雖為一分、不□□(可知行カ)候、仍為後證、妙阿夫新田遠江太郎次郎覚義所加判形也、仍沽券之状如件、
　□(正)和貳年癸丑十二月廿一日
使三郎兵尉氏信
源頼行（花押）
沙彌覚義（花押）
尼妙阿（花押）

(裏書)「為後證文、所封裏也、
三善（花押）
沙彌（花押）」

この史料から（とくに傍線部）、次のことがわかる。新田下野前司（頼有）の養孫子たる妙阿は養祖父から譲られた新田荘下江田村赤堀在家一宇・田三町四反小を直銭一七〇貫文で売却したが（買取者はここでは不明）、夫の新田遠江太郎次郎覚義が連署して保証した。この売買物件は直後に「由良孫三郎景長妻名字を以て買得し」と大谷道海が述べているから、妙阿から由良孫三郎景長妻（実際にはその父大谷道海）への売却であった。そしてこの物件はやがて長楽寺に寄進された。

ところで、この妙阿なる人物であるが、これを大谷道海の娘とする想定もあるが[6]、そうするとこの売買は大谷道海の娘の間（姉妹間）のものとなる。大谷道海は元亨三年一一月九日に小角田村畠一町八反を長楽寺に寄進しているが、それは「妙阿聖霊毎月廿九日霊位」「毎年四月廿九日年忌」を弔うためであった。妙阿はこの年（元亨三年）四月二九日に死去したのであり、その霊を弔うよう（月忌、年忌）願っている。

この元亨三年一一月を初見として、大谷道海に所領を売却する（長楽寺に寄進することに結びつく）人物が登場する。世良田満義である。世良田満義は妙阿の死を契機にして所領を売寄進し始めるのであり、妙阿を満義の娘と想定したい（道海はこの協力者満義の娘の霊供養を念じたのであろう）。

後述のように、大谷道海買得の物件は長楽寺に寄進するに、買得者道海の寄進状とともに売却者の寄進状も出されるが、世良田満義寄進状には「氏寺たるにより」「先祖代々氏寺たるにより」という文言が入っている（署判は源花押）。満義は長楽寺を「氏寺」と強く意識したのであるが、「故参州《（世良田頼氏）》妙応菩提のため」とも言っており、世良田氏菩提寺の意味である[7]。

妙阿売券に連署している夫の新田遠江太郎次郎覚義は、「遠江」が岩松系の官途であり、岩松家の一員であろう（ここにも岩松・世良田の結びつきが見られる）。だが妻妙阿は世良田家の出自であったので、菩提寺長楽寺再興活動に参加するところとなった、と考えることができよう。

二　世良田の宿と市

（一）　世良田宿・市の成立

長楽寺は承久三年（一二二一）世良田義季を開基（檀那）として、栄朝（栄西の弟子）を開山として建立された。鎌倉時代の住持は初代栄朝以来禅密兼学者がほとんどであり、純粋禅の寺院ではなかった。(8)この長楽寺の門前に宿と市が成立する。初見史料は次のものである。

【史料四】長楽寺住持院豪文書注進状（長楽寺文書）

注進文書惣日記

一、女塚御寄進状
一、上江田堂墻内寄進状
一、小角殿重安堵状
一、檀供寄進状
一、世良田宿在家日記
一、塔頭寄進状幷金津殿寄進状
一、二宮文書アマタユフ
一、入道御房御文
一、律師御房譲状
右、文書注進之状如件、
弘安四年辛巳六月十五日　　院豪（花押）

この文書は、長楽寺住持第三世院豪の発給であるが、同第四世元空に与えたものと思われる。院豪は弘安三年住持を退き、塔頭正伝庵にいたが、この文書目録をしたためて次の住持元空に渡したものであろう。

この弘安四年（一二八一）の文書注進状に「一、世良田宿在家日記」が含まれていることは、長楽寺住持の文書の一つとして「世良田宿在家日記」が作成されていたことを示す（「在家日記」そのものは現存の長楽寺文書のなかにはない）。したがって、弘安四年以前に世良田宿在家日記が作成されていたことが判明し、その前提には世良田宿が成立していなければならない。

また「世良田宿在家日記」を長楽寺住持が所持し、住持から次の住持へ相伝されたということは、この世良田宿在家日記が長楽寺によって作成されており、宿在家からの地子銭徴収の台帳であったことを意味しよう。つまり世良田宿は長楽寺支配下にあったのである（ただ世良田宿全体が長楽寺の支配下にあったか否かはわからない）。「世良田宿在家日記」とは、世良田宿にある在家（屋敷）とその所持者を書き上げた帳面であろう。

以上は世良田宿が成立していたことを考察したのであるが、世良田宿のなかに市が形成されていた。徳治二年（一三〇七）の源成経の所領売券と寄進状にそれがうかがえる。

【史料五】源成経畠地売券（長楽寺文書）

□（依）有要用売渡永代畠地事

合伍段半、直銭拾柒貫五百文、

（異筆）「万雑事売也」

□（右）畠地者、上野国新田庄中今井郷内成経知行分、世良田宿四日市場北並堀籠内半分定五段半於、依為相伝私領、限永代所売渡大舎人氏女実正也、聊不可有違乱煩、仍為後日證文状如件、

徳治弐年二月十一日　　源成経（花押）

【史料六】源成経寄進状案（長楽寺文書）

上野国にんたのしやう中いま井の内、せらたの四日市のきたの野畠壹反を、本しゆおはのゆいこんにまかせて、せらたの長楽寺へ万雑公事をちやう（し脱カ）して、くゐしんたてまつる状如件

得（徳）治二年大才丁未二月十一日

源成経在判

【史料七】源成経畠地売券案（長楽寺文書）

よう〳〵あるによてうりわたす、上野国新田しやう中いま井のかうのうち、せらたすくのきたにほりこめのうち、ひんかしにそへてはたけ五反半、ならひにきたにはたけ九反、あハせて壹丁四反半ハ、なりつねかさうてんのしりやうたるあひた、ゐいたいをかきて四十貫文ニたけふちの三郎太郎殿ニうりわたすところしち也、もしかの處いらんさまたけあらは、なりつねかちきやうふん、をなしきしやうのうちいゝつかのかうのうちにおなしほとのかハりをたてかへ候へく候、よてうりけんのしやうくたんのことし、

とくち（徳治）二ねん五月廿九日

源成経在判

史料五は源成経（世良田氏庶子と推定される）が畠地五反半を大舎人氏女に売却した文書であるが、成経はその畠地の所在を、中今井郷内成経知行分であること、かつ世良田宿四日市場北並堀籠内の五反半であること、に限定している。つまり、畠地の所在を二通りに表示しているのである。図示すると、

史料五の畠地｛中今井郷内成経知行分
　　　　　　　世良田宿四日市場北並堀籠内

となる。史料五の畠地は中今井郷内にあり、それを「世良田宿四日市場北並堀籠内」とも表現しているのである。このことは中今井郷が世良田宿を包含しているか、または両者が接していることを意味していよう。

同様に史料六・七の文書を理解すると次のようになろう。

史料六の畠地（野畠）
　中いま井の内
　せらたの四日市のきた《（北）》

史料七の畠地
　中いま井かうのうち
　せらたすくのきたにほりこめのうち

史料五～七の畠地は源成経が中今井郷内にもっていた知行地であり、各々別々の物件と考えられる。ただ、その畠地の各々所在を、世良田宿四日市との位置関係で表現している。このことは中今井郷と世良田宿が接していることを示しているが、その地理的検討は後まわしにする。

さて、源成経が中今井郷内に知行する畠地の位置関係を示す起点とされたのは、「世良田宿四日市場」（史料五）、「せらたの四日市」（史料六）、「せらたすく《（宿）》」（史料七）と表現されている。宿と市の包含関係が明瞭ではないが、世良田宿のなかに市が形成され、外に向かって延びている様子がうかがえる。

このように鎌倉末期の徳治二年には世良田宿に市も生まれていたことが判明したが、それは世良田宿在家日記が作られていた弘安四年に遡るであろう。さらに世良田宿の成立が一三世紀中頃と想定したが、四日市の成立もその頃と思う。

（2）　世良田宿における所領の錯綜

史料五～七の所有者は源成経であった。この成経を『新田義貞公根本史料』は新田本宗系鳥山時成の子で系図には「経成」と表記される人物である、と推定している。系図（『尊卑分脈』など）によれば鳥山氏は「成」字をもつ人物が続いている。源成経は鳥山家に属すると見てよかろう。

その鳥山成経は、史料五では世良田宿四日市場北並堀籠内に半分で五段半（一町一段）、史料六では世良田四日市の北に野畠一反、史料七では世良田宿北堀籠に五反半と九反の計一町四反半、の所領を有していた。合計二町六反半に及ぶ所領であるが、「相伝私領」である。史料六では今回の長楽寺への寄進が「本主おば」の遺言に基づくと言っているので、本主はおばであった。つまり父・母の姉妹が本主であった。この本主も新田一族かその婚姻者である。

また史料七からは、この物件の買得者が「たけふちの三郎太郎殿」であることがわかるが、この人物は詳しくはわからない。ただ官途がなく、「三郎太郎殿」と称しているので、凡下かと思われる。

このように世良田宿の内部には、新田氏系一族の所領が錯綜するように存在し、また凡下の所領もあった。しかも、その内容は畠と野畠である。また嘉暦二年一〇月二九日牧翁了一寄進状（長楽寺文書）に見えるように、「六日市庭並柚垣在家」もあった。多能な物件が、水田ではないが、設定されていたのである。

接する今井郷には、新田氏館と推定される惣持寺、また平賀氏堀内も存在し、世良田には、新田氏諸家の所領が錯綜するように、存在していた。新田氏居館の周辺に一族が所領をもち、おそらくは宿所をもっていた。惣領家館に接する宿としての面も認められる(9)。

（3）世良田宿の歴史地理的検討

次に世良田宿・市の所在地を復元しつつ、その立地条件をも検討してみる。中世史料が不足しているので、近世絵図を主な素材とする。

弘化二年の「世良田郷絵図写」(10)（太田市尾島町粕川成一氏所蔵、トレース図を掲載、図6-1）は、長楽寺・惣持寺を中心とする世良田の町割、周囲に広がる田畠と水系などを描いていて、その様子は多分に近世的なものである。ただこの絵図には「八日市」の注記があり、検討に値する。

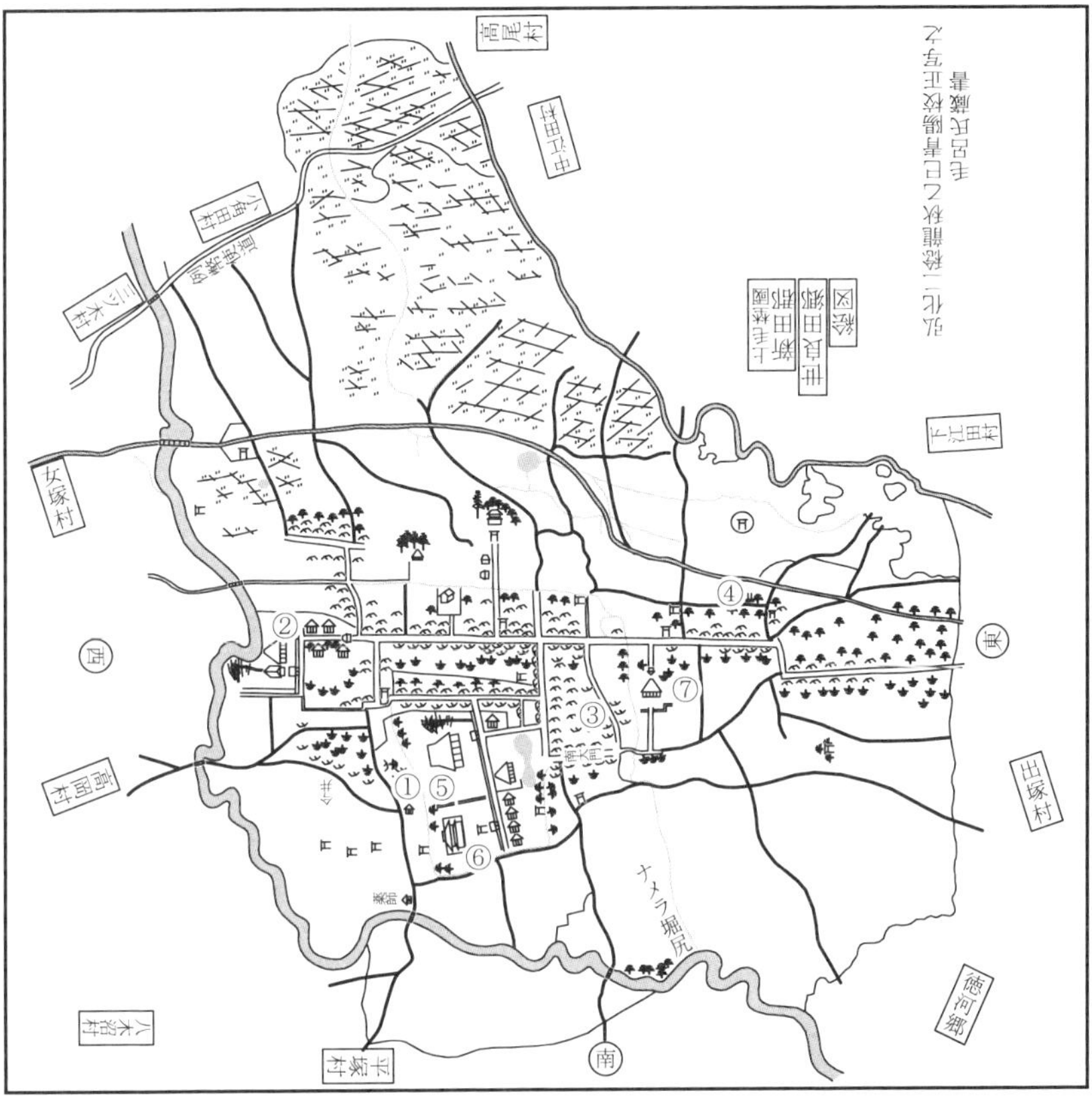

〔図6-1　弘化2年「世良田郷絵図写」トレース図〕（『国史談話会雑誌』28号を参照して作成）
①薬師堂　②惣持寺「新田幡摩守正四位下左中将義貞公之古城成ル故ニ、新田号館ノ坊。今ニ角櫓ノ跡有。官軍惣大将義貞公者、延元壬七月越前国足羽ニテ打死。御嫡子義顕公同二年三月十八日於金崎ニ打死。義興公武州於矢口渡ニ水死ス。神霊ヲ新田大明神ニ奉崇。故ニ當別所也。」③八日市
④二躰地蔵「太平記ニ曰、鎌倉北条高時ノ使、黒沼入道成敗跡。」⑤良田山長楽寺「當山ハ人皇八十二代後鳥羽院之勅宣ニテ榮朝禪師ヲ開山トス。東関最初禪屈ト賜ル勅額ヲ。大祖義重義兼義季檀主ト成テ、大檀那ノ寄進多状有故、戦国ノ砌ハ金山ニ登山ノ時、寺中ヨリ馳馬ヲ出シ加勢ス。依之長樂寺七騎ト云菊池、加藤、今井、内田、飯田、赤名、濟木以上、又徳河四郎義季公ヲ地中ニ奉崇ト云。外ニ諸家ノ廟所有之。」⑥東照大権現御玉屋　⑦普門寺「當山ハ新田代々重寶舎利塔、系圖込置、是ヲ安置ス故、御祈禱所也。義兼公四男政氏公之御建立八幡宮尊體裏ニ書附有リ。古書ニ見ヘタリ。又、或人ノ曰、昔焼失シ今其舎利塔者無之ト云。又曰、惣持寺ニ重寶舎利塔有之。」

絵図を見ると、長楽寺は本堂も三仏堂も東向きであるから、正面は東でなければならない。この方位関係は中世と同じと思われ、勅使門の東に「南大門」と注記があるが、ここに中世の大門（表大門）があったと考えられる。勅使門から北上すると「大門」と注記があるが、これは裏大門であろう。

次に道。中世の道と考えられるものは「南大門」（表大門）に集まる。逆に言えば「南大門」から諸方向に延びているのである。まず「なかぜみち」（中瀬道）は「南大門」から南に下り「ナメラ堀」を渡り、東行してしばらくで再び南下して中瀬（利根川の南）に向かう。この道は途中徳川（中世郷）を通る。中瀬は上野・武蔵国境にあり、利根川沿いに河岸がある。

次に、「南大門」から南下しながら西行する道は長楽寺敷地南境に接して西へ延び、薬師橋で早川を渡り、利根川沿いの平塚河岸に出る。利根川を渡り、この道を西へ行くと横瀬（戦国期に金山城主となった由良＝横瀬氏の本貫）に到る。また、「南大門」から東に延びる道は若干北に向きを変えつつ東行し、尾島（中世では岩松郷）に到る。

このように、東、南から長楽寺と結ぶ道で中世のものと考えられるものは「南大門」前に集まるのである。北、西はどうであろうか。ここでは、まず近世に整備した道を考慮しておかなければならない。惣持寺からまっすぐ東に延びる道は、この道に沿って惣持寺に近い方から「上町」「下町」があり、この絵図には見えないが昭和十七年の群馬県新田郡世良田村地図（図6-2のベース・マップ）には「中町」（中宿町とも言う。絵図では「大門」のすぐ東にあたる）もある。惣持寺では近世後期に義貞祭が盛んとなり[11]、その参道が整備された。それに沿って上・中・下町が生まれたものと考えられる。また「大門」からまっすぐ南に延び勅使門に到る道も、その途中が「新町」と注記され、江戸期のものであることがわかる。長楽寺北境の直道と、長楽寺を二分する直道も、東照宮への道として整備したものと考えられ、江戸期のものであろう。

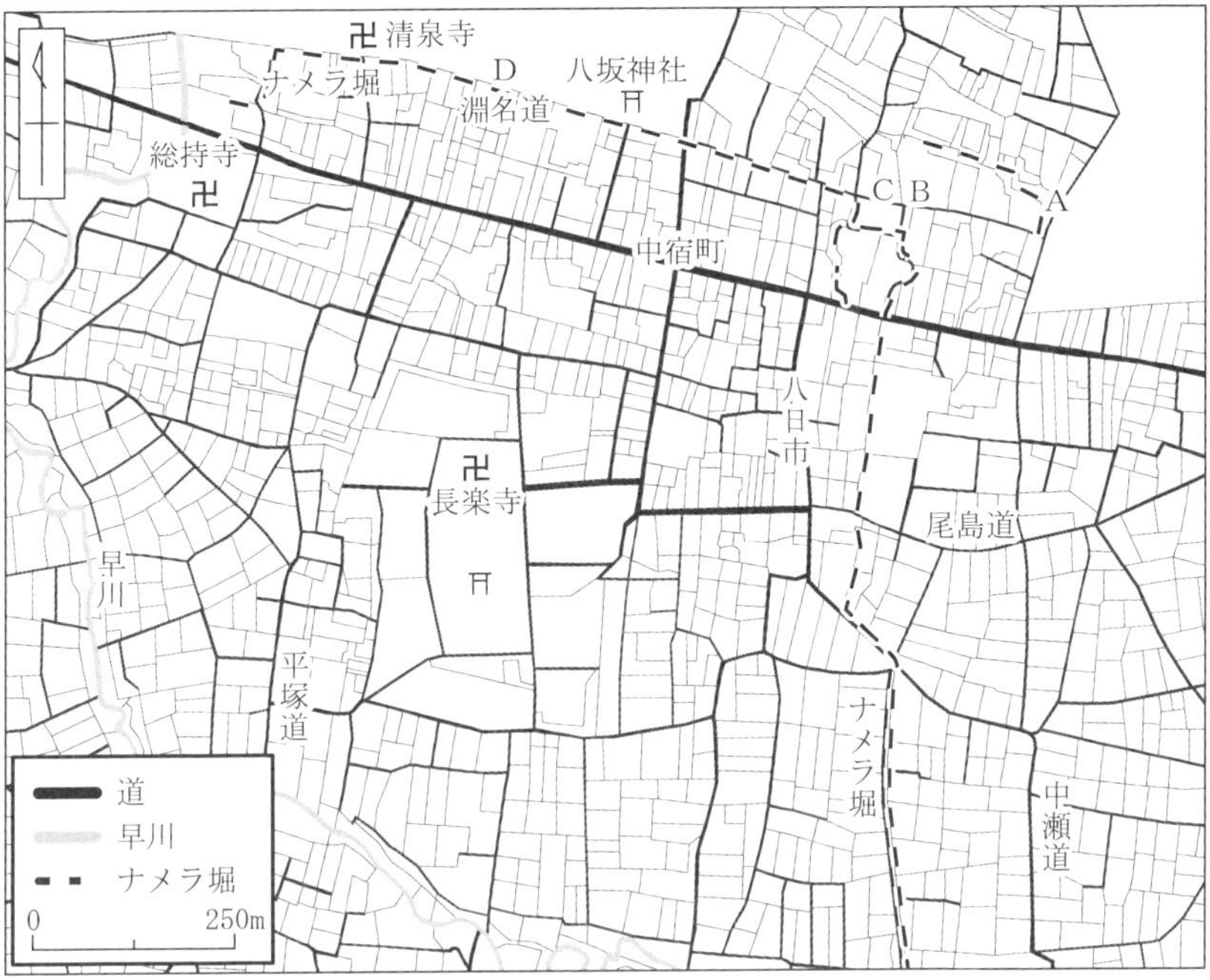

〔図６－２　世良田宿市復元図〕　（作成 山本隆志）

長楽寺の勅使門の東には「焔魔堂」「虚空蔵」などが描かれ、これは現在でも跡が残るが、これらは大門の門前に造られた堂であろう。つまり、尾島、中瀬の各々から長楽寺に向かう道が合流する点があるが、そこが長楽寺門前であったのである。北に向かう道は、その合流点から「八日市」を通り、「大門」（中宿町）を北上し、「ナメラ堀」（この堀については後述する）沿いの道を西に向い、伊勢崎方面（中世では淵名荘）に進むのである。

以上の検討から、「南大門」から勅使門の間、「大門」から勅使門の間の両区間は中世では長楽寺の寺域であったと考えられ、長楽寺門前の宿・市はこの寺域と寺域外との境界区域に存在していたと推定される。宿や市が交通路に沿ったものであることを考慮すると、絵図上に注記された「八日市」の位置は整合的であり、中世の「四日市」の転訛と考えてよい。一層厳密に想定すれば「四日市」の転訛した「八日市」がこの場所に地名として残ったのであり、「四日市」の位置はここだけでなく交通路沿いに延ばしてよい。

また昭和初期の地図には絵図の「大門」（昭和初期の地図では大門町と言う）の東隣りに「中宿町」がある。これは前述の通り、惣持寺に近い方から、上町・中宿町・下町と参道に沿って置かれたものであるが、「中宿町」とされたところに、中世の宿の名残りが見られる。

ところで史料五〜七の文書によれば、世良田宿と中今井郷が接していた。現在は「中今井」の地名は残っていないが、世良田と中今井の関係について検討しておく。

延文四年（一三五九）卯月十日世良田義政寄進状（長楽寺文書）は長楽寺に在家一宇・田・畠を寄進したものであるが、その所在を「上野国世良田郷後閑三木内」と記す。世良田郷内に後閑三木があったことがわかる。「後閑」は空閑（荒廃地）から出る語句であって、荒地のなかに三木が生まれたことが予想される。この三木は世良田の北に位置する。つまり世良田から開発が北に延びて、荒地のなかに三木という村落が生まれたのである。また三木は「三木村」とも表現される（延文四年四月一六日僧法清・沙弥常如渡状、長楽寺文書）。

一方、康安二年（一三六二）七月三日平賀重光寄進状（長楽寺文書）は田一町を長楽寺塔頭正伝庵に寄進した文書であるが、その所在を「上野国上今井郷内三木之深町」と記す。ここでは「三木」は上今井郷内と表現される。上今井郷からの開発も三木を形成したのである。

また世良田郷は長楽寺寺領目録（長楽寺文書）に「世良田郷内在家一宇康元二年二月十日……」と見え、一三世紀中頃には郷として成立していた。さらに上・中・下の今井郷であるが、史料上の初見は、上今井《（居）》郷と下今井《（居）》郷は建保三年（建保三年三月二二日将軍家政所下文、正木文書）、中今井郷は元久二年（元久二年八月日源実朝家下文、正木文書）である。整理すると、今井郷がまず上・中・下で分割され（一三世紀初）、次に世良田郷が成立した（一三世紀中頃）。一三世紀中頃には中今井郷と世良田郷は併存しているのである。ここから中今井郷・世良田郷・

世良田宿の三者の関係性が問題となる。

現存する地名としては、西今井（上今井の一部）のほか、惣持寺南東に今井、普門寺南東に下今井がある（図6-1）。中世史料のなかには普門寺の所在を「上野国新田庄今居千手堂如意山普門寺」（日光山輪王寺応永三年一〇月一三日一日頓写「大般若経」奥書）と記すものもある。したがって今井は早川流域・ナメラ堀に沿って上から上今井・中今井・下今井と分布したと考えられ、長楽寺（世良田）を東西にはさむようにも分布する。これを整合的に理解しようとすれば、分割生成した中今井郷のなかに世良田（宿・郷）が生まれた、ということになろう。こうなると、世良田宿は中今井郷にも世良田郷にも含まれることになる。

次に史料五・七の文書に見える「堀籠」を検討する。堀籠は一般に水路（堀）によって区画された場所を指し、世良田周辺では女塚の一画に、早川と水路に囲まれた場所の地字名（堀込）として残っている。

史料五では「世良田宿四日市場北並堀籠」とあって、世良田宿四日市場の北に並んでいる堀籠と読める。堀籠は世良田宿と中今井郷との境界に位置し、堀によって囲まれた区画となる。

先に検討した弘化二年の世良田郷絵図写（トレース図）には、世良田の町を囲むように「ナメラ堀」が描かれ、小河川や湧水がこの堀に流れこんでいる。ナメラ堀は船田入道屋敷と伝承される館をめぐっている（図6-1）。船田入道は新田義貞の直臣船田氏と考えられ、鎌倉末期からの人物である。この伝承が正しければ、その館をめぐるナメラ堀もその当時のものとしてよい。発掘調査の知見では[12]、ナメラ堀に近接する地点から、鎌倉後期から南北朝期の遺物が発見されている。すなわち、図6-2のD地点からは弘安元年と永和三年の板碑が井戸のなかから、C地点でも康安二年の板碑が井戸のなかから、各々発見されている。さらに、ナメラ堀の外側にも別の堀が存在し、発掘調査ではA地点からは建武年間の板碑、B地点からは宝徳二年の板碑が発掘されていて、その他の遺物（土鍋など）もそれに矛盾しない。このことはナメラ堀に沿った区域が鎌倉後期には開発されていたことを示していよう。ナメラ堀は鎌倉後期まで遡ると想定していいのではないか。世良田宿の開発が進むなかで、この堀もつくられたと想像もできる。

A地点の堀は西へ延びていたと予想され、ナメラ堀との間は堀に囲まれた区画となり、「堀籠」と呼ぶにふさわしい。世良田宿と中今井郷との間には堀に区画された地字があった可能性が高い。徳治二年（一三〇七）の文書（史料五）に「世良田宿四日市場並堀籠」というのはここであろう。

長楽寺を中心とする世良田宿は周辺に堀をめぐらして、しかも堀を新しく外側に造成することによって外延的に発展していった。この結果が、南北朝期に「世良田郷後閑三木」と言われるように上今井郷との間に三木村を生み出したのである（前述）。

この動きは当然、世良田と包含関係にある中今井郷内にも見ることができた。

【史料八】牧翁了一寄進状（長楽寺文書）

奉
　寄進普光庵法照禅師塔頭
　　中今井郷内六日市庭並柚垣中在家一宇事、
右所者、相副本文書、所奉寄進普光庵實也、仍寄進状如件、
　　　嘉暦二年十月廿九日
　　　　　　　　　　　　牧翁了一（花押）

この文書は長楽寺第一〇世住持了一が在家一宇を塔頭普光庵に寄進したものであるが、その在家の所在が「中今井郷内六日市庭並柚垣中」とされている（六日市庭並柚垣は六日市庭に並ぶ柚垣と読むべきであり、そうでないと六日市庭全体とその一部の在家を寄進することになってしまう）。中今井郷内に生まれた六日市場にある在家である。

この在家一宇が長楽寺住持によって塔頭普光庵に寄進されているのだから、この在家得分は長楽寺の知行でなければならない。

中今井郷は世良田宿の北に重なるように存在しており、そのなかに「六日市庭」が生まれたのであるから、これは世良田宿四日市の外延的延長の産物と考えられる。長楽寺が中今井郷内六日市場の在家支配権をもっていることは、長楽寺門前宿市の延長と考えるのに整合的である。

以上、煩わしい検討をくりかえしたが、鎌倉後期には長楽寺門前に宿と市が形成された。堀割を二重、あるいは三重にめぐらしながら発展している。これが世良田宿の核の一つである。それを中核としながら、北（あるいは北西）に向かって世良田の勢力は発展し、中今井郷に六日市を生み出し、上今井郷に「世良田郷三木」を形成したのである。

（4）　世良田宿の有徳人

世良田は交通上の要衝である。利根川水系の中瀬河岸・平塚河岸に近く、さらに早川水系に接している。弘化三年世良田郷絵図で検討したように、世良田（長楽寺）は上野中央部・武蔵と結ばれている。上野中央部から世良田を経て武蔵・鎌倉に到る道が、鎌倉後期には開かれていた。

【史料九】年欠九月二七日源阿書状（金沢文庫文書、『群馬県史　資料編中世2』四〇一号）

心月御房寺もろつかハ、武州ニハ何郡と申所にて候哉覧、不知候之間、人をも不令進候、何郡内と慥ニ可承候、せらた寺よりハ、何程のとをさにて候哉覧、委可承候、

【史料一〇】年月日欠源阿書状（金沢文庫文書、同前四〇二号）

何事候哉、不承及候之間、尤不審覚候、所労御事欤由伝承候き、何躰にや、よにおほつかなく覚候、又武蔵

もろつか心月御房等、何郡内にて候やらん、せらたよりは何程のとをさにて候やらん、にかハやしと申宿よりハちかき所にめ候か、くハしく御迎事ニ仰給候□

史料九は源阿から明忍御房に宛てられた書状の追而書で、鎌倉後期のものと考えられる。[13] 源阿は、明忍御房の滞在する「(武蔵国)もろつか」(心月房の所在地)が何郡内にあるか詳しく教えるようにと言い、世良田からはどの程度の距離にあるのか、を尋ねている。源阿はおそらく称名寺にいる僧であろう(文書の残り方から)。

史料一〇は同じく明忍に宛てた書状であろうが、「武蔵もろつか」(心月房)の所在を、世良田からの距離、武蔵苦林宿との位置関係で尋ねている。苦林宿(入間郡毛呂山町)には鎌倉道(上道)が通っていて、交通上の要衝である。[14] 上野世良田を通過した道は、利根川を渡り、武蔵のどこかで鎌倉上道に合流し、苦林宿に到る、と考えられる。

【史料一一】勅諡覚源禅師平心處齋和尚年譜略(『大日本史料』第六編三十一所収、「禅林僧伝」三)

徳治元年

師二十歳、十二月末、覚照曰、鈍鳥不離巣、汝何去不他遍参、応命使出、欲尋知識、同二十九日、至越後同門之寺越年、爰五里之外、有光明蔵之講談、屢留聴聞之、更善知難逢、師忽然思惟、覚照禅師被戒吾不信懈怠、実老婆心切之儀也、不可求他知識、自厥赴鎌倉、上野国世羅田之門前一宿、亭主問云、御僧如何会裡、答曰、尋福寺林叟和尚弟也、亭主云、承聞明匠也、主人云、爰有読誦書写之法会、其人衆一人欠之、御僧如何、師曰、浮雲流水身、只自然耳、亭主開喜悦之眉、即為結集、法事過了、受贓金一緡、帰壽福寺、

この史料は覚源の年譜であるが、師覚照(壽福寺)の勧めで、知識を求めて越後に赴き越年したが、満足せず、その年(徳治元年=一三〇六年)鎌倉に戻ることになり、上野国世良田門前に一宿した。その宿の亭主との問答が興味深いが、覚源は越後から鎌倉に向かうのに世良田を通り、そこで一宿しているのである。「年譜」の限り

では、覚源の世良田通過は長楽寺に寄るというものではない。むしろ宿の亭主らとの交流が「年譜」の主題になっている。覚源が世良田を通ったのは交通上の要請によるであろう。鎌倉末期には、越後から上野国中央部を経て世良田を通り、武蔵・鎌倉に向かう道が盛んになっていたためと考えざるを得ない。

さて、「年譜」のなかの宿の亭主との交流を検討してみよう。世良田宿の住人の性格の一面が究明できるように思う。長楽寺門前の宿で覚源に宿を提供した亭主は、覚源の師を問い、高僧であることがわかると、「読誦書写之法会」の「人衆」が一人欠けたので加わらないかと誘う。覚源はこれに加わり、「結集」して、法事（読誦書写の法会）が終ると、銭を受け取り、鎌倉に帰った。

世良田で宿を営む人間は、同様な人達が集まり（結集して）、「読誦書写之法会」を営んでおり、「人衆」に欠員が生じれば旅の僧を銭で雇い、法会を実行するのである。

この宿の亭主の存在は極めて興味深いが、覚源年譜の別の一本は次のように伝える。

【史料一二】覚源禅師年譜（『大日本史料』第六編三十一所収、定光寺所蔵）

（前略）師廾才ノ時、歳末ニ覚照ヲホセケルハ、寺モ寂寥之時分ナリ、汝越後エ下リ歳ヲ越サレヨ、応レ命ト下向ス、路次遠ケレバ、廾里計充走ケレハ、門徒之寺エ十二月廾九日付レタリ、彼寺住持ニ掛塔為ト申サレケレハ、不及子細被免、及明年師念言サ(セ)ラル、徒《イタスラ》ニ年月ヲ送事不レ可レ然《ト》思立テ、学文所ヲ尋ラル、自是五里計奥ニ光明蔵読僧アリ、嘘状ヲ付ケルニ、驄而領掌アリ、此読テハ只非《ス》ニ禅録一ニ、内典外典八宗兼学之人ナリ、天竺本朝無双之学生也、延暦寺之伝教・慈覚、又高野弘法大師《ニモ》不レ滅《ヲトラ》ノ明匠也、光明蔵終テ、又越後ヲ立テ鎌倉エ赴《ヲモムキ》給、上総(ママ)国セラタノ門前ニ宿ヲ借ル、サブライカマシキ人ノ所一宿セラル、彼躰(亭)主申ケルハ、若僧ハ経ヲ読誦書写サセラレ候カ、経会ト申事アリ、人数不足ハ雇《ヤトイ》可申候トアリケレハ、如形文字ヨミ計ヲハト申サル、彼主悦テ、経奉行ニ案内ス、驄而経衆タリ、但シ若僧ハ如何ナル和尚之御弟子ソト問ル、我等鎌倉壽福寺林叟和尚之小子《ラ》ナリト答エ給エハ、サテハ明匠ノ御弟子トス、経会一七日過テ施物一貫文アリ、驢而鎌倉エ付、(後略)

先に掲げた史料一一と同じ場面を引用したが、話の筋道は大略同様でありながら、こちらの方がやや説明的文言が多く、時代は下ると思う。ただ世良田の長楽寺門前で宿を借した亭主とのやりとりは同様である。宿の亭主は「サブライカマシキ人」と言われ、俗人で武士的様相を呈していた。経読誦書写の経会を営んでいることは同じだが、その仲間(経衆)には「経奉行」がいる。覚源は経衆に加わり、七日間の経会が終わると、一貫文の銭を受け取り、鎌倉に帰った。

ここからわかるように、世良田宿の住人は、武士的外観をした俗人で、集団(経衆、結衆)を形成して経会(経の読誦書写)を営んでいる(半僧・半俗的存在)。結衆に欠員が出れば銭で旅僧を雇う。それだけの財力があったのである。覚源に支払われた銭(一貫文)は、経衆としての惣財産からであろう。

この「サブライカマシキ人」「経衆」は長楽寺関連の坊の住人であろうが、世良田には寺社が多く、その需要に応える職人も存在した。常陸国法性寺(常総市)の如意輪観音像は応安五年のものであるが、大檀那二人・仏師一人を記す。二人の大檀那は「上野国佐貫庄青柳住人」と記され、仏師(加賀坊長慶)は「かうつけの国せらたの住人也」と書かれている。(15) この仏像を本来所有していた寺は不詳だが、利根川水系に沿った地域の寺であろう。佐貫荘青柳(館林市)も利根川に近い。世良田住人の仏師(加賀坊長慶)は出張して製作したのである。世良田の仏師への需要が利根川水系の地域に展開していたのである。世良田住人にはこのような仏師もいたのであるが、長楽寺が発展する鎌倉後期から想定していいと思う。

このような存在が、鎌倉後期には世良田宿を本拠にしていたのであり、かれらこそ有徳人と呼ばれるにふさわしい。『太平記』には、北条高時が「新田庄世良田ニハ有徳ノ者多シ」と、五日のうちに六万貫を納めるように命じたと記されるが、この「世良田ノ有徳者」はここに見るような経会を営む世良田宿住人を含むものであろう。東国では室町期に「富裕仁」が各地に見えるが、世良田には鎌倉末期から存在したのである。

（5）往来者・参詣者

覚源禅師は越後から鎌倉に登る途中で世良田に立ち寄ったが、このような世良田を通過する往来者のほかに、参詣者も見られた。南北朝時代には六十六部廻国聖が参詣していた。そのことを示すのは会津真福寺文書である（現在は会津若松城天守閣郷土博物館管理）。この真福寺文書には廻国聖が奉納した文書（奉納状）の断簡が八通残るが、そのリストは①貞和二年八月二一日下野国日光山奉納状、②下野国宇都宮社奉納状（後欠）、③正平八年七月四日越後国蔵王堂奉納状、④正平八年五月一八日大山寺奉納状、⑤武蔵国慈光寺奉納状（後欠）、⑥上野国長楽寺奉納状（後欠）、⑦貞和二年八月日某国某寺奉納状（前欠）、⑧貞和二年八月日某国某寺奉納状（前欠）、である。このうち⑥と⑧は墨色・書体から判断して、本来は一体であった、と見られる。

【史料一三】六十六部聖奉納状（会津真福寺文書）

⑥野州世良田山長楽禅寺納六十六部内一部当寺奉者正伝不立文字之道弘興教外別□□宗穿七佛師師子窟
宅為諸経安息□之場戒定恵薫修年尚矣、禅教律□勝所其名号少其実我門□□伝此
□未有空日□給似正□□部

（略）

⑧右任本願聖人素意、所奉納如件、
貞和弐年八月日
大別当僧秀□□

これは廻国聖が六十六部の一つとして長楽寺に経典一部を奉納し、僧秀□□が受け取りを確認したものである。⑧は筆字であるが、⑥の大部分は木版刷である。⑥のうち墨字は世良田山長楽寺の「山」と「六十六部内一部」である。したがって長楽寺は参詣する廻国聖用に、奉納状を刷っておき、空字となっている部分に参詣者からの要請を受けて筆字を入れたのである。(16)

長楽寺ではすでに嘉禎三年に梵網経菩薩戒本が「彫模」されている(吉沢義則『日本古刊書目』帝都出版社、一九三三年)。木版は鎌倉時代前期には始まっていたが、それが南北朝期には六十六部廻国聖用に奉納状の印刷となっていた。こうした参詣者の増加は南北朝以降に顕著になったと思われるが、鎌倉後期には時衆の廻国が長楽寺でも想定される。時衆と関係深い『真名本曽我物語』にも世良田(安養寺)が出てくる。世良田・長楽寺への廻国の参詣者は、鎌倉後期から増えていたと予想される。覚源禅師が越後から鎌倉に上るのに長楽寺に廻ったのも、こうした参詣の活況という背景があったと考える。世良田にはこうして参詣者が多く現れたのであり、新田氏堀内には、足利大御堂で見られたように(本書第四章参照)、市人や雑人を受け入れる状況がうかがえる。

三　社会勢力としての大谷道海——長楽寺・世良田宿との関係——

(一)　長楽寺の所領支配

長楽寺は門前に宿・市を生み出し、そこの在家から地子銭を徴収し、財政の一つとしていた。また長楽寺は、檀越世良田氏をはじめ周辺の在地領主から所領を寄進され、もう一つの財政基盤としていた。

この長楽寺が鎌倉末期の火災を契機に存亡の危機に陥るが、それを救ったのが大谷道海なる人物である。この人物はいかなる社会的勢力なのだろうか。長楽寺・世良田宿との関係なしには、その富・力量は存在できなかった、と思われる。このことを検討する。

そこでまず、大谷道海との対比のために、かれ以前の長楽寺の所領支配についてまず明らかにしておく。長楽寺に寄進された所領は、女塚村を除いては、郷や村の全体ではなく、在家・畠・田などの得分であった。したがって、その得分・所領の現実の知行はそこの在地領主に依存していた。

【史料一四】藤原時家寄進状案（長楽寺文書）

上野国世良田長楽寺

奉寄進水田壹町事

在武蔵国中条保内水越郷古政所南深町

右意趣者、為出離生死證大菩提、随永代奉寄進畢、雖子々孫々不可有違乱、於種子農料者可為中条之沙汰、秋之時以寺家御保可被収納之状如件、

建長四年七月五日　　左衛門尉藤原時家在判

この文書は、武蔵国中条保内の水田一町を藤原（中条）時家が長楽寺に寄進したものである。藤原時家は中条保内水田一町を寄進するのに、「種子農料」の沙汰（春の勧農）は中条方が行い、秋の収納は長楽寺にゆだねたのである。長楽寺にしてみると、秋の収納は使者を現地に派遣して行うが、春の勧農は中条氏の知行に依存しているのである。中世的知行は検注・勧農・収納で成り立っている。(17) 中条保の全体的知行は中条氏によって遂行され、長楽寺所領水田一町もその知行に依存しており、秋の収納も寺家使者は現地で展開される保全体の収納にあわせて行わざるを得ない。

世良田義季は寛元四年（一二四六）一二月一五日新田荘内女塚村を長楽寺に寄進していて（長楽寺文書）、これ

が村単位の所領である。ただこの女塚村の知行も檀越世良田氏の知行に依存していて、長楽寺は得分を受け取るだけであった、と思われる。

長楽寺の所領支配は、鎌倉後期まではこのように、大部分が得分だけのものであり、その知行は現地の在地領主の掌握するところであった。

（2）　大谷道海父娘の所領買得と寄進

長楽寺檀那世良田氏では、有力御家人世良田頼氏が文永九年（一二七二）の幕府政争に巻きこまれて没落したのを契機に、勢力は衰えた。[18]長楽寺は有力な支援者を失ったのであるが、さらに正和年間（一三一二〜一七）に火災に遭い、一山灰と帰した。

この長楽寺を再興しようとしたのが大谷道海とその娘である。大谷道海（本姓は紀氏）が何者なのか、出自はいかなるものか、現在のところ見解は分かれており、決定的なものはない。[19]ただ、従来の大谷道海研究はその出自に向けられているが、道海の活動そのものが考察されなければならない。

そこで、大谷道海と娘（三人）の所領買得と長楽寺への寄進を表にまとめてみると、次のようになる（表6-1）。由良孫三郎景長妻紀氏は「氏女の親父道海」（元徳四年三月一九日寄進状案、長楽寺文書）と言われ親子関係が確認され、小此木彦次郎盛光妻紀氏も道海娘と想定される（妙阿も道海娘と推定されるが、元亨二年四月二九日死去）。

所領買得の活動は娘たちの方が早い。由良孫三郎景長妻紀氏の場合を見ることにしよう。彼女は、正和三年、同四年、文保二年と新田荘内の物件を買得しているが、これらの物件は幕府から安堵状を受けており、さらに長楽寺への寄進は父道海により行われた。また由良景長妻紀氏は、元徳三年那波郡善養寺内の物件を買得したが、これも幕府の安堵を受け、翌年武蔵国男衾郡小泉郷内の物件とともに、長楽寺に寄進された。さらに小此木彦次

〔表6－1　大谷道海と娘の所領買得・寄進〕

年	大谷四郎入道道海	Ⓐ妙阿　Ⓑ由良孫三郎妻紀氏　Ⓒ小此木彦次郎妻紀氏
正和二（一三一三）		Ⓐ12月、下江田村赤堀内在家1宇・田3町4反小を売却（由良孫三郎妻紀氏が買得）
正和三（一三一四）		Ⓑ8月、新田朝兼より新田庄八木沼郷内在家3宇・畠5町6反買得、幕府安堵［6、86］
正和四（一三一五）		Ⓑ3月、新田朝兼より新田庄八木沼郷内在家3宇・畠3町8反買得、幕府安堵［7、87］
文保二（一三一八）		Ⓑ12月、新田義貞より新田庄八木沼郷内在家7宇・畠15町7反買得、新田頼親より村田郷内在家1宇・内畠1町2反・田1町7反買得、幕府安堵［9、90、88］
元亨三（一三二三）	11月、世良田満義より新田庄小角田村畠1反8反、寄進（大谷道海寄進状、世良田満義寄進状）［57、62］	
元亨四（一三二四）		Ⓒ10月、新田義貞より新田庄浜田郷内在家2宇・田3町・畠7反買得、幕府安堵［12］
嘉暦三（一三二八）	6月、世良田満義より新田小角田村内在家1宇・田畠2町6反買得、寄進（世良田満義寄進状）［58、113］	Ⓒ2月、新田遠江彦五郎より新田庄東田島村内在家2宇・在家付田2町5反・畠3町9反買得、幕府安堵［13］
	4～10月、新田庄小角田在家1宇・田畠2町6反買得→了重に渡す（了重・道海寄進状）、那波郡飯塚郷買得寄進（那波宗元寄進状）、幕府安堵［63、70、66、1］	Ⓒ8月、新田庄八木沼郷内畠9反大・在宇4宇、同所畠12町5反半・在家4宇、同庄飯塚郷内田5町7反大・在家3宇、同庄東田島村内在家2宇・田2町5反・畠3町9反を寄進［69］
	10月、長楽寺住持恵宗より寺所所々屋敷を宛行われる［110］	
	11月、新田庄八木沼郷内在家18間・畠25町1反、村田郷内在家1間・畠1町2反、田1町7反、下江田村内赤堀在家1間・田3町6反小、西谷村在家4間・畠8反・田6町（由良孫三郎景長妻紀氏の名義で買得）、寄進［64］	
嘉暦四（一三二九）	4月、八木沼・堀口・田嶋の「政所職在家」を宛行われる［109］	
元徳二（一三三〇）	12月、世良田満義より小角郷内百姓作畠1町5反・又太郎入道跡畠1町買得寄進（世良田満義寄進状）［93、61］	
元徳三（一三三一）		Ⓑ11月、高山重朝より那波郡善養寺内田4町3反半・在家2宇買得、幕府安堵［14］
元徳四（一三三二）		Ⓑ3月、武蔵国男衾郡小泉郷内在家27宇・田2町6反、那波郡善養寺内在家2宇・田4町3反半を寄進［71］

〔備考〕［　］内の数字は『群馬県史　5』長楽寺文書の文書番号（山本隆志『新田義貞』〔註3書〕より）

郎盛光妻紀氏も元亨四年、嘉暦三年二月に買得した物件は幕府の安堵を受けている。嘉暦三年八月には長楽寺に多くの物件を寄進しているが、このなかには文書上買得を確認できないものもある（また元亨四年の買得地はこの寄進状のなかに含まれていない）。これは文書の残り方からこうなったと考えられ、買得地はすべて、幕府安堵を受け、その上で寄進されたと思う。

娘二人の場合は、このように、所領買得→幕府の安堵→長楽寺への寄進、という順序で事が運ばれている。由良孫三郎景長は新田荘由良郷を本領とする在地領主由良氏（新田氏一族）、小此木彦次郎盛光は佐位郡小此木を本領とする在地領主であり、御家人（あるいは御家人庶子）と考えられる。大谷道海娘二人が買得所領を幕府から安堵されているのは御家人の妻としての地位に基づくのであろう。

それでは道海自身の場合はどうか。かれの所領買得・寄進の動きは元亨三年（一三二三）から見えるが、それを検討してみよう。

【史料一五】世良田満義寄進状案（長楽寺文書）

上野国世良田長楽寺永代奉寄進畠事

合壹町捌段一年得分拾貳文所

右件畠者、上野国新田庄小角田村内御堂前有之、件畠者長楽寺に依有其志立四至堺、元亨三年癸亥十月十七日寺御使に打渡畢、如此奉寄進上者、於此地不可致一塵煩、若至子々孫々於違乱煩者、満義跡を一分も不可知行、仍為後代亀鏡寄進状如件、

元亨三年癸亥十月十七日　源満義在判

【史料一六】大谷道海寄進状案（長楽寺文書）

奉　寄進上野国新田庄長楽寺永代畠地事

合畠壹町捌段所当拾貳貫文定

右畠者、上野国新田御庄内小角田村に、作人入智房作畠壹町捌段毎年所当拾貳貫文、内九段所当六貫文者妙阿聖霊毎月十九日霊供幷二季彼岸中霊供、毎年四月廿九日年忌、為奉訪世良田長楽寺輪蔵所奉寄進也、残畠九段当六貫文所者、道海死去後如此為奉訪にて候、彼畠御売主寄進状副令進候、沽券道海子孫までもたすへく候、御用時者可被召候、仍寄進之状如件、

元亨三年癸亥十一月九日　　道海在判

史料一五・一六は物件の所在地、所当額から見て、同一物件の寄進状である。史料一五の寄進者は世良田満義、史料一六の寄進者は大谷道海、である。ただ大谷道海寄進状（史料一六）に「彼畠御売主寄進状副え進らせしめ候」とあり、この売主寄進状にあたるのが史料一四である。

また史料一六に「沽券は道海子孫までもたすへく候」とあるように、世良田満義から大谷道海への売券は買得者道海の手もとに留められた。

この例に見られる大谷道海の所領買得・寄進は、娘のように買得の段階で幕府の安堵を受けることなく、売却者・買得者の両方からの寄進状を出すという形式で遂行された。文書の流れを図示すると、

売却者→〈売券〉→大谷道海→〈寄進状〉→長楽寺

〈寄進状〉

となる。

売却者と買得者の両方からの寄進状が残っているのはこの例だけであるが、その他の例はすべて大谷道海に売却した人の長楽寺への寄進状が残っている。しかし、買得した道海の寄進状があったはずである（かれは長楽寺

への寄進を目的に買得しているのだから)。そして売券は道海の留保するところであった。元徳二年の例ではたまたま売券案(長楽寺文書六一)が長楽寺文書のなかに入っているが、文書末尾に「此正文者在道海之許」との文言があり、売券正文には道海が留保する原則が貫かれている。

道海について注意されるべき第二の点は、嘉暦三年(一三二八)に長楽寺への寄進が集中していることである。新田荘小角田物件、那波郡飯塚郷、さらに娘由良孫三郎景長妻紀氏名義で買得した物件を寄進している。またもう一人の娘小此木彦次郎盛光妻紀氏の寄進もこの年の八月であり、これも父道海と一体の動きであろう。

ところで嘉暦三年は恵崇仏頂が第一一世として長楽寺に入った年であった。これは前年一一月に第一〇世住持牧翁了一が死去したのを受けてのことであり、恵崇(恵宗とも書く)はこの年から元弘三年(一三三三)まで住持であった[20]。この恵崇が長楽寺住持になった年に大谷道海の所領寄進が集中するということは、恵崇と道海とのなんらかのつながりが予想される。

大谷道海はこのようにして買得所領を長楽寺に寄進したが、その長楽寺の所領として幕府安堵を受けようとした。嘉暦三年一一月八日寄進状案(長楽寺文書)では、娘名義で買得した所領の売券・幕府安堵下知状を幕府に提供して「公方に於て御寄進状を申し成して後日亀鏡」に備えようとしている。幕府からの寄進状の発給を求めているのである。また彼自身の買得・寄進した小角田・飯塚の物件については、「永代之を買得し当寺に寄進の間、安堵御教書を成されるところなり」(嘉暦三年一〇月一八日長楽寺住持恵宗宛行状案、長楽寺文書)と言われるように、長楽寺所領となった段階で幕府の安堵を受けたのである。

こうしてみると、大谷道海は、娘を近隣御家人と結婚させて、その娘が所領を買得し、寄進する。また自身は長楽寺住持恵崇と連携し、所領買得・寄進を進めている。これは、道海自身が御家人身分でないことを示唆していると推定できる。かれは長楽寺に結びつくことで、いわば長楽寺住人として所領を獲得していたのである。

（3）　大谷道海と長楽寺領再興

大谷道海は買得所領を長楽寺に寄進しただけでなく、その所領を知行するために、長楽寺の末端機構に連なった。長楽寺再建の発願を成就するためには、寄進所領からの所当徴集が続行されなければならない。

【史料一七】長楽寺住持恵宗宛行状案（長楽寺文書）

道海所持政所職事

上野国新田庄八木沼内在家

三間　一宇松房在家　一宇■■■《五郎太郎》入道か在家
　　一宇後藤四郎　一河原畠一丁
此在家等者、至于道海以後者、永代為彼職、可孫四郎吉宗知行、

右件條、云八木沼在家、云同庄内堀口・田嶋在家、云当国那波郡内飯塚郷、如此所々在家等お大谷四郎入道々海買得之、自上御寄進之状申副、所寄進当寺也、於今政所職八木沼・田嶋・堀口等者、依彼功於政所職在家者道海可知行、但此在家不沽券於自上御下文者、政所職相副可伝持、仍至手子々孫々後々長老職不可被背此頃之状如件、

嘉暦四年卯月十三日　　　住持

この文書は、まず事書に「道海所持政所職の事」とあり、道海への政所職宛行状である（発給者は長楽寺住持恵宗）。政所職の内容は、八木沼郷内在家三宇・畠一町を書き上げられていて、八木沼郷内在家畠の知行であることがわかる。さらに「今に於ては政所職八木沼・田嶋・堀口等は、彼功により政所職在家に於ては道海知行すべし」とあり、八木沼郷内在家に対してと共に、田嶋・堀口郷内在家政所職（在家知行）をもあわせて認めている。道海は、寄進した所領に関する知行権を政所職として所持したのである。この政所職とは長楽寺政所につなが

るものであろうが、かれはこの地位に就くことで、寄進所領の実際的な支配を行ったのである。「此の在家ホ沽券上よりの御下文に於ては政所職に相副えて伝持すべし」とあるように、彼の手もとに売券が留保されているのは、この「政所職」と一体の関連があり、在家畠（得分）知行を遂行しているのである。

道海が長楽寺に寄進した所領は、那波郡飯塚郷を除いては、在家・田・畠の得分であって、村や郷全体ではない。ただ道海の買得・寄進所領は、例えば史料一五、史料一六の文書には所当貫高が確定されている。年月日欠の長楽寺寺領目録（長楽寺文書、『群馬県史』八一号）は、室町幕府の安堵を受けようとして南北朝期に長楽寺が作成したものであろうが、そのうち大谷道海が寄進したと見られるものが一一ケ所があり、そのうちの六ケ所で「所当」「分所当」「分銭」が記載されている（この文書は現状では三紙に継いであるが、第二紙と第三紙との間の継ぎ方は間隔がせまく、第三紙冒頭にはわずかな文字が読みとれ、継ぎ方が不自然である。第二紙末尾の後にも文字があったと思われ、「所当」記載があったことも考えられ、そうすれば所当記載をもつ所領は七ケ所になる）。

このように道海は、買得した所領（得分）を長楽寺に寄進するのに、その所領の所当高を確定しようとしていた。しかもその所当高はすべて貫文で記されており、「分銭」とも言われている。寺領を構築し直したのである。

この大谷道海の長楽寺周辺における財政活動の基盤は世良田宿・市にあったと考えられる。大谷道海は長楽寺門前の寺領内に屋敷をもち、それを拠点に資材を蓄積していたのである。

【史料一八】長楽寺住持恵宗宛行状案（長楽寺文書）

宛給　大谷四郎入道々海寺領内所々屋敷等事

右屋敷者ホ者、任先々長老宛文、雖無知行相違、依住持遷替重所成安堵也、爰道海令遂一寺造営、当国那波郡飯塚郷幷小角田田畠お永代買得之寄進当寺之間、所被成安堵御教書也、然間依可被行殊賞自先々所宛給屋敷ホ、有限地子之外者自元無公事上、臨時非法公事ホ、聊不可懸之、若又子孫ホ中就公私犯罪科雖被行其咎、於道海跡屋敷等幷資財物者、所残子孫等可相伝道海跡者也、就中致子々孫々赦小過可被賞労功、然即代々相続長老可被存此旨候、仍宛状如件、

嘉暦二年十月十八日

長楽寺住持恵宗御判

この文書は長楽寺住持となったばかりの恵宗（恵崇）が、寺領内所々の屋敷を道海に宛行ったものであるが、「代々長老宛文に任せて」とあるように、道海所持の屋敷地は恵宗以前の住持に始まる。おそらく道海と娘が長楽寺再建のため所領買得・寄進の活動を始めて間もなく、屋敷地所持を認められたものであろう。しかも「寺領内」（長楽寺領内）に屋敷地を獲得したのである。「道海」は法号であるから、半僧・半俗的な存在として、長楽寺内に、屋敷をもち、拠点を築いたのである。

史料一八の宛行状は道海子孫がこの所々屋敷地を相伝すべきことをくどく言うが「若し又子孫らの中公私につき罪科を過しその咎を行ると雖も、道海跡屋敷ら幷びに資財物は、残るところの子孫ら道海跡を相伝すべきものなり」とあり、道海の屋敷所有権の強さとともに、道海屋敷が資財物（動産）と一体であることが読みとれる。

大谷道海の寺領内屋敷所持は淵名荘政所黒沼五郎から受け継いだものと考えられ（後述）、その資財物は世良田宿・市を基盤とすると思われる（出挙、金融など）。大谷道海は、先に考察したところの世良田宿の半俗的有徳人の統率者であったろう。

四　得宗勢力と世良田

（一）上野国東部の所領移動

一三世紀中頃以降は、鎌倉幕府内において北条得宗家がしだいに権力基盤を強化して、弘安八年（一二八五）

の霜月騒動を契機に得宗専制権力と言われる状態になる。このような北条得宗勢力の強化は上野国にも大きな影響をもたらしたが、霜月騒動で没落した安達泰盛は上野国守護であり、霜月騒動後の上野国内における政治情勢の変化を予想させる。(21) 世良田・長楽寺周辺にもこの動きは押し寄せてきたはずであり、先に述べた大谷道海の活動などもこのなかに位置づけなければならない。

鎌倉時代後期の上野国内の動きを見てまず気付くのは、幕府法曹官僚の所領の拡大である。佐貫荘には三善氏、二階堂氏、摂津氏の所領が設定された。永仁元年（一二九三）二階堂行貞は「佐貫庄内板倉郷」を伊豆山神社に寄進しており（伊豆山神社文書）、三善貞広は嘉暦三年（一三二八）に「佐貫庄内高根郷内弘誓寺領」を長楽寺に寄進している（長楽寺文書）。これらは二階堂行貞・三善貞広の所領が佐貫荘内に設置されていたことを示す。また建武元年（一三三四）五月三日後醍醐天皇綸旨（別符文書）は「上野国下佐貫内羽禰継刑部権大輔（摂津親鑒）入道道隼跡」を別府尾張権守幸時に宛行っているが、これは鎌倉末期には下佐貫荘羽禰継が摂津親鑒の所領であったことを示す。

佐貫荘を本領とした佐貫氏は、宝治元年（一二四七）六月の宝治合戦で佐貫次郎兵衛尉が三浦方に与同して討死しており（『吾妻鏡』）、鎌倉後期において佐貫荘内に二階堂・三善・摂津氏の所領が設定されるのは、これに起因していよう。

また太田貞宗も建武元年一一月に山上保田部村・葛塚村の作田屋敷等を葛塚村諏訪神社に寄進しており（神田孝平氏旧蔵文書）、太田貞宗の山上保内所領も鎌倉末期に遡るだろう。徳治三年（一三〇八）二月七日関東下知状（東京国立博物館所蔵文書）では高山御厨大塚郷・栗須郷知行をめぐって摂津親鑒と三善朝清妻大江氏が争っている。大江姓一族では長井道可が元徳元年（一三二九）一二月に「上野国佐野郷」内所領を嫡子貞親に譲っており（毛利文書）、貞親はそれを貞和五年（一三四九）八月に次女に譲っている（『萩藩閥閲録』所収福原家文書）。長井氏の佐野郷内所領知行は鎌倉後期からであろう。

このように、三浦・太田・摂津・長井・二階堂の諸氏の所領が見られるのであるが、佐貫荘は宝治合戦を契機とするもの、西上野の所領（高山御厨、佐野郷）は霜月騒動を契機とするものであろう。

これらの諸氏は幕府法曹官僚諸氏の一族であり、得宗勢力からは相対的に独立しており、多くは室町時代に続く。ただ、鎌倉後期にあって謀反跡の宛行は北条氏（得宗家）の強い影響下にあったであろうし、得宗が法曹官僚層の包摂を図ろうとするのは十分考えられる。かれらの上野国内における所領設置はそのようなものとして理解される。

（2）　淵名荘淵名寺

得宗勢力の上野国進出の一つの拠点は淵名荘であった。淵名荘は新田荘の西に接する荘園で、東山道が通って交通の要衝となり、鎌倉後期には市（波志江市・樹市）も成立していた（『念仏往生伝』）。

淵名荘は仁和寺領で、鎌倉前期には淵名氏（中原姓）の所領ともなっていたが、やがて金沢氏（北条一族で中原氏と関係が深い）の所領になっていったと推定されている。[22]淵名氏も金沢氏も鎌倉に活動の本拠があり、現地の経営は他者にゆだねていた。

文永九年（一二七二）長楽寺住持院豪は置文を認めているが、その宛所は「渕名庄政所黒沼太郎入道殿」となっている（長楽寺文書）。この黒沼太郎はその苗字から、陸奥出身で北条氏に臣従した武士と推定されている。得宗被官と見てまず間違いなかろう。その黒沼太郎入道が淵名荘の政所（荘官）になっているのであり、これは荘園経営をねらってのことであろう。黒沼太郎は淵名荘荘官となり、さらに世良田市でも活動しており（後述）、この地域の広汎な活動を展開していた（おそらく波志江市・樹市でも）。

淵名荘が鎌倉末期に入り得宗領となったか否かは不分明であるが、得宗は淵名荘内寺院と結びつきを強めている。

【史料一九】北条高時袖判下知状（相模文書、『鎌倉遺文』二五・八七号）

（北条高時）
（花押）

淵名別当良尋与尼播摩（磨）局浄泉相論寺領内善佛跡屋地事

右地者、弘安八年浄泉拝領畢、於課役者勘一戸主分、多年沙汰送亀谷寺者也、而去年被付当寺之後、可進止下地、不然者令検見下地、随分限可請取課役之由、良尋所申也者、於下地者浄泉帯御下文知行上者、今更不能進止、至課役者拝領之後令切開云々、加検見、随分限可致沙汰之状、下知如件、

正和二年十二月廿三日

この裁許状は、善仏跡屋地をめぐる良尋と浄泉の相論に対する北条高時の判決である。良尋（淵名寺別当）は「この屋地は弘安八年に浄泉に与えられた。課役得分は一戸主分として多年亀谷寺に送られていたが、その課役得分は去年淵名寺に寄進された。淵名寺が下地を進止すべきだが、もしそれができなければ実際の面積に応じて請け取るべきだ」と訴えたのである。それに対して北条高時は、「屋地の下地知行は浄泉が御下文をもっている以上良尋の進止はありえない、淵名寺得分となる課役は実際の面積を調査してそれに応じて浄泉が良尋に沙汰すべきである」というものであった。良尋の下地進止の訴えを退け、課役得分については良尋の訴えを認めたものである。

ここからは、北条高時は「善佛跡屋地」（浄泉下地進止）の課役得分を淵名寺に寄せていることがわかり、淵名寺別当良尋はそれに基づいて高時に訴え出ているのである（この訴訟の提訴者は良尋）。播磨局浄泉も北条氏関係の局と見られ、この相論は得宗勢力内のものであった。

この淵名寺とは淵名荘内にある妙真寺と想定されている。この妙真寺の所在地について『上野国寺院明細帳』

（明治一二年）は「佐位郡下渕名村字中宿」と一旦記し、「中宿」を消し「笠」と書き直している。ところが小字一覧（『角川日本地名大辞　群馬県』巻末付録）によれば、下淵名村には「中宿」の小字があり、笠もかつては中宿に属していたことがわかる。したがって妙真寺の所在地は下淵名村字中宿なのである。

すると史料一九の係争地（「寺領内善佛跡屋地」）が「一戸主分」と言われているのが問題となろう。「一戸主」とは都市的区画であり、鎌倉市中や世良田宿に見える。この係争地は「寺領内善佛跡屋地」と表示されるが、「寺領」とは文書全体のなかで理解すれば「淵名寺領内」と解釈するのが妥当であろう。つまり淵名寺領内善仏跡屋地と理解されるのであり、これも字中宿のなかに所在したと考えられよう。

この淵名寺領内善仏跡屋地（一戸主分）は弘安八年に尼浄泉の所有となるが、この人物が北条氏系であることから、霜月騒動後に淵名荘全体の知行が金沢氏から北条氏に移るなかで、この屋地（淵名中宿に所在）も北条系に移ったのである。淵名荘にも、文書には見えないが宿が生まれていたと解され、淵名寺・善仏跡屋地はその都市的空間を構成していたのである。

（3）　世良田宿の得宗勢力

淵名荘の荘官であった黒沼太郎入道は世良田に進出した。

【史料二〇】　長楽寺住持院豪置文（長楽寺文書）

仰給候庵室所寺大門北脇 二戸主半事

世良田地頭御建立長楽寺敷地内候之間、自始院豪計申候了、随而彿法興行之程者、於彼庵室所者、後々長老も不可有悔返之儀候歟、然者永代不変地として被思食候ハめ、可令存其旨拾之状如件、

文永九年十一月十八日　　院豪（花押）

淵名庄政所黒沼太郎入道殿

この文書は長楽寺住持院豪が敷地内にある庵室所の領有を黒沼太郎入道に認めたものであり、それを「永代不変地」として扱うよう後々長老に言い置いたものである。

黒沼太郎入道の領有が認められた庵室所はどこにあるか。史料二〇では「寺大門北脇」とあるが、中世の大門は長楽寺の向きからして、近世の南大門と考えられる。その北脇である。ここには門前市（四日市）があったのであり（前述）、「二戸主半」という面積表示も都市的空間にふさわしい。黒沼太郎入道が獲得した場所は長楽寺敷地内にありながら市の一角に位置していて、「庵室所」であること、その広さからして、商業・高利貸活動の基地と考えられる。

黒沼太郎入道は淵名荘荘官（政所）でありながら世良田に進出して、そこの有徳人との関係を強めたと思われる。

【史料二一】『太平記』巻第十新田義貞謀叛事付天狗催越後勢事

懸ケル處ニ新田太郎義貞、去三月十一日先朝ヨリ綸旨ヲ給タリシカバ、千剱破ヨリ虚病シテ本国へ帰リ、便宜ノ一族達ヲ潜ニ集テ、謀叛ノ計略ヲゾ被回ケル、懸ル企有トハ不思寄、相摸入道（北条高時）、舎弟ノ四郎左近大夫入道（北条泰家）二十万余騎ヲ差副テ京都へ上セ、畿内・西国ノ乱ヲ可静トテ、武蔵・上野・安房・上総・常陸・下野六箇国ノ勢ヲゾ被催ケル、其兵粮ノ為ニトテ近国ノ庄園ニ臨時ノ天役ヲ被懸ケル、中ニモ新田庄世良田ニハ有徳ノ者多シトテ、出雲介親連、黒沼彦四郎入道ヲ使ニテ、六万貫ヲ五日中ニ可沙汰ト、堅ク下知セラレケレバ、使先彼所ニ莅デ、大勢ヲ庄家ニ放入ヲ　責スル事法ニ過タリ、新田義貞是ヲ聞給テ、我館ノ辺ヲ雑人ノ馬蹄ニ懸サセツル事コソ辺々モ無念ナレ、争カ乍見可怺トテ数多ノ人勢ヲ差向ラレテ、両使ヲ忽生取テ、出雲介ヲバ試メ置キ、黒沼入道ヲバ頸ヲ切テ、同日ノ暮程ニ世良田ノ里中ニゾ被懸ケル、（後略）

この記事は、北条高時の命令で世良田に兵料六万貫を徴集に来た使者二人を新田義貞が討ったというものである。[23]北条高時は「近国ノ庄園ニ臨時ノ天役ヲ懸ラレケル、中ニモ新田庄世良田ニハ有徳ノ者多シ」として、近国に課役を懸ける時に、まず第一に世良田の有徳人を思い浮かべている。これは世良田の商業地としての発展が東国で屈指のものとして鎌倉まで知れわたっていたことを示していよう。

この兵料銭の徴集のため世良田に出向いたのが出雲介親連と黒沼彦四郎入道である。出雲介親連はすでに指摘されているように、[24]中原政連の子で紀奉氏の養子となった人物であり、北条家の被官かと思われる。一方黒沼彦四郎入道は、先に見た淵名荘政所黒沼太郎入道とは別人であるが、その子息であるかと思われる。黒沼彦四郎は父親の黒沼太郎以来の世良田の事情に通じていて、それに基づいて、出雲介親連と共に、世良田の「庄家」(現地政所や下級荘官の家)を譴責しているものと思われる。つまり、黒沼太郎・彦四郎は、鎌倉後期以降世良田宿市に関わりをもっていたのである。

この黒沼一族の世良田との関わり(一部)を継承していたのが大谷道海と思われる。史料二〇の文書は淵名荘政所黒沼太郎に長楽寺敷地内庵室所領有を住持院豪が認めたものであり、宛所も「淵名庄政所黒沼太郎入道殿」となっている。ところが、この文書(正文)は現在長楽寺文書に入っている。これはどう考えたらよいか。この文書は実際には宛所に出されず差出者のもとに残ったか、あるいは宛所に渡ったこの文書が後に長楽寺に再び持ち込まれたか、のどちらかである。この文書は内容(長楽寺域内庵室所の領有を認める)からして、受権者(黒沼太郎)の要請に応じて出されるものであるから、発給者の長楽寺(住持)から一旦は黒沼太郎のもとに渡ったと考えなければならない。すると、この文書は後に何者かによって再び長楽寺に持ち込まれたものとならざるを得ない。その人物を私は大谷道海と推定する。

その理由は、まず大谷道海は長楽寺再建につとめ、史料一八にあるように長楽寺領内所々に屋敷を宛行われているが、それは事業の過程で黒沼太郎(その後継者)から黒沼の庵室所を受け継いだと思われること、さらに道海は「政所職」となり長楽寺末端に連なりこの文書を長楽寺に持ち込みうる人物であること、の二点である。今のところ、この史料二〇の文書が長楽寺に入った経過はこの他に想定できないと思う。したがって大谷道海は俗人勢力と長楽寺（寺家）との接点に立つ人物ということになる。

世良田宿・市には黒沼一族・大谷道海と得宗系の人々が活躍したのである。火災後の長楽寺再建をめざしての大谷道海の活動は、世良田での黒沼一族の力量を継承してこそ可能であったとも思われる。

長楽寺そのものについても、正和の火災後には、元応二年（一三二〇）五月二一日得宗北条高時によって長楽寺住持が補任されている(25)。また幕府法曹官僚系で上野国に所領をもった者のうち、三善貞広は佐貫荘内弘願寺領を長楽寺に寄進しているが（前述）、それは大谷道海の所領寄進が最も盛んとなった嘉暦三年（前述）であった。こうして世良田は得宗勢力の政治的センターにもなりつつあり、新田氏系諸家と勢力併存状態となっていく。

おわりに

世良田宿に関わる文献資料を整理し、検討してきたが、煩雑な作業であった。実態の復元と政治的背景を考察することにつとめたが、以下に要点をまとめておきたい。

㋐世良田宿は鎌倉時代後期には成立していた。長楽寺文書には「世良田宿在家日記」があり、住持の相伝文書の一つであった。世良田には新田嫡流家・世良田家の館があり、また長楽寺があり、その長楽寺門前に世良田宿と市が成立した。

㋑世良田宿には四日市が長楽寺門前に営まれるようになり、「戸主」という都市的土地区画も生まれていた。

㋒長楽寺門前は、武蔵方面・岩松方面・淵名方面からの道が集合する場所であり、鎌倉後期から往来・参詣が盛んであった。

㋓世良田宿のうちには、在家・畠・野畠などの所領が生まれており、新田氏一族や凡下などの多様な階層に所有されていた。したがって世良田宿を成立させている要件は、新田氏館や長楽寺に一元的に求めることはできない。

㋔世良田宿は、宿・市と新田氏系諸家の館が中核となり、畠を含めた世良田郷となったが、それが村を生み出すこともあった（三木村など）。したがって世良田宿は都市と概念化するのは難しく、都市的要素が中核となって農村的要素を編成したものと解釈できる。

㋕世良田宿には半僧・半俗の、侍的でもある凡下が住人となっていた。かれらは長楽寺に関係する坊の住人であろうが（同宿者）、往来者に宿泊を提供するとともに、写経などの作善も行っていた。『太平記』の言う「世良田の有徳人」はこのような存在である。

㋖この世良田宿住人には、仏師も見えるように、長楽寺に関わる需要に応じる職が多かったが、その活動範囲は利根川流域の下総国にまで及んでいた。

㋗世良田には往来者が多く、浮遊的存在が滞留することも想定できるが、これが村を成立させるような開発労働力となった、と推定できる。

㋘世良田宿は複合的な内容をもつため、宿住人を編成する有力者を輩出した。大谷道海はその代表的人物であるが、かれは長楽寺住人という位置におり、火災後の再建活動のなかで禅宗系住持と連携しながら、長楽寺別当として長楽寺の世俗面を掌握した。

㋙また鎌倉後期には北条家本宗（得宗）の被官人（黒沼太郎など）も世良田宿に進出して勢力形成のセンターとした。その結果世良田宿は在来勢力である新田氏系諸家と錯そうする状態となった。

以上の指摘は世良田宿に則して考察した結果であるが、次章では東国の宿全体に検討の場を広げたい。

（1）湯浅治久「中世的「宿」の研究視角」（佐藤和彦編『中世の内乱と社会』所収、東京堂出版、二〇〇七年）

（2）飯村均『中世奥羽のムラとマチ』Ⅳ5「東国の宿・市・津」（東京大学出版会、二〇〇九年）。

（3）史料一は写であり、文永五年は文永九年の誤写の可能性もある。そうであれば、幕府の文永九年政変との関連が想定される。山本隆志『新田義貞』（ミネルヴァ書房、二〇〇五年）参照。

（4）御家人「惣領職」については田中大喜「惣領職の成立と『職』の変質」（『歴史学研究』八五一号、二〇〇九年）参照。同『中世武士団構造の研究』（校倉書房、二〇一一年）に再録。

（5）山本隆志前掲書（注3）参照。

（6）『新田町誌　第四巻　新田庄と新田氏』第三章第五節「長楽寺の再建と大谷道海」（峰岸純夫執筆）。なおこの長楽寺再建活動において新田義貞が主導的役割を果たしたと田中大喜『中世武士団構造の研究』（校倉書房、二〇一一年）第三部第一章「長楽寺再建事業にみる新田氏と「得宗専制」」は述べる。だが大谷道海については長楽寺との関係が重視されるべきであり、再建活動でも長楽寺住持の役割が考慮されるべきであろう。

（7）山本隆志前掲書（注3）。

（8）山本世紀『上野国における禅仏教の流入と展開』第一章「臨済禅の中世的展開」（刀水書房、二〇〇三年）。

（9）高橋修『中世武士団と地域社会』第三章「中世前期における武士居館と寺院」（清文堂出版、二〇〇〇年）が扱った紀伊国湯浅氏居館を中心とした宿所群のあり方も、このような宿の問題として位置づけることができる。

（10）中世史研究会「調査報告　新田荘の開発と畠作」（『国史談話会雑誌』二八号、一九八七年）が、この絵図を翻刻している。

（11）『角川日本地名大辞典　10　群馬県』「惣持寺」。

（12）考古学的知見は、発掘現場見学の時、須永光一氏（尾島町教育委員会）から教示を得た。

（13）『群馬県史　資料編6』の編年による。

（14）『角川日本地名大辞典　十一　埼玉県』「毛呂山町」。

（15）『法性寺如意輪観音菩薩像の研究』（水海道市・法性寺、一九九六年）解説（福島金治）参照。また山本隆志「荘園制下の生産と分業」（網野善彦ほか編『講座日本荘園史3』所収、二〇〇三年）も参照。

(16) 山本隆志「木版刷りの奉納状」(『南北朝遺文関東編　第二巻　月報』、二〇〇八年)。

(17) 山本隆志「鎌倉時代の勧農と荘園制支配」(『歴史学研究』四四〇号、一九七七年、『荘園制の展開と地域社会』一九九五年、刀水書房に補訂し収録）参照。

(18) 山本隆志前掲書（注3）。

(19) 三浦時継説（千々和実『新田義貞公根本史料』群馬県教育会、一九四二年)、有徳人説（小谷俊彦「長楽寺の再建と大谷道海」前掲書注6第三章第五節)、中原大屋氏説（峰岸純夫「鎌倉末期の新田荘と淵名荘」同前第四章第一節)、小此木氏庶子説（井田晃作「大谷四郎入道道海とその出自背景試論」『群馬文化』二〇五号、一九八六年）がある。

(20) 禅殺住持籍（『群馬県史　資料編5』)。

(21) 山本隆志「得宗領国化の進行」(『群馬県史　通史編中世』第三章第四節）参照。

(22) 前掲書（注6）第四章第一節「鎌倉末期の新田荘と淵名荘」(峰岸純夫氏執筆)。淵名荘についてはこの成果に依拠するところが大きい。

(23) 黒沼太郎は「世良田ノ里中」に首をさらされたというが、この「世良田ノ里中」は「世良田の町」と対比される言葉と考えられ、世良田が町場と農村部によって構成されていたことを思わせる。また新田義貞館と考えられる館址が世良田東隣りの安養寺の発掘（昭和六三年）で約方二町のものとして現れた（明月院の堀が一四世紀のものとされたのである)。義貞が「安養寺」と呼ばれること、明月院の伝承から、義貞館址の可能性が高い。

(24) (注22）に同じ。

(25) 長楽寺文書一一。この文書を公帖と理解するが（玉村竹二「公帖考」、『日本史禅宗史論集』下之二、『群馬県史資料編5』)、室町期の公帖とは発給者の地位が異なる。この時期の北条高時は東国寺社に対する支配権を形成しようとしているが、それについては山本隆志前掲書（注3）参照。

第七章　東国の宿と馬市・馬喰

はじめに

中世社会は、社会経済的には荘園制、政治的には王朝権力と武家権力の併存・依存、どちらの面からしても物・人が移動することで成り立っている。近年の中世物流史研究の活況は、対象とする時代の特性からも、ある意味では自然なことと思われる。

このような物・人の移動を支えるものとして問《とい》・宿《しゅく》があり、これを扱った研究も多い(1)。宿は物流の拠点であることのほかに、寺社等の宗教的施設の集中地帯としての面が重視され、「都市」として考察されもしている(2)。こうした面は南北朝・室町期に顕著になるのであるが、果たして都市と規定してよいか、疑問も残る(3)。

また宿の形成・展開についても分業・流通の自然史的展開のように考えられており、私の上野国世良田宿や常陸国古渡宿を扱った旧稿(4)にもこの傾向があった。宿は分業・流通の結接地であるが、それ故の権力との接触があったように思われる。源頼朝は三原狩に向かう途中、武蔵関戸宿では「ここは宿なり、馬ばし盗人に取らすな、佐傍たる者あらば、委しく尋ねよ」（『真名本曽我物語』上巻、平凡社東洋文庫）と言った、と伝えられる宿は盗人の横行する場であった。このことは『義経記』（巻二）の冒頭が美濃国鏡宿に集った盗賊の話を載せていることにもうかがわれる。文芸作品等に表現される宿は流通の要衝に自然発生的に形成されたものであろうが、いわば体制外の、不穏な一帯と観念されていたのである。

いっぽう荘園制的な物流を支える宿は、こうした自然生の宿そのものであったとは思えない。そうした宿もあったろうが、拠点的な宿は体制的に改編されたものと思われる（自然発生的、体制外的側面は残るにしても）。本章では宿が体制的に改編されていく様子を、鎌倉期の宿開発の問題として扱うことにする。

また宿では物・人の移動を支えるものとして馬・人足を常備するが、それとの関連で馬の市、馬の専門業者（馬喰《ばくろう》）が考察されなければなるまい。『馬の文化叢書3　中世』（網野善彦編、一九九五年）には武家の馬を扱う論考は多く採用されているが、馬喰（博労）など雑人の馬は論考されていない。馬喰の背後（あるいは一部）には百姓が想定されるのであり、この問題は民衆史の一環をも構成する。本章は、前章（上野国世良田宿）を受け、検討の場を東国全体に広げ、宿のあり方や馬市・馬喰の実態を考察する。

一　幕府法の宿駅規定

鎌倉幕府は、その成立から承久年間までの間に、通信体系を整えていくが、とくに京都—鎌倉間には積極的であった。この間の事情に関しては、新城常三『鎌倉時代の交通』（吉川弘文館、一九六七年）が詳しく論述している。その要点を、必要に限りまとめてみると、次のようになる。

A　幕府は文治元年（一一八五）一一月駅路の法を定め、伊豆～近江間の「庄々」の伝馬を徴発することを認めたが、実際の負担は御家人にかかった、と思われる。

B①　駅路の法発布以後、幕府は馬の逓送基地として宿を建設し、そこに一定の人・馬を常備していった。

B②　建暦年間以後「新宿」建設の記事が全くなく、宿の整備はこれまでに完了したのであり、これは駅制の完成を意味する。

B③　宿駅完成後も、その維持・運営は御家人の負担となった。
C　宿の「早馬役」は御家人負担であったが、荘園転嫁も見られた。
D　幕府駅制は、施設・飛脚による旅人の馬の押取が見られるなど、一般交通界発展の阻害的条件をなした。

このように新城は、幕府による宿（新宿）建設が、駅制を補完する関係として展開していったことを、東海道にそくして、論述しているのである。この限りでは異論はないが、必ずしも満足できるものでない。幕府が宿に求めるものは何であり、その結果宿内部には何が生まれたか、という問題が浮かび上るが、これが検討されていない。

幕府が宿に求めるものは、「早馬《はやうま》」と「御物疋夫《ぎよぶつひっぷ》」である。この点は新城も論述するところであるが、問題点を明確にしておきたい。

幕府は建久五年（一一九四）一一月八日、「早馬上下向幷御物疋夫等」につき、「海道駅々」に対し、「大宿分八人、小宿分二人」と差配した（『吾妻鏡』）。これは新宿建立が続くなかで、早馬と人夫の負担額を明示したのであるが、大宿として宿立てする所は疋夫八人、小宿の宿立てならば二人としたのである（人夫数の規定だけであり、早馬の規定はないが、以後の経過からすると、この時は早馬数の規定はなかった、と考えられる）。この宿立て（海道での宿建設）は、建暦元年（一二一一）六月二一日には再度「被仰守護地頭等」とあるように（『吾妻鏡』）、守護・地頭に命じられていた。つまり、御家人は疋夫（人夫）数を常備することにより、宿を建立したのである。したがって、文治五年（一一八九）一〇月、手越平太家綱が駿河国麻利子一色に「浪人を招き居え、駅家を建立すべし」と頼朝に申請したのも（『吾妻鏡』）、駅（宿）存立の必須条件たる疋夫を、浪人の宿住人化で整えようとしたものと考えられる。

こうして、宿には住人が据えられ、幕府所用の「疋夫」を負担するところとなったが、急事による「乗馬」も用意するところとなっていく。「都鄙之間、有急事之時、相互所立之飛脚、為早速取路次往返之馬、騎用之条、人之所愁也、向後可構乗馬以下事於駅々之由、今日被定云々」と『吾妻鏡』（嘉禎元年七月二十三日条）が記すように、幕府関係者が急事に「路次往返之馬」を徴達するという事態が、矛盾をひき起していたのである。「路次往返の馬」とは「乗馬」と区別されているところから、主には駄馬であろう。こうしたことが可能であったのは、宿・駅の住人が荷駄輸送によって生計を立てている、という事態が背景にあろう。

こうした結果、幕府は馬（早馬）と「御物疋夫」の定数化を図る。「海道駅馬御物送夫事、御使上下向、毎度依犯定数、為土民及旅人愁之由、頻達上聞」（『吾妻鏡』弘長元年〔一二六一〕二月二十五日条）という状況のなかで、幕府は次のことを六波羅探題に仰せつけた。

【史料一】関東御教書案（『中世法制史料集　第一巻』追加法三三五）

早馬事

宿々被定置二疋之処、雖非急事、近年連々下向之輩、或三四疋、或四五疋申載若（長カ）帳煩役所、於路次致狼藉之由、有其聞、尤不便、自今以後、非殊率尓（爾カ）事之外、可任先例之状、依仰執達如件、

文応二年二月廿五日　武蔵守

相模守

陸奥左近大夫将監殿

この文書により、宿には「早馬」二疋が定め置かれることになったことがわかる。それでも、規定以上に三・四疋、四・五疋を一宿で調達しようとする者がいたのである。幕府は同日付で、「京下御物送夫」の人数についても、「御物多少を見知せしめ、人数を定め、長帳に載せるべき也」と六波羅探題に命じている（『吾妻鏡』）。「送夫」（疋夫、夫役）につき、狼藉を致す者が続いていたからである。

こうしてみると、早馬数・疋夫（送夫）数を定数化することは、宿住人にとっては、恣意的徴発を防止する根拠となるのであり、その利益に一定度かなったものであった。

ところで幕府は文暦二年（一二三五）七月二三日に十箇条にわたる「条々」を定めているが、そのなかの一条は次のようになる。

【史料二】幕府法追加八〇（『中世法制史料集　第一巻』）

一　宿々早馬事

右、巡役当番之輩、宿所遼遠之時、急事御使遙行向其所、加催之間、依歴時刻、不慮遅刻云々、自今以後尤可儲置宿中也、且可存知其旨之由、可被下知宿々也、

これは「早馬」を「宿中」に儲け置くことを命じた幕府法であるが、『吾妻鏡』同日条が「向後可構乗馬以下事於駅々之由今日被定云々」と記しているのと対応している（文暦二年は嘉禎元年）。つまり「乗馬以下を駅々に構えるべき」と定められた法が史料二に該当する。

史料二によれば、これ以前の「早馬」用意は「巡役」であり、「当番の輩」が御使宿所となる場所（すなわち宿）から「遼遠」の所に住んでいて、早馬を徴達するのに時間を費やしてしまう、という。おそらく周辺の村落に早馬（乗馬）を用意する人がいたのであろう。

史料二の幕府法は、早馬を「宿中」に儲け置くよう命じる。具体的には宿住人が早馬を徴達し、常備している、ということであろう。しかも幕府法は「その旨を存知すべき由、宿々に下知せらるべし」とし、直接「宿々」に趣旨徹底を図っているのである。宿は、こうして、直接に、幕府の通達を受け、負担を果たすことになる。

このことは、この幕府法を受けたと見られる条項が「宇都宮家式条」（弘安六年）に存在することで一層明白となる。

【史料三】宇都宮家式条五八（『中世法制史料集　第三巻』）

一　駒牽到来送夫事

右、駒牽到来不知期日之間、以当日雖催促人夫、郷之依遠近、速疾不事行之間、有其煩云々、然者向後宿、上河原、中河原、小田橋、為彼宿々役、守結番、随奉行人之催促、可勤仕其役、

この条文は、駒牽送夫を「宿役」とすることを決めたものである。前半部では、陸奥からの駒牽が到来しても、その到来日を知らないでいて、しかも人夫の住んでいる郷が遠いこともあり、迅速に対応できていない、と指摘される。史料二の前半部と同旨である。後半の、「送夫」を「宿役」とするというのも、「送夫」を宿中に常備しなければならないことになり、それが宿の任務となる、という命令趣旨も史料二に近い。ただ史料二は「早馬」であり、この史料三は「駒牽送夫」であるという違いはあるが。

文中の「上河原、中河原、小田橋」は宿（宇都宮宿）の具体的規定であり、本来は割書きであったと思われる。この宇都宮宿を構成する三つのいわば子宿が、結番を守って、宇都宮家奉行人の指示に従い、「送夫」を負担することになる。ここに「早馬」の規定はないが、おそらく同趣旨であったろう。

こうして、宿には「早馬」「人夫」を常備する人々（宿住人）がいて、幕府が定めた数を負担していた。かれらは馬と人足の調達者であることからすると、馬芻（馬草）も扱っていたように思われる。建長五年（一二五三）一〇月一一日、幕府は「薪馬芻直法」を定め、萱木・藁《わら》・糠《ぬか》の値段を決めている。

【史料四】幕府法追加二九六『中世法制史料集　第一巻』

建長五年十一日、丙辰、被定利売直法、其上押買事、同被固制、小野沢左近大夫入道・内嶋左近「大夫」将監成経入道等為奉行、

薪馬芻直法事、

炭一駄代百文、　　　　薪三十束三把別百文
萱木一駄八束代五十文　　糵一駄八束代五十文
糠一駄俵一《（ママ）》文代五十文
件雑物近年高直過法、可下知商人者、

これは主に鎌倉市中を対象にしたものであろうが、諸国でも採用されたと考えてよかろう。「薪馬蒭直法事」のうち、「馬蒭」と見られるのは稾・糠であろう（「萱木」の萱も馬草になる）。

同年一〇月一七日幕府法追加（『中世法制史料集　第一巻』三〇二）の「炭薪萱稾糠事」は高直を改めさせ、交易を促しているが、「炭薪萱糠」の「押買」「迎買」を禁止し、相模国交易所にも相触れよ、と命じている。鎌倉だけでなく近国にも適用しているのである。また「件雑物、近年高直過法、可下知商人者」としているから、萱・稾・糠など雑物（馬蒭）を扱うのは商人である。かれらは鎌倉や諸国の宿の商人と見られる。宿住人は馬に関わる諸雑物により、利益を上げていたと考えられる（自ら馬を用いて荷駄輸送を営む者も、いたであろう）。

宿は、早馬・人夫などの集積地であり、それ故の分業が展開したと思われるが、幕府後援のもとに建立された宿は当然のことに人工的なものである。当初は自然発生的なものであっても、開発されて、改編されたと考えなければならない。

二　宿の開発

（一）　宿の存立要件──水・馬草・宿所

宿を構成する要件としては、道沿いの宿所、水（井戸）、秣、人足などが考えられる。発掘現場からはこのほかに墓所（聖地）が指摘されている。(5)

説話類を調べると、『古今著聞集』では「東国の武士大番にて京上すとて、此かいづに日たかく宿しけり、馬ども湖に引入てひやしける」と記述しており、近江国海津宿では馬を湖に入れて、冷やし、休めた。宿の存立には馬を水でなめす水場（堀）が必要となろう。『砂石集』では、旅の僧が奥州から上洛するに「駿河国原中ノ宿ニテ水アミケル家ニテ……」と言われるように、宿では水（湯）浴みをしている。宿には水・用水が確保されていなくてはならないのである。

東国の例ではないが、『古本説話集』（第五四）には、摂津国輪田の貧しい女が、旅の男に宿を提供するが、「大路井」から水を汲み、「馬の草」を調達している。同様な話は『今昔物語集』（十六‐七）にも見えるが、越前敦賀住人の娘の話となっている。「若狭国に沙汰すべきことのある」旅人を迎えるが、若狭からの帰りまでには「馬共ノ草」を用意すべく奔走する。輪田・敦賀は交通の要衝であり、宿の実態がある。

宿の住人は旅人を迎えるのに、水を確保し、馬草を調達している。その苦心をしているのである。また宿所（宿在家）を構えるにはその敷地が造成される必要があるが、それはどのように行われたか。鎌倉期における宿開発のあり方を、現地調査をふまえて論じてみたい。

（2）　宿景観の個別的検討――開発の痕跡をさぐる

（ア）尾張国萱津宿

尾張国萱津宿の構造に関しては、鎌倉末期から南北朝期に作成された「富田荘絵図」(6)が参考になる。この絵図全体のなかで、萱津宿の描き方には特徴がある。まず川であるが、絵図全体では川は流線形に描かれるのに対して、萱津宿背後の川（五条川）は直線的に描かれる（図7‐1参照）。ここには、五条川がこの部分で人工的なものに改造されたことを描いていると見られる。また道であるが、萱津宿のなかを通る道が直線的に描かれる。絵

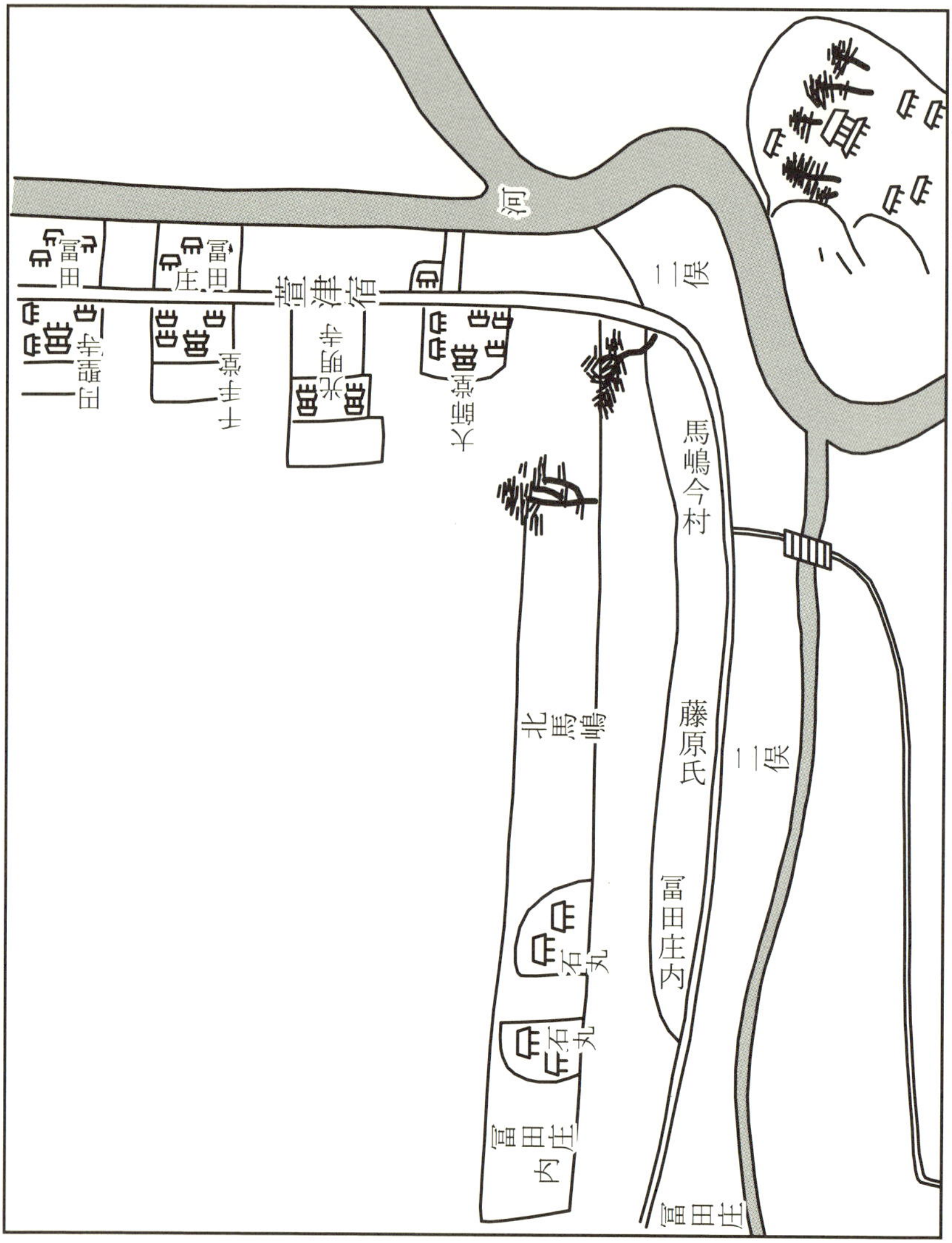

〔図７－１　冨田荘絵図萱津宿部分トレース図〕（『神奈川県史資料編古代・中世２』付録より作成）
（作成　山本隆志）

図全体では、条里区画の外周部でも道は直線的に描かれるが、これらの直線的な道は人工的整備を表現している、と見られる。

　ところで萱津の現地を歩いてみると、五条川と萱津宿との間には高さ五メートルにも及ぶ堤が築かれている。この堤なしでは萱津は洪水の害をたちまち受けてしまうことが見てとれる。またこの堤の脇下にはかつて水路が流れており、一部にはその痕跡を残す。そして萱津の最北端では、五条川に堰が設けられ、その分水が萱津を両側から取り囲んでいる（図7-2参照）。その分水堰に近い堤の上に龍神社が祀られている。五条川堤の造営と分水堰による宿周囲への水配分とは一体的関係にあり、人工のもの（開発の結果）と考えられる。

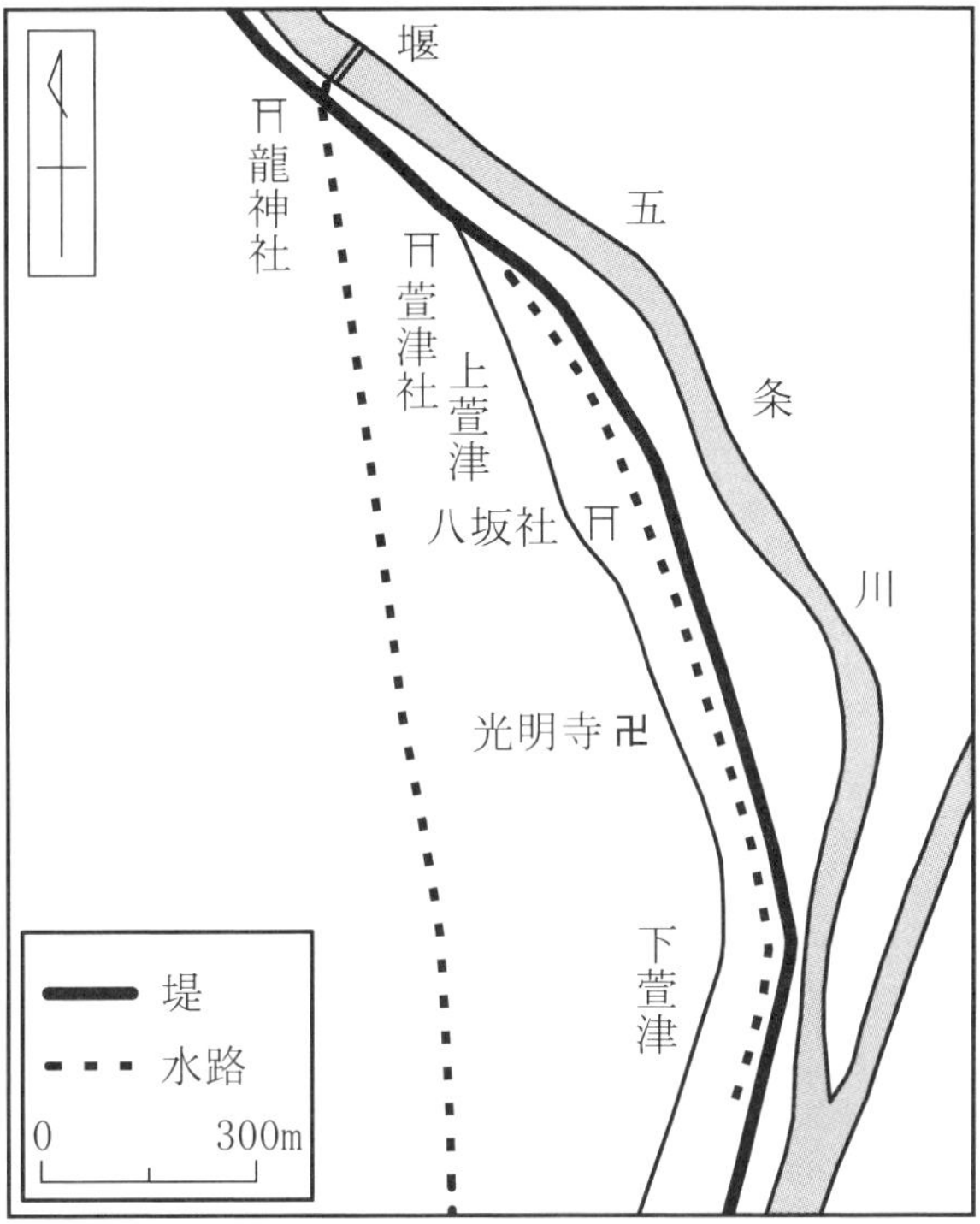

〔図7-2　萱津宿略図〕　（作成 山本隆志）

　また絵図では、萱津宿の中央を貫通する直線的道筋の左側（西）に寺院・堂を描き、道右の五条川との間には土地区画と家屋を描いている。寺院・堂区画では二階建築と平屋が同一区画内に描かれるのに対して、道と五条川の間の区画には平屋複数が同一区画内に描かれる。この平屋のみの区画は町屋区画と考えられ、平屋は宿在家と想定できる。そして、道の両側の方形区画は「戸主」（都市的地割）を想定させるが、現地を歩いてみても、道と五条川堤までは約三〇～五〇メートルであり、戸主区画を作り出し得ることが確認される。

『東関紀行』（仁治三年＝一二四二）に「萱津の東宿の前を過れば、そこらの人あつまりて、里もひゞく計にの丶しりあへり、今日は市の日になんあたりたるとぞいふなる」と叙述されているのは有名であるが、鎌倉中期には萱津宿に「東宿」が生まれ、定期市が開かれていた。この「東宿」は萱津宿から分立したものであろうから、宿のなかに小規模な宿（子宿）が成立していたことが、ここでもわかる。

またこの市の成立要件としては、周辺からの参加もあるが、その商いの中核に萱津宿住人がいたと考えるのが自然である。現地（上萱津）には八坂神社があり（図7-2参照）、市の神と推定できる。

萱津宿の開発はいつ頃であったか、確かな判断は難しい。だが一三世紀第二四半紀における萱津東宿の賑わい等から考えると、一三世紀初期であろうか。『吾妻鏡』によれば、暦仁元年（一二三八）二月一〇日に、将軍頼経が上洛途上で萱津に宿泊していて、以後度々将軍宿泊地となっている。こうしたことも、萱津宿整備を促進したことと思われる。

開発主体は、承元五年（一二一一）に富田荘領家年貢を北条義時が地頭請としていることから、[7] 北条氏勢力がまず考えられよう。ただ「富田荘絵図」の萱津宿在家には「富田分」との注記があるように、開発（在家招居もその一環）には富田荘方も関与していた。この「富田方」は、富田荘地頭方を指すのではなく、荘園領主を指すと考えられる（地頭方ならば「…地頭方」と書かれる場合が多い）。富田荘が円覚寺に寄進されると（弘安六年）、その運上には「宿兵士」役が「在所地頭」に命ぜられているが、[8] その文書受給者は円覚寺である。富田荘萱津宿の開発は、北条氏の関与が強いが、荘園領主の参加も想定できる。

（イ）上野国世良田宿

世良田宿については前章で検討したので詳細は省くこととする。問題は「戸主」という都市的区画を成立させた開発そのもののあり方である。この世良田開発を考える時、中世史料に見える「堀内」「掘籠」「戸主」の相関関係が問題点となってくる。結論としては堀の開削により堀籠区域が形成され、さらに方形の区画たる戸主が創出された。堀が現地にナメラ堀として残存している。

都市的区画としての「戸主」の所有者として見えるのは世良田郷西隣の淵名荘荘官である。

【史料五】長楽寺住持院豪置文（長楽寺文書）

仰給候庵室所寺大門北脇二戸主半事

世良田地頭御建立長楽寺敷地内候之間、自始院豪計申候了、随而彿法興行之程者、於彼庵室所者、後々長老も不可有悔返之儀候歟、然者永代不変地として被思食候ハめ、可令存其旨給之状如件、

文永九年十一月十八日　　院豪（花押）

淵名庄政所黒沼太郎入道殿

開発の結果生み出された「二戸主半」の地所を黒沼太郎が獲得していることは、この開発の推進者の一つであることを示していよう。黒沼太郎入道が得宗系であることは従来鎌倉末期の史料に基づいて指摘されていたが、(9)「二祖上人詠歌」（『定本時宗宗典』所収、時宗宗務所、一九七九年）のなかに、正和元年後間もなくの時期の記事として「武蔵へ出給ヒケルニ、……黒沼太郎四郎入道中ケル……」とあり、時宗二祖他阿上人との深い交際がうかがわれる。しかも黒沼太郎四郎の活動拠点として武蔵が見られる。この黒沼太郎四郎入道と史料五の黒沼太郎入道は同一人物と見られ、上野・武蔵一帯を拠点にしていた、と考えられよう。時宗他阿の活動は北条氏との関係が深く、黒沼太郎も北条得宗系であろう。

院豪が黒沼太郎に地所一区画を渡したのは、この開発主体に黒沼が入っていたからであり、開発が北条氏の支

援を受けていた可能性も考えられよう。ただ「世良田宿在家日記」が長楽寺文書に入っていたように、長楽寺もこの開発に関与したと考えねばならず、住持院豪があたったであろう。[10] ナメラ堀開削を含む世良田宿開発は、北条系黒沼太郎を中心に、長楽寺勢力らも参加しつつ、文永年間に展開した、と考えておきたい。

この開発で設定された「戸主」区画は黒沼氏の庵室所だけでなく、その道向いにも設定されたはずであるが、道とナメラ堀との間は約五〇メートル前後であり、「戸主」区画を造るにふさわしい。この一帯は「八日市」地名であり、町屋（宿在家）の場所であったと推定できる。この宿在家には「中今井郷内六日市庭弁柚垣内在家一宇」（嘉暦二年十月二九日牧翁了一寄進状、長楽寺文書）と表現されるものもある。これは寄進物件であるから、「弁」をアンド（and）の意味で解釈してはならない（もしアンドとすると、寄進物件は六日市庭そのものと在家一宇となってしまう）。「弁」は「並」の意味であり、六日市庭に並ぶ柚垣《ゆずがき》に区切られた在家一宇が寄進物件である。六日市庭も今井郷内であり、世良田宿内と考えなければならず、世良田宿内の在家は垣に囲まれていたことがわかる。

世良田宿の在家を所有していた者には新田一族の源成経もいたが（第六章参照）、他には得宗系で淵名荘荘官の黒沼彦太郎と長楽寺住持がいた。ここの在家所有は複数系統に及ぶのであり、在地武士一人の排他的所有が展開していたわけではない。前述の尾張国萱津宿の在家と同様である。

(ウ)下野国宇都宮宿

下野国宇都宮には平安期以降宇都宮二荒山神社が鎮座し、鎌倉初期には奥大道が神社の脇を走り、宇都宮神社社務職宇都宮家の居館も存在した。宇都宮宿は、この奥大道沿いに形成された。この宿そのものに関わる考察はいくつかあるが、[11] 宿開発の視点から考察してみたい。

宇都宮宿の構造を考える上での基本史料は先に引用した史料三（宇都宮家式条五八）である。この史料によれば、弘安六年（一二八三）の時点で、宇都宮宿の内に「上河原、中河原、小田橋」の宿（いわば子宿）が成立していた。おなじ宇都宮家式条（五五）のなかに「宿河原并宮中在家人」の文言もあり、この「宿河原」をも宇都宮宿のなかの子宿に入れようとする理解もあるが、これは「宿・河原并宮中」と解釈できる。この条項（五五）は宇都宮在家人に宿直役などを命じたものだが、その在家人を宮中（社域）、宿（上河原、中河原、小田橋）、河原（宿以外の河原）に区別したものであり、大きくは宮中と宿・河原に分けて在家人をとらえている。

宇都宮家式条のなかには「領内市々迎買」（五九）、「市々押買」（六〇）を禁じた条項もあるが、商いを営む者として神職下層を想定している。

【史料六】宇都宮家式条（六一）

一　宮仕下部等自身市商事

右、下輩之族、為渡世商事、雖不能制止、乍致宮仕、自身令座列商人等、汚面之条、甚以不可然、如然之輩者、永不可召其身矣、

宮仕下部が商人に交わることを禁じ、違反者は宮仕から追放することを決めている。だが「商いを渡世となす事、制止あたわずと雖も」とあることから、神職下層の商兼業は根強いものがある。商人の中心は、むしろ、神職下層自身か、その縁者かと思われる。宿在家と神官下層の結びつきが想定できよう。義江彰夫は宇都宮社神職が瑞垣の外側に居を構えるようになり、それが町場化したように想定している。(12) 大和奈良や近江坂本の例をふまえた議論として提出している。私も宇都宮社南に接続する上河原地区は神職の坊として形成され、それが宿所化したと考える。宇都宮家式条（三四）の「一　宮中屋敷事町屋分准之、右……」は女子への譲渡を禁じているが、神職の屋敷が本来は「宮中」にあったこと、「町屋」はそれに準じた扱いをすることが規定されている。こうしたことから、神域に近い所では（上河原宿）、宿に屋敷・坊を構えたのは神職層であり、また開発の主体もかれ

らであったことがわかる。

宇都宮宿のうち、中河原の住人が日光男体山頂に経筒を埋納している。

【史料七】男体山頂出土経筒銘（『宇都宮市史　中世史料編』）

下野国日光禅定権現御宝蔵　奉納法華経一部、則天長地久所願円満法界衆徒平等利益也、

宇都宮中河原住人七郎大夫藤原宗清

元亨三年癸亥七月廿九日

宇都宮住人の、日光山（山岳）信仰を示しているが、この経筒埋納者は「宇都宮中河原住人七郎大夫藤原宗」と自らを記す。藤原姓であることから宇都宮氏の一族かと思われるが、「七郎大夫」であり村落で言えば古老層に該当する。(13) 宿の富有人であろう。中河原が宇都宮宿を構成する子宿の一つであるからには、この人物とその富は、宿・市を背景にしたものと考えざるを得ない。

宇都宮の現地を調査してみると、近代的都市化の進行により、復元は困難であるが、上河原・中河原についてに一定の見通しをもつに至った。

鎌倉からの奥大道は、田川を越えて宇都宮に入る。まず小田橋、続いて中河原、上河原を経て、再び田川を渡り、宇都宮から出る。したがって上河原は宇都宮宿の最北部にあり、田川に囲まれている（図7-3参照）。

田川は上河原東側で大きく湾曲しているが、奥大道と田川との間に、かつて堀があった。この堀は大道とほぼ平行しているが、天保一四年の宇都宮古図には明確に図示されている（上河原町と小袋町との間の堀）。この堀は明治以降も存在したらしく、現地では戦前まであったことや、その位置を聞き取りして図示した（図7-3）。奥大道はこの近辺では現在片側二車線の道路となっているが、道と堀との間は約五〇メートル前後であり、方形の土地区画が設定できるように思われた。この堀も、上河原宿が開発されるなかで開削されたものと考えられる。

おなじことは中河原でも言える。市内中央部を流れる釜川は田川に合流する直前で大きく湾曲し、田川と道（大道）の間をほぼ平行して南に流れる。この南流する流路は人工的であり、ここでも大道とこの流路との間に方形の土地区画を生み出している。

宇都宮宿では、上河原・中河原では大道と平行する堀・流路を確認し得たが、これがいつまで遡るかは不明である。ただ中河原宿は宇都宮家居館に近く、関係が考慮されなければなるまい。宇都宮家居館は現在の宇都宮市役所の地に比定されて、発掘調査では鎌倉中期の土器等が出ている。宇都宮家館の整備は、前述のように（第四章）、宇都宮神宮寺での一切経会開催とも連動するものと思われ、鎌倉前期に進められたと想定される。そのなかで、宇都宮家の領主的需要に応える宿として中河原が独立性を高めたものと思われる。

宇都宮宿は、それを構成する上河原・中河原・小田橋のうち、小田橋は詳しくはわからないが、上河原は宇都宮社神職層が開発の主な主体であり、

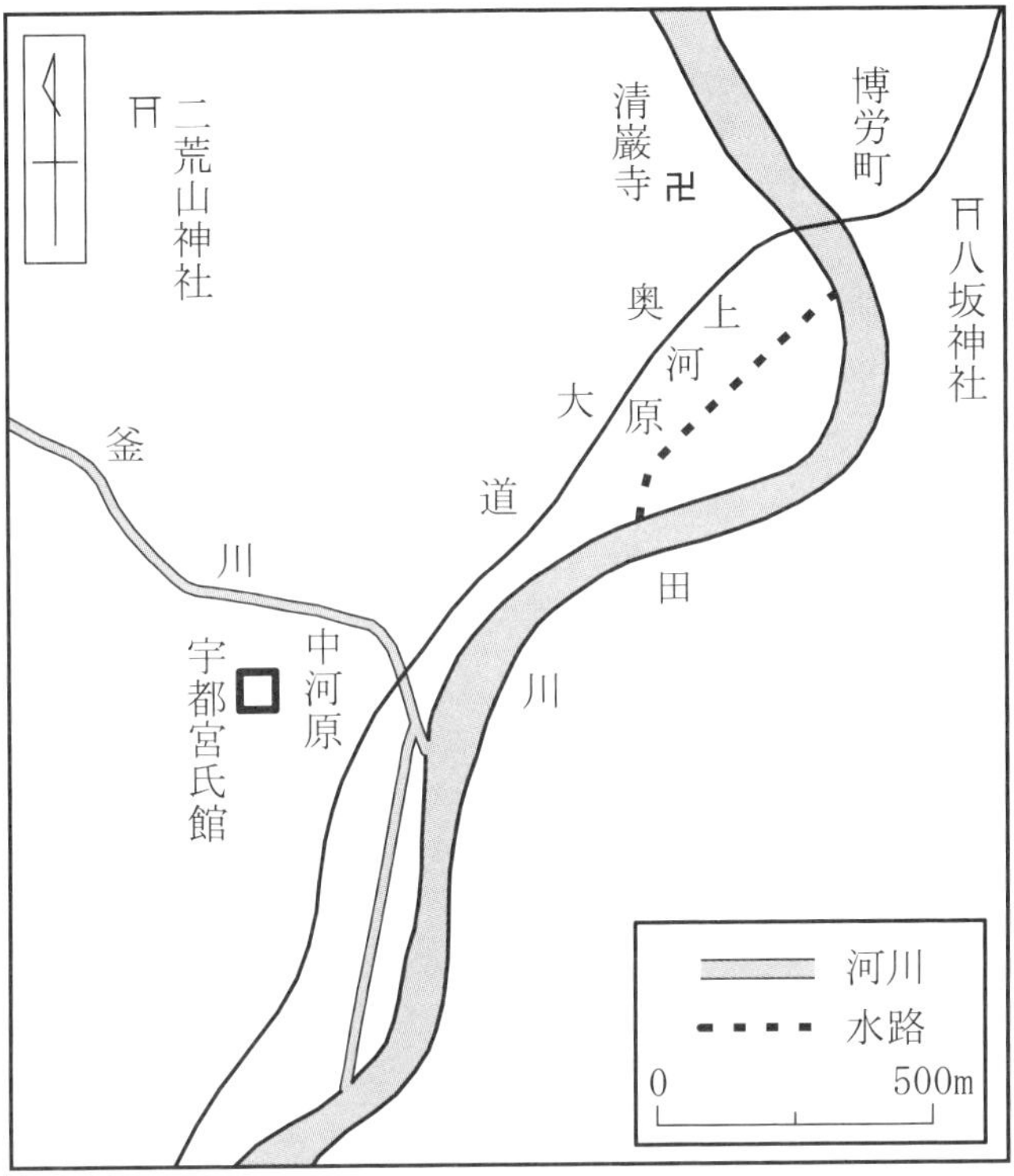

〔図７－３　宇都宮宿復元図〕　（作成　山本隆志）

中河原は武士宇都宮家居館と関係深い階層が開発の担い手として、想定される。

尾張萱津宿・上野世良田宿・下野宇都宮宿、いずれも武士（在地領主）と寺社勢力の両方が、開発に関わり、参加していた。幕府の後援があるにしても、武士勢力だけで進められたものとは考えにくい。

三　馬・馬喰

宿には、宿の責任で、早馬を常備することが幕府から求められていた（前述）。宿（宿住人）は馬を調達できなければならず、馬の交易（馬市）、その専門家（馬喰）とつながっていたと思われる。そこで、資料的には数少ないが、この時期における馬市・馬喰の問題を検討してみたい。

（一）　尾張国下津宿の馬市

尾張国下津宿は萱津宿の北に位置し、京都方面から東海道を下る旅人は、折津宿または萱津宿で宿泊する者が多い（新日本古典文学大系『中世日記紀行集』所収の紀行文参照）。この折津宿では馬市が開かれていた。

【史料八】『沙石集』第八-五（日本古典文学大系）

馬カヘタル事

尾州ニ或ル山寺法師、駄ヲモチタルヲ、駄ハモチニクシ、雄馬ニカウベシトテ、下津ノ市ニ行ケル道ニテ、我駄ヨリモヲトリタリケレドモ、雄馬ナレバト思テ、毛ガヘニシテカヘリケリ、弟子ナリケル俗、ヲイ行ケルガ道ニテ行逢ヌ、「駄ヲコソ雄馬ニ替ヘタリ」ト云、弟子ノ俗見レバ、是モ駄ナリケリ、「駄ニテ候ヤ」ト云ヘバ、「ヨモ」ト云、「御覧候ヘ、慥ニ駄ニテ候」ト云ヘバ、馬ヨリヲリテ立廻テ見ルニ駄也、実ニ心地アリゲナル気色ニテ「アラテニマカレ」トゾ乗リケル、

（後略）

これは尾張国の僧が、下津馬市に行く途中で、駄（牝馬）を雄馬に取り替えようとして、だまされて同じ駄と替えてしまった、という話である。馬を替えるのに「毛ガエ」にしたとのことであるが、毛の色や毛並みを基準にしたとのことであろうか。また「アラテニマカレ」は「新（荒）たな手に騙された」の意味であるという（日本古典文学大系頭注）。ここでは馬の取引については、馬と馬の交換であること、騙されることがあること、が読みとれる。

またこの僧は、駄を「雄馬ニカウベシトテ、下津ノ市」に出向いている。折津市では馬市も開かれていることになり、『沙石集』著者無住が後半生を尾張で過ごしたことを考慮すると、確かなことであろう。

下津宿の現地には鎌倉道の両側に町屋が並び、それを堀が囲んでいる。「折津市」は「折津五日市」とも言われる。「五日市」は現在の折津の東隣りの地名であるが、その間に川（青木川）が流れている。現在ではこの川により隔てられた感が強いが、鎌倉期には川は行く筋にも分流していて、その一筋が折津と五日市との間を流れていた、との景観が想像できる。折津五日市は折津宿の郊外に開かれていたが、折津の名を冠するのは折津宿住人との関係の深さを示しており、下津・五日市は一体的関係にあったと見られる。五日市の中央部には八釼神社・法正寺があり、法正寺には南北朝期まで遡ると思われる宝篋印塔も所在する。

（2）　鎌倉の馬市・博労座

鎌倉は幕府権力の所在地であるが、大町小路一帯は町屋が並び、商人・職人の居住区であった[14]。大町は若宮小路の西であるが、若宮小路の東には武士邸宅が並び、その背面の山地との間には川が流れていた（滑川）。その川（滑川）沿いに、馬市が開かれ、博労の存在も見られた。

【史料九】『沙石集』巻第八―六（日本古典文学大系）

馬買損ジタル事

下総ニ唯信房ト云フ僧、鎌倉ニテ馬ヲ買フ程ニ、片目ツブレタル馬ヲ買テ帰リケルヲ、人見テ、「イカニ、カタ目ツブレタル馬ヲバカヒ給ヘル」ト云ヘバ、「イサ、見テタツラヲバ見タラバコソ」ト云ケル、バクロウ、ヲコゲナル僧ト見テ、ヒキマワシアヤツリテ、片目ヲ隠シケルコソ、

下総に住む唯信房なる僧が鎌倉に出たついでに馬を買ったが、そこで「バクロウ」（馬喰、博労）に騙され、片目のつぶれた馬を買わされた、という話である。ここでは、鎌倉で馬の売買が行われていること、その売買は博労が行っていること、がわかる。この話は「馬買損ジタル事」との題があり、馬の売買で騙されたことが主題となっており、それが鎌倉の博労を素材にしている。鎌倉馬市の博労は、このような話にふさわしい登場人物として、作者に、この時代の人々に意識されていたのである。

また鎌倉馬市に馬を買いにゆく人物として下総の僧が選ばれているのは、下総からわざわざ鎌倉まで馬を買いに行くことが往々あったことを示していよう。さらに次の史料を見よう。

【史料一〇】『鎌倉年代記』裏書（『増補続史料大成』五一）

今年弘安三（中略）、十一月十二日戌時又焼失、自柳厨子至博労座、（後略）

弘安三年（一二八〇）、この年鎌倉では火事が続いたが、一一月に「柳厨子」から起こった火事は燃え広がり、「博労座」まで類焼した（折からの北風であろうか）。ここに博労が座を結成していることがわかるが、これは鎌倉に結成された座の一つである。

この博労座の位置は「柳厨子」に近い所にあった、と見てよいだろう。「厨子」は「辻子」であろうが、「柳厨子」は柳の生えている辻子であろう。柳は川・池のほとりに植えられるが（北条泰時が東海道に道沿いに柳を植え

させたことは後述する）、鎌倉における商工業者の町屋分布からすると、滑川（ナメリ川）と小町大路、あるいは大町小路の交差する一帯が「柳厨子」の候補となろう。[15] この近くに博労座があったのであり、馬を扱う専門業者が軒を連ねていた、と見てよい。[16]

鎌倉は馬の需要が多かったはずであり、博労が集団となり、座を結成したのも自然であろう。伊豆山の僧のもとに「樽ヤ召ト云テ、馬ニ付テ」樽売りが訪れたと『沙石集』巻五（本）-六に記されるが、馬は商売には必需であった。鎌倉の様々な商人も、その活動上、馬を必要としていたであろう。

（3）相模国荻野の馬市

相模国荻野では戦国期に四・六の六斎市が開かれたが、これとは別に毎月一九日から二五日まで（七日間）、「当宿馬町之儀」（馬市）が「楽市」として催され、後北条氏に公認されていた（難波文書、天正一三年二月二七日北条家市法度、『神奈川県史　資料編3（下）』九〇五九、天正一七年九月一三日北条家掟書写、同九四七六）。荻野宿での馬市の重要性を示しているが、このことは鎌倉期にまで遡れるだろうか。検討すべきは『中世法制史料集　第一巻　鎌倉幕府法』に「傍例」として採用されている次の条項である。

【史料一二】新編追加一三二（『中世法制史料集　第一巻』参考資料七六）

一、当御代、渋谷小平太子息二人、相共罷向荻野之処、称令乗被盗馬之由、本間左衛門尉後見一人、本間御母之郎等一人而小平太自馬令引落之間、依彼咎賜件下手人於小平太之間、即令斬首畢、

この条によれば、渋谷小平太は子息二人とともに荻野に行き、そこで本間氏関係者から「あなたの乗っている馬は私の所から盗まれた馬だ」と言いがかりをつけられ、小平太自身が馬から引き落された。本間氏側の行為は不当であり、本間氏関係者は渋谷に引き渡され、斬首されたという。ここで、本間氏関係者は渋谷小平太の乗っ

ている馬を、盗まれた当家の馬に違いないとして、渋谷に言い寄り、実力で馬を取り戻すべく、渋谷を馬から引きずり落としている。

こうした馬に関するトラブルが「荻野」で起こったわけであるが、これは幕府法令に採用されていることからも、相模国荻野と考えてよかろう。渋谷小平太と子息、そして本間氏関係者が「荻野」に行ったのは、馬を求めてのことと思われる。とくに本間氏関係者は、馬が盗まれて、良馬を求めて荻野に行ったのではないだろうか。このように、荻野での馬市を鎌倉期まで遡って考えさせる。

荻野馬市が鎌倉期にもあったとすれば、御家人クラスもわざわざ荻野まで出向いたことになる。鎌倉にも馬市があるが、荻野は甲州方向との交通路に沿っていて、甲州方面の良馬が集まりやすいのであろう。

(4) 武蔵国鶴見宿の馬喰

鶴見宿は東海道沿いに生まれた宿であるが、その成立は鎌倉末期、あるいは同後期と考えられる。鶴見宿の初見史料は正平七年(一三五二)三月三日水野致秋軍忠状であり、「去月十九日自武州鶴見宿参関戸」(水野文書、『神奈川県史　資料編3(上)』四一四一)と見え、軍勢の集結地であった。同時期に「鶴見原合戦」(足利尊氏御教書写、続常陸遺文、同前三三一三)とも見えることから、原野のなかを通る道沿いに形成されている宿と考えることができよう。

建武元年五月一二日の「正統庵領鶴見寺尾郷絵図」(金沢文庫蔵)は画面中心部に「寺」を大きく描き、この寺の前を通る道が鶴見川を越えて東へ延びていく様をも描いている。この寺の前で、道沿いに、町屋風の家並が描かれる。この家並は、寺・堂・社が基檀をもつように描かれるのに対し、基檀のない粗末な平屋として図示されている。場所は寺の前から、鶴見川に到るまでである。また山裾には谷戸田が多く描かれるが、そのうちの一つには「馬喰田」の書き込みがある。

この絵図で注目したいのが「馬喰田」である。「馬喰田」とは馬喰に給付された田地であり、馬の秣場とされた場所とも思われるが、その場合でも馬飼育の専門的人間に給付されたものと考えられる。すなわち「馬喰」の存在を想定できる。その馬喰は宿と関係深い存在であるから、鶴見宿との関わりが想像できる。絵図のなかの、寺の前に描かれる粗末な基壇を持たない家並みが、鶴見宿と見てよかろう。この鶴見宿の馬喰に給付された田地として山裾の「馬喰田」を解釈するのが合理的である。

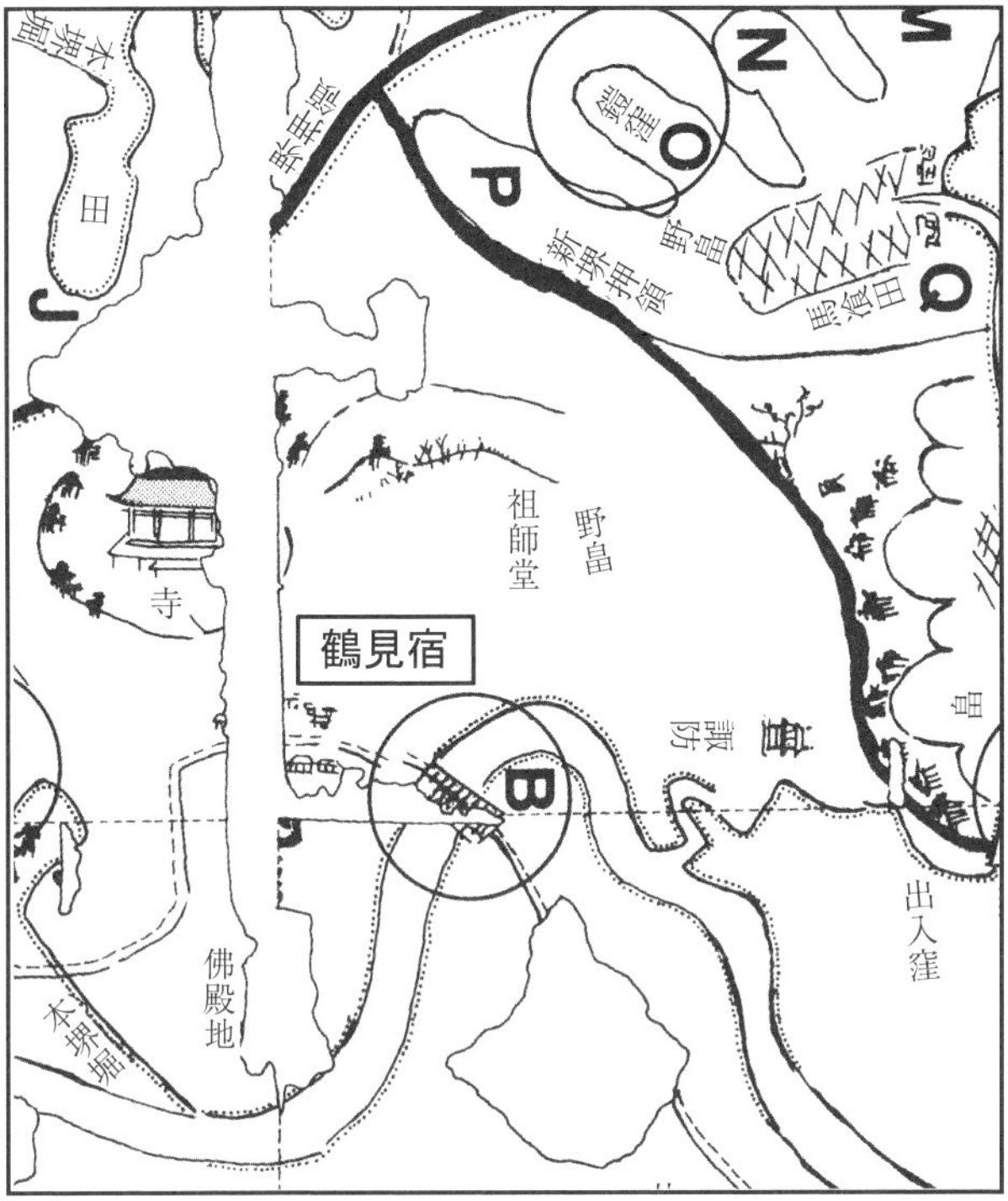

〔図7－4　「正統庵領鶴見寺尾郷絵図」鶴見宿推定部分トレース図〕
（高島緑雄『関東中世水田の研究』より一部書き込み）

ではこの「馬喰田」はどのような事情で設定されたと考えられるか。絵図中央部に描かれる寺は松陰寺であるが、この絵図の近世以降の複本・写本系統を検討した武田周一郎によれば、[17] この絵図には現在まで伝わったもの以外の副本が存在した可能性があり、その副本は松陰寺に存在した可能性が高いという。そうであればその副本は中世段階から松陰寺にあったと推定できる。絵図の構図からも中央部に寺（松陰寺）が描かれている。松陰寺は、この郷を支配する領主の現地政所として存在していた可能性が高いのであり、絵図の副本をもっていても不思議ではない。

鶴見宿を含む鶴見郷の知行関係を検討してみよう。建武元年五月一二日の絵図（金沢文庫所蔵）の裏書には「建武元　五　十二　正統庵領鶴□□□図」とあり、延文三年八月には鶴岡八幡宮領と見える（鶴岡八幡宮文書、『神奈川県史　資料編中世3（上）』四三四五号）。また応安四年一〇月には建長寺正統庵領と見える（塚本文書、同前四六七二号）。鶴見郷は建長寺正統庵領から鶴岡社領になり、すぐに建長寺正統庵領に戻っているが、鶴岡社領であることを示す文書は鶴岡放生料を納入する送状であるから、この年だけ鶴岡放生料を負担する所領となったものかと思われる。応安四年の文書は「建長寺正統庵領武蔵国鶴見郷同新市」に対する禁制であるが、具体的には「於当庵領同新市庭、甲乙人等不可致押買以下濫妨狼藉」とあるので、鶴見郷の新市場に対する禁制であったことがわかる。明治三九年の地図には鶴見川左岸の宿に近い所に「市場」地名が確認できるが、これはこの市場が地名化したものと見られる。[18] 宿のなかの市と見ていい。鶴見郷の郷務は宿・新市場支配を緊要の課題としていたことがわかる。

その鶴見郷の郷務を現地で担ったのが、絵図中央に描かれた寺（松陰寺）と考えられる。「馬喰田」を設定したのは郷務の一環であろうが、松陰寺は門前の鶴見宿住人の馬喰に免田を給付したのである。こうして「馬喰田」は鶴見宿住人（馬喰）と一体のものとして解釈できるのであり、その存在は確認できる建武元年に遡るであろう。他の関東の例からも鎌倉後期まで遡ると想像される。

（5）　宇都宮宿の博労

宇都宮宿での、中世段階における博労の存在を示す積極的史料はない。ただ可能性は残るので提示しておきたい。

宇都宮市には「博労町」が明治以降にも残るが、その位置は田川を渡った地点であり、宇都宮宿の代表的子宿たる上河原宿と川をはさんで向かい合う。上河原宿と至近位置にある（図7-3参照）。この博労（町）は上河原宿と関係があるのではないだろうか。

宇都宮博労町の初見は明暦二年（一六五六）今泉村検地帳であり、坪名として「ばくろう町」がある。[19] また博労町にはかつて八坂神社があったが（現在は今泉町に移る）、その起源は平安末期と伝承する。この伝承は信じがたいが、鎌倉後期には宇都宮宿の市で商人が活動し、宇都宮氏も警戒するようになっており、その商人たちの社として勧請されていた可能性がある。その八坂神社が博労町に本来はあった。商人たちの社のある場所が後に博労の集住するところとなったのかもしれないが、その商人たちのなかに博労もいたのではないだろうか。

（6）小括

こうして鎌倉期の馬市・博労の事例を検討してみると、馬市の主体は博労であり、かれらが上級支配者に編成されている様子はうかがえない。鎌倉居住の御家人も良馬を求めて相模荻野の馬市に出かけている。

馬市に馬を求めに行く話には、僧の事例が多い。僧は移動に馬を用いたと考えられる。ただ鎌倉の御家人の馬を求める需要は高かったと思われ、鎌倉市中には博労座も現れている。武士層の馬需要は強いが、武士が博労を編成している事例は見えない。

おわりに

本章は、鎌倉期における宿の開発のあり方を、幕府政策に関連させて、具体的に論じて、さらに関連する馬市・馬喰の問題をも考察した。

不穏な状態にあった宿を、整備し、安定化・秩序化しようとしたのは幕府であり、王朝勢力であった。北条泰時は、「茂れる笹原の中にあまたふみ分たる道ありて、行末もまよひぬべきに、故武蔵の司、道のたよりの輩におほせて植へをかれたる柳も……」(『東関紀行』)と言われるように、東海道の道沿いに柳を植えさせ、往来の安全を図っている。実際に植える作業にあたった「道のたよりの輩」とは地頭御家人であろう。この泰時の施政は「諸国駅路辺植果樹、令往還人得休息、若無水処、量便堀井」という延喜式(雑式)を受けたものと思われる。駅路に樹木(柳)を植え、休息所(宿)には水を確保するのに井を掘る。本稿で指摘した、鎌倉期の宿開発はこれと整合的である。こうして、宿駅の安全化・体制化が進んだと考えられよう。

宿開発に参加し、また関与したのは、その地の在地領主や在地寺社である。寺社が編成する職能民の技量が開発で大きな役割を果たしていることを、畿内を場として律僧を山川均が考察している[20]。宿の開発には寺社は不可欠なのであり、武士と寺社との共存の場として宿を位置づけることが可能であろう[21]。

武士の居館と寺社との関係を考慮すると、宿は武士居館の発展形態の一つとも理解できる。ただこのことをもって武士を「町場領主」化と見なすことには賛成できない。高橋修は東国武士が初発から「町場領主」であったとの見解を提出しているが[22]、武士は宿に拠点を置くとしても、それは片足であり、もう一方は郷村に置いている。宿住人も農村部に居をもっていることは宇都宮宿や信濃伴野市の事例[23]で明らかである。

ただ宿を構成する住人(宿在家)は交易で諸国を廻るのであり、その交易の世界は体制外的なものであった。商人の体制的・体制外的両義性は根強いものであり、戦国期会津商人簗田氏が盗賊(山賊)の世界とつながり、いわば一体的関係[24]にあったのもうなずける。宿住人のなかには博労に近い存在もいたであろうが、かれらが在地領主に編成される事例も見られない。宿開発はこうした体制外的階層を編成することはできなかった、と見られる。

宿は、たとえば世良田宿と今井郷・世良田郷の重層的関係のように、農村的世界と混在していた(世良田は宿と郷の、複合的社会なのであった)。分業流通の結節点たる故に、仏師・職人・商人が集まり、それが発達すれば地方都市的性格を強めるが、そうでなければ農村的世界に純化し、宿から村へと転化することもあった。

(1) 問については豊田武『中世日本の商業史』(豊田武著作集第二巻、吉川弘文館、一九八二年、初出は一九五二年)が代表的であるが、最近の宇佐美隆之『日本中世の流通と商業』第二部第二章・第三章(吉川弘文館、一九九九年)も新たな論点を提示している。
(2) 湯浅治久「中世東国の「都市的な場」と宗教」(峰岸純夫・村井章介編『中世東国の物流と都市』所収、山川出版社、一九九五年)。
(3) 井原今朝男「中世東国商業史の一考察」(『中世東国史の研究』所収、東京大学出版会、一九八八年)参照。
(4) 山本隆志「常陸国信太荘の知行構造」(『茨城県史研究』七七号、一九九六年)。
(5) 飯村均『中世奥羽のムラとマチ』東京大学出版会、二〇〇九年。
(6) 『神奈川県史資料編　古代・中世2』付録。この絵図の作成契機については、地頭請の時とする大山喬平『日本中世農村史の研究』IX「絹と綿の荘園」(岩波書店、一九七八年)と、境争論とする黒田日出男「一枚の絵図をめぐって」(竹内理三編『荘園制と中世社会』所収、東京堂出版、一九八四年)が対立している。
(7) 嘉暦二年五月一八日富田荘領家雑掌契状(円覚寺文書、『鎌倉遺文』三八巻二九八四号)に「於彼年貢者任承元五年北条殿御請文可有沙汰之処」とあり、また弘安六年三月二五日北条時宗袖判北条家奉書(円覚寺文書、『鎌倉遺文』二〇巻一四八二四号)で富田荘(地頭職)が円覚寺に寄進されている。したがって、承元五年以来地頭職は北条家が相伝している、と見られる。
(8) 円覚寺文書、『鎌倉遺文』二〇巻一四九五一号。
(9) 峰岸純夫「鎌倉末期の新田荘と渕名荘」(『新田町誌　第四巻　新田荘と新田氏』所収、一九八四年)。
(10) 長楽寺開山堂隣りの墓地は院豪墓(宝篋印塔)を中核としており、院豪がいわば中興開山であったことを示している。

(11) 江田郁夫「中世都市宇都宮について」(『栃木県立文書館紀要』第三号、一九九九年)は宇都宮宿に関わる研究史を紹介している。
(12) 義江彰夫「日本の中世都市と寺社勢力」(国際基督教大学『アジア文化研究　別冊二〇〇三』所収)。
(13) 薗部寿樹「中世村落における宮座頭役と身分」(『日本史研究』三二五号、一九八九年、『日本中世村落内身分の研究』〔校倉書房、二〇〇二年〕に再録)参照。
(14) 鎌倉の大町・小町については松尾剛次『中世都市鎌倉の風景』(吉川弘文館、一九九三年)参照。
(15) この滑川は、上野国世良田のナメラ堀と同じ役割かと思われる。
(16) 八坂神社が近くにあるが、この成立は室町期とも思われ、市との関係が予想される。なお鎌倉八坂神社と祇園祭については藤木久志「鎌倉の祇園祭と町衆」(同『戦国の村を行く』朝日新聞出版、一九九七年)参照。
(17) 武田周一郎「「武蔵国鶴見寺尾郷絵図」の副本とその作成過程」(『史境』六三号、二〇一一年)。
(18) 高島緑雄『関東中世水田の研究』(日本経済評論社、一九九七年)所収の地図。
(19) 『栃木県の地名』(平凡社、一九八八年)参照。
(20) 山川均『中世石造物の研究』第七章「中世の開発と石工」(日本史史料研究会、二〇〇八年)。
(21) 私は本章で扱ったほかに「西上州における交通と守護権力」(地方史研究協議会編『内陸の生活と文化』雄山閣、一九八六年)で上野国板鼻宿を、『新編高崎市史　通史編中世』(一九九九年)では山名宿を、それぞれ検討した。そこでは時宗寺院が宿を支える一勢力であったが、山名宿では山名氏と時宗光台寺などの寺院との共存関係が、板鼻宿で時宗聞名寺・大聖護国寺・板鼻八幡宮など寺社と守護勢力(北条氏)の共存関係が、想定できる。
(22) 高橋修「中世の流通と地域社会」(『歴史学研究』七六八号、二〇〇二年)。最近の田中大喜「武士団結合の複合的展開と公武権力」(同『中世武士団構造の研究』、校倉書房、二〇一一年)も町場(交通・流通の拠点)を複数の武士が共生して支配するという考え方を提出しているが、この見解も町場・宿における寺社の役割を考慮していない。
(23) 井原今朝男「信濃国伴野荘の交通と商業」(『信濃』三五-九、一九八三年)。
(24) 桜井英治『日本中世の経済構造』第二部第五章「中世商人の近世化と都市」(岩波書店、一九九六年)参照。

第八章　荘園領主知行の後退と武士勢力展開の新局面
――鎌倉後期～南北朝期における常陸国信太荘を中心に――

はじめに

東国荘園に関する研究は、地頭による支配関係が展開してゆく場として認識する傾向にあった。一九七〇年代～八〇年代に進められた関東地方の自治体史における鎌倉時代史は、ほぼこの筋道で概説されている。この傾向に対して、旧稿(1)では常陸国信太荘(2)を具体例にして、鎌倉末期・南北朝期に東寺による現実的知行が展開したこと、その知行は国衙系勢力の発給する文書に依存しながら進められたことを指摘した。本章ではそのことを再確認したうえに、南北朝期以降の在地武士勢力による新たな知行のあり方を検討する。すなわち在地武士勢力の支配と荘園領主的支配との段階差を明確にしたい。しかし、これは武士が在地で一円的に下人支配のような人身的支配を拡大する方向であった、とは考えられない。

南北朝以降の東国荘園の在地で展開した支配関係を検討するには、そこに居住する凡下（百姓）層の存在形態とその領主のあり方が考察されなければならない。ただ凡下層に関する史料は少ないが、この時期に活発化するのが在地寺社の動きであり、在地寺社文書には凡下層の存在形態をうかがえる史料もある。本章は常陸国信太荘地域を対象にすえるが、円蜜院文書などには佐倉郷浦渡宿との関係を示すものも見える。この宿住人とその活動を保護する在地武士勢力の関係を考察したい。また、こうした検討のなかで、第六章・第七章で考察した宿を拠点とする有徳人層と武士勢力がどのような関係になっていくか、という問題にも論及したい。

一　東寺の信太荘知行方式

鎌倉末期、東寺は信太荘に寺僧を派遣して、直接的支配を実施する。その支配の内実はいかなるものか。この時の関係史料が東寺文書に残るので、[3]検討してみよう。

(一)　年貢支配状を発給する定勝

嘉暦三年(一三二八)二月、讃岐法橋定祐は東寺学衆によって信太荘雑掌に任じられ、現地での荘務にあたるとともに、鎌倉では地頭の年貢抑留を論点とする訴訟を起こした。東寺に信太荘が寄進(供僧・学衆の供料荘として)されたのは文保二年(一三一八)であったが、荘務は実効が上がっていなかった。定祐の訴訟は執権北条守時の支援もあってか、地頭方との折衝が進み、翌年(元徳元年＝一三二九)には弘戸・土浦・小池三ケ郷の年貢結解状が作成されるとともに、上茂呂などの郷では年貢所務が開始された。信太荘は雑掌定祐にとって未知の地であったと思われるが、彼は年貢所務にどのような方式で臨もうとしたのだろうか。

【史料一】信太荘京進年貢支配状(東寺百合文書、ケ一八－一)

「信太」

京進　年貢支配事

上茂呂郷以下　五貫四百五十六文

上高井郷　四貫六百四十七文

下高井郷　貳貫参百廿四文

矢作郷　　　　　　　壹貫四百九十文
同郷木曽分　　　　　貳百八十八文
下大村　　　　　　　九百四十七文
　　定拾伍貫百六十文
右信太庄雑掌方に可有沙汰之状如件、
　元徳二年十二月廿二日　　定勝（花押）

（傍線は引用者、以下同）

【史料二】信太荘土左前司跡京進年貢注文（東寺百合文書、ケ一八―二）

常陸国信太庄土左前司跡京進年貢事
三郎殿分　　上茂呂　竹来　青谷戸
　四貫六十文
殊鶴殿分　　高井郷
　九貫五百三文
式部大夫殿分　矢作郷
　壹貫貳百文
蔵人殿分
　参百文
　　以上　拾五貫六十三文
右注文如件、

元徳元年十二月　日　　　　定勝（花押）

この二通の文書は、現在左の順序で貼り継がれている。二通が一括して整理されたものと思われ、前者の「信太」とある端裏書はこの整理の段階で付けられたと見られる（書体も文書本文とは異なる）。整理は伝来からして、東寺でなされたに間違いない。

また、この二通の文書は対応する地名がほぼ一致することから、おなじ所領に関する京進年貢支配（配分）状と見られる。史料一の「上茂呂郷以下」は史料二の「三郎殿分　上茂呂　竹来　青谷戸」に対応する。同様に、「上高井郷」「下高井郷」が「殊鶴殿分　高井郷」に、「矢作郷」「同郷木曽分」が「式部大夫殿分　矢作郷」に、「下大村」が「蔵人殿分」に、それぞれ対応するのである。つまり、文書発給者の定勝は、同一所領に関する、京進年貢支配（配分）状を、元徳元年と同二年に作成して、誰かに渡したのである。

この二通の文書の受給者（受取り人）は、史料一の傍線部からして、信太荘雑掌としか考えられない。信太荘雑掌はこの時期定祐であるが、かれはこの文書に基づいて、郷々から年貢を徴収するのである（やがて、この二通の文書は東寺にもたらされ、そこで整理・保存された）。

こうして、この二通は信太荘雑掌（定祐）に宛てられた年貢配分状であることが明白となってきたが、この文書の発給者たる定勝はどのような立場の人間であり、どのような根拠に基づいて年貢を配分しているのだろうか。まず、年貢配分の方法について検討してみよう。元徳元年も、同二年も、年貢高は貫文（銭）で表記されているが、合計は一五貫余りである。これは偶然とは考えられず、おそらくこの年貢総計はこの程度（一五貫余）に合わされたのであろう。その年貢総計を四ケ所（郷）に配分するのであるが、史料一・二により、各所（郷）の年貢額を整理してみると、表8-1のようになる。

三郎殿分（上茂呂郷以下）など各所（郷）の年貢額には年により変動が見られる。変動の幅はそう大きくはな

〔表８－１　信太荘の京進年貢額〕

	三郎殿分〔上茂呂郷以下〕	殊鶴殿分〔上・下高井郷〕	成部大夫殿分〔矢作郷・同木曽分〕	蔵人殿分〔下大村〕	合計
元徳元	4.060	9.503	1.200	0.300	15.063
元徳二	5.456	6.971	1.778	0.948	15.160

※単位は貫、文

いが、小さいとも言えない。このような年貢額の年による変動の背景には、天候異変による作柄の善悪などが想定されるが、各年の年貢額はどのような方式で決められるのだろうか。

こうした問題を考察するには次の史料を検討する必要がある。

【史料三】信太荘嘉暦三年未進年貢支配状（東寺百合文書、里三三）

京進用途嘉暦三季分未進十貫二百六十文支配事
上茂呂以下　廿五丁三段大　分銭四貫五十八文
高井郷　廿三丁二反大　分銭三貫六百九十文
矢作郷　十丁一段　分銭一貫七百六十文
下大村　五丁五段半　分銭八百八十八文
已上六十四丁二段三百歩段別十六文定
右支配之状如件、
元徳二年六月十六日　定勝（花押）

この年貢支配状は未進年貢の支配状であるが、その配分郷は史料一・二と全く同じである。つまり、定勝はこの時点での年貢額を確定するだけでなく、過去の年貢についても未進額（未進額の確定そのものは雑掌と地頭方との結解でなされたであろう）を各郷に配分する作業をしているのである。ただここでは、未進額総計一〇貫二六〇文を各郷に配分するのに、田数を基準として、反別一六文で算出している（若干の計算違いはあるが）。

ところで、「上茂呂以下」の二五町三反大などの田数であるが、これはどのような性格の数字なのだろうか。年貢賦課の基準田数なのだろうか。もしそうであるなら、元徳元年・同二年にも適用されるはずである。そうした仮定のもとに、元徳元年（史料二）・同二年（史料一）に当てはめてみると、反当たりの銭高（〇〇文）がほぼ整数になるはずである。ところが、元徳元年の「蔵人殿分」が反別五・四文となり、同二年の「茂呂郷以下」が二一・五文となる。これは整数にはほど遠く、この仮定は成り立たないのである。つまり、史料三の各郷の田数は、年貢賦課の基準田数とは言えない。この田数は、あくまで、嘉暦三年の田数と考えざるをえないのである。

こう考えてくると、史料三は嘉暦三年の現実の田数に基づいて、未進年貢額を各郷に配分した文書ということになる。したがって、元徳元年・同二年の各郷の年貢額についても、それぞれの年の田数に基づいて決められたものと考えられよう。各郷の年貢額が年により異なるのもこうした事情によると考えれば、納得がいく。ただ、年貢総計額はある程度とおなじなので（一五貫余）、これを各年の現実田数に応じて配分しているものと思われる。

また、こうした文書の発給者たる定勝は、各年の、各郷の、現実の田数を把握できたのであり、それが可能な立場にいたのである。定勝とは、具体的にいかなる人物なのか。常陸国関係の、この時期の文書を調査してみたが、定勝という名前も、同形の花押も検出することはできなかった。だが、この人物を東寺関係の人物とすることもできない。もしそうなら、信太荘雑掌定祐は、なぜおなじ東寺系統であり、しかも下位の人物である定勝から、このような文書を発給してもらう必要があるのか。

史料一を検討してみると、傍線部分が興味深い。とくに末尾の「可有沙汰之状如件」とあり、これは命令的である。つまり、信太荘京進年貢を負担すべき各郷に、年貢納入を命じているのである。定勝は信太荘各郷に年貢納入を命じうる人物なのであり、しかも東寺とは別系統である。この人物の性格を究明する直接的な史料はないので、別の角度から迫ってみよう。

（2）「惣官領之仁」

東寺の信太荘知行は南北朝内乱により再び後退する。ただ、光厳上皇の命により、遅くとも暦応四年（一三四一）には常陸国が東寺修造料所となり、東寺修理大勧進（泉涌寺長老）は常陸国吏務職を得た。これにより、信太荘知行を現実のものにしようとする努力が開始され、「沙汰雑掌」には再び讃岐法橋定祐が（貞和三年＝一三四七）、給主職には権律師弘雅が（同四年）、任命された。荘園現地での所務がどう展開されたかは史料的に不詳であるが、本寺の側での取り組み方を示す史料があるので、これを検討してみたい。

【史料四】東寺学衆方評定引付、貞和三年五月三日条（東寺百合文書、ム）

一、信太庄事、大途如先日評義、所詮先於公方出沙汰、至地下年貢者、追相尋故実重可被触之

信太荘につき、「公方」（ここでは幕府）に出訴するとともに、「地下年貢」の徴収に関しては「故実」を調査しようとしている。

【史料五】東寺学衆方評定引付、貞和三年五月十七日条（東寺百合文書、ム）

一、信太事、

常陸国信太庄領家職、東寺往古寺領候、而①六十六郷公田々数并段別分銭等往古文書在庁定所持候哉、有御秘計写給候乎、但②往古之文書難意得事等多候上、意得安之様、在庁注進之条、可為何様候哉、当国御管領之上者相講無相違之様、預御秘計候者可為第一真詮候之由、衆中内々令申候、恐々謹言、

五月　　　　季行事一臈 権少僧都藤祐

謹上　泉涌寺 珠一御房

この記事は信太荘の所務を実現するために、学衆方年行事たる権少僧都藤祐が泉涌寺の珠一御房に出した書状であるが、①信太荘六六郷の公田田数と反別分銭に関する文書は在庁が所持しているので、それの写しを得られるよう配慮をしてもらいたい（五-①）、②その文書は「往古文書」であり意味不明なので、意味がわかるような在庁の注進が欲しい（五-②）、この二点を要望している。泉涌寺長老は暦応四年、康永二年、同三年、同四年と、院宣により、常陸国を東寺修造料所として与えられている。これが貞和三年にも継続していたものと思われ、史料五は泉涌寺珠一御房に対して、在庁（国衙）への指令を要望しているのである。

【史料六】東寺学衆方評定引付、貞和三年六月十三日条（東寺百合文書、ム）

一、信太庄事、①御寄付之時、安賀門院庁資忠注進国絹三百餘疋注文被副下之間、以是可為年貢員数之支證、地下委細文書者定可有御所文蔵歟、寺家全不可所持者也、②而国絹代物者随絹上下依時不同也、当時於公方被定法上以其分可致沙汰、③但六十六郷ニ配分事者、寺家雑掌不及地下所務之間曾不存知、④又前代時者六十六郷ニ雑掌多在之、又有惣官領之仁令請取之間、定祐法橋惣年貢分曾以不存知、同時又文書等惣官領之仁令持之処、関東闘乱之刻令紛失畢、所詮国絹三百余疋之分可切取之、下地分配事者被相地下者不可有其隠者歟、又関東時少々難渋之地頭有之、依訴申被成御教書条分明之上者以此分急可催促地頭矣、

この記事は多くの内容を含んでいるが、整理すれば次のようになろう。

①信太荘年貢額は、安賀門院庁資忠注進によれば、国絹三百匹であり、これに相当する下地を切り取るべきである（六-①）。

②国絹の代物（銭）がいくらかは絹の品質・値段によるので、不同である。ただ現在は「公方」（幕府か）において値が決められているので、その値を基準に年貢を徴収すべきである（六-②）。

③「惣年貢」（年貢総額、国絹三百余匹の代銭）を六六郷の各々にどのように、いかなる額ずつ配分するかについ

ては、「寺家雑掌」は全く関与していなかった（六-③）。

④信太荘現地には、雑掌（寺家雑掌ではない）が多くいて、また「惣官領之仁」がいて、年貢請取りをしていた（年貢請取状を出していた）。しかもかれは「文書」（所務文書）をもっていたが、「関東闘乱」のなかで紛失してしまった（六-④）。

東寺は、この時期において、年貢分に相当する下地を獲得することによって、年貢収納を確実なものにしようとしていることが、ここにもうかがえる。だがこの策は結局実現したか否か、わからない。その後の学衆引付では、給主得分と未進額が問題となっている。しかもその額は石であり、年貢は実際には米で徴収されるところとなった。そして観応二年（一三五一）を最後に、引付記事は消えていく。

このように、東寺の信太荘所務は実効性のないものであったが、鎌倉末期との関係おいて見逃すことのできない点がある。六-④に見られる「惣官領之仁」である。この人物は、年貢所務のための文書を所持し、六六郷全体にわたる年貢収納の権限を有し、年貢請取状を発給していた。

その所務文書は一体どのようなものだろうか。まず、国絹三百余匹に相当する貫高を六六郷に配分できるものでなければならない。また、この文書が紛失したことにより、東寺は所務の基本台帳を改めて獲得しなければならないものである。その事情を語るのが史料五である。したがって、国衙在庁に蓄積されている文書で、六六郷の公田田数がわかり、しかも反別分銭の賦課に寄与するものである。史料五の東寺年行事の語るところでは、国衙の文書はそのままでは意味不明、とのことである。おそらく大田文のようなもので、現実とは乖離しており、これを生かすには故実を加味する必要がある。在庁のなかにはこの故実に通じている者が存在するのであり、故実も文書化されていたと思われる。こうして「惣官領之仁」が所持していたのは、在庁系統の文書であり、大田文のような郷ごとの田数を記したものだけでなく、故実を記録化したものなど、複数の、性質の違う文書があると推定できる。これが信太荘所務（知行）の実際に役立つものである。

ここで史料一～三に戻ってみよう。上茂呂郷、上・下高井郷、矢作郷、下大村への年貢銭配分状である。発給者は定勝であるが、こうした分銭配分は、以上で検討したように、本来「惣官領之仁」の権限である。したがって、定勝は「惣官領之仁」系統の人物である。「惣官領之仁」そのものとも考えられるが、そうではない。定勝の年貢銭配分状は四ケ郷に限定されている。また定勝と同位置の人物が他にも見られる。定勝は「惣官領之仁」の権限を行使する代理者（代官）と見られる。

（3）「惣領代幸西」

寺家雑掌定祐は鎌倉で地頭との訴訟を続けるうちに、妥協が成立して、次々と未進年貢額が確定されていった。次の史料は、信太荘のうち弘戸・土浦・小池の三郷に関する年貢結解状であるが、この三ケ郷は同じ人物が地頭となっていたのである。

【史料七】信太荘内弘戸・土浦・小池三箇郷年貢結解状（東寺百合文書、ケ一六）

注進　常陸国信太庄上条内弘戸・土浦・小池三ケ郷京進絹代正中二・嘉暦元・二・三以上四ケ年結解事、

『勘定畢（花押）』

合

定銭拾弐貫参百文

弁銭肆拾玖貫弐百文

所済　『銭肆拾玖貫弐百文』

玖貫陸百漆拾漆文　在返抄正中二年十二月十六日、惣領代幸西請取

捌貫参拾伍文　在返抄嘉暦元年十二月廿九日、同前

陸貫百肆拾捌文　在返抄同二年十月十九日、同前
肆貫文　在返抄同年十二月二日、同前
漆貫玖百参拾文　在返抄同三年十月十七日、同前
伍貫百文　在返抄同年十二月廿七日、同前
捌貫参百拾文　在返抄元徳元年十一月廿五日、雑掌定祐請取
右、注進如件、
元徳元年十二月四日　地頭代沙弥定覚（花押）
『同月六日勘定畢
雑掌定祐（花押）』
（┊は朱合点、『　』部分は朱書）

この年貢結解状は、地頭代定覚がまず作成し、それに雑掌定祐が確認の筆入れをしたものであり、両者の共同意志によってでき上がっている。墨字が地頭代のものであり、朱字・朱合点が雑掌定祐のものである。

内容的には、この三ケ郷の「京進絹代」（年貢銭）四ケ年分合計四九貫二〇〇文（一年一二貫三〇〇文として）につき、返抄一通ごと銭額を記して、確認し合ったものである。返抄一通ごとに、銭額・年月日・発給者を地頭代は記載して、雑掌はその各々について朱を打ちながら、確認したのである（雑掌定祐は自身の発給した返抄の注記には朱を打っていないのも、当然である）。地頭代は所持していた返抄をもとに、この結解状を作成したのであり、返抄・結解状ともに雑掌のもとに持参した。雑掌は返抄を一通ずつ確認しながら、この結解状に朱を打ったと見てよい。

地頭代の所持していた返抄は、一通を除いて、「惣領代幸西」の発給したものである。例外の一通は元徳元年

のものであり、他はその前年以前のものである。つまり雑掌定祐が所務に乗り出す以前、この三ケ郷の年貢請取状は「惣領代幸西」が発給していたのである。この「惣領代幸西」に関係する史料は他には検索できないが、地頭方に年貢請取状を出す以上、地頭方の人間ではあり得ない。また幸西が年貢請取状を発給するのはあくまでも「惣領」の代官としてである。したがって正式の発給者は「惣領」である。この「惣領」は、その権限内容からして、さきに挙げた学衆方評定引付に見る「惣管領之仁」に等しい。こう考えると、整合的に理解することができるのである。したがって、「幸西」はその代官であるが、弘戸・土浦・小池の三ケ郷を担当する代官であろう。

東寺雑掌定祐の信太荘知行を整理してみると、定勝・幸西などの「惣領」=「惣管領之仁」代官の年貢支配状の発給を得て、各郷から段別分銭（年貢）を徴収するのであり、元徳元年以後は年貢請取状を自ら発給していた、とまとめられる。

こうして、信太荘全体に所務権限を及ぼす「惣領」=「惣管領之仁」の存在が明らかとなってきた。その代官として幸西は弘戸・土浦・小池の三ケ郷の年貢請取状を出していた。また前述した定勝も同様な人物と考えるのが適当であり、かれは上茂呂郷・高井郷・矢作郷・下大村郷に年貢支配状を出していた。幸西と定勝はおなじく、「惣領」=「惣管領之仁」の代官なのだから、年貢支配状と年貢請取状の両方を出していた、と考えて差し支えあるまい。信太荘は六六ケ郷と言われており、こうした代官は多数いた、と考えてよかろう（東寺の認識とも合致する、史料六-④参照）。

（4）東寺支配が依存する国衙在庁系勢力

「惣管領之仁」―幸西・定勝という所務権限の系列をどう理解すればよいのだろうか。東寺の年貢所務はこの系列に依存しなければならなかったのであり、本来的には東寺とは別系統である。史料五・六の東寺学衆方評定引付の検討のなかで指摘したように、「惣管領之仁」は信太荘所務の文書を所持しており、それが紛失すると東寺は国衙在庁にその替わりとなる文書を提出させようとしている。したがって「惣管領之仁」所持の文書は国衙系統の文書と考えなければなるまい。鎌倉後期から南北朝期において国衙に蓄積された文書群の存在が指摘されているが、(4)ここでもこうしたことが想定される。しかも「惣管領之仁」の文書は国衙文書そのものではない。信太荘所務の実情に沿って翻案されている(五-②から、逆推して、こう考えられる)。「惣管領之仁」―幸西・定勝という系統は、国衙在庁に連なるものであり、しかも信太荘所務に熟達していたのである。入間田宣夫は国衙行政権を継承しながら、郡内郷の公田田数を確定するなどの職務をもつ「郡惣地頭職」の存在を究明しているが、「惣管領之仁」の職務もこれに近いのではなかろうか。(5)

東寺の年貢所務はこうした系統の所務に依存せざるをえなかった。寺家雑掌定祐の年貢所務も、「惣管領之仁」代官による各郷への分銭支配（配分）状の発給を前提にするものであった。また雑掌定祐が地頭代との間で展開した争論でも、この系統の人物に依存するところがあった。史料六では弘戸・土浦・小池三ケ郷の結解状が作成されているが、この三ケ郷の一年分の分銭が一二貫三〇〇文と確定することが結解の前提となっており、恐らくこの分銭決定は「惣管領之仁」代官によってなされたと思う。

雑掌定祐の前代雑掌は勝慶であるが、かれは嘉暦四年三月二八日三河式部大夫請文で「自正中二年至去々年嘉暦二年先雑掌勝慶出請取了」（東寺百合文書、せ一二）と指摘されているように、年貢所務にあたり、年貢請取状を出していた。ただし、この期間、幸西が年貢請取状を出している四ケ郷（下茂呂・高井・矢作・下大村）があり、勝慶の年貢請取状はこれと併存している。勝慶が年貢収納を実行していたのは信太荘の一部と考えざるをえないのであり、しかも東寺は年貢収納の実情を把握していなかった。定祐が信太荘雑掌となるに際して提出した嘉暦三年二月二一日請文でも「地頭等年々所相積之年貢前雑掌令納取分雖不存知候、不依彼多少、今年分参拾貫文明年分肆拾貫可沙汰進候」（東寺百合文書、り三二、『鎌倉遺文』三〇一五一号）と言っており、ここでも勝慶（前雑掌）の年貢収納の実情が不明であり、それが不問に付されている。勝慶の所務は東寺の枠からはみ出したのであり、それが解任の理由と解釈できる。勝慶は現地勢力に取り込まれてしまったのであろうが、かれを翻弄したのは地頭代方ばかりでなく、「惣管領之仁」系統の人々もそうであった。

こうしたことから、鎌倉末期に常陸国信太荘の現地支配に乗り出した東寺は、このような国衙勢力とその所持する文書に依存して初めて現実的支配を試行できたことがわかる。

（5）　地頭の知行

東寺雑掌定祐は信太荘年貢未進を郷ごとに訴え、幕府は究済を命じている。郷ごとの地頭は、網野善彦・石井進が詳しく検討したように、[6]北条氏一門の人々である。その地頭はどのような支配を行っていたか。三河式部大夫政宗は定祐の訴えに反論するなかで「如定祐訴状者、正中二年以来抑留年貢云々、此條於年貢者毎年所致沙汰也、就中自正中二年至去々年嘉暦二年、先雑掌勝慶出請取了、於去年嘉暦三分者、今月六日致弁之間、当雑掌定祐所出請取状也」（嘉暦四年三月二八日三河式部大夫政宗請文、前出）と言っている。三河式部大夫政宗がどの郷の地頭かわからないが、かれは年貢を集めて、東寺雑掌に渡し、受取状を得ている。年貢は地頭方が収納していることが確かめられる。

その地頭の郷での知行・支配は、鎌倉に居住する北条氏一門であるだけに、現地勢力に依存する面が多かったと予想される。「惣管領之仁」という国衙在庁系の人物がもつ文書に、東寺雑掌と同様に、現地の現実に応じた支配に頼っていた、と考えられる。

二　武士勢力の信太荘知行

（一）高師冬・上杉重能・小田孝朝

東寺による信太荘知行は、観応二年（一三五一）を最後に引付記事が消えていくことから、この年には信太荘支配から撤退したと見られる。その後の信太荘支配はどうなったか。信太荘佐倉郷浦渡（現在は江戸崎町古渡）に所在する円密院の僧孝尊は毘沙門堂免田（浜田二反）の由来について、応永三三年一二月に置文を認めた（円密院文書、『茨城県史料　中世Ⅰ』）。前欠であるが、冒頭に「并円密院免之内濱田弐段事右此毘沙門者、高播磨守信太庄下□□知行之時、衛門入道と申ける内の者をもって宿の代官ニ閣ル、然ニ此入道末代の思出ニと□、此本尊を我長ニ奉造、浮免の田三段、主の播州の判をとり奉寄進、其時当宿ニ大夫と云法師、衛門入道ノ仰書にて有けり」とある。ここからは、信太荘下条が高播磨守（高師冬）の「知行」となったこと、代官に衛門入道という「内の者」を起用し、さらにその下に「仰書」に法師が活動していたことがわかる。

また置文後半には「かゝりける処ニ、小田殿代となりて、当庄の供僧同心ニ、坊職安堵の判形とらん為ニ、応安七年中小田へ上られける時」と見える。小田氏が信太荘の領主となったのである。「かゝりける処ニ、小田殿代となりて」との文言から、小田氏は高師冬の領主権（知行）を継承したものであろう。またその範囲も下条であろう。

以上のことを、さきに検討した東寺の信太荘知行の経緯と総合して考えると、まず第一に東寺が現地知行から撤退した時期、高播磨守（師冬）が「信太荘下条」を「知行」したことがわかる。高師冬の関東での鎌倉府執事としての活動は、暦応二年六月～康永三年閏六月、観応元年正月～同二年正月の二回が見えるが、(7)前者の期間は「参河守」として、後者の期間は「播磨守」として文書を発給している。(8)さきの孝尊置文は、信太荘知行者を

「高播磨守」と書いているが、最高官位に代表させたと解釈できる。高師冬の信太荘知行は、次に述べる上杉重能との関係から考えて、暦応二年六月〜康永三年閏六月の時期であろう。

康永二年八月三日には上杉重能が「常陸国信太庄長□□村」（長国村）を悟性寺（鎌倉）に寄進しているが（相州文書、『神奈川県史　資料編2』三七〇二号）、これは信太荘（一部）が上杉重能の領有下にあったことを意味する。したがって、上杉重能はこの時の鎌倉府執事上杉憲顕の養子であり、その関係で信太荘を領有していたものと考えられる。高師冬は軍事情勢により上洛と関東下向を展開しているが、観応元年は関東管領（鎌倉府執事）であった。[9]

観応擾乱が関東でも軍事的展開となると、上杉能憲が観応元年一一月一二日に「常陸国信太庄」で挙兵している（観応二年正月六日沙弥義慶注進状案、『神奈川県史　資料編中世2』四〇五八号）。これは同荘下条の高師冬勢力を襲ったものとも見られるが、上杉能憲も信太荘にいたものと考えられる。この時上杉能憲は父関東管領上杉憲顕の代官として信太荘（おそらくは上条）にいたのであろう。こうして信太荘は鎌倉府執事（関東管領）の領有となっていた可能性が高いのである。[10]この暦応二年〜康永三年の時期は、東寺が関東闘乱のなかで現地知行を意図していた時期である。信太荘支配をめぐり荘園領主と鎌倉府執事は競合していたのである。

（2）　在地寺社を拠点とする凡下層

鎌倉府執事の信太荘領有は上条・下条に分割して進められたが、その一方の高師冬は信太荘下条知行の現地支配を行うため、現地に代官を置いた。その代官の一人が「衛門太郎」である。かれは浮免田三段を毘沙門堂に寄進したが、その際に主人の「播州の判」を得ている。同様に「蒲縄の弐段田」と「濱田弐段」を談義所に寄進し、主人（高師冬）の判を得ている（同置文）。

この時期の信太荘に居住する凡下層はどのような存在だったか、検討する。史料が不足しているので、浦渡宿住人を取り上げる。さきの応永三三年一二月僧孝尊置文（円密院文書）に見える衛門太郎の子息の「大夫と云法師」という人物である。この人物に関わる事柄をまとめると以下のようになる。

①この大夫は「其時当宿ニ大夫と云法師、衛門入道ノ仰書にて有けり」と記されるように、衛門大夫が浮免三反を寄進した時、すでにこの宿に居住していた。すなわち浦渡宿住人である。またこの宿代官の「仰書」であった。この「仰書」とは代官の「仰」を文書に認めることであろうから、知行関係の文書を発給する存在であった。したがって文書能力に長じている者であり、在地の慣例に習熟していたであろう。

②この大夫には二人の子息がいたが（幸福と虎松）、そのうちの一人幸福は「毘沙門堂免」の主《ぬし》となった。幸福は僧であったと思われ、能化職什覚がやって来るとその弟子となった。また、什覚がこの宿に来て談義を始めたところ「宿中のおとな思々に壇那ニ成」った。

③大夫は能化職什覚に迫り、免田（濱田）二反を幸福に譲らせようとするが、失敗し、文書を改ざんする（この背景には什覚が幸福の従兄弟であったことも作用していよう）。

以上から、浦渡宿住人のうち長老層が、こぞって能化職什覚が住職となっていた毘沙門堂旦那になったことが了解できよう（有徳人の作善事業）。こうした現象はこの当時の宿や市において見られるものであり、関東では上野国世良田宿の例が典型的である。[11]浦渡宿の大夫もこの時旦那になった。だからこそ子息（幸福）をその弟子としたのである。仰書大夫も宿オトナ層の一員と見てよい。

また浦渡宿住人らの活発な寄進活動がうかがえるが、その寄進田の規模は二、三段と小規模であるが、おそらくは買得によるものであろう。宿住人の致富の結果が田の買得・寄進となって展開しており、それを高師冬は判で認定しているのである。

(3) 佐倉郷浦渡宿の存立構造

ここで浦渡宿そのものを検討しておく。浦渡宿についても網野善彦が包括的に考察し、[12]湯浅治久は寺社が集中する都市的場として考察する。[13]私は現地観察に基づいて、浦渡宿の構造を分析してみたい。

浦渡宿は「佐倉郷浦渡宿」と言われるように、佐倉郷のなかに生まれたが、やがて寺社が集まり、宿住人層が形成された。浦渡宿は小野川が霞ヶ浦に流れ込む河口に位置し、古くからの津であり、南北朝期には「古渡津」としても登場する。すでに霞ヶ浦水上交通のなかに位置づける研究がなされていて、[14]津・渡に関わる小字地名も調査されている。[15]そこに論述されていることには大筋で異論はないが、私はこの浦渡宿を荘園制との関連で考察してみたい。

古渡津は応安年間と推定される海夫注文に見られるが、古渡円密院の前身の一つ権現堂(円密院北に地字「権現台」あり、図8-1参照)は「信太庄下条佐倉郷浦渡権現堂」(貞和三年)と記され、またその所領は「佐倉郷浦渡宿草切年貢」(同四年、この「草切」は地名)と書かれるので、浦渡宿は南北朝期には確実に成立していた。また僧孝尊置文では宿住人「大夫」が南北朝期初期の人物として記されている。浦渡宿の成立は、おそらく鎌倉後期にまで遡るであろう。

鎌倉末期の信太荘の地頭職は北条一門の人々が独占するところであったが、正員地頭の北条氏は鎌倉在住と見てよかろう。地頭代は現地に居住していたはずであるが、信太荘のどこに居を構えていたのだろうか。信太荘の現地政所は信太郷と推定されているが(『日本歴史地名大系8 茨城県の地名』)、鎌倉初期はその通りと思われる。だが、北条氏が地頭職を獲得して、その勢力が現地に浸透してくると、鎌倉と結ぶ交通上の位置が重要となる。当時は鎌倉から鹿島神宮を結ぶ「海の道」が開かれていて、霞ヶ浦の水上交通もこれと連動して展開していた(前掲注2論文)。古渡津は霞ヶ浦水上交通の一翼を担い、しかも信太荘の中心地に位置する。ここに北条氏の地頭代の居所を想定するのは間違いだろうか。

古渡は現在、小野川を境にして旧江戸崎町と旧桜川村に分かれているが（左岸が旧江戸崎町、右岸が旧桜川村）、本来は一つであった。「下宿」「台宿」「中宿」「下宿」（江戸崎町）、「田宿」「上宿」「下宿」（桜川村）という宿地名が両方に並び、小字「鎌倉河岸」も江戸崎側に確認できる。浦渡宿（古渡）は小野川河口の両岸に展開した浦・津の宿と見てよかろう。このうち左岸（江戸崎）には「楯ノ台（タテノダイ）」「館ノ台」「楯ノ下（タテノシタ）」の地字があり（「江戸崎町土地宝典」、一九九〇年）、かつての館（タテ、タチ）の名残かと思われる。[16] 実際に現地を歩いてみると、江戸崎古渡は佐倉台地（佐倉郷）から小野川に突き出した砂州の上に展開しているが、「楯ノ台」はこの台地と砂州をつなぐ位置にあり、しかも小高い所である（図8－1参照）。ここには山城もあり、土塁も残る（戦国期のものか）。館の所在地として相応しいと思われ、かつての北条氏代官の所在地点をここに想定しておきたい。浦渡宿（古渡）の展開には、北条氏に連なる武士層の存在を想定しなければなるまい。

信太荘は鎌倉末期までは小野川右岸までは領域としており、おなじく右岸の所在する東条荘と併存していた（右岸全域が東条荘となるのは地頭東条氏の所領として独立する南北朝期以降と考えられる）。小野川右岸まで含めた荘園の地頭代系の政所が、この小野川河口両岸に展開する古渡宿にあった、と考えられるのである。南北朝初期に知行者となった高播磨守（師冬）が古渡宿に代官を置いたのも（史料七参照）、前代（北条地頭時代）をふまえてのことであった、と見られる。

一方、桜川村古渡には興味深い毘沙門伝承が残る。桜川村古渡田宿にはかつて毘沙門社（堂）があり、古渡祇園祭には神輿が必ずここに寄った。その理由は古老の話によれば、その昔、下宿（桜川古渡下宿）の人々が「わたり漁」（舟に寝起きして漁をする）に出た際、湖上を流れる天王さま（御神体）を発見、もったいないことだとと船上にてお迎えして、古渡に帰り、有力者と図り社を建て祀ることにし、取りあえず田宿の毘沙門様を仮屋とし

〔図８－１　信太荘浦渡宿〕（参謀本部陸軍部測量局２万分１迅速測図を利用）　（作成　山本隆志）

て安置したためである、という。[17]この伝承には、霞ヶ浦に生きる民が天王信仰を受入れ、これが宿に定着していく様相を読み取れるが（祇園祭も宿の祭礼にふさわしい）、とくに興味深いのは天王の仮屋となった毘沙門堂である。毘沙門堂は南北朝期の関東地方の宿にはよく見られるが、[18]ここで想起したいのが僧孝尊置文の記述である。南北朝初期、浦渡宿住人「大夫」の子息のうち一人（幸福）は、この宿の毘沙門堂の主となっている。やがて能化職什覚がやってくるとその弟子となるが、ここには宿住人と毘沙門堂との深いつながりが見える。

今、古渡（浦渡宿）全体に毘沙門像を探してみると、円密院に一体安置されているが、ここの中世文書に毘沙門堂は見られない。したがって古渡の毘沙門を求めると、桜川村古渡田宿の毘沙門伝承しかない。この地にも毘沙門堂は現存しないが、かつて存在したことはほぼ確かである。

こうした事情から、毘沙門堂が所在した田宿（桜川村古渡、小野川右岸）に宿住人の住居が存在したと考えることができよう。北条系代官の居処が江戸崎側に想定されるのと対照的なようである。だが、小野川を挟んで向かい合う両古渡は一体と見なければならない。両方に共通する地名も一つの理由だが、ここの祇園祭の範囲がそう考えさせる。桜川村古渡の祇園祭で神輿は田宿と下宿の間を動くが（図8-1のB〜C）、川向こうのA地点にも注連が張られる。このことはかつての神輿巡行が川を渡り、江戸崎側に及んでいたことを示している。恐らく、この神輿は江戸崎古渡の須賀（八坂）神社まで巡行したものであろう（図8-1参照）。すると、宿住人の居住地も、小野川の右岸（桜川村側）だけでなく、左岸（江戸崎側）にも広がっていたと考えなければなるまい。こうした階層も、浦渡宿の担い手であり、在地寺社と結びついた活動と見られる。

また、桜川村古渡の興禅寺には北条政子寄進という地蔵が存在する。この地方の政子寄進仏像の伝承は他にも見られ、いずれも霞ヶ浦水上交通の要衝に位置し、政子の鹿島参詣伝承を伴っている。[19] これらは北条勢力下の人々が水上交通に携わっていたことに関連すると思われるが、古渡における伝政子寄進地蔵の存在は古渡居住の北条代官系勢力との関係を想定してもいいのではなかろうか。

信太荘を構成する村々は、霞ヶ浦沿岸か、桜川・花室川・小野川の河川流域かに分布して、舟運を通じて古渡津（宿）と結びついている。永国郷は花室川沿いに位置するが、そこの今泉寺の免田畠（鎌倉末期）には「大杉神」のものもあった。すなわち徳治二年二月二三日右兵衛尉資教は「上方御免状」（袖判が該当する）を申し受けて、「給主之綺幷萬雑公事」を停止し、田五反を今泉寺に寄進したが、その今泉寺には「羽黒・大杉・新社」との割書が付けられている（文書は写、大聖寺文書、『茨城県史料　中世Ⅲ』）。この割書は後世に付けられたものとも考えられるが、今泉寺に大杉神などが勧請されていたことを示している。大杉神は信太荘東条阿波に鎮座する神であり、漁民や舟運業者の信仰を集めていた[20]。大杉神を勧請した永国郷今泉寺の住人のなかにも、舟を所持して、霞ヶ浦を航行・交易する者がいたと考えられよう。このような信太荘村落住人が参加する霞ヶ浦交易圏を背景にして、古渡津も存在していたのである。

三　在地武士の文書発給とその背景

（一）　小田孝朝発給の下文

常陸小田城を本拠とする小田氏については、専論とした研究は少ない。『筑波町史史料集　第八篇』（一九八四年）・『同　第十篇』（一九八六年）が小田氏に関わる文献資料を蒐集し、『筑波町史　上巻』（一九八九年）「鎌倉時代の筑波」（執筆糸賀茂男）・「南北朝・室町時代の筑波」（執筆糸賀茂男・小森正明）が、小田氏の鎌倉～戦国時代をトータルに叙述したのが、本格的な小田氏研究のはじまりであった。その後、『牛久市史料　中世１（古文書編）』（二〇〇二年）が小田氏・信太荘関係史料を網羅的に蒐集し、『牛久市史　原始古代中世』（二〇〇四年）「八田（小田）氏一族の発展と牛久地域」（執筆市村高男）・「鎌倉府体制下の牛久地域」（執筆市村高男・長塚孝）が体系的に叙述している。この間には市村高男「小田孝朝の乱と鎌倉府体制」[21]が発表されて、小田氏に関わる基礎的史料はほぼ網羅された。こうして鎌倉後期の常陸国守護としてのあり方、南北朝期の小田治久・孝朝の政治的存在形態などについて、議論が展開されるところとなった[22]。私は、南北朝期に現れた小田孝朝発給下文に注目し、その文書としてのあり方や発給を可能とした社会関係を検討する。そのことから、東寺領有下で進行していた在地社会での武士支配の構造とその後の展開を考察する。

（ア）下文

小田家の政治的社会的権力のあり方を考察するには、その発給文書を検討することが要請される。南北朝期の小田孝朝は、次に見られるような下文を出している。

【史料八】小田孝朝袖判下文（大聖寺文書、『茨城県史料　中世Ⅲ』）

（小田孝朝）
（花押）

下　　権律師祐慶

信太庄永国郷今泉寺別当職半分・田地弐段半・坊敷半事、

右以人、所令補任彼職也、早守先例可令領掌、就中於恒例・臨時之御祈禱可抽懇誠者也、若有懈怠者、可処其科状如件、

応安七年九月廿一日　　　　左兵衛尉孝頼奉

【史料九】小田孝朝袖判下文（法泉寺文書、『茨城県史料　中世Ⅲ』）

（小田孝朝）
（花押）

下　　若狭房道祐

信太庄大岩田郷内西光寺別当田地五段・坊敷一宇事、

右以人、所令補任彼職也、早守先例可令領掌、就中於恒例・臨時之御祈禱可抽懇誠者也、若有懈怠者、可処其科状如件、

応安七年九月廿一日　　　　左兵衛尉孝頼（奉脱カ）

様式としては奉者が発給しているが、袖に小田孝朝の花押が据えられ、発給主体は孝朝である。冒頭に「下」と書いて、その直下に受給者の名前を書いている。源頼朝が御家人個人に出した下文と同じ様式である。内容は、いずれも常陸国信太荘内の郷内に所在する寺院の別当職とそれに付随する所領の安堵である（同時に恒例・臨時の祈禱を命じている）。この時期、小田孝朝は永国郷・大岩田郷の地頭職を保持していたと見られるので、制度的

にはその立場からの発給として理解できようが、制度を超えるものがある。この二つは同一の年月日であるので、一斉に発給したとも見られる。

【史料一〇】小田孝朝袖判下文（日輪寺文書、『茨城県史料　中世Ⅲ』）

（小田孝朝）
（花押）

下　大和房頼誉

信太庄君山郷内権現堂別当職・田地壱段・坊敷一宇事、

右以人、所令補任彼職也、早守先例可令領掌、就中於恒例・臨時之御祈禱可抽懇誠者也、若有懈怠者、可処其科状如件、

永和三年四月十九日　　左兵衛尉孝頼奉

これも同様の様式・内容の下文である。信太荘君山郷内権現堂別当職とその所領を、大和房頼誉に安堵するとともに、恒例・臨時の祈禱を命じている。

こうした小田孝朝発給下文の存在は注目されており、発給が制度的地位に基づくものでなく、「現実の力に裏付けられた」（『牛久市史　原始古代中世』、市村高男執筆部分）ものと解釈されるにいたった。だがこの小田孝朝発給下文は、文書そのものとしては検討されていないので、私はこの下文を問題にしてみたい。

小田孝朝発給下文は、現在確認されているのは、史料八〜一〇の三通である。今後の調査が期待されるが、現状での検討をしたい。三通の下文の特徴は先に指摘した通りである。いずれも信太荘内の寺院別当に僧を補任し、所領を安堵している。発給者は公的立場からの発給ではない。袖判は個的人格として据えられており、受給者とは直接的な接触関係にあると考えてよかろう。また受給者に信太荘内郷の寺院の別当として安堵し、祈禱を命じている。小田孝朝発給下文には、他の内容のものは見られないが、これはどのような理由であろうか。

史料八・九は応安七年の同日の発給であるが、このことは先に検討した円密院僧孝尊置文の「小田殿代となりて、当庄の供僧同心ニ、坊職安堵の判形とらん為ニ、応安七年中小田へ上られける時、亀谷の什慶、小田にて毘沙門堂免ハ五段と云事を云出されける間、良尊至極の論ありし時、其儀ならハ文書を披見あるへき由、公方より仰られける時、……」と符合する。信太荘の供僧たちは同心して「小田へ上」り、それぞれに争論を訴えたのであり、そこで小田孝朝の裁許が出された。史料八・九の権律師祐慶・若狭房道祐も、この時に小田に列参した僧衆であったと見られる。史料十は永和三年であるが、この時も同様なことが見られたのであろう。信太荘内郷々の寺院・堂の僧たちは、その権利と所領を、「恒例・臨時之御祈禱」を奉仕することで、小田孝朝に保護されていたのである。このような小田孝朝は、地域供僧たち（住民）に「公方」と意識されたのである。

（イ）下文授受の社会関係

次の史料は、宛所が不明のため、検討されることがなかったが、信太荘内寺社の僧たちが出した申状であり、おそらくは小田孝朝に宛てた上申書であろう。

【史料一二】信太荘上下条寺社供僧等申状案（円密院文書、『茨城県史料　中世Ⅰ』）

□太庄□下条寺社供僧等謹言上、

欲早蒙且被経仏神御信敬御沙汰、且以僧徒御哀隣儀、被懸申御小袖宥免仰、致御祈禱精誠子細状、

右寺社者、往古之仏閣、数代之社等也、就中木原・竹来両社者庄内第一之惣廟也、其外諸郷之大小寺社、天下守護之霊場也、而然去年被行安堵之御沙汰、下賜上判、成末代喜悦之思、偏致息災延命之成祈之処、被懸御小袖申条、無術次第也、故▨▨《江州》（御父）御時、以執達之御書下、上下条等社共可致御祈禱一事旨、備末代不朽之亀鏡者也、若無御叙用者、堂舎崩壊之因縁、寺社牢籠之基歟、可然者蒙御免之御沙汰、為致御祈禱之精誠、言上如件、

永和元年十一月日

信太荘上下条寺社供僧等がこの申状提出の目的は、「御小袖」役をかけられたのを「無術次第」として、その免除を求めるところにある。そのことを訴える根拠として、信太荘上下条寺社が「天下守護之霊場」として安堵され（判形を下され）、息災延命の祈りをし、直近では「江州」（佐々木導誉）が領主の時に奉者執筆の「書下」を受けて「上下条等社（供僧）共」が「御祈禱」をしてきたことを述べている。そうした経緯を書いて小袖役免除を訴える相手は、この時の信太荘領主以外にはない、と考えるべきであろう。永和元年の年次であり、信太庄領主は小田孝朝である。

この申状を提出した信太荘上下条寺社供僧と宛所小田孝朝との間には、「天下守護」「息災延命」の祈禱を提供する側と、それを保護しその権利を安堵する側との、奉公と安堵の関係が見える。小田孝朝は信太荘領主であるが、単なる領主ではない。荘内寺社供僧の活動を編成・保護・安堵している。供僧等は小袖役を「御小袖」と呼んでいるので、小田家が必要とした小袖と判断できるが、この負担を荘内一円にかけていることから、小田家が催す儀礼に使用するためのものとも考えられる。

（2） 小田氏の寺社興隆

（ア）本領小田周辺での仏教興隆

小田城は、発掘調査によれば一三世紀中頃から一六世紀末まで存続していた。小田孝朝は小田城に拠っていたと見られる。その小田とは南野荘小田であるが、桜川の対岸一帯は信太荘であった。孝朝は、この小田と信太荘にて、盛んに寺院興隆事業を展開した。このことについては『筑波町史』『牛久市史』に叙述されているが、応安五年の信太荘大村瑞雄山崇源寺や延文六年万松山崇福寺（小田）の梵鐘造成に「大檀那」として参加している。

後者では「喜捨助縁音信共一万二百三十八」が参加したというが（龍勝寺鐘銘写、郁子園集「むへ園雑記」、『筑波町史史料集八』所収）、誇張があるにしても、地域に影響力をもっていたことは想像できる。

その崇源寺に対して、孝朝は檀那として臨んだが、それは住持・僧衆との間に次のような関係を創出した。

【史料一二】小田孝朝書状（法雲寺文書、『茨城県史料　中世Ⅲ』）

芳札之趣、委細拝見候了、抑以栄蔵主示給候当寺未来事、可為門葉之御相続之由、可申定之旨承候之間、一通書進候、凡如載状候、於後々住持者、就于正受庵、以衆議被定候者、其後帯檀那判形、可有入寺候、此条不可被混余寺候歟、為得御意述愚存候也、恐々敬白、

十二月二日　　沙弥恵尊（花押）

謹上　崇源寺方丈御報

（『戦国武将小田氏と法雲寺』、土浦市立博物館、二〇一一年掲載のカラー写真で点検した）

この文書は冒頭に「芳札之趣、委細拝見候了」とあるように、崇源寺方丈（住持）からの書簡を受けて出した返書である。崇源寺方丈書簡の意図は「抑以栄蔵主示給候当寺未来事」とあるように、「当寺未来（次世代住持）」が案件であるが、この「当寺」は文書授受の関係から崇源寺を指すと理解すべきである。崇源寺方丈（現住持）は「可為門葉之御相続之由」との意向であった。すなわち崇源寺方丈は「門葉」（法脈）に沿った継承を求めてきたのである。それに対して孝朝も「可申定之旨承候」と承諾している。ただ「於後々住持者、就于正受庵、以衆議被定候者、其後帯檀那判形、可有入寺候」と述べている。崇源寺の後々住持は、正受庵の衆議で定め、檀那判形を得て、入寺するよう求めているのである。正受庵とは法雲寺であり、その衆議を尊重するという。そのうえに檀那（小田孝朝）の承認を与える。崇源寺は禅僧衆議と檀那裁可の協同関係のうえに存立することになる。またそれを求める孝朝も沙弥恵尊と署判しており、聖俗両面に関わる存在として現れている。こうした孝朝の行

動の背景には禅僧義堂周信との交流があり（『空華日用工夫略集』応安四年一一月四日など）、その素養が領主としての力量に寄与している。

（イ）鹿島社との関係

小田孝朝の政治的・社会的権勢を考える時に、看過してはならないのは、鹿島社との関係である。

【史料一三】得梁打渡状（鹿島大禰宜文書、『茨城県史料　中世Ⅰ』）

鹿島社宮内小田讃岐入道跡屋地事、任御寄進之状之旨、沙汰付大禰宜方江候畢、仍渡状如件、

康応二年卯月廿五日　　　　得梁（花押）

「鹿島社宮内小田讃岐入道跡屋地」が「御寄進之状」により、大禰宜家に渡されたのであるが、「跡」を「御寄進」しているのは鎌倉公方であろう。小田孝朝はこの地を公方に没収されたのである（この直前に小山若犬丸隠匿により公方から討伐を受けてていた）。ここで確認できるのは小田孝朝が「鹿島社宮内」に屋地（屋敷）をもっていたことである。

小田氏と鹿島社はどのような関係があるのか。鎌倉後期には常陸国守護であったことが指摘されているが、事態はもう少し具体的である。鎌倉末期、鹿島社（不開御殿仁慈門）造営費用をめぐり、負担地・大枝郷の神官給主中臣能親と地頭野本貞光・和泉顕助が争っていた。丹塗格子の社は折衷だが、そのほかは給主だけが負担すべきと地頭方が主張し、それを支持する「国奉行人」がいた。造営は滞ったのであるが、それを打開すべく正中二年（一三二五）六月六日散位某他三名連署奉書（鹿島大禰宜文書）が出された。これは幕府系の発給文書と考えられるが、その判断は大枝郷は折中の地として、両方が勤仕すべきであり、「国奉行人の成敗」は区々であってはならないことを命じている。その奉書の宛所は山河判官入道殿・小田常陸太郎左衛門尉殿・大瀬次郎左衛門尉殿・下郷掃部丞殿の四人である。したがってこの四人は「国奉行人」である。鹿島社造営の国奉行なのである。

このうち小田常陸太郎左衛門尉殿を、「鹿島長暦（後醍醐）」（『古事類苑』神祇部七九）はこの文書を引きながら、小田常陸太郎左衛門尉貞宗に比定している。[23]と同時にこの争論が長引き、造営・遷宮は元弘年間になった、と述べている。小田常陸太郎左衛門尉殿の実名は貞宗かわからないが、この人物が鹿島社造営の国奉行人の一人であることは確かめられた。その鹿島社造営国奉行は四人いて、費用負担が郷ごとに異なるのを、今回はどう進めるか、判断が区々である、という。造営国奉行は連続して勤めていると見られる。鹿島社造営に、関与し続けているのである。小田氏が鹿島宮中に屋地をもつことはこのことと関係があると見られる。つまり小田家惣領は鹿島社造営に関与していたのであり、それが小田孝朝に継承されていたのである。

小田孝朝は、鹿島社造営事業を継続的に担うことで、その負担関係などの故実に習練したものと考えられる。これには守護としての経験も生かされたであろうし、国衙在庁との関係が継続されたであろう。小田氏の社会的権力のあり方は、大寺社造営・国衙在庁との関係をも含み込んでいる。また寺院興隆、とくに禅宗寺院は、禅僧との交流が背景にある。孝朝と義堂宗信とは鎌倉にて面談し、法義を論議するほどであったことが『空華日用工夫略集』に見える。この点はすでに市村高男が指摘しているが、これが本領での仏法興隆に結びついている。[24]

（3）　土岐氏の地域支配

信太荘には南北朝期から上杉氏の進出が見られたが、小田氏と併存しながら、やがて支配力が強化される。その上杉氏の時代には、次のような文書が発給される。

【史料一四】鳥名木国義請文（鳥名木文書、『茨城県史料　中世Ⅰ』）[25]

去十二月十五日御奉書同廿七拝見仕了、抑信太庄就商船々、若有海賊之事者、土岐修理亮と可致談合之旨、被仰出候之由蒙仰候、可存其旨候、此段可預御披露候、恐々謹言、

正月十七日　　　　　　　　　　右馬助国義（花押）

謹上　力石殿

この史料は「信太庄商船」の存在を示すものとして注目されているが（『茨城県史料　中世Ⅰ』解説など）、ポイントは傍線部にある。鳥名木右馬助国義は「去十二月十五日御奉書」を受取り、奉書の旨は承知した、と返事している。その奉書の内容が「信太庄就商船々、若有海賊之事者、土岐修理亮と可致談合之旨」である。信太荘の商船がもし海賊行為をするようなことがあったら、土岐修理亮と談合せよ、すなわち、信太荘の商船が海賊行為をしても、鳥名木国義は直に処罰してはならず、土岐修理亮と話し合え、ということである。鳥名木国義は北浦に臨む行方郡の領主であり、信太荘商船との利害対立があったものと思われ、略奪行為による被害も時にはあったであろう。それでも鳥名木がこのことを承知したのは、力石氏からもたらされた「御奉書」による。力石氏は上杉氏側近であり、鎌倉を拠点に関東に威信をもっていた[26]。

土岐修理亮とは一五世紀前期における信太荘現地支配者であり、上杉氏によって送り込まれた人物である。応永二五年九月晦日信太荘「庄主」玄航は幸明丸に古渡宿毘沙門堂別当職を渡し付けているが、それは「惣政所下知」を受けてのことであった。その「惣政所下知」に該当する文書を探してみると、同年一一月一九日付け修理亮憲秀補任状が該当する。月日順序は逆であるが、これ以外にはない（下知が文書化に先だって出たと考えられる）。したがって土岐修理亮（憲秀）は信太荘においては「惣政所」の地位にある。そして、この「惣政所」は毘沙門堂別当職の補任状も出している。この点は「公方」小田氏と同様である。おそらく、小田氏の権力のあり方を継承していよう。

【史料一五】信太荘下条内祈禱衆連署證文（円密院文書、『茨城県史料　中世Ⅰ』）

信太庄下条内佐倉郷円密院文書事

右件文書、依当宿類火之難、代々文書一通不残令焼失候畢、依之公方御尋時者、下条内衆徒支證立申候、仍為後日衆中一同之状如件、

嘉慶元年六月一日

権律師覚祐（花押）
阿闍梨祐親（花押）

【史料一六】沙彌浄瑞土岐秀成紛失状（円密院文書、『茨城県史料　中世Ⅰ』）

常陸国信太庄下条佐倉郷古渡之村円密院文書事

合田数肆段者

右、去至徳三年丙寅二月廿五日、依類火之難令焼失云々、雖然、為究明、下条内衆徒中相尋之処、当知行無相違之由、一同被申之間、紛失状所出也、然者於御祈禱者可致精誠状如件、

応永十八年九月六日

沙彌（花押）

この二通の文書は至徳三年の火災による円密院文書焼失の紛失状であり、対応関係にある。とくに傍線部に注目すると、史料一五は公方御尋ねの時に証言すると言い、史料一六は衆徒中に尋ねたところ相違無し、と言う。互いに、一方は他方を前提にしている（あるいは、おなじ時に、一緒に作成されたのかも知れない）。したがって、史料一五の「公方」は史料一六の発給者でなければならない。つまり「公方」は沙彌浄瑞（土岐秀成）なのである。ここで土岐氏は「公方」として在地で意識されているが、前述したように「惣政所」でもある。また信太荘ではこの直前、「公方」は小田氏であった。こうして、信太荘現地支配者は、小田氏から土岐氏へと移るが、在地では「公方」「惣政所」として認識されていた。しかも全荘に分布する寺・社を保護する存在として。

史料一四に戻ると、土岐修理亮は信太荘商船の保証をしている。信太荘交易船が海賊に間違えられても、即座

に処罰されることがないような処置をしているのである。おそらく、信太荘交易船には土岐修理亮からの文書（諸関煩なしの内容をもつ）が交付されているであろうし、史料八を勘案するとそれが上杉氏によって保証されていた可能性もある。この土岐修理亮（惣政所）が小田氏（公方）の地位を継承したものである以上、小田氏も信太荘商船の保証をしていた可能性があろう。南北朝期に出現した信太荘「公方」小田氏は、これ以後の地域支配権力の出発点になったのである。

おわりに

信太荘の地頭職は、信太義広の没落後、詳しくはわからないが、幕府の手に入ったものと思われる。鎌倉末期には北条氏一門が地頭職を独占していたが、領家職を得た東寺の知行は地頭代官勢力と競合しつつ、年貢徴収の実を挙げていった。その時、依存したのが「惣管領」とその代官であった。「惣管領」―代官は、文書に基づき、絹の値等を考慮しつつ、年々の各郷の田数と分銭を確定していたのである。東寺雑掌は、そして恐らく地頭方も、「惣管領」系統からの年貢支配状を得て、各郷の年貢を徴収したのである。史料七の分析で明らかにしたように、「惣（管）領代」は信太荘年貢を地頭代から徴収している（この年貢は東寺に送進されるはずである）。「惣管領」は東寺の年貢徴収・送進を一部担当しているのである。

信太荘の東寺分年貢は史料三では反別一六文である。これは年貢未進の場合であるが（未進合計は一〇貫余り）、史料一・二は年貢合計一五貫余りだから、単純に計算すれば、大体年貢は反別一八文となる。これが年貢「国絹三百余疋」の具体的内実で、年貢額そのものとすれば軽い。したがって、信太荘の税負担がされただけなのか、疑問となる。また信太荘は六六ケ郷と言われるが、そのすべてが東寺領であるとの証明はない。現在知られている東寺領信太荘の郷は三〇たらずであり、他の所領が併存している可能性もある。「惣管領」の職務は、こうした併存する所領のもととなる知行だったのではなかろうか。「惣管領」の所持する文書が国衙系統であることもこうした関係から理解できると思う。入間田宣夫の提起する「郡惣地頭」(荘郷地頭とは次元を異にする)の公的内容を考慮すると、[27]郡地頭の存在は信太郡では消滅しているが、その職務は継承されていた、と思われる。[28]また「惣管領」の職務は実際には代官の定祐・幸西などによって担われていたのであるが、この代官達は、階層的には寺社供僧クラスと考えられる(南北朝初期、衛門入道の「仰書」となった大夫法師の例を勘案)。

東寺の知行が後退するなかで、信太荘現地には高師冬・上杉重能・小田孝朝が現実的な支配関係を形成していた。高師冬・小田孝朝の場合は、知行範囲の在地寺社への寄進を「判」で安堵し、小田孝朝は供僧たちの寺社別当職を下文にて安堵した。小田孝朝は本領小田を中心にして禅寺造営事業を展開し、仏法興隆に積極的であった。かれは興隆した寺院の住持は、僧侶集団の衆議を重んじながら、世俗の領主として関与する(崇源寺の場合に見える)。孝朝(法名恵尊)と在地供僧との間には、直接的面談を含む保護・服属関係ができている。こうした関係に基づき、小田孝朝は信太荘内寺社に「小袖」役を課しているが、これは国衙系の役を引き継いだものであろう。この権力は在地供僧(住民)からは「公方」と呼ばれたが、それは後の上杉氏領有時の土岐氏に継承された。

このような小田氏の地域権力のあり方は、鎌倉後期には見られないのか。北条氏知行時代はどうであろうか。信太荘に近い下妻荘も、鎌倉末期には北条氏(大仏氏)の知行下に入った。下妻荘の大宝八幡宮文書(『茨城県史料　中世Ⅲ』)のうち、北条氏知行時代のものについては石井進が考察しているが、[29]大宝八幡宮別当職の補任状と安堵状が注目される。徳治三年三月九日補任状は「補任　(改行)常陸国下妻荘大宝八幡宮別当職別当職　(改行)源威」という様式であるが、永仁五年閏一〇月一三日安堵状は「下　(改行)可令早安堵僧覚舜常陸国下妻庄内大宝郷八幡宮別当職」という下文であり、袖に判が据えられている。発給者は両方とも大仏宗宣である。このうち下文は、小田孝朝の下文に似ているのである。詳しい考証は避けるが、この地域では、小田孝朝発給下文の前提に北条（大仏）氏発給の下文があったと考えていいのではなかろうか。

こうしてみると、信太荘などでは、鎌倉後期以降、在地に新しい関係が形成されつつあった。在地寺社の別当職を拠点にしていた供僧たち住民は、領主から下文にて、その存在と権利が保障されることを求めていた。領主はかれらの争い（相論）を裁許する存在であり、「公方」と意識されるところとなった。ここには鎌倉期以来の地頭領主とは異なる新たな姿が見られる。

（1）山本隆志「常陸国信太荘の知行構造」（『茨城県史研究』七七号、一九九六年）。

（2）常陸国信太荘は霞ヶ浦の南西に位置するが、早くは内田実「東国における在地領主制の成立」（東京教育大学昭史会編『日本歴史論究』所収、一九六八年）が令制信太郡を母体とし、関東地方などに見られる一郡的規模の荘園であることを指摘した。また網野善彦『中世東寺と東寺領荘園』第二部第六章「常陸国信太荘」（東京大学出版会、一九七八年）は包括的に叙述して、領家職の伝領経緯や鎌倉末期における北条氏一門による地頭職独占状況、さらに在地文書たる円密院文書や臼田文書の検討を通じて、霞ヶ浦水上交通の要衝たる古渡の概要や上杉氏配下の臼田氏の活動を明らかにした。

（3）本章で用いる東寺百合文書は京都府立総合資料館所蔵の原本と写真である。原本閲覧に際しては多くの方々の高配を得た。また『龍ケ崎市史　中世史料編』（一九九三年）には「東寺領信太荘」関係の文書が収録されている。

（4）白川哲郎「鎌倉時代の国衙と王朝国家」（『ヒストリア』一四九号、一九九五年）。

（5）入間田宣夫「郡地頭職と公田支配」（『日本文化研究所研究報告』別巻六集、一九六八年）。

（6）網野善彦前掲論文（注2）、石井進「鎌倉時代の常陸国における北条氏所領の研究」（『茨城県史研究』一五号、一九六九年）。

（7）『国史大辞典』「関東管領」（吉川弘文館）。

（8）『神奈川県史　資料編2』（一九九一年）所収の高師冬発給文書の署判参照。

（9）「関東管領」と「鎌倉府執事」については別物とする見解もあるが（「関東管領」『国史大辞典』、吉川弘文館）、足利基氏時代以降を「関東管領」とし、それ以前を「鎌倉府執事」とする『神奈川県史　通史編中世』の理解に従う。
(10)『牛久市史　原始古代中世』第七章第二節「鎌倉府の成立と小田孝朝の乱」（執筆市村高男）でも信太荘の上条・下条を上杉重能・高師冬が折半し支配していた、と述べている。ただ鎌倉府執事の領有とは考えていない。
(11) 本書第六章参照。
(12) 網野善彦前掲論文(注2)「常陸国信太荘」。
(13) 湯浅治久「中世東国の「都市的な場」と宗教」（峰岸純夫・村井章介編『中世東国の物流と都市』所収、山川出版社、一九九五年）。
(14) 網野善彦「中世前期の水上交通について」（『茨城県史研究』四三号、一九七九年）・同「海の道・川の道」『茨城県の歴史』（河出書房、一九九五年）。
(15)『江戸崎町史』（一九九三年）。
(16)「楯ノ台」については江戸崎町教育委員会の平田満男氏の御教示を得た。またここには古墳があり、すでに発掘調査報告書も出ている（『楯の台古墳群発掘調査報告書』一九八六年）。
(17) 人見暁郎「古渡の祇園祭について」（『桜川村史考』Ⅳ、一九八三年）。
(18) 小森正明「中世後期東国における商業史の一視点」（『史境』二二号、一九九一年）。
(19) 内山純子「興禅寺と頼朝伝説」（『桜川村史考』Ⅷ、一九八九年）。
(20) 大島建彦「大杉信仰の展開」（桜井徳太郎編『日本宗教の正統と異端』所収、弘文堂、一九八八年）。
(21)『牛久市史研究』8号、一九九九年。
(22) 小田氏の源流である八田氏について高橋修「『常陸守護』八田氏再考」（地方史研究協議会編『茨城の歴史的環境と地域形成』所収、雄山閣、二〇〇九年）は平氏系として考察しているが、平安末期～鎌倉初期の東国社会での武士の血筋は複数系統が入り込んでいるのが普通であるので、今後の検証に俟たれる。
(23) 小田常陸太郎左衛門尉を、『筑波町史』は「貞知」、『牛久市史』は「高知ヵ」、『歴史館史料叢書』は「貞宗」、と推定する。また伊藤邦彦『鎌倉幕府守護の基礎的研究【国別考証編】』（岩田書院、二〇一〇年）は貞宗とするのに疑義を出している。

(24) 市村高男前掲論文（注21）は、また孝朝が京都に屋敷ももち、そこで歌会を開催し、尊氏と親しい関係を築いたことも指摘している。

(25) この文書を閲覧する機会を得た。花押は異筆で、筆勢も中世のものに近いが、正文とするには躊躇する。案文とするのが妥当と思う。また『県史』は封紙上書きを「色川本」で補っているが、これは現存しない。

(26) 佐藤博信『中世東国の支配構造』第六章「上杉氏奉行人力石氏について」（思文閣出版、一九八九年）。

(27) 入間田宣夫前掲論文（注5）。

(28) 信太郡所領の全体のあり方の解明は本章（本書）の意図するところではないが、以下のように考えている。信太郡には六六郷といわれる諸郷が成立し、信太荘の基礎単位となっていたが、郡的規模の公領や寺社免田の存在が予想される。郡全体に対する公的支配が存続しているのであり、信太荘諸郷地頭の郷知行も、したがって従来考えられていたよりも限定的なものとなろう。

(29) 石井進前掲論文（注6）。

終章　総括と展望

本書は武士を政治的存在（武士勢力）としてとらえ、東国での成立・展開過程を論述してきた。第一章から第八章までに扱ってきた内容は各章末尾にまとめてあるので、最後に全体として、研究史と関わらせて、総括的なまとめを述べておきたい。

本書で取り上げ考察したのは、新田氏（家）・千葉氏（家）・宇都宮氏（家）・足利氏（家）・那須氏（家）・小田氏（家）であるが、その政治的存在形態は、那須氏（家）を除くと、次のような内容をもつものと思う。第一に、平安後期に関東に進出していた軍事貴族の後裔であるが、地方に拠点を築いた後も京都との関係を維持し、一族内に在京活動を行っている者がいる。第二に、国衙権力に連なりそれを分割継承するか、あるいは在地の旧来からの勢力あるいは有力寺社との連携を図っている。第三に、鎌倉幕府形成後には有力御家人として幕政に参加している。第四に、国内有数の寺社の造営や祭礼に積極的に関与して、それが武士としての勢力樹立に結びついている。第五に、幕府成立後も京都とのつながりを維持しており、一族全体として見ると惣領は幕府御家人であり、庶子は王朝武者であり、また出家した僧が京都・畿内で活動している（小田氏については鎌倉前中期を考察していないが、同様と考えている）。

このように政治的勢力として京都・鎌倉の権力を支え、地域社会に君臨してきた。この存在を「御家人」や「東国武士」の概念で総括すると、その政治的力量が低く評価されることになると思う。「東国武士」でも、よく引き合いに出される熊谷氏や、また本書第六章で考察した那須氏とは、政治的階層性が異なるのである。有力武士の政治的位置については、その政治的階層性も含めて、今後の議論が求められる。

武士の政治史という問題は、戦後歴史学の社会構成体論的・社会経済史的研究視角が強いなかで石母田正がいち早く提起していた。『古代末期の政治過程および政治形態』(1)をもとに体系化した『古代末期政治史序説』(2)にて、辺境と畿内近国の政治的相違とそこでの武士の在り方を論述して、東国での政治的主体として「豪族的領主」という概念を用いた。上総介広常を典型とし、広常没落後の千葉常胤などに適用している。ただ石母田は「豪族的領主」概念の内容を、広大な所領をもち巨大な軍事的ヒエラルヒーを形成していることと規定している(『古代末期政治史序説』第二章第一節)。「豪族的領主」概念は社会経済的・軍事的な内容に限られているのである。これは東国(辺境)と畿内近国(先進地帯)の複層的政治史展開を重視している石母田の議論からすると、整合的でないと思う。東国政治は幕府に収斂され、豪族的領主の担う政治的内容が軽視されているからである。したがって「豪族的領主」概念には政治的内容を付加する必要があろう。

石母田の次世代の研究では「豪族的領主」概念を積極的に採用し具体化を意図するものではないが、有力な東国武士を表す用語として使われる論述が少し見られた。石井進『日本中世国家史の研究』(3)I「鎌倉幕府と国衙との関係」は第六章「幕府と国衙の関係の歴史的展開」のなかで、「国衙の有力在庁という地位にもとづくその勢力下に、熊谷氏のような小規模な領主である中小武士団を組織・支配している豪族的領主層」と述べている。ここでは「豪族的領主」という概念が使用されているが、この概念は有力在庁の地位に基づいた勢力であること、中小武士団を組織していること、の二点を内容としている。石母田とくらべると有力在庁からの系譜を重視している。石井はその後『鎌倉武士の実像』(4)では「豪族的領主」という概念は用いないが、その代表とも言うべき三浦氏を扱って、在地での一族所領の形成と国衙との位置関係や寺院造立を述べている。豪族的領主の内容規定を意図しているわけではないが、取り上げるべき事柄を示した、と私は受け止めている。また石井『中世武士団』[5]では、武士を在地領主論と職能人論のどちらかで理論処理することは困難であることを述べているが、経済と軍事の二面に引きつける議論である。武士を社会集団として取り上げる趣旨の本のためか、武士の政治史的位置については、叙述が見えない。

同時期に書かれた通史である大山喬平『鎌倉幕府』[6]は上総広常・千葉常胤などを「豪族的武士」の用語で取り上げて、「以前から国衙の実権を掌握していた」（同書・72頁）と説明している。また和田合戦も、北条氏による「豪族的武士の抑圧策」との考えから叙述されるが、その最初として宇都宮頼綱が扱われている。大山の「豪族的武士」概念は石母田・石井の「豪族的領主」を受けていると見て間違いなかろう。

このように、石井・大山らの一九七〇年代通史叙述は石母田の「豪族的領主」を受け継いでいるが、その内容を意図的に深める作業をしているとは見えない。

七〇年代に始まった中世成立期（平安期）軍制史研究は八〇・九〇年代に活発化し、武士論を新たな段階に引き上げ、具体的・実証的内容をもった「軍事貴族」概念を提起した（序章参照）。ただ在地の武士の存在形態については、高橋昌明『武士の成立　武士像の創出』[7]は具体的解明がなく、元木泰雄『武士の成立』[8]も展望に留まっている。野口実は古記録を活用し、東国武士の首都でのあり方、その後の連携をもった東国定着を具体的に指摘して、在地一辺倒の武士論から研究を引き上げた。ただその総括的著書『源氏と板東武士』[9]を見ると、東国に進出し勢力を築いた佐竹義光などを「地域的軍事権力」と規定しているが、その後の千葉常胤・上総広常・三浦義澄について積極的に規定していない。むしろ幕府を形成しながらも京都政権との親密性（「京都に馴るるの輩」）が強調されている。東国武士と京都・王朝権力との緊密性が解明されたが、東国での武士は在京武士の出先での活動とも受け取れる叙述をしている。したがって本国・本領での政治支配形成の議論が見えない。

私は、東国における武士が政治勢力として展開するには、地域の寺社祭礼を沙汰することが契機となる、と考えている。武士が一族だけでなく、地域の中小武士や住人を勢力下におくには、裸の武力で押さえつけるという方式では果たせないと思う。また幕府制度に由来する守護・地頭・御家人という制度的枠組みだけでは、その支配力の内実は解けないと思う。かれらの地域支配は、地域社会の公的レベルでの、事業展開に参加することが必要である。そしてその地域的社会事業を、争闘の場としてではなく、それなりの秩序ある形で行えるように、武力や経済力で貢献することが必要であった。千葉常胤が香取社造営雑掌を勤めてから千葉氏はこれを継続していくし、足利家や宇都宮家の一切経会などの法会・祭礼沙汰とその費用のための所領編成[10]には、そうした傾向を認めることができる。武士は武力を根拠に、地域社会を政治的に編成し続けていくことになる。

こうした活動のなかで千葉氏は「香取社地頭」を獲得している。宇都宮氏も「宇都宮社地頭」という史料はないが、宇都宮社祭礼に関わる検断権をもっていた。信濃の善光寺でも「善光寺地頭」（『吾妻鏡』承元四年八月十二日条）の存在が確認できる。こうした寺社地頭は社人・寺人に対する検断権であるが、荘園・公領の地頭職が百姓等に行使したものと同様と考えられる。この政治的権限は寺社祭礼に関与し続けることで成立している。幕府制度の荘・郷地頭にくらべると事例も少ないが、一般の武士も領内寺社に対して同様の権限を事実上もっていたと推定している。

宇都宮・新田・足利・千葉には宿や市が展開したが、その宿は武士の一族や寺社の僧・神職・下部、さらに住人が支えていた。武士の住まいとしての館は惣領・一族・従者の集住する場となり、寺社も集まり、往来人のため宿所もつくられた。その宿は幕府の宿政策を受けて、馬・疋夫を用意する体制が求められ、それに見合うような開発が進められた。この開発は武士が単独で進めたものでなく、寺院僧や荘園領主・荘官などの複合的な力量が集合して展開したが、その推進者は幕府とも連携する有力武士と見られる。宿住人のなかには、農村部出身者もいたであろうが、それは宿が人夫・秣《まぐさ》の供給源として農村を必要としていたことと関係する。

武士は、こうして地域の社会事業に参加・関与することになり、このなかで家組織を整備する。足利家・宇都宮家の家政機関が法会・祭礼に外枠から関与するものであったことは本論で述べたが、家財政を担う家司は全国的に分布する所領の経営にあたっていた。湯浅治久[11]が明らかにした千葉家奉行人（家司）は本領だけでなく、役を負担する鎌倉での活動、さらに所領のある九州肥前で活動し、それらが補い合っていた。宇都宮家の場合も京の屋敷（宅）を根拠地とした女房・家司が見えるが、これも本国・鎌倉と連動していた。

武士を政治的存在として考え、このような内容をもつととらえると、これを「豪族的領主」と呼ぶのがふさわしいか、少し疑問が出てくる。石母田が「豪族的領主」概念で上総広常などを叙述した時期（一九五〇・六〇年代）は、社会構成体論が全盛であった。石母田は政治史を構想したが、武士の政治史は幕府成立史に収斂された。武士は社会経済的・軍事的に限定されて総括されたのである。その後も東国の政治史が問題にされる時は、鎌倉幕府の成立・展開に議論が集まり、武士はその政治史に動員される存在として扱われている。武士独自の政治的動向や役割は軽視されているのである。武士の政治史を構築するには社会経済史的範疇とは異なる概念が求められている。

また「豪族的領主」の「豪族的」という用語は規模が大きいという意味であろうが、その内容が不明確である。政治的内容をもつ別の概念が求められており、それには『吾妻鏡』に幕府有力者の意味で使われる「大名」の語を含めるのが適当かと思う。さらに地域の支配者であり、幕府だけでなく京都・公家政権とも連携し政治的・財政的に支える「領主」という用語を含むのがいい。「領主」であるが、政治的有力者という内容は「大名」として現れる。したがって「領主大名」という概念を提案したい。「御家人大名」とすると幕府論の枠内に留まってしまうが、有力武士の政治的存在形態は幕府体制の枠内に留まらない。[12]

那須氏は惣領家・庶子家を含めた一族統合が弱く、一族内は分立的傾向が続いていた。これは那須氏だけでなく、おそらくは多くの御家人・武士に、多かれ少なかれ、共通している。この階層は単独で政治的独立を維持するのが困難であった。そのため北条氏・足利氏・千葉氏・安達氏などの有力者（領主大名）と政治的に連携することが必要であった。那須氏の一部が京都護念寺に進出し、瀬戸内に活動するようになったのは、おそらくは北条氏の政治的影響下に入ることで実現したであろう。中・小の武士は有力武士（領主大名）との連携下に入ることによって（ゆるやかな被官関係）、武士として存立していたと見られる。那須氏の東・西での活動は、全国的スケールで展開したことを示しているが、東国領主の例外ではないであろう。ただそのことを可能にしたのは「領主大名」との関係だけでなく、京都政界との接触が必要であったと思う。那須五郎蓮願は弓削島荘預所となったが、東寺僧との関係も築いていた。那須五郎入道蓮願が京都で根拠地としたのは東山護念寺であり、その寺は幕府関与の力が強いが、東寺との関係も深い。那須五郎入道も東寺寺僧との関係が深く、護念寺は中原家関係者との因縁が強い。京都・瀬戸内で活動する那須家、幕府とも東寺とも関係深い護念寺、幕府とも護念寺とも関係深い中原家、この三者はつながっていたであろう。

東国の政治秩序を主導していたのは、これらの領主大名たちであったが、南北朝・室町期の鎌倉府を支えたのもかれらであった（ただ政治的変動が激しく、宇都宮・小山氏などは没落しそうになる）。小田孝朝も京都・鎌倉と政治的に接触しつつ、地域社会を公方として統括する領主となった。那須氏では鎌倉公方に接近した那須資忠が一族を統括する惣領を自認した。

宇都宮朝綱は治承・寿永内乱勃発にあたり宇都宮社で一切経供養を行い、足利義兼は奥州征服出陣のなかで樺崎寺興隆を図った。内乱開始は奥羽と接する北関東に一層深刻な政治・軍事情勢の展開を予想させたが、彼らはその政治状況の展開のなかで、本領での法会・寺社興隆を意図している。そしてこれが武士勢力化を促したのである。これはかれらの政治的識見に基づいたものであろう。政治状況は全国レベルで展開するが、同時に地域社会ではまた独自の問題を提供していると思う。かれらは、本領を中心とした地域の政治問題と向かい合ったのである。

本書は、武士を政治的存在として扱い、その勢力の拡大・縮小を政治的過程としてとらえることを基本的な視座としてきた。その過程で身につけた政治的感覚・見識はどのようなものか、またその政治的感覚を武士はどこで身につけたのか（政治的鍛錬を、どこでどのように経験したのか）。室町期までを見通すと、重要な問題として浮かび上がるが、今後の課題としたい。

(1) 日本評論社、一九五〇年。
(2) 未來社、一九六四年。
(3) 岩波書店、一九七〇年。
(4) 平凡社、一九八七年。
(5) 小学館、一九七四年。
(6) 小学館、一九七四年。
(7) 東京大学出版会、一九九九年。
(8) 吉川弘文館、一九九四年
(9) 吉川弘文館、二〇〇七年。最近の「「東国武士」の実像」（高橋修編『実像の中世武士団』所収、高志書院、二〇一〇年）では、源義朝・為朝の「地域権力」に編成される存在として「東国武士」をとらえ、「東国武士はその地域支配権を維持・拡大するためには常に中央の権力と関係を結ぶ必要があり、その血統も貴種によって再生産された」と述べる。東国武士が京都との関係を継続していることは確かなことであるが、野口はそれを東国武士の本質としてとらえ、在地での「地域支配権」の問題を具体的に解明することに関心がない。そのために千葉・三浦氏らを、首都京都で成立した武士の東国での活動のように描いている。石母田以来の東国での支配形成とその政治的力量を問題にする研究とは別の道を歩んでいる。

(10) 武士の荘園地頭職としての知行については、信太荘郷地頭の例で述べたように（第八章、注28）、排他的一円支配のように理解することはできない。自己の所有する所職の編成替え知行は見られるが、これも併存する所領との共存が前提となっている、と考えられる。東国武士と荘園・公領知行との全面的再検討はこれからの課題である。

(11) 『中世東国の地域社会史』（岩田書院、二〇〇五年）第三部第七章「肥前千葉氏に関する基礎的考察」、「「御家人」経済の展開と地域経済圏の成立」（『中世都市研究11』新人物往来社、二〇〇六年）。

(12) 鎌倉幕府体制下の「大名」については今後に具体的検討を積み重ねることが必要である。室町期では室町殿の諮問に答申する有力者が「大名」という名称で呼ばれていたことは吉田賢司『室町幕府軍制の構造と展開』序論第二章「室町幕府による都鄙の権力編成」（吉川弘文館、二〇一〇年、初出は二〇〇七年）が指摘している。また鎌倉末期の事例については鈴木由美「「最勝園寺殿供養供奉人交名」にみる「大名」」（阿部猛編『中世政治史の研究』日本史史料研究会、二〇一〇年）がある。

あとがき

本書は私の学術書の第二作であるが、東国武士論を主題とする。第一作の『荘園制の展開と地域社会』（一九九四年、刀水書房）が若狭国遠敷郡という畿内周辺の中世的社会を扱ったのに対し、本書では東国問題を扱っている。

中世の東国社会問題は、とくに前期については、一九七〇〜八〇年代の研究では応用問題として取り組まれてきた。個別地域・個別事実の具体的解明は進んでも、それが東国社会の原論的研究に展開した例は少なかったと思う。自治体史の盛行のなかで、この傾向は続いた。本書第六章のもととなった上野国世良田宿の検討（一九八九年）にもそうした問題が含まれていた。

軍制的武士論・王朝都市論・武具論が大きな成果をあげるなかで、旧来の東国武士論を見直す作業を私も開始し、本書第二章のもととなった宇都宮朝綱論を書いた（二〇〇二年）。そこでは従来の武士研究を反省するあまり、京都寄りに傾いたきらいが出た。軍制的・王朝奉仕的武士論が東国・在地から次第に離れてゆくように見えてきたので、東国を場とする議論と両立させようとの思いも強くなった。こうして京都・中央と関わりつつ、東国・本国で支配体制を樹立するという問題視角から、武士を論じることとなった。

そうすると武士を王朝・幕府との関わりで政治的存在としてとらえることとなり、社会経済史的視角を対象化することとなった。武士を生態的団体としてではなく、その勢力の拡大・縮小が政治的に展開すると考え、千葉常胤を扱った論文からは〈武士勢力〉という概念を使うようになった（二〇〇九年）。

本書の考えは、湯浅治久・高橋修・田中大喜らとともに始めた研究会（在地領主研究会）での議論で触発されたことが契機となっている。若い研究者の議論に期待するところが大きいが、私としても宿題としていた東国社会論に一定の決着をつけたいと思い、旧稿を改訂し、新稿を準備した。本書のもととなった研究には、現地調査も重視した。宇都宮とその周辺部は何度も歩いて、石像物や聞き取りの調査をした。新田世良田は絵図と現場を比較検討しながら調べた。若い研究者の武士論では現地調査がうかがえるものが少ないが、武士本領の現地調査が学界で盛んになることを願っている。

本書につながる研究視角を意識し始めたのは、二〇〇〇年代に入ってからであったが、科研費「政治史的視角による在地領主制展開過程の研究」（二〇〇二〜二〇〇四年度）が認められ、二〇〇三年五〜九月には東京大学史料編纂所で内地研究をすることができた。また二〇〇五年七月に東北大学文学部で行った集中講義では東国武士を扱い、二〇〇六年一〇月には東北史学会・弘前大学国史学会合同大会で「在地領主論の現在」という話をする機会を得た。いずれも貴重なものであった。この間に『新田義貞』（ミネルヴァ書房、二〇〇五年一〇月）を書いた。

本書を完成するにあたり、図面では武田周太郎（筑波大学院生）さんに、また様々な点で思文閣出版の原宏一さんと大地亜希子さんにはお世話になった。

一九八八年四月から勤務した筑波大学を、私は来る二〇一二年三月末に退職する。おおくの教職員・院生・学生の方から、刺激を受けた。感謝したい。

家族には私の研究優先の生活に巻き込み、迷惑をかけ続けてきた。反省するとともに、感謝したい。

二〇一一年一二月二〇日

山本隆志

〈著書・初出一覧〉　ただしいずれも大幅に増補・改訂した

序　章　東国武士論の視座

「東国武士論ノート」高橋修編『実像の中世武士団　北関東のもののふたち』、高志書院、二〇一〇年八月

第一章　北関東における武士勢力成立の政治史――新田氏成立の政治史的考察――

「新田氏成立の政治過程――源義国の政治史」『近藤義雄卒寿記念論文集』群馬県文化振興財団、二〇一〇年一月

第二章　内乱のなかの武士勢力成立

第一節　宇都宮朝綱の在地領主化

「辺境における在地領主の成立」『鎌倉遺文研究』一〇号、鎌倉遺文研究会

第二節　千葉常胤の社会権力化

「東国における武士勢力の成立――千葉氏を中心に――」『史境』六一号、歴史人類学会、二〇一〇年九月

はじめに・おわりに　新稿

第三章　関東武士の都鄙活動――宇都宮頼綱――

「関東武士の在京活動――宇都宮頼綱――を中心に」『史潮』新四〇号、歴史学会、二〇〇六年一一月

第四章　東国における武士と法会・祭礼との関係――足利鑁阿寺・宇都宮神宮寺一切経会を中心に――

「東国における武士と法会・祭礼との関係――足利鑁阿寺・宇都宮神宮寺一切経会を中心に――」『歴史人類』三九号、筑波大学人文社会科学研究科歴史・人類学専攻、二〇一一年二月

第五章　関東御家人那須家の成立と東・西での展開
「白河結城家文書のなかの那須文書」村井章介編『中世東国武家文書の研究』高志書院、二〇〇八年五月
第六章　上野国新田荘世良田宿の存立構造
「鎌倉後期における地方門前宿市の発展」『歴史人類』一七号、筑波大学歴史・人類学系、一九八九年三月
第七章　東国の宿と馬市・馬喰
「鎌倉時代の宿と馬市・博労」『年報日本史叢』一九九九、筑波大学人文社会科学研究科歴史・人類学専攻、一九九九年一二月
第八章　荘園領主知行の後退と武士勢力展開の新局面——鎌倉後期～南北朝期における常陸国信太荘を中心に——
「常陸国信太荘の知行構造」『茨城県史研究』七七号、一九九六年一一月
終　章　総括と展望　新稿

索　引

【人　名】

ち

つ・て

と

な

【地名・寺社名】

【事　項】

◆著書略歴◆

山本隆志（やまもと・たかし）

1947年　群馬県生まれ
1971年　東京教育大学文学部卒業
　　　　博士（文学）
　　　　群馬県高校教諭の後，上越教育大学講師・筑波大学助教授を経て，現在は筑波大学人文社会系教授

〔主な著書〕『荘園制の展開と地域社会』（刀水書房，1994年），『群馬県の歴史』（共著，山川出版，1997年），『新田義貞』（ミネルヴァ書房，2005年），編著『那須与一伝承の誕生』（ミネルヴァ書房，2012年）

思文閣史学叢書

東国《とうごく》における武士《ぶし》勢力《せいりょく》の成立《せいりつ》と展開《てんかい》
——東国《とうごく》武士《ぶし》論《ろん》の再構築《さいこうちく》——

二〇一二（平成二四）年二月一〇日発行

定価：本体六、五〇〇円（税別）

著　者　山本隆志
発行者　田中大
発行所　株式会社 思文閣出版
京都市東山区元町三五五
電話（〇七五）七五一—一七八一（代）

印刷・製本　株式会社 図書印刷 同朋舎

ISBN978-4-7842-1601-7　C3021